# Management-Reihe Corporate Social Responsibility

**Reihenherausgeber**
René Schmidpeter
Dr. Jürgen Meyer Stiftungslehrstuhl für
Internationale Wirtschaftsethik und CSR
Cologne Business School
Köln,
Deutschland

Das Thema der gesellschaftlichen Verantwortung gewinnt in der Wirtschaft und Wissenschaft gleichermaßen an Bedeutung. Die Management-Reihe Corporate Social Responsibility geht davon aus, dass die Wettbewerbsfähigkeit eines jeden Unternehmens davon abhängen wird, wie es den gegenwärtigen ökonomischen, sozialen und ökologischen Herausforderungen in allen Geschäftsfeldern begegnet. Unternehmer und Manager sind im eigenen Interesse dazu aufgerufen, ihre Produkte und Märkte weiter zu entwickeln, die Wertschöpfung ihres Unternehmens den neuen Herausforderungen anzupassen sowie ihr Unternehmen strategisch in den neuen Themenfeldern CSR und Nachhaltigkeit zu positionieren. Dazu ist es notwendig, generelles Managementwissen zum Thema CSR mit einzelnen betriebswirtschaftlichen Spezialdisziplinen (z.B. Finanz, HR, PR, Marketing etc.) zu verknüpfen. Die CSR-Reihe möchte genau hier ansetzen und Unternehmenslenker, Manager der verschiedenen Bereiche sowie zukünftige Fach- und Führungskräfte dabei unterstützen, ihr Wissen und ihre Kompetenz im immer wichtiger werdenden Themenfeld CSR zu erweitern. Denn nur wenn Unternehmen in ihrem gesamten Handeln und allen Bereichen gesellschaftlichen Mehrwert generieren, können sie auch in Zukunft erfolgreich Geschäfte machen. Die Verknüpfung dieser aktuellen Managementdiskussion mit dem breiten Managementwissen der Betriebswirtschaftslehre ist Ziel dieser Reihe. Die Reihe hat somit den Anspruch, die bestehenden Managementansätze, durch neue Ideen und Konzepte zu ergänzen, um so durch das Paradigma eines nachhaltigen Managements einen neuen Standard in der Managementliteratur zu setzen.

Thomas Doyé
(Hrsg.)

# CSR und Human Resource Management

Die Relevanz von CSR für modernes Personalmanagement

*Herausgeber*
Thomas Doyé
Vizepräsident
Technische Hochschule Ingolstadt
Ingolstadt
Deutschland

ISSN 2197-4322　　　　　　　ISSN 2197-4330 (electronic)
ISBN 978-3-662-47682-6　　　ISBN 978-3-662-47683-3 (eBook)
DOI 10.1007/978-3-662-47683-3

Die Deutsche Nationalbibliothek verzeichnet diese Publikation in der Deutschen Nationalbibliografie; detaillierte bibliografische Daten sind im Internet über http://dnb.d-nb.de abrufbar.

Springer Gabler
© Springer-Verlag Berlin Heidelberg 2016
Das Werk einschließlich aller seiner Teile ist urheberrechtlich geschützt. Jede Verwertung, die nicht ausdrücklich vom Urheberrechtsgesetz zugelassen ist, bedarf der vorherigen Zustimmung des Verlags. Das gilt insbesondere für Vervielfältigungen, Bearbeitungen, Übersetzungen, Mikroverfilmungen und die Einspeicherung und Verarbeitung in elektronischen Systemen.
Die Wiedergabe von Gebrauchsnamen, Handelsnamen, Warenbezeichnungen usw. in diesem Werk berechtigt auch ohne besondere Kennzeichnung nicht zu der Annahme, dass solche Namen im Sinne der Warenzeichen- und Markenschutz-Gesetzgebung als frei zu betrachten wären und daher von jedermann benutzt werden dürften. Der Verlag, die Autoren und die Herausgeber gehen davon aus, dass die Angaben und Informationen in diesem Werk zum Zeitpunkt der Veröffentlichung vollständig und korrekt sind. Weder der Verlag noch die Autoren oder die Herausgeber übernehmen, ausdrücklich oder implizit, Gewähr für den Inhalt des Werkes, etwaige Fehler oder Äußerungen.

Gedruckt auf säurefreiem und chlorfrei gebleichtem Papier

Springer-Verlag GmbH Berlin Heidelberg ist Teil der Fachverlagsgruppe Springer Science+Business Media
(www.springer.com)

*Gender-Hinweis*

*In den Beiträgen in diesem Buch wird weitgehend die männliche Form verwendet. Dies dient ausschließlich der leichteren Lesbarkeit. Es sind jeweils die Geschlechter insgesamt gemeint.*

# Vorwort des Reihenherausgebers: Mitarbeiter als Verantwortungsträger

Nachhaltigkeit und Verantwortung von Unternehmen werden in der Öffentlichkeit immer breiter diskutiert. Mittlerweile gibt es eine Vielzahl von Argumenten warum Corporate Social Responsibility (CSR) nicht nur positive Effekte für die Gesellschaft, sondern auch für den betriebswirtschaftlichen Erfolg von Unternehmen generiert. CSR entwickelt sich zu einem neuen Managementansatz, der sowohl in Theorie als auch in der Praxis immer mehr Anerkennung erlangt. In dieser Perspektive spielen die Mitarbeiter eine herausragende Rolle: Zum einen sind sie Träger der Verantwortung in den täglichen unternehmerischen Prozessen, zum anderen sind sie Mitgestalter der Unternehmenskultur und -strategie und damit sind ihr Wissen und ihre Fähigkeiten die Basis einer nachhaltigen Unternehmensführung.

Immer mehr Entscheidungsträger und Mitarbeiter erkennen heute, dass mit CSR nicht nur der defensive Compliance-orientierte Ansatz, sondern immer öfter auch ein proaktiver strategischer Managementansatz gemeint ist. CSR bedeutet nicht nur „füge keinen Schaden zu", sondern auch „generiere Mehrwert für dein Umfeld" und „sei innovativ in der Lösung wirtschaftlicher, sozialer und ökologischer Herausforderungen!"

Dabei entstehen ganz neue Fragen im Personalbereich: Welche personalpolitischen Rahmenbedingungen benötigen wir, um das Mitarbeiterpotenzial bestmöglich zu entfalten und für aktuelle Fragen der Nachhaltigkeit im Unternehmen zu aktivieren? Wie kann eine Unternehmenskultur entstehen, die die Verantwortung des Einzelnen fördert und gleichzeitig unternehmerische Verantwortung in allen wesentlichen Prozessen adressiert? Wie können interne Anreizstrukturen aussehen, die Innovationen ermöglichen, welche gleichzeitig gesellschaftlichen und unternehmerischen Mehrwert schaffen? Wie können Führungskräfte entwickelt bzw. unterstützt werden, die gesellschaftliche Herausforderungen als unternehmerische Chance begreifen und aktiv an deren unternehmerischer Lösung mitwirken? Wie können proaktive CSR-Strategien durch das HR-Management umgesetzt und alle Mitarbeiter positiv integriert werden?

All diese Fragen wurden im Personalbereich viel zu lange vernachlässigt. Es fehlt oftmals ein systematischer Diskurs zwischen der aktuellen CSR-Diskussion und dem HR-Management. Daher wird von manchen Managementwissenschaftlern das HR-Management nur als Erfüllungsgehilfe des strategischen Managements gesehen, andere reduzieren CSR nur auf Spenden bzw. auf Wohlfühlthemen. Beide Sichtweisen verhindern eine proaktive CSR-Strategie mehr, als sie diese fördern! Die vorliegende Publikation zielt deshalb darauf ab, das integrative Wechselspiel zwischen einem unternehmerischen CSR-Ansatz und dem breiten Know-how und den konkreten Instrumenten des HR-Managements aufzuzeigen.

Die Unternehmen stehen gegenwärtig vor der drängenden Herausforderung, aktuelle gesellschaftliche Entwicklungen (z. B. Demografie) proaktiv zu lösen. Verantwortliches Unternehmertum heißt dabei immer auch die eigene Wettbewerbs- und Zukunftsfähigkeit zu stärken. Die zentralen Fragen lauten daher: Wie kann ein professionelles CSR-Verständnis die Wettbewerbsfähigkeit des Unternehmens erhöhen und neue Innovationsimpulse im HR-Management generieren? Wie werden ökologische und soziale Themen direkt oder indirekt den unternehmerischen Erfolg des Unternehmens positiv beeinflussen? Welchen Beitrag kann das HR-Management dafür liefern? Nur wenn die Personalverantwortlichen valide Antworten auf diese Fragen finden, wird die strategische Bedeutung und der Einfluss des Personalbereichs im Unternehmen in Zukunft zunehmen und die Personalabteilung ein wichtiger Partner in der Planung und Umsetzung von integrativen CSR-Unternehmensstrategien.

In der Managementreihe Corporate Social Responsibility schließt die vorliegende Publikation mit dem Titel „CSR und HR-Management" damit die Lücke zwischen der aktuellen CSR- und HRM-Diskussion. Es wird dabei deutlich, dass die Frage nach der richtigen Ausgestaltung von Personalthemen und -instrumenten sehr differenziert zu beantworten ist und entscheidend zum Erfolg von CSR-Strategien beiträgt. Alle Leser sind damit herzlich eingeladen, die in der Reihe dargelegten Gedanken aufzugreifen und für die eigenen beruflichen Herausforderungen zu nutzen sowie mit den Herausgebern, Autoren und Unterstützern dieser Reihe intensiv zu diskutieren. Ich möchte mich last but not least sehr herzlich beim Herausgeber Prof. Dr. Thomas Doyé für sein großes Engagement, bei Michael Bursik und Frau Janina Tschech vom Springer-Gabler-Verlag für die gute Zusammenarbeit sowie bei allen Unterstützern der Reihe aufrichtig bedanken und wünsche Ihnen, werte Leserinnen und werte Leser, nun eine interessante Lektüre.

Prof. Dr. René Schmidpeter

# Überblick über die Autoren

**Dr. Christoph Anz** zeigt die Verantwortung des internen Bildungsmanagements auf, unterschiedliche Interessen bedienen zu müssen, ohne dabei die Kernziele aus den Augen zu verlieren. Zwei wesentliche Grundbedingungen prägen erfolgreiches Bildungsmanagement: Einerseits muss das Bildungsmanagement eng verbunden sein mit der Strategieentwicklung und -umsetzung des Unternehmens und andererseits muss es Einfluss nehmen hin zu einer qualifizierungsaffinen Unternehmenskultur.

Laut **Matthias Busold** ist der Auswahlprozess die Visitenkarte des Unternehmens auf dem zunehmend umkämpften Arbeitsmarkt. Vor dem Hintergrund sich verändernder Arbeitsmärkte wird der Rekrutierungsprozess zu einem Teil des Corporate-Social-Responsibility-Ansatzes. Eine strategische Ausrichtung ist notwendig, um den Auswahlprozess in die CSR des Unternehmens einzubinden.

**Prof. Dr. Utho Creusen** und **Christiane von der Heiden** zeigen in ihrem Beitrag den Zusammenhang zwischen Corporate Social Responsibility und Werteorientierung auf, indem sie den Ansatz der Werteorientierung als Führungsmethode des Corporate-Social-Responsibility-Modells einführen. Werteorientierung wiederum ist ein Element des Positive-Leadership-Ansatzes, der aus der Positiven Psychologie entstanden ist und sich mit der Frage des Sinns, dem Warum, beschäftigt.

**Prof. Dr. Thomas Doyé** erläutert in seinem Einführungsbeitrag fünf aufeinander aufbauende Einflussebenen von CSR in Unternehmen, die bislang seitens der Unternehmen noch völlig unterschiedlich besetzt sind. Er beschreibt die besondere Relevanz von HR in CSR und die daraus resultierende besondere Verantwortung der HR-Funktion. CSR als neues Strukturprinzip bringt er ein in die Diskussion, indem er die abweichende strukturelle Bedeutung von CSR in anderen Volkswirtschaften darstellt.

**Prof. Dr. Anja Karlshaus** stellt klar, dass unsere Arbeit schon das Ergebnis von Arbeitsteiligkeit ist. Warum soll dann unsere eigene Arbeit nicht weiter teilbar sein. Dass dies auch für Führungskräfte zutrifft, erläutert sie eingehend in einem wissenschaftlich fundierten Beitrag. Sie postuliert, dass Führen in Teilzeit prinzipiell immer möglich ist, und sie zeigt die Relevanz von Teilzeitführungsmodellen als Bestandteil einer nachhaltigen Personalpolitik anhand von Teilzeitführungsinitiativen deutscher Großunternehmen auf.

**Birgit Kohlmann** schildert beispielhaft, welche Auswirkungen Compliance auf die Vergabe von Incentives hat. Weil sich die Controllingabteilungen in den Unternehmen des kaum kalkulierbaren „Return of Investment" bewusst sind und Compliance zum „Unwort der Incentive-Branche" wurde, kam es hier zu teilweise gravierenden Umsatzrückgängen sowie deutlichen Veränderungen in der Ausgestaltung von Incentives.

**Stefan Michels** erläutert, inwieweit sich die Teilnahme an einem Aktionstag auf die verschiedenen Dimensionen des Organizational Citizenship Behavior auswirkt. Die angenommenen Zusammenhänge werden quasiexperimentell empirisch überprüft. Mit dem Ergebnis, dass sich die ehrenamtliche Tätigkeit nicht nur positiv auf die Eigeninitiative des Mitarbeiters auswirkt, sondern auch, dass die verschiedenen Dimensionen des Organizational Citizenship Behavior bei den ehrenamtlichen Helfern deutlich höher ausgeprägt sind.

**Prof. Michael Müller-Camen** und **Iris Maurer** zeigen die Entwicklung zu „nachhaltigem Personalmanagement" auf. Sie erläutern, wie die HR-Funktion eine wichtige Rolle bei der Implementation von Nachhaltigkeitsstrategien spielen kann. Und sie stellen dar, warum gerade HR ein wesentlicher Treiber für CSR werden kann.

**Dr. Gabriele Lüke** und **Dr. Antje Kuttner** schildern, wie CSR-affine Unternehmer aus ihrer unternehmerischen Fürsorgepflicht heraus das Management ihrer Humanressourcen ernst nehmen. Sie tun dies für die Mitarbeiter an sich, aber auch für ihre Unternehmen, denn diese profitieren auch von fürsorglich betreuten und damit leistungsbereiteren und leistungsfähigeren Mitarbeitern. Die Autorinnen zeigen anhand von fünf klassischen Maßnahmen auf, dass sich HRM nicht nur menschlich, sondern auch ökonomisch rechnet.

**Prof. Dr. Lars Rademacher** erläutert den zunehmenden Einfluss von CSR auf die Arbeitgeberattraktivität. Die Wertorientierung der Unternehmen hat bei der Wahl des Arbeitgebers einen hohen Stellenwert erlangt und das nicht nur bei der jüngeren Generation. Die Nachhaltigkeitsorientierung des Arbeitgebers beeinflusst nicht nur dessen Attraktion, sondern auch die Retention und die Leistungsmotivation.

**Dieter Schöffmann** weist in seinem Beitrag darauf hin, dass das gesellschaftlich verantwortliche Unternehmenshandeln im Wesentlichen durch das praktische werteorientierte Handeln der Mitarbeiter geprägt wird und dass dieses Handeln insbesondere durch Formen des „Lernens in fremden Welten" gefördert werden kann. Personalentwicklern bieten sich hier drei kombinierbare Möglichkeiten an, die beschrieben werden.

**Tim Thielicke** zeigt auf, wie behinderte Menschen zur größeren Vielfalt in der Organisation beitragen, indem sie diese inklusiv an der Arbeitswelt teilhaben lassen und dabei wirtschaftlicher werden. Inklusion bricht die immer noch dominierenden Normen der Arbeitswelt auf und führt zu erweiterten Sichtweisen. Dies fördert die Humanisierung von Arbeit, von Organisationen und damit auch des kapitalistischen Systems.

**Nobue B. von Wurzbach** erläutert Diversity-Management sehr anschaulich am Beispiel eines internationalen Trainingsprogramms der Continental AG, das auf Basis eines Forschungsprojektes der Universitäten Washington, Harvard und Virginia entwickelt wurde. Den Führungskräften wird anhand dieses Konzeptes das Vorhandensein unbewusster Voreingenommenheit (Unconscious Bias) bewusst gemacht sowie die ungewollte Wirkung dessen auf Entscheidungsfindung und Führungsverhalten. Die Autorin erklärt mit welchen Maßnahmen dagegen vorgegangen werden kann.

**Prof. em Dr. Dieter Wagner** zeigt auf, wie Corporate Social Responsibility in Klein- und Mittelbetrieben umsetzbar ist. Er erläutert anhand eines Forschungsprojektes, wie innovative, flexible und praxisgerechte Personaleinsatzkonzepte kleinen und mittleren Unternehmen helfen, um am Arbeitsmarkt attraktiv zu bleiben. Sie verkörpern zugleich einen konkreten Ansatz der Corporate Social Responsibility und leisten einen wichtigen Beitrag zur Fach- und Führungskräftesicherung bei KMUs.

**Christoph Zeckra** schildert eindrucksvoll die Notwendigkeit des Brückenschlags zwischen den Sektoren Unternehmen, Politik und Gesellschaft. Mit seinem Beitrag zu Corporate Volunteering erläutert er gelebte gesellschaftliche Verantwortung der Unternehmen sowie die Vorteile, die sie daraus ziehen. Diese sollten sich nicht nur der ökonomischen Wertschöpfung verpflichtet sehen, sondern ihre Geschäftstätigkeit als ganzheitliche Verantwortung begreifen.

**Matthias Zeuch** belegt beispielhaft, dass positive Beschäftigungsbedingungen immer mehr zu einem Erfolgsfaktor für Unternehmen werden. Mitarbeiter in modernen Wertschöpfungsprozessen werden nicht mehr einfach „funktionieren". Vielmehr hat deren Einsatzbereitschaft in einem immer ungewisser werdenden Umfeld einen starken Einfluss auf den Unternehmenserfolg.

# Inhaltsverzeichnis

**Teil I  Rolle HR in CSR**

**CSR als Leitprinzip für Human Resource Management** .................. 3
Thomas Doyé

**Nachhaltiges Personalmanagement** ...................................... 17
Iris Maurer und Michael Müller-Camen

**Teil II  Leadership**

**Der Ehrbare Kaufmann und Human Resource Management** ............. 33
Gabriele Lüke und Antje Kuttner

**Werteorientierung als Leadership Tool der Corporate Social Responsibility** ... 47
Christiane von der Heiden und Utho Creusen

**Führung in Teilzeit: Herausforderung und Chance für eine nachhaltige Personalpolitik** ......................................................... 69
Anja Karlshaus

**Teil III  Arbeitgeber-Attraktivität**

**Wenn der Sinn von CSR erlebbar wird** ................................ 101
Lars Rademacher

**Corporate Social Responsibility durch Mitarbeiterorientierung** ........... 125
Matthias Zeuch

**Corporate Social Responsibility in Klein- und Mittelbetrieben
Flexible Personaleinsatzstrategien und das Problem der Fach- und
Führungskräftesicherung** .......................................... 135
Dieter Wagner

## Teil IV  Auswählen – Qualifizieren – Motivieren

**Professioneller Auswahlprozess – Ein Instrument des CSR** ................ 147
Matthias Busold

**Bildungsmanagement – Beitrag zum Unternehmenserfolg als soziale
Verantwortung?** .................................................... 159
Christoph Anz

**CSR- und Incentivemanagement** ..................................... 181
Birgit Kohlmann

## Teil V  Diversity

**Diversity Management am Beispiel eines internationalen
Trainingsprogramms der Continental AG** ............................. 195
Nobue B. v. Wurzbach

**Vielfalt in der Organisation durch die Inklusion von
behinderten Menschen** .............................................. 209
Tim Thielicke

## Teil VI  Gesellschaftliches Engagement

**Gesellschaftliche Unternehmensverantwortung und Personalentwicklung
durch Engagement** ................................................. 221
Dieter Schöffmann

**Gesellschaftlicher und demografischer Wandel: Wake-up Call für ein
strategisches Corporate Volunteering** ................................ 231
Christoph Zeckra

**Employee Volunteering und Organizational Citizenship Behavior** ........ 247
Stefan Michels

# Teil I
# Rolle HR in CSR

# CSR als Leitprinzip für Human Resource Management

## CSR und HR

Thomas Doyé

## 1 Entwicklung CSR

CSR ist wie Bio, erst belächelt und mittlerweile zunehmend ernst genommen. Aus der Nische Bio ist ein eigenständiger Markt geworden. Bioprodukte haben das Image des Ökofreaks längst verlassen. Nicht nur Biosupermärkte boomen, selbst die Discounter haben den Biomarkt für sich entdeckt: Wir Verbraucher sind mittlerweile bereit, für Bioprodukte mehr zu bezahlen. Getragen von dem Wunsch nach gesünderer Ernährung sowie artgerechterer Tierhaltung, was primär unserem besseren Gewissen dient.

Corporate Social Responsibility ist auf einem vergleichbaren Weg. Wenn Kinderarbeit vor zehn Jahren noch zwar als unerwünscht, aber in Kauf genommen wurde, führt dies heute selbst bei angesagten Labels zu erheblichen Umsatzeinbußen. Selbst wenn dies beim 3rd-tier-Zulieferer in Asien passiert – und damit für den Händler des Endprodukts kaum kontrollierbar ist.

Unsere Ansprüche als Konsumenten an eine stärkere gesellschaftliche Verantwortung der Unternehmen wachsen weiter. Wir Verbraucher erwarten verstärkt, dass die Unternehmen sich nicht nur an die rechtlichen Rahmenbedingungen halten. Auch reine Philanthropie war gestern. Wir erwarten, dass der großzügig für soziale und kulturelle Zwecke gespendete Gewinn auch unter Einhaltung der CSR-Regeln erwirtschaftet wurde. Das „Reinwaschen" von gemeinschädlichem Wirtschaften (etwa durch umweltschädliche Produktion) durch gönnerhafte Geschenke an die Kommune wird immer weniger toleriert. Erwartet wird zumindest eine Win-win-Situation (CSR als Bestandteil der Unternehmensstrategie).

T. Doyé (✉)
Technische Hochschule Ingolstadt, Esplanade 10, 85049 Ingolstadt, Deutschland
E-Mail: Thomas.Doye@thi.de

© Springer-Verlag Berlin Heidelberg 2016
T. Doyé (Hrsg.), *CSR und Human Resource Management*,
Management-Reihe Corporate Social Responsibility, DOI 10.1007/978-3-662-47683-3_1

Die Verbraucher fragen verstärkt nach, inwieweit sich das Unternehmen fair gegenüber seinen Stakeholdern verhält: Betreibt es den erwarteten Umweltschutz, zahlt es seine Steuern etc. Das erfordert auch ein Umdenken bei etablierten Unternehmen wie Apple, Google, Ikea und weiteren, die in Deutschland so gut wie keine Steuern zahlen (Tatje, ZEIT Online 41/2014; Özdemia, WiWo 15.5.15, S. 31), aber gleichzeitig die Leistungen dieses Staates (wie Infrastruktur, Bildung, Sicherheit etc.) als ganz selbstverständlich in Anspruch nehmen.

Wie schnell eine stärkere Stakeholder-Orientierung das reine Shareholder-Prinzip ersetzen wird, entscheiden die Verbraucher in ihrer Bereitschaft für CSR-affines Verhalten der Unternehmen einen etwas höheren Preis für deren Produkte und Dienstleistungen zu bezahlen. Dass dies nicht utopisch ist, zeigt die rasante Entwicklung des Biomarktes.

Aber das CSR-Engagement eines Unternehmens ist nur dann glaubhaft, wenn es sich nicht nur extern sozial engagiert, sondern wenn auch intern – gegenüber den Mitarbeitern – sozial verantwortlich gehandelt wird (zur Frage nach der Ausgestaltung der internen CSR vgl. Mory 2014).

Es gibt weitere Indizien für einen graduellen Wandel. Johannes Deck bspw. fungiert seit Kurzem als Chief Happiness Officer der Münchener Digitalagentur Cobe. Mit der Schaffung dieser Position möchte das Unternehmen einen stärkeren Fokus auf das Wohlergehen seines Teams legen. Deck führt zu diesem Zweck Mitarbeiterumfragen durch und optimiert Prozesse in bestehenden Arbeitsabläufen. Des Weiteren informiert er über neueste Erkenntnisse aus Glücksforschung und Ernährungswissenschaft und organisiert Workshops zu Themen wie Meditation und Communication Skills (Püffer 2015).

## 2 Begriffsklärung CSR

Manche Unternehmen bezeichnen ihre entsprechenden Aktivitäten als Corporate Responsibility, lassen also „social" weg mit der Begründung, ihre Aktivitäten gingen über rein soziales Engagement hinaus. Die allermeisten Unternehmen verstehen „social" allerdings im englischen Verständnis der gesellschaftlichen Verantwortung. In diesem Verständnis sind auch die Beiträge dieses Buches verfasst.

Die Stakeholder der Unternehmen haben unterschiedliche Interessen, die teilweise sogar gegensätzlich sind. Gesellschaftliche Verantwortung eines Unternehmens heißt, diese konkurrierenden Interessen in einem ausgewogenen Verhältnis auszutarieren und das in einem fairen Umgang mit den Stakeholdern.

Die gesellschaftliche Verantwortung von Unternehmen ist in ihrer Reichweite vielfältig (s. Abb. 1). Sie betrifft im Kern das Unternehmen selber, also CSR im **unmittelbaren** Unternehmensinteresse. Dazu zählen die Themenfelder „Corporate Governance", „Verantwortung gegenüber den Mitarbeitern" sowie „ökonomische Verantwortung". Corporate Governance umfasst sowohl die normative Struktur als auch rechtliche Regelungen.

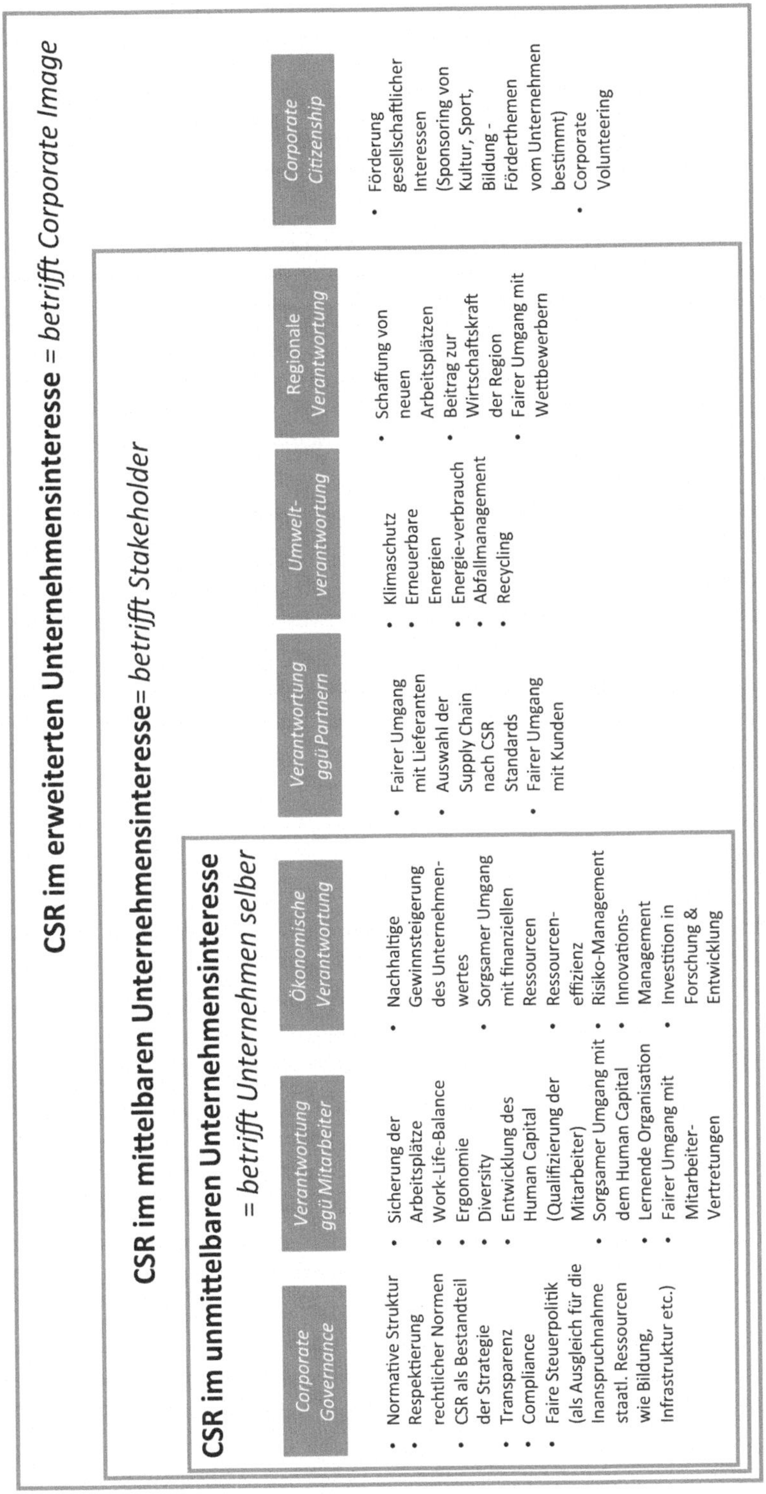

# CSR als Leitprinzip für Human Resource Management

**CSR im erweiterten Unternehmensinteresse** = *betrifft Corporate Image*

**CSR im mittelbaren Unternehmensinteresse** = *betrifft Stakeholder*

**CSR im unmittelbaren Unternehmensinteresse** = *betrifft Unternehmen selber*

| Corporate Governance | Verantwortung ggü Mitarbeiter | Ökonomische Verantwortung | Verantwortung ggü Partnern | Umweltverantwortung | Regionale Verantwortung | Corporate Citizenship |
|---|---|---|---|---|---|---|
| • Normative Struktur<br>• Respektierung rechtlicher Normen<br>• CSR als Bestandteil der Strategie<br>• Transparenz<br>• Compliance<br>• Faire Steuerpolitik (als Ausgleich für die Inanspruchnahme staatl. Ressourcen wie Bildung, Infrastruktur etc.) | • Sicherung der Arbeitsplätze<br>• Work-Life-Balance<br>• Ergonomie<br>• Diversity<br>• Entwicklung des Human Capital (Qualifizierung der Mitarbeiter)<br>• Sorgsamer Umgang mit dem Human Capital<br>• Lernende Organisation<br>• Fairer Umgang mit Mitarbeiter-Vertretungen | • Nachhaltige Gewinnsteigerung des Unternehmenswertes<br>• Sorgsamer Umgang mit finanziellen Ressourcen<br>• Ressourceneffizienz<br>• Risiko-Management<br>• Innovations-Management<br>• Investition in Forschung & Entwicklung | • Fairer Umgang mit Lieferanten<br>• Auswahl der Supply Chain nach CSR Standards<br>• Fairer Umgang mit Kunden | • Klimaschutz<br>• Erneuerbare Energien<br>• Energieverbrauch<br>• Abfallmanagement<br>• Recycling | • Schaffung von neuen Arbeitsplätzen<br>• Beitrag zur Wirtschaftskraft der Region<br>• Fairer Umgang mit Wettbewerbern | • Förderung gesellschaftlicher Interessen (Sponsoring von Kultur, Sport, Bildung - Förderthemen vom Unternehmen bestimmt)<br>• Corporate Volunteering |

**Abb. 1** Gesellschaftliche Verantwortung von Unternehmen (eig. Darstellung)

Die Verantwortung gegenüber den Mitarbeitern ist wohl das breiteste Themenfeld. Sie reicht von Arbeitsplatzsicherheit über ergonomische Arbeitsplätze, über Work-life-Balance und kompetente Führung bis hin zu Qualifizierung und den fairen Umgang mit den Mitarbeitervertretungen. Auch das Gewinnerwirtschaften, die ökonomische Verantwortung zählt zu CSR. Nur nachhaltig gesunde Unternehmen sind in der Lage, CSR-Themen gut zu stützen.

CSR im **mittelbaren** Unternehmensinteresse betrifft die Stakeholder, umfasst also die „Verantwortung gegenüber Partnern", die „Umweltverantwortung" sowie die „Regionale Verantwortung". Die Verantwortung gegenüber Partnern reicht vom fairen Umgang mit den Lieferanten bis zum fairen Umgang mit den Kunden. Die Umweltverantwortung beginnt damit, unnötigen Verbrauch an Ressourcen sowie Umweltverschmutzung zu vermeiden, und umfasst auch deren Beseitigung. Zur wirtschaftlichen Verantwortung gegenüber der Region gehören Themen wie das Schaffen von neuen Arbeitsplätzen und der Beitrag zur Wirtschaftskraft der Region.

CSR im **erweiterten** Unternehmensinteresse als Corporate Citizenship meint kulturelle und soziale Förderung. Dazu gehört auch, einen Teil des (mit den Ressourcen der Region) erwirtschafteten Gewinns zur Förderung gesellschaftlicher Anliegen, die im kulturellen, sportlichen oder Bildungsbereich liegen können, zu verwenden.

CSR sollte wesentlicher Teil der Geschäftsstrategie und damit integrierter Bestandteil jeder der Funktionalstrategien sein (vgl. Schmidpeter und Schneider 2015). In unseren noch stark finanz- und shareholder-orientierten Märkten ist das eher noch die Ausnahme (vgl. Weinreh).

## 3 Einflussebenen CSR

In den Unternehmen lassen sich fünf Einflussebenen von CSR unterscheiden (s. Abb. 2).

Die **einfachste** Form von **CSR** beschränkt sich auf die **Beachtung von rechtlichen Normen**. Das heißt, Gesetze werden beachtet, Compliance-Regeln eingehalten. Es gilt das Grundprinzip: Wir halten uns an die Regeln – basta!

Dem Prinzip haben sich die allermeisten Unternehmen angeschlossen. Drastische Milliardenstrafen, wie auch bei einigen namhaften deutschen Unternehmen, haben die Beachtung der Compliance-Regeln recht schnell zu einem allgemeinen Standard werden lassen. Allerdings tun sich viele Unternehmen noch schwer mit einer sinnvollen Anwendung der Compliance-Regeln. Aus Angst vor drohenden Strafen sind allmächtige Compliance-Abteilungen aufgebaut worden, die das laufende Geschäft eher lähmen, als es mit sinnvoller und pragmatischer Umsetzung dieser Regeln zu unterstützen. Bestechungsverbot bedeutet bspw. nicht, dass gar kein potenzieller Kunde mehr eingeladen werden darf. Es muss nur entsprechend der Compliance-Regeln erfolgen. Und diese sind weit weniger starr und streng, als viele zunächst befürchten. Es mangelt in vielen Unternehmen also noch an einer vernünftigen Umsetzung der Compliance-Regeln ins tägliche Geschäft.

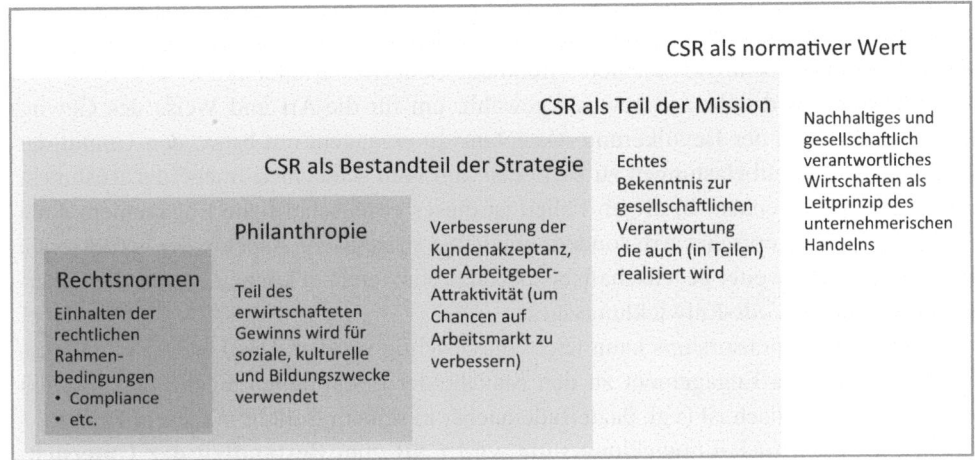

**Abb. 2** CSR-Entwicklungsstufen (eig. Darstellung)

Diese Standards werden allerdings noch nicht weltweit eingehalten. Auch deutsche Unternehmen sind im Ausland an Menschenrechtsverletzungen beteiligt, indem sie bspw. beim Kupferabbau Trinkwasser verseuchen, Menschen vertreiben, um Kaffeeplantagen anzulegen, oder Kinderarbeit in der Bekleidungsindustrie in Kauf nehmen (so Heydenreich u. a. im Bericht 2014 „Globales Wirtschaften und Menschenrechte" für Germanwatch und Misereor, Heydenreich et al. 2014). Wie sensibel Verbraucher mittlerweile auf solche Verstöße reagieren, zeigen deutliche Umsatzeinbußen bspw. bei Nike vor einigen Jahren, als Kinderarbeit bei Zulieferern bekannt wurde. Das Einhalten dieser Standards ist oftmals auch nur schwer durchzusetzen bzw. zu kontrollieren. Die soeben zitierte Kinderarbeit fand bei 3rd- oder 4th-tier-Zulieferern statt.

Für internationale Konzerne besteht die weitere Schwierigkeit darin, dass die nationalen Gesetze sehr wohl unterschiedliche Ausprägungen insb. auch der Compliance-Regeln haben. Das heißt, was im einen Land erlaubt ist, ist im nächsten verboten. Schwierig, hierfür einheitliche Konzernrichtlinien aufzustellen, ohne auf das strengste Level zu kommen, das alle Möglichkeiten der betroffenen Ländergesetze beinhaltet. Bei unterschiedlichen Compliance-Maßstäben, die an die Landesgesetze angepasst sind, gestaltet sich die internationale Zusammenarbeit der Mitarbeiter schwierig (was im einen Land erlaubt ist, darf der international eingesetzte Vertriebsmitarbeiter im nächsten nicht tun) ebenso wie das Herausbilden eines einheitlichen Wertmaßstabes im Unternehmen.

Die **zweite** Gruppe der Unternehmen engagiert sich sozial, verwendet also realisierte Unternehmensgewinne für soziale (z. B. verbesserte Computerausstattung an Schulen) oder auch kulturelle Zwecke (z. B. Sponsoring von Konzerten oder Jugendfußballturnieren). Die Art und Weise des bisherigen Wirtschaftens wird dabei nicht beeinflusst. Dieser von **Philanthropie** geprägte CSR-Ansatz beschränkt sich auf die Verwendung des erwirtschafteten Gewinns. Dieser mag teilweise unter Missachtung von CSR-Grundsätzen erwirtschaftet worden sein. Es wird gehandelt nach dem Grundprinzip: Im Sinne eines Mäzens werden als sinnvoll erachtete öffentliche Bedürfnisse unterstützt.

Dieser Weg wird teilweise bewusst gewählt, um für die Art und Weise des Gewinnerwirtschaftens in der Bevölkerung Akzeptanz zu erzeugen, um bspw. den Unmut der Bürger über Umweltbelastungen zu befrieden, um vom schlechten Image der Rüstungsindustrie etc. abzulenken. In diesen Fällen ist dieses gesellschaftliche Engagement nicht mehr rein philanthropischer Art, sondern beinhaltet strategische Aspekte der verbesserten Akzeptanz, um so weiter gesellschaftsbelastend produzieren zu können. Das ist der Übergang zur nächsten CSR-Entwicklungsstufe.

Diese Art des Sponsorships kann leicht durchsichtig werden. Das Unternehmen muss sich fragen, ob das Engagement zu den Stakeholder-Erwartungen an die Organisation passt, ob es authentisch ist (vgl. dazu Rademacher in seinem Beitrag in diesem Buch).

Bei der dritten CSR-Entwicklungsstufe wird **CSR** zum **Bestandteil der Unternehmensstrategie**. Hier wandert der CSR-Gedanke sozusagen von der reinen Außenbetrachtung ins Unternehmen hinein. Diese Haltung beeinflusst das Wirtschaften als solches, also unter welchen Grundprinzipien Gewinn erwirtschaftet wird. Das Bestreben ist nicht mehr, unter einem reinen Shareholder-Ansatz den Gewinn auf alle rechtlich zulässigen Arten zu maximieren, um einen Teil davon anschließend gönnerhaft zu spenden. Hier wird CSR zu einem strategischen Handlungsprinzip bzw. zu einem unternehmerischen Kalkül. Es gilt das Grundprinzip: Durch das gesellschaftliche Engagement verbessert das Unternehmen seine ökonomischen Erfolgsaussichten.

Ziel kann hier sein, durch das gesellschaftliche Engagement die eigene Arbeitgeberattraktivität zu verbessern, um dadurch die Chancen auf dem Arbeitsmarkt zu erhöhen, aber auch um die eigenen Mitarbeiter besser zu halten oder gar zu höherer Leistung zu motivieren.

Beispiele für diese CSR-Entwicklungsstufe gibt es vielfach (s. Schmidpeter und Schneider 2015): So z. B. der Hersteller von Malerbedarf, der um dem steigenden Kostendruck auszuweichen, die Arbeitsplätze nicht ins Ausland verlagert, sondern in die Zusammenarbeit mit einer Behindertenwerkstatt einsteigt und damit nicht nur Arbeitsplätze in Deutschland hält, sondern gleichzeitig Behinderten dauerhaft Arbeit verschafft und dabei selbst nicht nur sein unternehmerisches Image verbessert, sondern auch noch ökonomisch profitiert. Dazu zählen auch die mittelständischen Unternehmen, die sich zusammentun, um gemeinsam eine Kindertagesstätte für ihre Mitarbeiter zu finanzieren. Damit ist nicht nur die betroffene Kommune finanziell entlastet. Gleichzeitig wird so vielen Müttern der Wiedereinstieg bzw. die Fortsetzung ihrer Arbeit ermöglicht und die Unternehmen erreichen eine Entlastung in ihrer Suche nach Fachkräften.

Das Unternehmen muss sich auch hier wieder fragen, ob das Engagement zum Geschäftsfeld passt und ob es als strategisch kompatibel wahrgenommen wird (vgl. dazu Rademacher in seinem Beitrag in diesem Buch).

Auf der **vierten** Entwicklungsstufe wird **CSR** zu einem **Bestandteil der Unternehmensmission**, also auf welche Art und Weise will das Unternehmen erfolgreich sein. Hier wird bereits die Art und Weise des Wirtschaftens hinterfragt, also der faire Umgang mit

Zulieferern, die Verantwortung gegenüber den eigenen Mitarbeitern, aber auch gegenüber der Umwelt und der Gesellschaft insgesamt. Es gilt das Grundprinzip: Im Verständnis eines ehrbaren Kaufmanns geht das Unternehmen verantwortungsvoll mit seinen Stakeholdern um.

CSR als echtes Bekenntnis zur gesellschaftlichen Verantwortung zeigt sich bspw. in pragmatischer Realisierung des Umweltschutzes wie bei der Stadt Dortmund. Dort gilt mittlerweile das Primat: Wir fahren elektrisch, mit Verbrenner nur noch, wenn nachweislich günstiger über den gesamten „life-cycle" des Fahrzeugs (ausführlich zu diesem Beispiel im folgenden Abschnitt).

Ein weiteres Beispiel praktizierter gesellschaftlicher Verantwortung: Uneigennützig handeln Unternehmen, wenn sie Hochleistungssportlern verbesserte Einstellungschancen einräumen. Solche Sportler haben meist kein Auslandssemester, kaum Unternehmenspraktika und ihr Studium dauert in der Regel deutlich länger. Im Programm „Sprungbrett Zukunft" haben sich 170 Unternehmen bereit erklärt, Hochleistungssportler, die sich auf ein Praktikum oder eine Stelle bewerben, trotz dieser „Defizite" auf jeden Fall zum Vorstellungsgespräch einzuladen. Neben dieser Kennwortbewerbung ermöglichen diese Unternehmen den Spitzensportlern (von Unternehmen üblicherweise vermiedenen) Kurzzeitpraktika sowie Mentorenunterstützung bei der Berufswahl und dem -einstieg (näher Sporthilfe 2015 unter https://www.sporthilfe.de/Sport_und_Karriere_Sprungbrett_Zukunft.dsh).

Ein Bekenntnis zur gesellschaftlichen Verantwortung kann auch in der nachhaltigen Sicherung von Arbeitsplätzen liegen. Bei internationalen Konzernen trifft dies freilich nicht immer die regionalen Interessen. Wenn ein Unternehmen zusätzliche Arbeitsplätze von Deutschland in das rumänische Werk verlagert, werden dort nachhaltig Arbeitsplätze gesichert. Insgesamt vielleicht sogar mehr als es davor waren, nur eben in anderen Regionen. Wenn ein Automobilhersteller seine Produktionskapazitäten in China hochfährt, führt dies dort zu nachhaltig zusätzlichen Arbeitsplätzen in erheblichem Umfang. Diese lokale Produktion ersetzt gleichzeitig bisherige Importe aus deutschen Werken, was dort eventuell sogar zu einem Rückgang der Beschäftigung führt. Aus der internationalen Konzernsicht mit einer gesellschaftlichen Verantwortung in allen Standortländern ist das gesellschaftliche Engagement sogar gestiegen.

Die Übergänge von der zweiten zur dritten Entwicklungsstufe sind teilweise fließend ebenso von der dritten zur vierten.

Die **fünfte** Entwicklungsstufe „CSR als normativer Wert" ist bislang kaum belegt. Dabei wird das einseitige Primat des Gewinnerwirtschaftens aufgegeben. Solche Unternehmen sind geprägt vom Prinzip, dass sie sich als Teil der Gesellschaft betrachten und damit auch gesellschaftliche Aufgaben haben. Diese reichen von das eigene Human Capital zu qualifizieren, also weiterzuentwickeln, für nachhaltige Beschäftigung zu sorgen im eigenen Unternehmen, aber auch durch die faire Einbeziehung von Partnern, mit den Umweltressourcen schonend umzugehen bis hin zu Steuerbeiträgen, um die in Anspruch genommene staatliche Bildungs- und Verkehrsinfrastruktur und Sicherheit (um nur einige zu nennen) auch gerecht mitzufinanzieren. Dabei wird das Primat des Shareholder-Ansatzes aufgehoben. Gewinnerzielung ist hier ein Unternehmenszweck, zu dem mehr oder minder gleichberechtigt die gesellschaftliche Verpflichtung als Unternehmensziel hinzukommt. Die eigenen Aktionäre werden als eine der Stakeholder-Gruppen betrachtet, aber nicht länger als die absolut dominante. Klingt kommunistisch, muss es aber nicht sein. Es gibt heute schon Unternehmen, die gesellschaftliche Verantwortung als Unternehmensziel formuliert haben und zu deren Verfolgung auf Gewinnanteile verzichten. Beispiele sind einzelne kleine Banken, die sich auf die Finanzierung von Umweltprojekten spezialisiert haben, mit kleineren Profitmargen als die großen. Auch diese wirtschaften erfolgreich, weil sie Anleger finden, die auf höheren Profit verzichten zugunsten des guten Gewissens, um damit einen Beitrag zu ihrer gesellschaftlichen Verantwortung zu liefern. Klingt für manche lächerlich? Genauso lächerlich wie die Prognose vor noch gar nicht so vielen Jahren, dass Verbraucher bereit wären für freilaufende Hühner mehr zu zahlen als für in Käfigen gehaltene Hühner.

## 4 Ernsthaftigkeit von CSR

CSR-Aktivitäten werden vielfach noch abgetan mit dem Argument der mangelnden Verfügbarkeit entsprechender Produkte, aber hauptsächlich mit deren Unwirtschaftlichkeit. Das größte deutsche Bundesland hat 2014 sein Ziel, 10 % umweltfreundliche Fahrzeuge anzuschaffen, mit gleich drei neuen Hybridautos etwas verfehlt. Die entsprechende Anfrage im Landtag wurde mit dem Argument abgetan, solche Fahrzeuge seien noch nicht sicher und nicht wirtschaftlich. Eine Großstadt im Zentrum Bayerns gibt regelmäßig einen zweistelligen Millionenbetrag aus für Flüsterasphalt. Bei Elektrobussen (die von Haus aus flüstern) wird dagegen genau gerechnet, ob diese nicht ein paar Euro teurer sind als solche mit Verbrennungsmotor. Und auch diese Berechnungen lassen nicht nur die Umweltbelastung außen vor, sie berücksichtigen meist nur die Anschaffungskosten, aber nicht die gesamten Life-cycle-Kosten.

Die Stadt Dortmund bekennt sich glaubhafter zu Umweltpolitik. Dort gilt mittlerweile das Primat: Wir fahren elektrisch. Der dortige Oberbürgermeister hat die Fragestellung umgedreht. Sein Kämmerer darf künftig kommunale Fahrzeuge mit Verbrennungsmotor nur noch beschaffen, wenn er nachweist, dass diese tatsächlich über die gesamte Laufzeit günstiger sind als Elektrofahrzeuge. Und dieser Nachweis gelingt immer seltener. Hier wird nicht mehr lamentiert: „Ich würde ja gern, aber es kostet halt was", sondern das Lippenbekenntnis zu einer gelebten CSR-Haltung verändert.

Konsequenterweise müsste sogar noch ein Umweltfaktor von x % zugunsten der E-Fahrzeuge eingerechnet werden, um die Belastung durch Abgas und Lärm bzw. die Beseitigung der Umweltschäden zu berücksichtigen. Wenn sich schon Kommunen mit ihrer originären Verantwortung für die Umwelt nicht zu einer konsequenten Umweltorientierung aufraffen können, wie soll dies von rein privatwirtschaftlich geführten Unternehmen erwartet werden. Diese Art der Umweltschonung wird mit Steuergeldern finanziert. Aber sie ist auch im ausdrücklichen Interesse aller Steuerzahler.

## 5 Relevanz von CSR in HR

CSR wird von HR im Vergleich zu anderen Unternehmensbereichen nur zurückhaltend aufgegriffen (vgl. Ehnert et al. 2015) und nicht ernsthaft in die Personalarbeit integriert (so Müller-Camen 2014). Wie dies geschehen kann, erläutert Müller-Camen in seinem Beitrag in diesem Buch.

### 5.1 CSR-Themen für HR

Die typischen Themen für HR sind interne, wie das Wohlergehen der Mitarbeiter, die Beachtung von Diversity beim Recruiting und Volunteering-Programme (vgl. Weinreh). Das ist bei Weitem nicht die Themenvielfalt, die HR tatsächlich betrifft.

Die meisten anderen Unternehmensbereiche betrachten CSR mittlerweile als einen wichtigen Bestandteil ihrer Businessstrategie. Dagegen gibt es in den HR-Abteilungen noch deutlich mehr Widerstand (dazu und zum Folgenden Weinreh). Die eine typische HR-Ausrede ist: Das tun wir doch schon! Die andere: CSR ist keine HR-Verantwortung. Der Fokus liegt nach wie vor auf Einstellen, Qualifizieren und Retention.

Zum Teil hat HR damit recht: Der Personalbereich hat nicht die CSR-Verantwortung. Diese liegt beim Management insgesamt, also bei jeder Führungskraft. Aber HR hat eine Schlüsselfunktion. Gesellschaftliche Verantwortung wird nicht vom Unternehmen als solchem praktiziert, sie wird von den Mitarbeitern und vor allem von den Führungskräften gelebt – oder eben nicht. Wer hat im Unternehmen die Verantwortung für die Strukturierung des Unternehmens und die Organisationsentwicklung? Der Vorstand bzw. die Geschäftsführung – und diese werden dabei (hoffentlich) professionell unterstützt vom Personalbereich. Vergleichbar kann die Rolle von HR in CSR sein. Der Personalbereich ist nicht verantwortlich für CSR, kann aber eine Organisator- und Treiberrolle übernehmen.

Mees und Bunham formulieren es folgendermaßen: CSR minus HR equals PR (Mees, Bunham 2015).

### 5.2 Mehrfachrolle HR

HR hat eine Mehrfachrolle in CSR. Für die unternehmensinternen Themen wie Entwicklung der Mitarbeiter (durch Qualifizierung, Aufstiegsentwicklung etc.) hat HR eine originäre Zuständigkeit. Für Themen wie Work-life-Balance sind primär die Vorgesetzten verantwortlich, hier schafft der Personalbereich Rahmenbedingungen.

Das Thema Corporate Volunteering wirkt nach außen, aber durch Beteiligung der eigenen Mitarbeiter, insofern auch ein typisches HR-Thema.

Soziale und kulturelle Unterstützung von externen Organisationen ist teilweise HR zugeordnet oder dem Vorstandssprecher selber. Lediglich Themen wie verantwortlicher Umgang mit der Umwelt sind in der Verantwortung anderer Vorstandsbereiche. Schon aufgrund der zunehmenden öffentlichen Aufmerksamkeit bzgl. CSR macht es Sinn, sämtliche CSR-Aktivitäten im Unternehmen zu koordinieren. Diese gebündelte Funktion ist häufig HR zugeordnet bzw. sowohl HR als auch dem Vorstandsvorsitzenden.

Die Doppelrolle des Personalbereichs liegt zusätzlich darin, dass er die Personalverantwortung für das eigene Ressort hat und gleichzeitig die Steuerungsverantwortung für das Humankapital des gesamten Unternehmens. Solch eine Doppelfunktion haben nicht alle Ressorts. Das Ressort Marketing ist typischerweise für das Produktmarketing zuständig, für das externe Personalmarketing dagegen nicht, auch nicht für das nach innen gerichtete Personalmarketing zur Stärkung der Arbeitgeberattraktivität und auch nicht für das interne Marketing des Ressorts HR, um etwa seine eigene interne Reputation zu verbessern.

Eine vergleichbare Doppelrolle hat der Personalbereich bzgl. CSR. HR koordiniert zumindest die nach innen gerichteten CSR-Aktivitäten und ist gleichzeitig verantwortlich, dass HR selber sich an diese CSR-Regeln hält.

Das CSR-Engagement eines Unternehmens ist nur dann glaubhaft, wenn soziale Maßnahmen nicht auf die externe Dimension beschränkt bleiben, sondern wenn auch intern – gegenüber den Mitarbeitern – sozial verantwortlich gehandelt wird (vgl. Mory 2014).

Die HR-Funktion ist damit ein Schlüsselpartner für die Implementierung von CSR und Nachhaltigkeit in jeder Organisation. Gowan erläutert, wie der Personalbereich eine Treiberrolle übernehmen kann, sowohl in der Entwicklung als auch der Implementierung einer Nachhaltigkeitsstrategie (Gowan 2012).

Dies kann nur erreicht werden, wenn die Organisation die komplette Belegschaft dafür qualifiziert, motiviert und begeistert (so Cohan). Die Frage, wie die Mitarbeiter erfolgreich in einen CSR-Ansatz integriert werden können oder gar zu Umsetzern und Treibern entwickelt werden können, wird in den Beiträgen von Michels, Schöffmann und Zeckra behandelt.

Eine Übersicht der Themen mit CSR-Fokus, die der Personalbereich adressieren könnte, liefert Müller-Camen (Müller-Camen 2011):

- Recruitment
- Performance Management
- Training and Development
- Compensation and Rewards

Diese Themen ziehen sich auch durch die Beiträge dieses Buches.

Busold schildert bspw. in seinem Beitrag anschaulich, wie sich mit CSR-Maßnahmen die Arbeitgeberattraktivität verbessern lässt. Rademacher ergänzet dies in seinem Beitrag gerade auch im Hinblick bzgl. der geänderten Erwartungen der jüngeren Generationen an die Attraktivität von Arbeitgebern. Wie sich Beschäftigungsbedingungen mitarbeitergerechter gestalten lassen und die Orientierung an den spezifischen Stärken der einzelnen Mitarbeiter deren Leistungsbereitschaft deutlich steigert, erläutert Zeuch in seinem Beitrag. Dass Bildungsarbeit einerseits gesellschaftliches Engagement darstellt und gleichzeitig im eigenen ökonomischen Interesse der Unternehmen ist, wird von Anz aufgezeigt.

Wie sich mit einem spezifischen Trainingsansatz die Diversity-Einstellung von Führungskräften beeinflussen lässt, schildert von Wurzbach.

Auch die Vergütungsinstrumente können durch geeignete Gestaltung den Fokus auf nachhaltiges Wirtschaften lenken. Variable Vergütungsinstrumente, deren zugrunde liegender Betrachtungszeitraum über das typische Kalenderjahr hinausgeht, setzen Anreize für langfristige Orientierung. Solche Longterm Incentives, die am langfristigen Unternehmenserfolg ausgerichtet sind, umfassen nicht nur aktienbasierte, sondern auch nichtaktienbasierte Formen (vgl. dazu Doyé, Analyse und Bewertung von betrieblichen Zusatzleistungen). Vereinzelt wird allerdings bereits variable Vergütung basierend auf dem nachhaltigen Erfolg des Managers vereinbart. Derartige Instrumente entsprechen dem Grundgedanken des Gesetzes zur Angemessenheit der Vergütung bei Vorständen (VorstAG), da sie Anreize für langfristigen Erfolg setzen, und damit die angestrebte Nachhaltigkeit der Unternehmensentwicklung fördern (ausführlich Doyé, Arbeitsmarkt).

Kohlmann wiederum bringt in ihrem Beitrag Beispiele, wie Compliance Incentives verändert hat.

Es gibt noch eine Fülle von CSR-Themen, die von HR zu adressieren sind. Viele Unternehmen verfolgen schon mehrere dieser Maßnahmen, wenige tun es strukturiert und in Abstimmung mit der CSR-Strategie des Unternehmens oder gar der zugrunde liegenden „Mission".

## 6 CSR als Strukturprinzip

Die Beiträge in diesem Buch schildern überwiegend Beispiele der dritten und vierten Ebene, auf der Unternehmen die Phase der Philanthropie überschritten haben und CSR bereits ein Teil der Unternehmensstrategie (dritte Ebene) oder sogar der Mission (vierte Ebene) geworden ist.

Beide Ebenen lassen sich folgendermaßen differenzieren: Die dritte Ebene „CSR als Teil der Unternehmensstrategie" lässt sich beschreiben mit „Mittel zum Zweck des besseren Geschäftserfolges". Das Unternehmen setzt bewusst Ressourcen für unterschiedliche gesellschaftlich relevante Aspekte ein, um die Geschäftsziele noch besser zu erreichen.

Bei der vierten Ebene „Mission" ist CSR ein Teil des Selbstverständnisses des Unternehmens geworden, also in welchem Grundverständnis es wirtschaften will. Das ist bereits eine Abkehr vom Prinzip der Shareholder-Maximierung. Um die gesellschaftliche Verantwortung wahrzunehmen, nimmt dieses Unternehmen in Kauf, dass der Gewinn zugunsten der Shareholder geringer ausfällt. Es kann in diesen Unternehmen ja ein eigenständiger Wert für die Shareholder sein, dass „ihr" Unternehmen nachhaltig, gesellschaftlich verantwortlich arbeitet.

Worin liegt der Unterschied zum Shareholder-orientierten Wirtschaften? Das reine Shareholder-Prinzip ist „ausbeuterisch" gegenüber der Gesellschaft. Es ist darauf angelegt, den Nutzen für die Anteilseigner (in der Regel die Aktionäre) zu maximieren, häufig zulasten der weiteren Stakeholder.

> **Beispiele**
> - Die Umwelt wird über Gebühr belastet – teilweise auch durch Rechtsverstöße –, solange der Schadensersatz niedriger eingeschätzt wird als die Einsparung durch den Umweltverstoß.
> - Steuerzahlungen werden durch fiktive interne Finanzierungs- und Kostenstrukturen ins steuerfreie oder -begünstigte Ausland verlagert – obwohl die staatlichen Ressourcen wie Infrastruktur, Bildung, Sicherheit etc. ganz selbstverständlich genutzt werden. Im Umfang der Steuerflucht steigt die relative Steuerlast für die Steuerehrlichen.
> - Mitarbeiter werden ausgenutzt: Etwa durch nicht ausreichend ergonomische Arbeitsplätze – die Folgen der Krankenkosten, der Frühverrentung etc. zahlt die Allgemeinheit – oder durch schlecht ausgesuchte/qualifizierte Führungskräfte. Daraus resultierende Demotivation schädigt das Unternehmen selber, Burn-out-Kosten wiederum die Gesellschaft.

Nachhaltiges und gesellschaftlich verantwortliches Wirtschaften als Leitprinzip geht über das Einbinden von CSR in die Unternehmensstrategie hinaus. Nicht bloß: „Wir implizieren CSR in unsere Produkt-, Ressort- oder Unternehmensstrategie", sondern CSR wird das Leitprinzip, an dem sich die Produkt-, Ressort- oder Unternehmensstrategie ausrichten. Von der Haltung „Wir vermeiden Umweltschäden in dem Maße, als deren Vermeidung nicht teurer ist als deren Beseitigung", hin zum Prinzip „Wir bekennen uns zu einer umweltschonenden Produktion und nehmen dafür Gewinneinbußen in Kauf". Vom „Wir vermeiden schädliche Einflüsse auf die Finanzmärkte", hin zum „Wir finanzieren keine Waffengeschäfte".

Auf der vierten Entwicklungsstufe (CSR als Unternehmensmission) und erst recht auf der fünften (CSR als normativer Wert) geht es noch stärker darum, positiven Impact zu erzeugen, als bloß Schaden zu vermeiden. Solchermaßen gelebte gesellschaftliche Verantwortung erhöht die Zukunftsfähigkeit des Unternehmens. Damit löst sich auch der vermeintliche Gegensatz zwischen Nachhaltigkeit und Profitabilität auf. Zahlreiche Studien zeigen mittlerweile, dass nachhaltige Unternehmen auch die profitableren sind.

Nicht nur Paluszek ist überzeugt, dass CSR die Strukturen der Unternehmen verändern wird (Paluszek 2015). Das heißt, hat solch ein Umdenken Einfluss auf die Besetzung von Vorstands- und Geschäftsführungsgremien? Zu beobachten ist dies aktuell im boomenden China in den Joint Ventures zwischen westlich geprägten, also Shareholder-orientierten Unternehmen und den staatlich geführten chinesischen Partnern. Erstere wollen auch in diesem Markt Profit erwirtschaften und beanspruchen deswegen regelmäßig das Finanzressort für sich. Dem staatlich geprägten Joint-Venture-Partner geht es um die Schaffung von Arbeitsplätzen und das möglichst nachhaltig und diese in einer vernünftigen Work-Life-Balance. Das gemeinsame Unternehmen soll die Umwelt schonen und gleichzeitig zum Wohl der Gesellschaft beitragen. Durchaus konträre Interessen, zumindest was die Ausprägung der Ziele angeht. Dieser Konflikt ist auch für die chinesischen Partner neu. In den klassisch staatlich geprägten Unternehmen konnten deren primäre Interessen vorrangig verfolgt werden – unabhängig davon, wie gut das immer gelungen ist. Dieser Konflikt tritt auch nicht auf in den jungen rein kommerziell orientierten Unternehmen wie AliBaba. Diese sind in Privatbesitz, ohne staatliche Beteiligung an der Unternehmensführung. Diese sind damit den typisch westlichen Unternehmen vergleichbar.

In den gemischten Joint Ventures wollen die Staatsunternehmen die ihnen wichtigen Ziele auch umgesetzt wissen. Dem wird in diesen chinesischen Gemeinschaftsunternehmen Rechnung getragen, indem es auf Boardebene einen Party Secretary gibt. Dieser ist in wichtigen Unternehmensentscheidungen einzubeziehen bzw. hat ein Vetorecht. Damit hat in diesen Unternehmen CSR bereits Einfluss genommen auf die Organisationsstruktur. Zunächst für die westlichen Partner ungewohnt und zu Beginn voller Konflikte haben die westlichen Shareholder sich meist gut damit arrangiert. Es ist nicht nur die chinesische Regierung, die über ihre Staatsbeteiligung diese Stakeholder-orientierte Einflussnahme durchdrückt. Auch die chinesische Bevölkerung erwartet von den in China tätigen Unternehmen die Berücksichtigung ihrer Interessen. Das beschränkt sich derzeit noch auf soziale, kulturelle Unterstützungen. Die Berücksichtigung weitergehender Interessen, wie die Vermeidung von Umweltverschmutzung wird noch nicht vergleichbar realisiert und manifestiert sich auch noch nicht so ausgeprägt in der Erwartungshaltung der Bevölkerung.

Die Geschäfte in China laufen jedenfalls auch mit der ungewohnten Organisationsstruktur prächtig.

## Literatur

Cohan E (2010) CSR for HR, Greenleaf Publishing
Deutsche Sporthilfe (2015) https://www.sporthilfe.de/Sport_und_Karriere_Sprungbrett_Zukunft.dsh
Ehnert I, Parsa S, Roper I, Wagner M, Müller-Camen M (2015) Reporting on sustainability and HRM. International Human Resource Manager. doi:10.1080/09585192.2015.1024157. Routledge, London
Gowan MA (2012) HRM's role in corporate social and environmental sustainability
Heydenreich C, Paasch A, Kusch J (2014) Globales Wirtschaften und Menschenrechte – Deutschland auf dem Prüfstand; Bericht 2014 von Misereor und Germanwatch
Mees A, Bunham J (2015) Canadian Business for Social Resposibility (CBSR)
Mory L (2014) Soziale Verantwortung nach innen – Dimensionen, Wirkungsbeziehungen und Erfolgsgrößen einer internen CSR. Springer Gabler, Wiesbaden
Müller-Camen M (2014) IHRM's role in managing ethics and CSR globally. In: Collings D, Wood GT, Caligiuri PM (Hrsg) The routledge companian to international human resource management. Routledge, London
Müller-Camen M, Jackson SE, Jabbour CJC, Renwick DWS (2011) Green Human Resource Management. Zeitschrift für Personalforschung 25(2): 99–195
Paluszek J (2015) Goodbye CSR hello new normal
Schmidpeter R, Schneider A (2015) Corporate Social Responsibility: Verantwortungsvolle Unternehmensführung in Theorie und Praxis, 2. Aufl. Springer Gabler, Wiesbaden
Weinreh E (2012) The real friction between HR and CSR

**Prof. Dr. Thomas Doyé** ist seit 2000 Professor für Personal- und Organisationsentwicklung an der Technischen Hochschule Ingolstadt. Er ist Vorstand der Europaischen Metropolregion München (EMM) und Beirat der Kellerhals - Stiftung. Davor hat er 16 Jahre in leitenden HR-Funktionen bei Airbus, BMW, Daimler und der Dresdner Bank moderne HR-Arbeit als Businesspartner etabliert. Schwerpunkte seiner Arbeit sind vor allem HR-Strategie, Veränderungsprozesse, Auswahldiagnostik, innovative Vergütungsinstrumente sowie Mergers & Acquisitions. Neben seiner Hochschultätigkeit ist Professor Doyé in den genannten Schwerpunktfeldern als Personalberater tätig.

# Nachhaltiges Personalmanagement

Iris Maurer und Michael Müller-Camen

## 1 Nachhaltiges Personalmanagement: Ein Paradigmenwechsel?

In den vergangenen Jahren ist eine neue Forschungsrichtung im Human Resource Management (HRM) entstanden, das Nachhaltige Personalmanagement (Ehnert und Harry 2012). Dafür gibt es verschiedene Gründe, wobei einer der wichtigsten jener ist, dass es im Sinne der nachhaltigen Entwicklung nicht mehr ausreicht, dass Wirtschaftsunternehmen sich ökonomische Ziele setzen, sondern sie auch zunehmend unter Druck geraten, die ökologische und soziale Dimension ihres Handelns zu berücksichtigen. Bereits in den 1980er-Jahren hat die Brundtland-Kommission (UN Kommission für Umwelt und Entwicklung) Nachhaltigkeit als „development that meets the needs of the present without compromising the ability of future generations to meet their own needs" (WCED 1987, S. 43) definiert. Darauf aufbauend hat sich in den 1990er-Jahren die sogenannte Triple Bottom Line entwickelt, welche fordert, dass Unternehmen neben dem Gewinn auch die Umwelt und die Gesellschaft als Ziel ihrer Tätigkeit definieren. Dies hat nicht nur dazu geführt, dass Corporate Social Responsibility (CSR) zu einer eigenen Managementfunktion geworden ist, sondern dass sich verschiedene betriebswirtschaftliche Teilgebiete wie Marketing und Supply Chain Management seit einigen Jahren aktiv mit Nachhaltigkeitsthemen beschäftigen. Das HRM hat hier einen Nachholbedarf und die Entwicklung steht

---

I. Maurer (✉) · M. Müller-Camen
Institut für Personalmanagement, Wirtschaftsuniversität Wien, Welthandelsplatz 1, 1020 Wien, Österreich
E-Mail: iris.maurer@wu.ac.at

M. Müller-Camen
E-Mail: michael.mueller-camen@wu.ac.at

© Springer-Verlag Berlin Heidelberg 2016
T. Doyé (Hrsg.), *CSR und Human Resource Management*,
Management-Reihe Corporate Social Responsibility, DOI 10.1007/978-3-662-47683-3_2

noch ganz am Anfang. Dies ist überraschend, denn viele Fragen der CSR sind eng mit dem Management der Mitarbeiter verknüpft (Cohen et al. 2012).

Die Personalfunktion kann sowohl eine wichtige Rolle bei der Implementierung von Nachhaltigkeitsstrategien spielen als auch die einzelnen personalwirtschaftlichen Aufgaben nachhaltig durchführen. Dieses Verständnis der Personalfunktion spiegelt sich in der Definition von Nachhaltigem Personalmanagement wieder, die Cohen et al. (2012, S. 3) in einem Bericht für die US Society for HRM (SHRM) veröffentlicht haben:

> Sustainable HRM is the utilization of HR tools to help embed a sustainability strategy in the organization and the creation of an HRM system that contributes to the sustainable performance of the firm. Sustainable HRM creates the skills, motivation, values and trust to achieve a triple bottom line and at the same time ensures the long-term health and sustainability of both the organization's internal and external stakeholders, with policies that reflect equity, development and well-being and help support environmentally friendly practices.

Nach dieser Definition sind die wesentlichen Ziele des Nachhaltigen Personalmanagements Gleichbehandlung, Entwicklung und Well-Being der Mitarbeiter sowie die Unterstützung einer umweltfreundlichen Geschäftstätigkeit. In diesem Sinne ist es nicht nachhaltig, wenn eine hohe psychische Belastung am Arbeitsplatz herrscht, Frauen für die gleichen Tätigkeiten weniger verdienen als Männer und im Management unterproportional vertreten sind.

Vertreter dieser neuen Richtung in Praxis und Wissenschaft sehen im Nachhaltigen Personalmanagement einen Paradigmenwechsel hin zu einer neuen Entwicklungsstufe des HRMs. Beispielsweise ist für Freitas et al. (2011) Nachhaltiges Personalmanagement die vierte Entwicklungsstufe im HRM nach „personnel administration", „personnel management" und „strategic human resource management". Das Beratungsunternehmen Kienbaum (Kienbaum Management Consultants 2010) sieht eine Entwicklung von HR 1.0 („HR basics") über HR 2.0 („state of the art") zu HR 3.0 (Paradigmenwechsel), das heißt Nachhaltigem Personalmanagement. Diese Einschätzung ist gerechtfertigt, da durch das Konzept der Nachhaltigkeit drei neue wesentliche Elemente Einzug in das HRM finden.

Erstens ist der Fokus nun nicht mehr nur auf den Auswirkungen des HRMs auf die finanzielle Leistung der Organisation. Soziale und umweltpolitische Wirkungen von Personalentscheidungen sollen nun ebenfalls relevante Parameter für den Beitrag der Personalfunktion sein. Als Resultat werden neue Felder des Personalmanagements wie die Mitarbeitergesundheit, Diversity Management und Employee Volunteering wichtig. Derzeit fehlt es aber noch an einer Operationalisierung, was genau Nachhaltiges Personalmanagement beinhaltet. Eine Möglichkeit ist die Orientierung an Personalthemen, die in CSR-Berichten von Unternehmen diskutiert werden. Viele Unternehmen berichten beispielsweise nach der Global Reporting Initiative (GRI), einem international anerkannten Standard zur Nachhaltigkeitsberichterstattung, der personalwirtschaftlich relevante

**Abb. 1** HRM Stakeholder. (basierend auf Cohen et al. 2012, S. 26)

Themen wie „Arbeitspraktiken und Menschenwürdige Beschäftigung" und „Menschenrechte" berücksichtigt.

Zweitens gewinnt die Beachtung einer größeren Zahl an Stakeholdern an Bedeutung. Es gilt nicht nur den Ansprüchen von Eigentümern, der Geschäftsleitung und von Mitarbeitern gerecht zu werden, sondern von einer ganzen Reihe neuer Stakeholder (siehe Abb. 1), welche die Leistung der Personalfunktion beeinflussen oder von dieser beeinflusst werden (Cohen et al. 2012). Neue Stakeholder sind beispielsweise Umweltaktivisten, die darauf drängen, dass sich der $CO_2$-Ausstoß des Unternehmens verringert. Dies ist einer der Gründe, warum sich Unternehmen mit ökologischen Fragestellungen auseinandersetzen und ein aktives Umweltmanagement betreiben. „Green HRM" kann hierbei eine wesentliche Rolle spielen.

Drittens müssen im Nachhaltigen Personalmanagement nun auch personalwirtschaftliche Fragen außerhalb der Organisationsgrenzen beachtet werden. Die unternehmerische Verantwortung bzw. CSR umfasst beispielsweise auch die Lieferkette. Auf Druck von Menschenrechtsorganisationen und anderen Nichtregierungsorganisationen (NGOs) interessieren sich viele Unternehmen dafür, welche HRM-Praktiken wie beispielsweise die Beschäftigung von Kindern oder das Vorhandensein von gesundheitsgefährdenden Arbeitsplätzen bei ihren Lieferanten üblich sind. Die überwiegende Zahl der Menschenrechtsangelegenheiten gehört zu den Kernfunktionen des HRM und daher sollte die Tätigkeit der Personalfunktion auch auf die Mitarbeiter der Lieferkette ausgeweitet werden.

## 2 Felder des Nachhaltigen Personalmanagements

Das Forschungsfeld des Nachhaltigen Personalmanagements entwickelt sich derzeit sehr schnell. Allerdings existiert hierfür noch keine Operationalisierung. Einer der ersten Versuche, dies zu tun, war eine Studie aus dem Jahr 2005, welche die auf die Mitarbeiter bezogenen Abschnitte in CSR-Berichten daraufhin analysierte, ob Pfeffers „HRM Best Practices" dort behandelt werden (Hartog et al. 2008). Die Studie zeigte, dass sich einige von Pfeffer vorgeschlagene HRM-Praktiken, wie die Betonung von Aus- und Weiterbildung, die intensive Mitarbeiterkommunikation und die Zahlung angemessener Gehälter, auch in den CSR-Berichten wiederfinden. Andere Praktiken, wie die Beschäftigungsstabilität und die Förderung eigenverantwortlicher Teams, werden dort allerdings nicht dargelegt. Dagegen werden in den Berichten Themen wie Diversität und Inklusion sowie Arbeitssicherheit und Gesundheit behandelt, die von Pfeffer nicht betont wurden und auch für das HRM in dieser Zeit eher Randthemen darstellten. Ein wichtiger Grund dafür ist, dass die Nachhaltigkeitsberichterstattung sehr stark durch die Richtlinien der GRI getrieben wird. Wie Cohen et al. (2012) herausgearbeitet haben, beziehen sich 26 der 84 Indikatoren von GRI 3.1 auf direkt für das HRM relevante Fragen und definieren daher, was Nachhaltiges Personalmanagement ist und was nicht (Ehnert et al. 2015). Insbesondere die GRI-Kategorien „Arbeitspraktiken und Menschenwürdige Beschäftigung" sowie „Menschenrechte" sind hier relevant. Nachfolgend werden die arbeits- und beschäftigungsbezogenen Indikatoren näher betrachtet und ihre Wichtigkeit für das Nachhaltige Personalmanagement erläutert.

Die Kategorie „Arbeitspraktiken und Menschenwürdige Beschäftigung" wurde von der GRI weitestgehend auf Basis der Decent Work Agenda der Internationalen Arbeitsorganisation (IAO) formuliert. Daher sind ihre 15 Indikatoren (siehe Tab. 1) eng mit der Offenlegung der demografischen Merkmale der Belegschaft und mit der Einhaltung der Mindestnormen, die definieren, wie Organisationen die Rechte bei der Arbeit schützen, die Gleichheit fördern und die Schaffung von Arbeitsplätzen vorantreiben sollten, verbunden (Cohen et al. 2012). Die Indikatoren können nach den in Tab. 1 gelisteten Aspekten eingeteilt werden.

In Bezug auf Nachhaltigkeitspraktiken gilt die Verbesserung des Geschlechterverhältnisses als kritischer Erfolgsfaktor. Diese stellt das HRM sowohl vor die Chance zur Geschäftskontinuität beizutragen, als auch vor die Anforderung einen starken Mitarbeiterinnenpool zu entwickeln und eine Unternehmenskultur zu fördern, die den Aufstieg von Frauen unterstützt. Ferner muss das HRM sicherstellen, dass lokale Arbeitsgesetze hinsichtlich der Arbeitnehmervertretung und der Tarifvereinbarungen eingehalten werden. Auch gehört die Entwicklung einer gewerkschaftsfreundlichen Politik und ein proaktiver Einbezug von Mitarbeitern vor der Einführung von betrieblichen Veränderungen zu den Aufgaben des Nachhaltigen Personalmanagements. Zudem haben Maßnahmen zum Gesundheitsschutz und zur Sicherheit am Arbeitsplatz unmittelbare Auswirkungen auf den reibungslosen Ablauf der Geschäftsprozesse und die damit verbunden Personalkosten, wodurch Personalfachleute zu wichtigen Akteuren im Sicherheitsmanagement werden. In vielen Fällen kann das Arbeitsumfeld, das heißt die Führungskultur, Stressfaktoren und Diskriminierungspraktiken sowie Faktoren des Gesundheitsschutzes beeinflussen. Daher

**Tab. 1** GRI-Indikatoren „Arbeitspraktiken und Menschenwürdige Beschäftigung". (basierend auf GRI 2011, S. 31 f.)

| |
|---|
| Aspekt: Beschäftigung |
| LA1: Gesamtbelegschaft nach Beschäftigungsart, Arbeitsvertrag und Region, aufgeschlüsselt nach Geschlecht |
| LA2: Mitarbeiterfluktuation und -einstellung insgesamt und als Prozentsatz aufgegliedert nach Altersgruppe, Geschlecht und Region |
| LA3: Betriebliche Leistungen, die nur Vollzeitbeschäftigten und nicht Mitarbeitern mit einem befristeten Arbeitsvertrag oder Teilzeitkräften gewährt werden, aufgeschlüsselt nach wesentlichen Geschäftsstandorten |
| LA15: Rückkehr an den Arbeitsplatz und Verbleib als Prozentsatz nach Elternzeit, aufgeschlüsselt nach Geschlecht |
| *Aspekt: Arbeitnehmer-Arbeitgeber-Verhältnis* |
| LA4: Prozentsatz der Mitarbeiter, die unter Kollektivvereinbarungen fallen |
| LA5: Mitteilungsfrist(en) in Bezug auf wesentliche betriebliche Veränderungen einschließlich der Information, ob diese Frist in Kollektivvereinbarungen festgelegt wurde |
| *Aspekt: Arbeitssicherheit und Gesundheitsschutz* |
| LA6: Prozentsatz der Gesamtbelegschaft, der in Arbeitsschutzausschüssen vertreten wird, die die Arbeitsschutzprogramme überwachen und darüber beraten |
| LA7: Verletzungen, Berufskrankheiten, Ausfalltage und Abwesenheiten sowie Summe der arbeitsbedingten Todesfälle nach Region und Geschlecht |
| LA8: Unterricht, Schulungen, Beratungsangebote, Vorsorge- und Risikokontrollprogramme, die Mitarbeiter, ihre Familien oder Gemeindemitglieder in Bezug auf ernste Krankheiten unterstützen |
| LA9: Arbeitsschutzthemen, die in förmlichen Vereinbarungen mit Gewerkschaften behandelt werden |
| *Aspekt: Aus- und Weiterbildung* |
| LA10: Durchschnittliche jährliche Stundenzahl pro Mitarbeiter, nach Geschlecht und Mitarbeiterkategorie, die der Mitarbeiter aus- oder weitergebildet wurde |
| LA11: Programme für das Wissensmanagement und für lebenslanges Lernen, die die Beschäftigungsfähigkeit der Mitarbeiter fördern und ihnen im Umgang mit dem Berufsausstieg helfen |
| LA12: Prozentsatz der Mitarbeiter, die eine regelmäßige Leistungsbeurteilung und Entwicklungsplanung erhalten, aufgeschlüsselt nach Geschlecht |
| *Aspekt: Vielfalt und Chancengleichheit* |
| LA13: Zusammensetzung der leitenden Organe und Aufteilung der Mitarbeiter nach Mitarbeiterkategorie hinsichtlich Geschlecht, Altersgruppe, Zugehörigkeit zu einer Minderheit und anderen Indikatoren für Vielfalt |
| *Aspekt: Gleiche Vergütung für Frauen und Männer* |
| LA14: Verhältnis des Grundgehalts und der Vergütung für Frauen zum Grundgehalt und der Vergütung für Männer nach Mitarbeiterkategorie, aufgeschlüsselt nach wesentlichen Geschäftsstandorten |

sollte das HRM die Auswirkungen solcher Faktoren auf die Gesundheit und das Wohlbefinden der Mitarbeiter beurteilen und entsprechende Maßnahmen ergreifen. Daneben sind die Entwicklung von Ausbildungsprogrammen und die Leistungsbeurteilung der Mitarbeiter Teil der Kernaufgaben vieler Personalverantwortlicher. Im Nachhaltigkeitskontext werden die Ausbildung und die persönliche Entwicklung nicht primär als Notwendigkeit zur Erreichung von Geschäftszielen definiert, sondern als Mehrwert für die Mitarbeiter als Schlüsselstakeholder gesehen. Darüber hinaus müssen den Mitarbeitern die nachhaltigen Unternehmensprinzipien und -praktiken bewusst und vertraut sein und dies muss das HRM durch Ausbildungs- und Entwicklungsprogramme sicherstellen. Mitarbeiter sollten auch regelmäßiges und formales Feedback über ihre Leistung erhalten und daher sollte das HRM zur Sicherstellung eines qualitätsvollen Feedbacks Infrastrukturen für eine faire Vergütung und Möglichkeiten zur Karriereentwicklung schaffen. Das HRM in nachhaltigen Organisationen hat außerdem die Aufgabe, Richtlinien und Vorgehensweisen, aber auch Monitoringsysteme zu Aspekten der Vielfalt, der Chancengleichheit und der Arbeitssicherheit und des Gesundheitsschutzes zu erstellen (Cohen et al. 2012).

Nachfolgend werden zwei neue Themenfelder im HRM, welche Teil des Nachhaltigen Personalmanagements sind, näher beschrieben. „Green HRM" kann als eine Antwort der Unternehmen auf die ökologische Dimension der Nachhaltigkeit gesehen werden. Die Beachtung der Menschenrechte in der Lieferkette bezieht sich auf die soziale Dimension unternehmerischer Nachhaltigkeit.

## 2.1 Green HRM

Die wachsende Umweltverschmutzung und die Verknappung natürlicher Ressourcen führen dazu, dass sich viele Unternehmen weltweit um ein aktives Umweltmanagement bemühen. Die ökologischen Probleme, das heißt der Klimawandel, die Fragen der Energieeffizienz oder die Biodiversität, werden hierbei von den Unternehmen einerseits als Bedrohung, andererseits jedoch als Chance gesehen. Durch die zunehmende, von unterschiedlichen Stakeholdern (z. B. Kunden, Partnern, Investoren, Ratingagenturen) vorgenommene Bewertung der Unternehmen anhand ihrer ökologischen Nachhaltigkeit im globalen Wettbewerb investieren diese in ökologische Produktionsprozesse und Abläufe. Die Wichtigkeit an Zertifizierungen wie dem ISO 14001, dem EU-Öko-Audit Eco Management and Audit Scheme (EMAS), dem FTSE4Good-Index oder der Nachhaltigkeitsberichterstattung nach der GRI, steigt. Für die Entwicklung und Implementierung eines ökologischen Umweltmanagements in Unternehmen kann das HRM eine entscheidende Rolle spielen. Die zentralen HRM-Funktionen Rekrutierung, Performance Management, Compensation and Benefits, Personalentwicklung, Mitarbeiterführung und Partizipation können in unterschiedlicher Weise zu einer nachhaltig-umweltorientierten Gestaltung organisationaler Prozesse beitragen (Zdravkovic und Müller-Camen 2013).

Durch die Personalauswahl werden jene Mitarbeiter ausgewählt, die aufgrund von Eigeninteresse die grünen Ziele des Unternehmens mittragen und weiterentwickeln.

Anhand strukturierter Interviews oder Gruppendiskussionen zu ökologischen Fragestellungen können das persönliche Engagement der Bewerber für die Umwelt und die individuellen Einstellungen und Ideen festgestellt werden. Außerdem sind der Aufbau und der Erhalt einer „grünen Arbeitgebermarke" wesentlicher Bestandteil des Employer Brandings, welches ökologische Ziele und Prozesse authentisch in der Rekrutierung kommuniziert. Dies ist insofern wichtig, da sich junge und gut ausgebildete Bewerber vorwiegend für Arbeitgeber entscheiden, die neben einem positiven Image und Profitabilität Engagement in ökologischen und sozialen Bereichen zeigen. Zudem wird die Attraktivität eines Arbeitgebers für Bewerber mit vielen Alternativen auf dem Arbeitsmarkt zum Teil durch das betriebliche Umweltmanagement des Unternehmens und nicht vom Gehalt bestimmt (Zdravkovic und Müller-Camen 2013).

Im Bereich des Performance Managements und der Compensation sollten zur Sicherstellung des Commitments hinsichtlich eines nachhaltigen ökologischen Denken und Handelns bei bestehenden Mitarbeitern neben einem „grünen" betrieblichen Vorschlagswesen auch ökologische Aspekte in individuellen Zielvereinbarungen verankert werden. Dies kann beispielsweise durch die Bindung von Teilen der Managergehälter und Boni an ökologische Unternehmensziele, die durch ihre langfristige Ausrichtung die ökologische und soziale Performance der Unternehmen stärkt, und durch die Unterstützung der Führungskräfte bei der Verleihung innerbetrieblicher Umweltawards erfolgen. Allgemein sollten Arbeitgeber Bonussysteme so gestalten, dass nachhaltiges Verhalten zumindest gleich, besser aber höher als andere Zielvorgaben belohnt wird (Zdravkovic und Müller-Camen 2013). Anreize und Belohnungen werden unter den HRM-Praktiken oftmals als die bedeutendsten Mittel zur Verbindung von organisationalen und mitarbeiterbezogenen Interessen gesehen. Die Voraussetzung für die Berücksichtigung von ökologischen Aspekten in Zielvereinbarungsgesprächen ist die Implementierung eines ökologischen Performance Managements. Dies erfordert die Definition von Kennzahlen für den Einkauf, den Verbrauch und den Ausschuss von Ressourcen und die Einrichtung von Informationssystemen zu deren Erfassung. Effektive ökologische Leistungsbeurteilungen geben den Mitarbeitern nützliches Feedback und tragen zur kontinuierlichen Verbesserung des Umweltergebnisses der Unternehmen bei. Daneben können Unternehmen in Audits ökologisch kritische Abläufe identifizieren, wobei den Mitarbeitern während der Informationsgewinnung und dem Feedback zur unternehmerischen Umweltleistung die Möglichkeit gegeben wird, Probleme zu erkennen (Jackson et al. 2011).

Die Weiterbildung als Teilbereich der Personalentwicklung umfasst im „Green HRM" beispielsweise Trainings zur Stärkung der ökologischen Kompetenz, welche bedeutend für Verhaltensänderungen der Mitarbeiter im Sinne nachhaltiger Umweltaktivitäten sind. Die Trainings können die ressourcenschonende Bedienung technischer Geräte beinhalten, die die Aufmerksamkeit und das Interesse für die ökologischen Ziele des Unternehmens bei den Mitarbeitern wecken und zur gemeinsamen Entwicklung und Verankerung entsprechender Businessstrategien beitragen. Praxisbeispiele für derartige Trainings in Unternehmen sind ökologische Sabbaticals zur Vorantreibung umweltorientierter Projekte unter Lohnfortzahlung (Bekleidungsunternehmen Patagonia), das „Personal-Sustainable-

Projekt" zur nachhaltigen Gestaltung eines persönlichen Lebensbereiches wie zum Beispiel die Umstellung auf Energiesparlampen im eigenen Haus (Wal-Mart) oder das Projekt „Ulysses", welches die Entsendung von Nachwuchsführungskräften in Dritte-Welt-Länder zur Unterstützung von Entwicklungsprojekten in Zusammenarbeit mit NGOs beinhaltet (PriceWaterhouseCoopers) (Zdravkovic und Müller-Camen 2013). Bei der Initiierung von umweltbezogenen Trainings spielen auch Gewerkschaften eine Rolle. In Großbritannien ruft beispielsweise das Trade Union Sustainable Development and Advisory Committee des Trade Union Congress alle britischen Arbeitgeber auf, Mitarbeitertrainings und -fähigkeiten in energieeffizienten Technologien zu entwickeln (Renwick et al. 2013). Nicht zuletzt können Beschäftigte, die sich durch ein hohes Umweltbewusstsein auszeichnen, als Mentoren für andere Mitarbeiter eine Vorbildfunktion übernehmen (Zdravkovic und Müller-Camen 2013).

Für einen erfolgreichen Wandel der Organisationskultur in Richtung Green Management ist die Unterstützung der obersten Führungsebene erforderlich, die eine Vorbildwirkung hinsichtlich der Schaffung von nachhaltigem Umweltverhalten auf die Mitarbeiter ausübt und diese zu proaktiven Verbesserungsvorschlägen in ökologischen Fragen ermutigt. Darüber hinaus sollten die Personalverantwortlichen die Wahrnehmung ihres Ressorts als strategischer Partner des Managements zur Sicherung der Unterstützung seitens der Führungskräfte bei der nachhaltig umweltorientierten Gestaltung organisationaler Prozesse ausbauen (Zdravkovic und Müller-Camen 2013).

## 2.2 Menschenrechte in der Lieferkette

Durch die Globalisierung lagern multinationale Unternehmen (MNU) ihre Produktion zunehmend aus und es entsteht ein globales Lieferantennetzwerk, wobei nur mehr die Minderheit der Belegschaft direkt beim Unternehmen angestellt ist. Hierbei setzen der CSR-Diskurs und auch Unternehmensskandale wie Enron oder BPs Deepwater-Horizon-Ölpest die Unternehmen immer mehr unter Druck, verantwortungsbewusst und nachhaltig zu handeln. Daneben wirken sich gesundheitsschädliche und unmenschliche Arbeitsbedingungen (Pfeffer 2010), wie beispielsweise der Fall Nike in den 1990er-Jahren (Unterbezahlung in Indonesien, Kinderarbeit in Kambodscha und Pakistan, schlechte Arbeitsbedingungen in China und Vietnam) (Locke und Romis 2010) und der Einsturz des Rana-Plaza-Gebäudes 2013 in Bangladesch mit über 1200 toten Arbeitern, negativ auf die Unternehmensreputation aus (Gapper 2013). Darauf reagieren die MNU mit einer zunehmenden Verbreitung von Menschenrechtsrichtlinien (Preuss und Brown 2012) und mit einer steigenden Berichterstattung über Sozialstandards am Arbeitsplatz (Islam und McPhail 2011), die stark durch die Einführung der Richtlinien der GRI angetrieben wird (Ehnert et al. 2015) Weitere Gründe für diese Reaktionen der Unternehmen sind der Boykott oder die Vermeidung bestimmter Produkte auf Seiten der Konsumenten bei Vernachlässigung von Menschenrechtsaspekten in der Lieferkette (Crane und Matten 2010), die

Erstellung von Verhaltenskodizes durch NGOs und der IAO zur Veränderung von Arbeitspraktiken (Campbell 2007) und die Beteiligung globaler Gewerkschaftsverbände an der Gestaltung der Arbeitsbeziehungen in MNU und deren Lieferkette (Fichter et al. 2011).

MNU müssen die Verantwortung für Menschenrechtsverletzungen nicht nur innerhalb des Unternehmens, sondern auch außerhalb, das heißt in der Lieferkette, übernehmen (Cohen et al. 2012). Für die Personalfunktion ergeben sich somit folgende Auswirkungen:

- Berücksichtigung neuer Stakeholder (z. B. globale Menschenrechtsorganisationen)
- Integration von Menschenrechtsaspekten in die HRM-Vision, -Mission und -Strategie
- Sicherstellung der Übereinstimmung unternehmensinterner Menschenrechtsrichtlinien mit Lieferantenrichtlinien
- Einführung von Antidiskriminierungsmaßnahmen und Maßnahmen zur Sicherstellung der Vereinigungsfreiheit (Gewerkschaftsbeitritt)
- Angebot von Trainings zur Bewusstseinsbildung für Menschenrechtsaspekte für alle Mitarbeiter, die sich mit der Lieferkette beschäftigen und für Personalverantwortliche von Zulieferern (Cohen et al. 2012)

Systematische Analysen oder Assessments von HRM-Praktiken in Bezug auf grundlegende Menschenrechte werden jedoch in MNU oftmals nicht durchgeführt (Müller-Camen und Elsik 2015).

Das HRM sollte sich jedoch aus vier Gründen mit Menschenrechten in der Lieferkette auseinandersetzen (Maurer et al. 2015):

1. Die Respektierung internationaler Menschenrechte liegt in der Verantwortung MNU (siehe UN-Richtlinien über Business und Menschenrechte, Ruggie 2008), wobei die Personalfunktion durch ihre Querschnittsfunktion und ihre soziale Nähe zu den Mitarbeitern besonders gut für die Planung, Koordination und Implementierung von Menschenrechtsangelegenheiten in MNU und deren Lieferkette geeignet ist.
2. Der Großteil der Menschenrechtsthemen (z. B. Kinderarbeit, Zwangsarbeit, Gesundheit, Sicherheit und Arbeitsbedingungen) stellt Kernaufgaben des HRMs dar (Cohen et al. 2012). Durch das Wissen der Personalfunktion hinsichtlich Einstellungsverfahren, Arbeitszeiten, Arbeitsschutzmanagement usw. können Menschenrechtsverletzungen verhindert werden.
3. Die Verpflichtung zu ethischem Verhalten auf individueller Ebene, welche sicherstellt, dass den Mitarbeitern der Lieferkette kein Schaden durch ein Unternehmen zugefügt wird.
4. Die Demonstration von Engagement seitens der MNU zur Einhaltung der Menschenrechte, um den geänderten Anforderungen der unterschiedlichen Stakeholder gerecht zu werden, und um sich vor Reputationsrisiken und finanziellen Risiken durch Menschenrechtsverletzungen zu schützen.

## 3 HRM-Praktiken für ein Nachhaltiges Management

Die Personalfunktion kann eine führende Rolle bei der Entwicklung und der Implementierung der Nachhaltigkeitsstrategie einnehmen (Cohen et al. 2012). Dabei geht es nicht nur darum, die Funktion selbst nachhaltig zu managen, sondern auch HRM-Praktiken für eine nachhaltige Organisation bereitzustellen. Dafür schlagen Cohen et al. (2012) eine „Sustainable HRM Roadmap" vor, die mit einer Nachhaltigkeitsstrategie beginnt und deren Umsetzung von der Unternehmensleitung organisiert wird. Aufgabe der Personalabteilung ist der Einbezug der Stakeholder, die Auswahl von relevanten HRM-Praktiken, deren Evaluation anhand von Nachhaltigkeitskriterien und eine Erfolgskontrolle (siehe Abb. 2).

Anhand von zwei Beispielen soll nun kurz dargestellt werden, wie das HRM Nachhaltigkeitsstrategien unterstützen kann. Das erste Beispiel ist die Entwicklung einer neuen Produktlinie für Frauen. Hierfür ist es notwendig, Mitarbeiter im Unternehmen zu ha-

**Abb. 2** Sustainable HRM Roadmap. (basierend auf Cohen et al. 2012, S. 11)

ben, die ein tiefes Verständnis für Einkaufsgewohnheiten von Frauen besitzen, die fähig sind, ein an Frauen gerichtetes Marketing zu betreiben und die ein Gespür für den Dialog mit Verbraucherinnen besitzen. Dies erfordert eine Organisationskultur, die Frauen wertschätzt und deren Karriere unterstützt. Auch ein Verständnis für die organisatorische Benachteiligung von Frauen in Karrierefragen ist nötig. HRM-Praktiken, die hier unterstützend wirken können, sind:

- ein werteorientiertes Training für männliche Führungskräfte zu Gender und Diversität und Frauenförderung am Arbeitsplatz,
- Personaleinstellungs-, Entwicklungs- und Gehaltspraktiken, die Frauenförderung ermöglichen und unterstützen,
- flexible Arbeitszeiten und die Unterstützung bei der Kinderbetreuung, um die Weiterbeschäftigung von Frauen zu fördern sowie
- geschlechtergerechte Gehaltspolitik und -praktiken (Cohen 2012).

Ein zweites Beispiel betrifft die Reduzierung der $CO_2$-Bilanz, um neue Umweltauflagen zu erfüllen, Kosten zu reduzieren und Investoren zu gewinnen. Dafür benötigt das Unternehmen unter anderem technische Kenntnisse zur Erneuerung der Fertigungs- und Logistikprozesse und der Erforschung erneuerbarer Energiequellen, Mitarbeiterengagement für Energieeinsparungen am Arbeitsplatz sowie einen gemeinsamen Austausch mit Lieferanten zur Findung von $CO_2$-ausstoßmindernden Produkten. Dies stellt verschiedene Anforderungen an die Personalabteilung wie ein vorausschauendes Engagement aller Mitarbeiter zur Einsparung von Energie und ein Bewusstsein für erneuerbare und „grüne" Technologien in der Einkaufsabteilung. Personalwirtschaftliche Lösungen wären dann unter anderem:

- die Einstellung von umwelttechnisch ausgebildetem Personal,
- „Green Teams" an jedem Standort,
- eine variable Vergütung in Abhängigkeit von Energieeinsparungszielen und
- die Einbindung der Mitarbeiter in Energieeinsparungsvorschläge (Cohen 2012).

Abschließend sollte die Personalfunktion versuchen, die Erreichung von Nachhaltigkeitszielen zu quantifizieren und herauszuarbeiten, wie diese mit den Unternehmenszielen kompatibel sind. Hierfür schlagen Cohen et al. (2012) eine „Sustainable HRM Scorecard" (siehe Tab. 2) vor, welche unterschiedliche HRM-Funktionen wie beispielsweise Rekrutierung, Kompensation und Well-Being beinhalten kann.

**Tab. 2** Sustainable HRM Scorecard. (basierend auf Cohen et al. 2012, S. 30)

| Funktion | Ziel | Kennzahl | Business value |
|---|---|---|---|
| Rekrutierung | Basiert auf Diversitätsprinzipien | Prozentzahl der Mitarbeiter nach Geschlecht und Minderheiten | Verbesserte Geschäftsergebnisse, Innovation und Kundenzufriedenheit |
| Compensation | Gleiche Bezahlung von Männern und Frauen | Verhältnis Grundgehalt von Männern und Frauen | Geringere Personalkosten durch Fluktuation und verbesserte/s Motivation und Vertrauen |
| | Verknüpfung der Vergütung an die Nachhaltigkeitsperformance | Anzahl der Mitarbeiter mit Nachhaltigkeitszielen in der Leistungsvereinbarung | Verbesserte Umsetzung der nachhaltigen Unternehmensstrategie |
| Well-Being | Mitarbeitergesundheit und -leistungsfähigkeit | Prozentzahl der Mitarbeiter in Well-Being-Programmen | Geringere Gesundheitsausgaben, weniger Absentismus sowie verbesserte Produktivität |
| | | Prozentzahl an Verbesserungen bei Gesundheit, Stress, Ernährung usw. | |

## 4 Fazit

In diesem Beitrag wurde versucht darzustellen, welche Aspekte des HRMs Teil des Nachhaltigen Personalmanagements sind. Dabei handelt es sich erstens um altbekannte Vorschläge für ein gutes HRM wie hohe Investitionen in die Aus- und Weiterbildung der Mitarbeiter und eine kooperative Zusammenarbeit mit den Belegschaftsvertretern und Gewerkschaften. Anderseits kommen neue Aufgaben wie Diversity Management, „Green HRM" und Menschenrechte auf die Personalfunktion zu. Außerdem gilt es nun, eine größere Anzahl von Stakeholdern zu berücksichtigen. Einerseits kann dies eine ohnehin schon mit (zu) vielen Aufgaben betraute Funktion noch mehr belasten, doch im Sinne von Cohen et al. (2012) und der Praxisbeiträge in diesem Buch besteht darin auch eine Chance: „Supporting business sustainability and performing HR sustainably improves business, motivates people and makes HRM relevant." Nur wenn diese Chance genutzt wird, kann die Personalabteilung ihre oft zweitrangige Rolle aufwerten oder wie Cohen et al. (2010, S. 2) es prägnant ausdrückt: „Only by waking up to the new demands of sustainable businesses can the HR function become an indispensible business partner and safeguard its own future." In diesem Sinne gehen HRM und CSR im Nachhaltigen Personalmanagement eine notwendige Partnerschaft ein (Cohen 2010).

## Literatur

Campbell JL (2007) Why would corporations behave in socially responsible ways? An institutional theory of corporate social responsibility. Acad Manag Rev 32(3):946–967
Cohen E (2010) CSR for HR. A necessary partnership for advancing responsible business practices. Greenleaf Publishing Limited, Sheffield
Cohen E (2012) Sustainable HRM: a business imperative. Präsentation Praxiskolloquium Institut für Personalmanagement der Wirtschaftsuniversität Wien, Wien
Cohen E, Taylor S, Müller-Camen M (2010) HR's role in corporate social responsibility and sustainability. SHRM Foundation, Alexandria
Cohen E, Taylor S, Müller-Camen M (2012) HRM's role in corporate social and environmental sustainability. SHRM Foundation, Alexandria
Crane A, Matten D (2010) Business ethics: managing corporate citizenship and sustainability in the age of globalization. Oxford University Press, Oxford
Ehnert I, Harry W (2012) Recent developments and future prospects on sustainable human resource management: introduction to the special issue. Management Revue 23(3):221-238
Ehnert I, Parsa S, Roper I, Wagner M, Müller-Camen M (2015) Reporting on sustainability and HRM: a comparative study of sustainability reporting practices by the world's largest companies. Int J Hum Resour Manag. doi:10.1080/09585192.2015.1024157
Fichter M, Helfen M, Sydow J (2011) Employment relations in global production networks: initiating transfer of practices via union involvement. Hum Relat 64:599–622
Freitas W, Jabbour C, Santos F (2011) Continuing the evolution: towards sustainable HRM and sustainable organizations. Bus Strategy Ser 12(5):226–234
Gapper J (2013) Business must take the lead on Bangladesh's working conditions. Financial Times, 1. Mai 2013. http://www.ft.com/intl/cms/s/0/614f6e1c-b19d-11e2-b324-00144feabdc0.html#axzz3ZozKGmHp. Zugegriffen: 12. Mai 2015
GRI (2011) Sustainability reporting guidelines. https://www.globalreporting.org/resourcelibrary/G3.1-Guidelines-Incl-Technical-Protocol.pdf. Zugegriffen: 27. Juli 2015
Hartog M, Morton C, Müller-Camen M (2008) CSR and sustainable HRM. In: Müller-Camen M, Croucher R, Leigh S (Hrsg) Human resource management: a case study approach. Chartered Institute of Personnel and Development, London, S 467–488
Islam MA, McPhail K (2011) Regulating for corporate human rights abuses: the emergence of corporate reporting on the ILO's human rights standards within the global garment manufacturing and retail industry. Crit Perspect Account 22(8):790–810
Jackson SE, Renwick DW, Jabbour CJ, Müller-Camen M (2011) State-of-the-art and future directions for green human resource management: introduction to the special issue. Z Personalforschung/Ger J Res Hum Resour Manag 25(2):99–116
Kienbaum Management Consultants (2010) Sustainable HR. Zur Rolle der Personalarbeit in einer nachhaltigen Unternehmensführung. http://www.kienbaum.us/Portaldata/3/Resources/documents/pdf/diskussionsbeitraege_personalmanagement/Kienbaum_Diskussionsbeitraege_Sustainable_HR.pdf. Zugegriffen: 27. Juli 2015
Locke RM, Romis M (2010) The promise and perils of private voluntary regulation: labor standards and work organization in two Mexican garment factories. Rev Int Polit Econ 17(1):45–74
Maurer I, Müller-Camen M, Rohr C (2015) Menschenrechte: Eine neue Aufgabe für die Personalfunktion? In: Luks F (Hrsg) Rethink Economy. Perspektivenvielfalt in der Nachhaltigkeitsforschung – Beispiele aus der Wirtschaftsuniversität Wien. Oekom Verlag, München, S 57–69
Müller-Camen M, Elsik W (2015) IHRM's role in managing ethics and CSR globally. In: Collings DG, Wood GT, Caligiuri PM (Hrsg) The Routledge companion to international human resource management. Routledge, London, S 552–561

Pfeffer J (2010) Building sustainable organizations: the human factor. Acad Manag Perspect 24(1):34–45

Preuss L, Brown D (2012) Business policies on human rights: an analysis of their content and prevalence among FTSE 100 firms. J Bus Ethics 109(3):289–299

Renwick DW, Redman T, Maguire S (2013) Green human resource management: a review and research agenda. Int J Manag Rev 15(1):1–14

Ruggie J (2008) Protect, respect and remedy: a framework for business and human rights. Innovations 3(2):189–212

WCED (1987) Our common future. http://www.un-documents.net/our-common-future.pdf. Zugegriffen: 24. Juli 2015

Zdravkovic D, Müller-Camen M (2013) Green HR – Wie das Personalmanagement ökologische Nachhaltigkeit im Unternehmen fördern kann. Personal-Manager 4:28–30

**Iris Maurer** studierte Pflegewissenschaft und Betriebswirtschaft in Wien. Nach der Mitarbeit an universitären Projekten zu den Themen Corporate Social Responsibility und Nachhaltigkeitsberichterstattung multinationaler Unternehmen nach dem Standard der Global Reporting Initiative arbeitet sie als wissenschaftliche Mitarbeiterin am Institut für Personalmanagement an der Wirtschaftsuniversität Wien. Ihr Forschungsschwerpunkt liegt im Bereich des Nachhaltigen Personalmanagements.

**Prof. Michael Müller-Camen** hat an mehreren Universitäten in Deutschland, England und Österreich gelehrt und geforscht. Der Fokus des ordentlichen Professors am Personalmanagement-Institut der Wirtschaftsuniversität Wien liegt auf „Nachhaltigem Personalmanagement". Dies beinhaltet Green HRM, Diversity Management, Human Rights und Generationenmanagement. Daneben interessiert sich Prof. Müller-Camen für eine Verbindung von Management mit Quantenphysik und Spiritualität.

# Teil II
# Leadership

# Der Ehrbare Kaufmann und Human Resource Management

Gabriele Lüke und Antje Kuttner

## 1 Der Ehrbare Kaufmann trifft auf CSR

Unternehmerische Verantwortung trägt viele Namen: Die einen sprechen von Nachhaltigkeit, andere von Corporate Social Responsibility (CSR) und wieder andere streichen das „Social" aus der Bezeichnung (CR), um die betriebswirtschaftliche Relevanz des Themas zu betonen. Längst haben diese Begriffe Einzug in den unternehmerischen Alltag gehalten. Doch ebenso unterschiedlich wie die Bezeichnungen ist auch das Verständnis davon, was unternehmerische Verantwortung in der Praxis bedeutet.

Mit der Initiative zum Ehrbaren Kaufmann will die IHK für München und Oberbayern für mehr Klarheit sorgen und insbesondere kleinen und mittleren Betrieben die Vorteile strategischer Verantwortung im Sinne von CSR näher bringen. Praxisnähe und Praktikabilität stehen dabei im Vordergrund.

Der kritische Leser wird sich nun fragen, wie das zusammenpasst – einerseits den „Begriffsdschungel" zur unternehmerischen Verantwortung zu kritisieren und andererseits mit dem „Ehrbaren Kaufmann" den „Dschungel" um ein weiteres Konzept zu bereichern.

Dafür gibt es gute Gründe. Zum einen wurden die IHKs bereits 1956 vom Gesetzgeber beauftragt, für „die Wahrung von Anstand und Sitte des Ehrbaren Kaufmanns zu wirken". Für uns eine klare Aufgabe, aktiv für Fairness und Nachhaltigkeit im Wirtschaftsleben einzutreten. Das Leitbild des Ehrbaren Kaufmanns ist seit jeher Ausgangs- und Orientierungspunkt der IHK-Arbeit. Mit unseren vielfältigen Aktivitäten bestärken wir unsere

---

G. Lüke (✉) · A. Kuttner
IHK für München und Oberbayern, Balanstraße, 55–59, 81541 München, Deutschland
E-Mail: gabriele.lueke@muenchen.ihk.de

A. Kuttner
E-Mail: antje.kuttner@muenchen.ihk.de

© Springer-Verlag Berlin Heidelberg 2016
T. Doyé (Hrsg.), *CSR und Human Resource Management*,
Management-Reihe Corporate Social Responsibility, DOI 10.1007/978-3-662-47683-3_3

Mitgliedsunternehmen in einer verantwortungsvollen Unternehmensführung und unterstützen sie darin, Verantwortung ganz bewusst als Erfolgsfaktor in die Unternehmensstrategie, die Produktion und die Betriebsabläufe zu integrieren. Schließlich ist verantwortliches Wirtschaften die Grundlage für langfristige Geschäftsbeziehungen, schafft Wettbewerbsvorteile und sichert die Zukunftsfähigkeit des Unternehmens.

Zum anderen umfasst das IHK-Konzept zum Ehrbaren Kaufmann eine Dimension von Verantwortung, die in der gängigen Vorstellung von Nachhaltigkeit und CSR nicht enthalten ist.

So liegt der Unterschied zwischen Nachhaltigkeit und CSR darin, dass es sich bei der Idee der Nachhaltigkeit um einen Grundgedanken handelt. Es geht nicht um konkrete Handlungsanleitungen. Stattdessen ist der Begriff durch einen hohen Abstraktionsgrad gekennzeichnet und lässt die weitere Ausgestaltung offen. CSR hingegen umschreibt den freiwilligen Beitrag der Wirtschaft zu einer nachhaltigen Entwicklung, bei der bestehende gesetzliche Forderungen eingehalten werden und darüber hinausgehende Zielsetzungen verwirklicht werden. CSR steht für verantwortliches unternehmerisches Handeln in der eigentlichen Geschäftstätigkeit (Markt), hinsichtlich ökologisch relevanter Aspekte (Ökologie), in den Beziehungen zu Ihren Mitarbeitern und deren Arbeitsbedingungen (Arbeitsplatz) sowie im Engagement für das gesellschaftliche Umfeld (Gemeinwesen).

Der Ehrbare Kaufmann hingegen spricht den Unternehmer ganz persönlich in seiner Haltung an. Er adressiert den individuellen Wunsch des Unternehmers, Verantwortung zu übernehmen – für den eigenen Betrieb, die Produkte und Dienstleistungen, die Mitarbeiter, die Kunden und Geschäftspartner, das gesellschaftliche Umfeld und für die Umwelt.

Damit ist die Idee des Ehrbaren Kaufmanns sehr viel näher an der Praxis als klassische CSR- und Nachhaltigkeitskonzepte. Unsere tägliche Arbeit zeigt, dass Inhaber und Geschäftsführer kleiner und mittlerer Betriebe genau auf diese Weise Verantwortung übernehmen. Sie leben die Werte des Ehrbaren Kaufmanns ganz intuitiv und aus Überzeugung. Das belegt auch eine Umfrage der IHK für München und Oberbayern aus dem Jahr 2014.

Mit der Umfrage liegen zum ersten Mal verlässliche Zahlen zur Rolle und Bedeutung des Ehrbaren Kaufmanns in Unternehmen vor. Dort gaben 92 % der befragten Firmen an, dass sie dem Leitbild eine hohe bis sehr hohe Bedeutung beimessen. Die wichtigsten Merkmale des modernen Ehrbaren Kaufmanns mit Zustimmungswerten von bis zu 99 % sind Verantwortungsbewusstsein, Ehrlichkeit, Vorleben von Werten, Umsichtigkeit bezüglich der Konsequenzen wirtschaftlichen Handelns für Umwelt und Gesellschaft sowie unternehmerisches Denken und Handeln in langfristigen Perspektiven.

Für die große Mehrheit der Befragten ist das Leitbild des Ehrbaren Kaufmanns zudem kein ethischer Selbstzweck: Sie gehen davon aus, dass Wirtschaften im Sinne des Ehrbaren Kaufmanns einen langfristig positiven Effekt für ihren Unternehmenserfolg zeitigt, ihnen beispielsweise höhere Umsätze oder eine Differenzierung vom Wettbewerber bringt, die Kundenzufriedenheit steigert und das Marken- und Unternehmensimage verbessert.

Die Umfrage liefert insofern eine belastbare Definition des modernen Ehrbaren Kaufmanns. Diese ist sehr nahe an der Idee der modernen Corporate Social Responsibility: Ein Ehrbarer Kaufmann ist ein Unternehmer, der sich einer nachhaltigen, verantwortungsvollen Unternehmensführung verpflichtet fühlt. CSR ist der korrespondierende Managementansatz, der diese Haltung mittels konkreter Maßnahmen verbindlich macht.

Neben solchen grundsätzlichen Erkenntnissen wirft die Studie jedoch auch Handlungsbedarf auf. So setzen große Unternehmen im Gegensatz zu kleinen und mittleren Firmen CSR ganz systematisch für ihren Unternehmenserfolg ein. Bei kleinen und mittleren Unternehmen (KMU) hingegen geschieht verantwortungsvolles, werteorientiertes Handeln eher intuitiv. Das ist zwar sehr viel glaubwürdiger, aber es bleiben auch Chancen ungenutzt. Der Fokus der IHK-Arbeit zum Ehrbaren Kaufmann liegt insofern darauf, kleine und mittlere Betriebe zu unterstützen „vom Bauchgefühl zur Strategie zu wechseln" und die Idee des Ehrbaren Kaufmanns gezielt zur Steigerung der Unternehmensperformance zu nutzen.

Hierfür stellt die IHK ihren Mitgliedern umfangreiche Informationen zur Verfügung: Verschiedene Publikationen und Veranstaltungsformate bieten erste Einblicke und Hilfestellungen. Dazu zählen die Grundsatzbroschüre zum Ehrbaren Kaufmann, der IHK-Kompass als praktisches Arbeitsmittel sowie der IHK-Leitfaden „Verantwortung lohnt sich" mit konkreten Anregungen für die Entwicklung einer eigenen CSR-Strategie.

Die IHK versteht sich als Plattformgeber für die Unternehmen, um Netzwerke zu fördern und konkrete Hilfestellung bei der praktischen Umsetzung einer verantwortungsvollen Unternehmensführung anzubieten. Dafür wurde unter anderem ein Zertifikatslehrgang zum/zur CSR-Manager/-in entwickelt und eingeführt. Der Lehrgang vermittelt Kompetenzen und notwendiges Rüstzeug, um CSR erfolgreich im Unternehmensalltag zu implementieren – konkret und praxisnah.

Wie die systematische Umsetzung des Ehrbaren Kaufmanns aussehen kann, macht ein mittelständischer Betrieb aus Lenting in Oberbayern vor. Die Firma KESSEL ist Hersteller von Entwässerungstechnik und entwickelte im Jahr 2014 ihr CSR-Maßnahmenpaket. In einem ersten Schritt wurden Leitwerte definiert und verschriftlicht. Demgemäß machen Verantwortungsbewusstsein, Zuverlässigkeit, Ehrlichkeit und Weitsicht die Werte des Mittelständlers aus. In der Praxis ergibt sich daraus, dass das Unternehmen seine Produktionsprozesse nach klar definierten ökologischen Zielen ausrichtet und sich für die Region und für die Mitarbeiter engagiert. So fördert der Betrieb nicht nur den Sport in der Umgebung oder stellt Angestellte als Tutoren für Schulen frei, sondern entwickelt darüber hinaus ein betriebliches Gesundheitsprogramm für die Belegschaft. Das Beispiel zeigt: Haltung und Handeln – Werte und Maßnahmenpaket – sind klar aufeinander abgestimmt.

Darauf kommt es bei der passgenauen strategischen Umsetzung von CSR in einem Betrieb besonders an. Nur mittels konsistenter Maßnahmen entlang der vier Handlungsfelder von CSR (Markt, Ökologie, Arbeitsplatz und Gemeinwesen) ergibt sich ein glaubwürdiges Bild nach außen.

Der Beitrag wirft im Folgenden einen intensiven Blick in das CSR-Handlungsfeld „Arbeitsplatz". Anhand ausgewählter Praxisbeispiele wird gezeigt, welche Maßnahmen Unternehmen, die sich den Werten des Ehrbaren Kaufmanns verpflichtet fühlen, im Human Ressource Management umsetzen, wie sich die Fürsorge der Ehrbaren Kaufleute im Betriebsalltag ausdrückt und damit gleichzeitig die Performance ihrer Unternehmen optimiert werden kann.

Ein guter Weg ist die Installation passender Rahmenbedingungen. Diese werden im Mittelpunkt der folgenden Ausführungen stehen. Es sind im Einzelnen:

1. eine gute Vereinbarkeit von Familie und Beruf,
2. explizite Karrieremaßnahmen für Frauen,
3. interkulturelles Diversity Management und Willkommenskultur,
4. alterns- und demografiegerechte Arbeitswelten sowie
5. betriebliche Gesundheitsmaßnahmen.

## 2 Umsetzung in der Praxis

Die genannten fünf Kategorien sind gleichermaßen auch die klassischen Merkmale eines attraktiven Arbeitgebers. Sie wirken nach innen wie nach außen: Gut umgesetzt sind sie nicht zu unterschätzende positive Voraussetzungen, um Fachkräfte zu finden und zu binden. Sie tragen dazu bei, dass bestehende Mitarbeiterinnen und Mitarbeiter sich im Unternehmen wohl und wertgeschätzt fühlen, dass sie ihre Arbeitsleistung motivierter, produktiver und effizienter erbringen und sich stärker an das Unternehmen gebunden fühlen. Darüber hinaus erleichtert eine konsequente Umsetzung der fünf Kategorien den Rekrutierungsprozess.

Wie sinnvoll es ist, sich auf diese Maßnahmen einzulassen, zeigt auch ein kurzer Exkurs zum Thema Fachkräftemangel. Der bayerische Industrie- und Handelskammertag BIHK hat gemeinsam mit der WifOR GmbH in Darmstadt den IHK-Fachkräftemonitor Bayern entwickelt. Dieser zeigt die Fachkräfteentwicklung im Freistaat bis zum Jahr 2030. Er wird jährlich aktualisiert. Stand jetzt beträgt der Fachkräftemangel bayernweit 140.000 Personen. Es fehlen knapp 115.000 beruflich Qualifizierte und knapp 25.000 Akademiker. Der Mangel besteht derzeit vor allem in technischen Berufen etwa bei Mechatronikern oder Automatisierungstechnikern; im akademischen Bereich fehlen besonders Elektroingenieure. Bis zum Jahr 2030 könnte sich der Mangel auf rund 425.000 Fachkräfte erhöhen. Der Druck auf die Unternehmen, sich attraktiv aufzustellen, um ihre Mitarbeiter einerseits zu binden und andererseits neue Mitarbeiter zu finden, steigt also von Jahr zu Jahr mehr.

Im Folgenden soll auf die einzelnen Merkmale eines attraktiven Arbeitgebers eingegangen werden.

### 2.1 Eine gute Vereinbarkeit von Familie und Beruf

Eine Studie der Gesellschaft für Konsumforschung (GfK) im Auftrag des Bundesfamilienministeriums aus dem Jahr 2010 belegt: Mitarbeiterinnen und Mitarbeiter legen viel Wert auf die Familienfreundlichkeit ihrer bestehenden oder zukünftigen Arbeitgeber. So ist für 90 % der Beschäftigten im Alter zwischen 25 und 49 Jahren mit Kindern Familienfreundlichkeit mindestens ebenso wichtig wie das Gehalt. Dabei ändern sich langsam die Vorzeichen. War die Vereinbarkeit von Familie und Beruf bislang eine Herausforderung, der sich zum allergrößten Teil die Mütter zu stellen hatten, wollen nun auch immer mehr Väter ihrer familiären Verantwortung gerecht werden. Nach Erkenntnissen des Bundesfamilienministeriums befürworten 60 % der Eltern ein Modell, in dem beide Partner in gleichem Umfang berufstätig sind und sich gemeinsam um Familie und Haushalt kümmern. Allerdings setzen bislang nur 14 % der Elternpaare dies auch um. Dennoch zeigen diese Zahlen: Die Rollenbilder beginnen, sich langsam zu ändern. Eine gute Vereinbarkeit von Familie und Beruf macht ein Unternehmen nicht nur für Mütter, sondern mehr und mehr auch für Väter attraktiv.

Unternehmen, die diesen Trends folgen und sich familienfreundlich aufstellen, haben viele Vorteile: Abgesehen davon dass die Beschäftigten zufriedener, motivierter und loyaler sind, fallen Fehlzeiten geringer aus, die Auszeiten nach der Geburt werden kürzer, es wird Know-how erhalten, die Rekrutierung neuer Mitarbeiterinnen und Mitarbeiter fällt leichter. Nach dem Unternehmensmonitor Familienfreundlichkeit 2013 des Instituts der deutschen Wirtschaft Köln (IW) genießt die Vereinbarkeit von Familie und Beruf in der Wirtschaft auch bereits hohe Aufmerksamkeit. In knapp 30 % der Betriebe hat die Geschäftsführung sogar eine ausgeprägt familienfreundliche Einstellung.

Was tun Betriebe nun konkret, um ihre Beschäftigten bei der Vereinbarkeit von Familie und Beruf zu unterstützen? Dazu zunächst noch einmal der bereits genannte Unternehmensmonitor des IW Köln: „Im Vordergrund der personalpolitischen Aktivitäten stehen … flexible Arbeitszeitmodelle und Teilzeitbeschäftigung, die Rücksichtnahme auf berufstätige Eltern bei der Planung der Arbeitsprozesse sowie die Unterstützung bei der Kinderbetreuung und Angehörigenpflege durch Freistellungen. Unternehmen mit einer ausgeprägt familienfreundlichen Unternehmenskultur sind dabei mit durchschnittlich 9,6 Maßnahmen signifikant aktiver als die Betriebe mit einer nicht so ausgeprägt familienbewussten Einstellung mit 5,9 Maßnahmen."

Wie das IW betonte, ist ein Dreh- und Angelpunkt die flexible Gestaltung der Arbeitszeit. Hier helfen Arbeitszeitkonten, Gleit- und Teilzeitmodelle (darunter auch die Teilzeitausbildung) oder Jobsharing. Auch die Möglichkeit, in Notfällen kurzfristig der Arbeit fernzubleiben oder umgekehrt das Kind mitzubringen, hilft den Beschäftigten. Der baden-württembergische Werkzeugmaschinen- und Laserspezialist TRUMPF ermöglicht es seinen Beschäftigten beispielsweise, alle zwei Jahre das wöchentliche Arbeitszeitvolumen im Rahmen von 15 bis 40 h neu festzulegen – je nach privater Situation. Zudem können die Beschäftigten bis zu 1000 h auf einem Familien- und Weiterbildungszeitkonto ansparen und diese für längere Auszeiten von mindestens sechs Wochen bis zu sechs Monaten verwenden. Drittens gibt es die Möglichkeit, bis zu zwei Jahre für die Hälfte des Lohns zu arbeiten, um vor oder nach dieser Phase im Rahmen eines Sabbaticals arbeitsfrei zu nehmen und dabei ebenfalls den halben Lohn zu beziehen. Das Unternehmen erfüllt, solange es betrieblich möglich ist, alle diese Angebote. Man antizipiere den gesellschaftlichen Trend, dass sich die Wünsche von Arbeitnehmern hinsichtlich der Vereinbarkeit von

Beruf und Privatleben immer mehr individualisierten, so Unternehmenssprecher Andreas Möller. Dieser Trend werde in Zukunft noch an Bedeutung gewinnen – „deshalb gehen wir bereits heute darauf ein."

Ein zweites wichtiges Moment ist die Flexibilisierung des Arbeitsorts. Lange war es absolut unabdingbar, Arbeit vor Ort im Unternehmen zu erledigen. Die zunehmende Digitalisierung der Arbeitswelt erlaubt aber längst andere Formen und damit den Übergang von der Präsenz- zur Ergebniskultur. Die mittelgroße auf den Tourismussektor spezialisierte Münchner PR-Agentur Wilde & Partner ermöglicht ihren Mitarbeiterinnen, sogar als Führungskraft in Teilzeit von zu Hause zu arbeiten. Eine wichtige Voraussetzung: Zu bestimmten Jours Fixes ist die Anwesenheit Pflicht. Das Modell funktioniert bestens. Was bei Wilde & Partner zudem selbstverständlich ist: Unabhängig vom Standort (also Homeoffice) oder der Beschäftigungsart (Elternteilzeit) sind alle Mitarbeiter prinzipiell sowohl bei Beförderungen als auch ins Fort- und Weiterbildungsprogramm (Wilde & Partner Ausbildungsakademie) inkludiert. Erst kürzlich wurden zwei Mitarbeiterinnen in Elternteilzeit zum Senior PR-Berater befördert.

Bleibt die Idee einer betrieblichen Kinderbetreuung. Auch hier sind Unternehmen auf unterschiedliche Weise aktiv. Sie richten eigene Betriebskitas ein, beschäftigen Tagesmütter oder sichern Belegplätze für ihre Mitarbeiter in den örtlichen Kitas. Hier gilt jedoch: Betriebliche Kinderbetreuung ist zwar ein ehrenvolles Angebot, aber auch aufwendig – und sollte zudem nicht vergessen machen, dass Kinderbetreuung, sei es in der Kita oder später in der Schule, in erster Linie eine staatliche Aufgabe ist und die Betriebe hier nur flankierend wirken können.

Ein abschließender Gedanke: Dass Väter die Vereinbarkeit von Familie und Beruf in Anspruch nehmen, ist wie bereits erwähnt, noch nicht so selbstverständlich. Es sollte aber immer selbstverständlicher werden. Es kann daher sinnvoll sein, die Väter (und die Vorgesetzten) über geeignete Maßnahmen – etwa Väterkurse oder Awareness-Kurse – ganz explizit mit ins Boot zu holen.

## 2.2 Explizite Karrieremaßnahmen für Frauen

Laut der McKinsey-Studienreihe „Women Matter" arbeiten in Unternehmen im Schnitt 31 % Frauen. Ab der Abteilungsleiterebene aufwärts sind sie aber nur noch zu 14 % präsent. Noch weiter oben auf der Karriereleiter wird die Luft noch dünner. Das DIW-Managerinnen-Barometer 2015 weist aus, dass in den 200 nach Umsatz größten deutschen Unternehmen (ohne den Finanzsektor) nur gut fünf Prozent Frauen in den Vorständen sitzen. Das mag sicherlich auch damit zusammenhängen, dass Frauen mitunter die „falschen" Fächer, also weniger MINT (Mathematik, Informatik, Naturwissenschaft und Technik)-Fächer, studieren. Was sich allerdings derzeit ändert: Die Geschäftsstelle Nationaler Pakt für Frauen in MINT-Berufen „Komm, mach MINT." meldet Ende 2014, dass seit 2008 die Zahl der MINT-Studienanfängerinnen insgesamt um gut 70 % gestiegen ist – von fast 60.000 auf über 100.000. Die aufschlussreichere Erklärung für die wenigen

Frauen in Führungspositionen ist daher wohl, dass es nach wie vor die Frauen sind, die die Familienarbeit übernehmen und entweder vorübergehend ganz aus dem Beruf aussteigen oder in Teilzeitarbeitsverhältnisse wechseln und damit ihre Karriere nicht nur unterbrechen, sondern häufig auch den Anschluss verlieren. Zudem gilt nach wie vor das Prinzip der gläsernen Decke, das sich im Wesentlichen aus den traditionellen Rollenmustern und der homosozialen Reproduktion erklärt: Karriere und Führung sind als männliche Rolle abgespeichert, Familienarbeit als weibliche. Die bestehenden Führungskräfte – derzeit noch vor allem die Männer – ziehen wieder Männer nach.

Die Unternehmen erkennen aber mehr und mehr, dass sie mit einem solchen Verhalten auch auf viele Vorteile verzichten, die ihnen gemischte Teams auf den Führungsetagen bringen. Sind mehr als drei Frauen im Vorstand, sind Unternehmer erfolgreicher, wachsen stärker machen signifikant höhere Umsätze, belegt Women Matter ebenfalls. Unterschiedliche Lebenserfahrungen und Sozialisationen, die zusammenkommen, sorgen für mehr Kreativität und mehr Innovation.

Sich dieses Potenzial zu sichern, bedeutet, gezielt Frauen für Führungspositionen aufzubauen. Die Hochschule Aschaffenburg hat in ihrer Studie „Mixed Leadership" im Jahr 2014 die Instrumente, die dafür infrage kommen, gründlich analysiert. So führen Zielvorgaben für die Einstellung von Frauen zu einem signifikant höheren Frauenanteil bei den Einstellungen und dem Rekrutierungsanteil weiblichen Personals in die Topmanagementebene. Damit sind freiwillige Zielvorgaben gemeint und keine gesetzlichen Quoten. Gegen gesetzliche Quoten sprechen sich die IHKs explizit aus. Wirkung bei der Beförderung von Managerinnen zeigen darüber hinaus Mentoring-Programme, Gender-Trainings für Vorgesetzte und spezielle Talent-Pools von Frauen. Je höher die Managementebene, desto höher ist die Fluktuationsrate von Frauen. Bei der Reduktion der Fluktuationsraten helfen: Top-Sharing und Förderung von internen und externen Frauennetzwerken. Zu ergänzen ist, dass auch gendergerechte Rekrutierungsmaßnahmen, die Frauen explizit ansprechen und nicht unter dem männlichen Geschlecht subsummieren, wirkungsvoll sind: Der Ton macht die Musik. Dies weist vor allem auch der Lehrstuhl für Strategie und Organisation an der Technischen Universität München nach.

Die IHK für München und Oberbayern, die sich des Themas „Frauen in der Wirtschaft" seit 2013 intensiv annimmt, hat ein eigenes Cross-Mentoring-Programm für den Mittelstand aufgelegt. Hier werden junge Nachwuchsführungsfrauen von einem Mentor oder einer Mentorin aus einem anderen Unternehmen ein Jahr lang begleitet und gefördert. In einem informellen Austausch sowie in offiziellen Weiterbildungseinheiten werden die jungen Frauen so für höhere Führungspositionen aufgebaut. Das Programm geht nun in die dritte Runde.

Die Deutsche Bundesbank Hauptverwaltung in Bayern hat die Chancengleichheit zum Bekenntnis gemacht und als personalwirtschaftliches Ziel in ihrer Strategie verankert. Um dieses Ziel auch zu erreichen, setzt sie unter anderem auf geeignete Rahmenbedingungen, diskriminierungsfreie Bezahlung und gendergerechte Rekrutierung. So werden zu Bewerbungsgesprächen, sofern die Bewerberanzahl ausreicht und das Anforderungsprofil erfüllt wird, stets Männer und Frauen hälftig eingeladen. Zudem wurde die Leistungsbeurteilung transparenter gemacht. Bis 2013 hatte sich der Anteil von Frauen in Führungspositionen auf knapp 20 % erhöht. Als weiterer Schritt wurden im April 2014 in einem Aktionsplan „Gleichstellung" zunächst Handlungsfelder identifiziert und darauf aufbauend Maßnahmen zur Verbesserung der Chancengleichheit aufgenommen. Mit deren Entwicklung will sich der Vorstand mindestens einmal jährlich befassen. So sollen z. B. in dem Handlungsfeld „Frauen in Führungspositionen" als einer von mehreren Maßnahmen Frauen individuell in einem persönlichen Gespräch zur Übernahme einer Führungsposition motiviert werden. Grundlegend dabei ist jedoch die Schaffung des Bewusstseins für Gleichstellung bei Führungskräften, aber auch bei allen Beschäftigten. Dies soll unter anderem in den Medien der internen Kommunikation immer wieder und aus unterschiedlichen Perspektiven beleuchtet werden. Da dieser Prozess nur erfolgreich sein kann, wenn er nicht nur top-down, sondern auch bottom-up erfolgt, wurden und werden die Maßnahmen laufend in bereichsübergreifenden Arbeitsgruppen weiterentwickelt.

## 2.3 Diversity Management und Willkommenskultur

Diversity bedeutet, Vielfalt im Unternehmen zu leben – und zu nutzen. Dabei kann der Begriff Diversity Geschlechter-, Alters- oder kulturelle Vielfalt beinhalten. An dieser Stelle geht es um die kulturelle Vielfalt, um die Rekrutierung und Einbindung von Menschen mit Migrationshintergrund.

Jede fünfte Erwerbsperson in Deutschland hat heutzutage Wurzeln im Ausland. Damit können sehr unterschiedliche Hintergründe einhergehen: So sind darunter in Deutschland lebende, zum Teil auch geborene, eingebürgerte oder nicht eingebürgerte Ausländerinnen und Ausländer aus Europa oder Drittstaaten, über die Blue Card oder Beschäftigungsverordnung rekrutierte Fachkräfte oder auch Flüchtlinge zu verstehen. Laut der Studie „Diversity Management" des IW Köln aus dem Jahr 2014 spielt bereits für gut die Hälfte der deutschen Unternehmen kulturelle Vielfalt eine Rolle. Das IW betont in seiner Studie: „Ein zentrales Motiv für das betriebliche Engagement ist neben dem Wunsch, den Bewerberpool durch die systematische Ansprache ausländischer Fachkräfte zu erweitern (47,9 %), vor allem das Ziel, kreative Prozesse durch eine Vernetzung von Beschäftigten mit unterschiedlichen kulturell geprägten Werten, Biografien und Erfahrungen zu fördern (61,6 %). Dies scheint sich auch auszuzahlen, denn zwischen der Innovationsleistung eines Unternehmens und dem Einsatz von Diversity-Management-Maßnahmen kann auch im Rahmen eines empirischen Modells ein positiver Zusammenhang nachgewiesen werden." Die Rekrutierung ausländischer Fach- und Führungskräfte mildert also nicht nur pragmatisch den Fachkräftemangel, sondern sorgt darüber hinaus für mehr Kreativität und Innovation.

Zu den Maßnahmen des Diversity Managements, die Unternehmen nutzen, gehören laut IW häufig gemischte Arbeitsteams, Schulungsangebote zum Ausbau der interkulturellen Kompetenzen oder Entsendungen ins Ausland. Weitere Instrumente zählt die Studie „Talent- und Diversity Management in deutschen Unternehmen" von Deloitte Touch aus dem Jahr 2013 auf: So setzen Unternehmen auf globale Talentpools, die gezielte Rekrutierung ausländischer oder immigrierter Fach- und Führungskräfte sowie immigrierter Azubis und Absolventen, auf Workshops mit internationalem Fokus, Entsendung von Führungskräften ins Ausland, Abteilungen zur Unterstützung ausländischer Mitarbeiter, die gezielte Zusammenstellung gemischtkultureller Teams, Auslandserfahrung als Voraussetzung für Führungspositionen sowie Mentoring von ausländischen Mitarbeitern.

Ein weiteres Stichwort in diesem Kontext ist die „Willkommenskultur", die speziell auf neu rekrutierte ausländische Fachkräfte zielt: Die IHK für München und Oberbayern hat in ihrer Studie „Willkommen in Bayern" im Jahr 2014 erfragt, wie Unternehmen Willkommenskultur leben und wie sie ihre neuen ausländischen Mitarbeiterinnen und Mitarbeiter unterstützen. Demnach helfen sie bei der Wohnungssuche, bei Behördengängen, durch Patenmodelle, Sportangebote, gesellschaftliche Integration durch Einbindung in Familien oder interkulturelle Trainings.

Das e-Commerce-Unternehmen Stylight mit Hauptsitz in München, ist nicht nur in 14 Ländern weltweit aktiv, sondern auch das 160-köpfige Team repräsentiert insgesamt über 19 Nationen aus aller Welt. Daher werden bei Stylight die internationale Unternehmenskultur und das dazugehörige Diversity Management nicht nur großgeschrieben, sondern auch gelebt. Unternehmenssprache an allen drei Stylight- Standorten (München, London, New York) ist Englisch. Darüber hinaus werden die internationalen Teammitglieder durch Zuschüsse für Deutschsprachkurse unterstützt, damit sie sich besser in ihrem Alltag eingliedern können. Die Unterstützung bei der Integration der ausländischen Mitarbeiter findet von Beginn an statt. Beispielsweise können neue Kollegen in die unternehmenseigene WG einziehen, bis sie eine eigene Wohnung gefunden haben – bei der Suche werden sie ebenfalls von Stylight unterstützt. Generell unterstützt das HR-Team von Stylight alle internationalen Mitarbeiter bei ihren bürokratischen Angelegenheiten wie Visaanträgen sowie offiziellen Formularen und Behördengängen (deutsche Krankenkasse, Wohnsitz melden etc.). Darüber hinaus möchte Stylight seinen Mitarbeitern nicht nur den bestmöglichen Start in ihrem neuen Umfeld, sondern langfristig das bestmögliche (inter-)kulturelle Arbeitsumfeld bieten. Dank regelmäßiger Teamevents und Angeboten wie internen Fitnesskursen und Lunchroulettes werden internationale Mitarbeiter schnell ins Team integriert.

Eine neue Herausforderung ist angesichts der Flüchtlingswellen aus aller Welt und des neuen Arbeitsmarktzugangs auch von Flüchtlingen mit Aufenthaltsgestattung oder Duldung – also unsicherem Aufenthalt – die Integration der Flüchtlinge in die Betriebe. Die IHK für München und Oberbayern spricht sich hier explizit dafür aus, sie als potenzielle Arbeitskräfte zu erkennen und ermuntert die Unternehmen, sich für die Flüchtlinge zu öffnen. Bei den Azubis befürwortet die IHK das Modell *3 plus 2*, das den jungen Flüchtlingen den Abschluss der Ausbildung und zwei Jahre Berufserfahrung ohne die Bedrohung durch Abschiebung ermöglicht.

Unternehmen, die Flüchtlinge beschäftigen, machen zumeist gute Erfahrungen. Zwar brauchen diese – egal ob Azubis oder Erwachsene – in der Regel mehr Aufmerksamkeit und Unterstützung, vor allem Deutschkurse, zusätzliche Hilfe beim Lernen für Prüfungen, auch psychische Unterstützung sowie Begleitung bei Behördengängen. Sie gelten aber als sehr motiviert und fleißig – gerade auch vor dem Hintergrund, sich im Aufnahmeland eine neue Lebensbasis aufbauen zu können und zu wollen. Miriam Betz, Geschäftsführerin der Betz Chrom GmbH im oberbayerischen Gräfelfing, kommentiert dabei die Gefahr der Abschiebung sehr pragmatisch. Auch ein deutscher Mitarbeiter könne von heute auf morgen ausfallen: „Abschiebungsgefahr wäre also kein Grund, einem Menschen eine Chance zu verweigern. Auch aus unternehmerischer Sicht sollte das Potential genutzt werden."

## 2.4 Ältere Mitarbeiter

Es ist nichts Neues: Der demografische Wandel schreitet voran, die Bevölkerung wird immer älter. Lag das Durchschnittsalter in Bayern im Jahr 2010 bei 42,9 Jahren, wird es im Jahr 2030 schon bei 46,6 Jahren liegen. Entsprechend werden ab 2030 auch die über 45-Jährigen den Hauptanteil in den Belegschaften stellen.

Auch hier beginnen die Unternehmen, sich zu öffnen. Immerhin sagen 34 % der Beschäftigten, dass ihre Firmen spezielle Programme zur Gesundheitsförderung älterer Kollegen bereitstellen. Bei den Mitarbeitern über 50 Jahren geben 28 % an, dass ihr Arbeitgeber eine besondere Förderung wie zum Beispiel Fitnesskurse oder ergonomische Arbeitsplätze für sie anbietet. 28 % der Befragten nannten maßgeschneiderte Angebote wie Computerkurse oder Technikschulungen. Das hat das Meinungsforschungsinstitut Yougov im Jahr 2013 in einer repräsentativen Umfrage herausgefunden.

Letztendlich ergeben sich aus der zunehmenden „Ergrauung" der Belegschaften zwei Aufgaben für die Unternehmen: Die älteren Mitarbeiter, die bereits in den Unternehmen sind, sollen geistig, körperlich und seelisch fit bleiben. Vor dem Hintergrund des Fachkräftemangels kann es aber zudem interessant sein, ältere Fachkräfte als neue Mitarbeiter zu rekrutieren. Dabei müssen die Unternehmen berücksichtigen: Ältere Mitarbeiter sind nicht unbedingt weniger leistungsfähig als jüngere, aber sie sind anders leistungsfähig. So bleiben viele Fähigkeiten und Eigenschaften durch zunehmendes Alter unberührt, andere reifen sogar erst im fortgeschrittenen Alter, dritte lassen aber auch nach. Stärken sind nach Erkenntnissen der Bundesanstalt für Arbeitsschutz und Arbeitsmedizin vor allem Weisheit und Erfahrung, Urteilsfähigkeit, Sorgfalt, Toleranz, Loyalität, Verantwortung, Arbeitserfahrung, gute Risikoeinschätzung, Arbeitsethik, Kommunikationsfähigkeit, Motivation, Stabilität sowie die Fähigkeit, komplexe Probleme zu lösen. Gleichzeitig aber schaffen es viele Ältere nicht, die Verrentung noch im Beruf zu erreichen, was an körperlichen Fehlbelastungen oder mangelnden positiven Leistungsvoraussetzungen liegt.

Arbeitgeber, die sich dessen bewusst sind, können mit geeigneten Maßnahmen, das Potenzial älterer Arbeitnehmer für sich nutzen. In der Praxis muss vier konkreten Tätigkeitsfeldern Rechnung getragen werden: Gesundheit, Weiterbildung, Arbeitsgestaltung und Führungskultur. Dabei geht es zum einen darum, dem älteren Arbeitnehmer spezifische Maßnahmen aus allen vier Feldern anzubieten, die, weil sich mit zunehmendem

Alter das Leistungsspektrum ändert, seine Beschäftigungsmöglichkeiten sichern oder ihm neue Perspektiven im Unternehmen eröffnen. Das allein wäre aber zu kurz gedacht. Denn der heute noch 35-Jährige ist in 15 Jahren dann auch 50. Zum anderen geht es also um einen antizipatorischen Blick auf die gesamte Erwerbsbiografie der Mitarbeiter und damit um Maßnahmen, die präventiv der Entstehung alterstypischer Einbußen entgegenwirken. Insofern sprechen Experten auch lieber von alterns- statt altersgerechten Arbeitsplätzen.

Deloitte Touch hat in der bereits zitierten Diversity-Studie Maßnahmen untersucht, die Unternehmen bereits für die Älteren umsetzen und die Herausforderungen angehen. Dazu gehören: persönliche Gesundheitsberatung für ältere Mitarbeiter, horizontale Tätigkeitswechsel, altersgerechte Gestaltung der Arbeitsinhalte, gezielte Gestaltung von altersgemischten Teams, spezielle Freizeit- und Sportangebote für Ältere, systematische Personalentwicklung für ältere Mitarbeiter, lebensphasenorientierte Personalentwicklung, ergonomische Gestaltung der Arbeitsplätze, Altersteilzeit, gezielte Rekrutierung von älteren Mitarbeitern sowie flexible Arbeitszeitmodelle für ältere Mitarbeiter.

Der bayerische Automobilkonzern BMW hat vorausschauend das eigene Demografieprogramm „Heute für morgen" entwickelt. Dazu stellt sich das Unternehmen den Fragen, die mit einer älter werdenden Belegschaft einhergehen: Wie wirkt sich die neue Altersstruktur aus? Durch welche Präventionsmaßnahmen können geistige und körperliche Fitness erhalten und gefördert werden? Wie lässt sich körperliche Arbeit nachhaltiger gestalten? Das Unternehmen will damit ein Arbeitsumfeld schaffen, in dem Jüngere gesund älter werden und Ältere ihre Stärken gezielt einbringen können. In einem Pilotprojekt wurden in einem Werk in einer Produktionslinie ausschließlich Mitarbeiter, die rund 46 Jahre alt waren, ans Band gestellt. In einem Vergleichsband hat BMW den damaligen Altersdurchschnitt von 38 Jahren belassen und nichts verändert. Im Ergebnis waren die Älteren nicht weniger leistungsfähig, sondern ebenso effizient wie die jüngeren Arbeitnehmer. Es bedürfe lediglich einiger cleverer Anpassungen wie etwa einer belastungsoptimierten Rotation sowie einer ergonomischeren Arbeitsplatzgestaltung, so der Konzern.

## 2.5 Betriebliches Gesundheitsmanagement

Dass Belegschaften immer älter werden, ist nur ein Grund, warum last, not least die betriebliche Gesundheit ins Blickfeld gerät, aber nicht der einzige. Es gibt zudem gesetzliche Vorschriften. Außerdem kosten Ausfalltage Unternehmen viel Geld, wobei auch die Arbeit selbst der Grund für die Erkrankung sein kann. Und nicht zuletzt sollte es einem CSR-affinen Unternehmer auch ein grundsätzliches Anliegen und Ausdruck seiner Fürsorge sein, dass Mitarbeiterinnen und Mitarbeiter gesund bleiben.

Eine besondere Bedeutung hat in den vergangenen Jahren die psychische Gesundheit erlangt: Zum einen, weil seit Ende 2013 im Arbeitsschutzgesetz explizit die Gefährdungsbeurteilung psychischer Belastungen vorgeschrieben ist, zum anderen weil sich die Ausfalltage aufgrund psychischer Belastungen enorm erhöht haben. Mehrere Krankenkassen sprechen übereinstimmend von zirka 15 %. Das kostet die Wirtschaft viel Geld: 16 Mrd. €

im Jahr machen allein die direkten Kosten aus. Als Grund für diese Entwicklung werden unter anderem die veränderten Arbeitswelten genannt: Arbeit ist heutzutage schneller, digitaler, globaler, mobiler, vor allem aber auch entgrenzter. Die Trennung zwischen Arbeit und Freizeit wird durch die höhere Erreichbarkeit immer mehr aufgehoben. Das kann Vorteile haben, weil sich Arbeit flexibler organisieren lässt, kann aber auch zu Nachteilen wie erhöhtem Stress, Druck und Selbstausbeutung führen. Hinzu kommt, dass ein (zwar noch kleiner) Teil der Belegschaften sich mit Medikamenten leistungsfähiger macht, um der wachsenden Arbeitsbelastung standzuhalten.

Auch im Bereich der Betrieblichen Gesundheit bedarf es keiner Grundsatzdiskussion mehr. Die Unternehmen haben deren Bedeutung längst verstanden und sich auf den Weg gemacht. So geben 60 % der oberbayerischen Arbeitgeber im IHK-Unternehmensbarometer „An apple a day …" Ende 2013 an, dass bei ihnen die Bedeutung des betrieblichen Gesundheitsmanagements in den vergangenen fünf Jahren zugenommen hat. Die bundesweiten Zahlen sind ähnlich. Auch hier kommt die Offenheit nicht von ungefähr. Die Unternehmen profitieren vielfach von ihren Gesundheitsmaßnahmen: Gesunde Mitarbeiter bleiben nicht nur leistungsfähiger. Mitarbeiter wissen Gesundheitsmaßnahmen auch zu schätzen, erkennen sie als Wertschätzung des Arbeitgebers, was wiederum die Bindung der Mitarbeiter ans Unternehmen erhöht und nach außen ebenfalls attraktiv wirkt.

Zu den wichtigsten Maßnahmen, die Unternehmen anbieten, zählen laut des zitierten IHK-Unternehmensbarometers: die gesundheitsgerechte Ausstattung des Arbeitsplatzes, Impfungen und Vorsorgeuntersuchungen, Sport- und Bewegungsangebote, Kooperationen mit Dienstleistern wie etwa Fitnessstudios oder Angebote zur Stressbewältigung. Dabei gilt: Bei der betrieblichen Gesundheitsförderung zählen auch kleine Maßnahmen, es muss nicht gleich ein groß angelegtes Management*system* sein; die Maßnahmen sollten aber in jedem Fall konsequent und langfristig angelegt sein und nicht bei der ersten Gelegenheit verpuffen.

Ein wichtiges Feld innerhalb des Gesundheitsmanagements ist die Führungskultur. Experten nennen den Ansatz „Gesund führen". Nach der TopJob-Trendstudie 2013 „Gesunde Chefs sind gut für Mitarbeiter" gehören dazu diese Maßnahmen: Für direkte Vorgesetzte geht es darum, zu loben und Leistung anzuerkennen, für anspruchsvolle, abwechslungsreiche Arbeitsinhalte zu sorgen. Weitere Experten betonen, wie wichtig es ist, Klarheit zu geben und einzufordern, Sinn in der Arbeit zu stiften, Zusammenarbeit zu fördern und die Mitarbeiter ernst zu nehmen. Zudem heißt „gesund zu führen" (TopJob), die Gesundheit in den Werten des Unternehmens zu verankern, dass die Geschäftsleitung sich selbst gesund hält, also mit gutem Beispiel vorangeht, dass betriebliche Gesundheitsmaßnahmen angesetzt werden, individuelle und organisationale Präventions- und Interventionsmaßnahmen bestehen, aber auch dass Führungskräfte und Mitarbeiter dazu aufgefordert werden, selbst Verantwortung für ihre Gesundheit zu übernehmen.

Die IHK für München und Oberbayern hat an dem Forschungsprojekt „Flexibilisierung, Erreichbarkeit und Entgrenzung in der Arbeitswelt (FlexA)" mitgewirkt (auf Einladung des Bayerischen Landesamts für Gesundheit und Lebensmittelsicherheit, der

Ludwig-Maximilians-Universität München und der Universität Innsbruck). Dieses untersuchte die Folgen entgrenzter Arbeitswelten für die psychische Gesundheit und entwickelte mit den teilnehmenden Unternehmen Maßnahmen.

Der Münchner IT-Dienstleister ConSol* Software GmbH fördert die Gesundheit der Mitarbeiter mit einer ganzen Palette von Maßnahmen zur physischen wie psychischen Gesundheit, die sich stark an den Wünschen der Beschäftigten orientieren. Denn nur wer sich gut fühlt, arbeitet auch gut, ist die Geschäftsleitung überzeugt. Es gibt Gesundheitstage, Yogakurse, Inhouse-Massagen, natürlich auch ergonomische Arbeitsplätze, Obst-, Tee- und Saftangebote, regelmäßige Vorsorgetests. Dabei nehmen die Mitarbeiter die Angebote oft auch gemeinsam an – zur Freude der Geschäftsführung: „Wenn das in der Gruppe geschieht, stärkt es zudem noch den Teamgeist."

## 3 Fazit

Es ist der IHK ein besonderes Anliegen, ihre Mitgliedsunternehmen in der Übernahme unternehmerischer Verantwortung zu unterstützen, da in diesem Feld enorme Chancen liegen. Entscheidend hierfür ist, dass auch von politischer Seite die Freiräume für die Unternehmerschaft gewahrt bleiben. Dafür setzen sich die IHKs im öffentlichen und politischen Diskurs ein. Die Integration von CSR in die eigenen Prozesse muss in hohem Maße freiwillig bleiben. Eine Standardisierung, etwa durch zunehmende Berichtspflicht oder Zertifizierungen, ist mit Blick auf die in Deutschland stark differenzierte Unternehmenslandschaft kleiner und mittlerer Betriebe kontraproduktiv. Die IHK nimmt ihren gesetzlichen Auftrag entsprechend ernst, mit ihrer Arbeit zum Ehrbaren Kaufmann nicht nur konkret in Sachen CSR aufzuklären und in einer strategischen Herangehensweise zu unterstützen. Sei es in der beruflichen Bildung, im Umwelt- und Klimaschutz oder, wie in diesem Beitrag dargestellt, bei den Themen Human Resource Management.

**Dr. Gabriele Lüke** ist promovierte Slawistin, derzeit bei der IHK für München und Oberbayern tätig als Referentin für Familie und Beruf, Chancengerechtigkeit und gleichzeitig selbständig als Wirtschaftsjournalistin und Mitglied der Konturprogramm eG Genossenschaft für Unternehmenskommunikation in München.

**Dr. Antje Kuttner** ist Referentin CSR/Ehrbarer Kaufmann BIHK bei der IHK für München und Oberbayern. In der Position koordiniert sie das Exzellenzthema Ehrbarer Kaufmann aller neun IHKs in Bayern. Sie ist u.a. für die bayernweite Konzeption und Koordination von Projekten, Veranstaltungen und den Aufbau eines Beratungsangebots für Unternehmen zuständig und treibt das Thema Corporate Social Responsibility (CSR) auf politischer Ebene. Frau Dr. Kuttner arbeitet und forscht seit mehr als sieben Jahren zum Thema Wirtschaftsethik/CSR. 2012 schloss sie ihre Promotion zu wirtschaftsethischen Fragen ab und war im Anschluss drei Jahre CSR-Referentin für den oberbayerischen IHK-Bezirk.

# Werteorientierung als Leadership Tool der Corporate Social Responsibility

Christiane von der Heiden und Utho Creusen

Die Autoren beschreiben in diesem Beitrag die wesentlichen Faktoren effektiver Führung auf Grundlage der Synercube-Theorie und anhand eines konkreten Praxisbeispiels. Der Beitrag erlaubt die Darstellung des Zusammenhangs zwischen Corporate Social Responsibility und Werteorientierung.

In diesem Beitrag führen wir den Ansatz der Werteorientierung als Führungsmethode des Corporate-Social-Responsibility-Modells ein. Werteorientierung wiederum ist ein Element des Positive-Leadership-Ansatzes, der aus der Positiven Psychologie entstanden ist und sich mit der Frage des Sinns, dem Warum, beschäftigt.

Die Positive Psychologie – entstanden vor etwa 20 Jahren – hat in der kurzen Zeit ihres Bestehens wertvolle Beiträge zum Gelingen eines erfolgreichen und glücklichen Lebens nicht nur in der Arbeitswelt geleistet. Das Ziel der Gründer der Positiven Psychologie war es, die Faktoren des Well-Beings und des Flourishings zu analysieren und Methoden zur Förderung des persönlichen Glücks zu entwickeln. Die Protagonisten konnten durch bahnbrechende Studien wesentlichen Einfluss auf die allgemeine Psychologie und insbesondere die Führungspsychologie gewinnen. Hervorzuheben sind hier die Ergebnisse und Methoden der Stärkenorientierung nach Martin Seligman und der Flow-Ansatz nach Mihaly Csikszentmihalyi (Csikszentmihalyi 1991; Seligmann 2011).

Dabei geht der Stärkenansatz davon aus, dass Menschen, die sich auf die Entwicklung ihrer Stärken konzentrieren und nicht auf die Behebung ihrer Schwächen, sowohl

---

C. von der Heiden (✉)
Brückenstr. 18–20, 51379 Leverkusen, Deutschland
E-Mail: christiane.vonderheiden@synercube.com

U. Creusen
Positive Leadership, Besoldstr. 3, 85049 Ingolstadt, Deutschland
E-Mail: utho.creusen@positive-leadership.de

zufriedener als auch erfolgreicher und effizienter in ihrer Arbeit sind. Die Methoden der Identifikation, Analyse und Entwicklung der persönlichen Stärken hatten und haben großen Einfluss auf die Führungspraxis. Der Flow-Ansatz wiederum belegt die Hypothese, dass Höchstleistungen mit Spitzenwerten der Zufriedenheit in Verbindung stehen und entwickelte Methoden zur Messung und Steigerung dieses Zustands (Peterson und Seligman 2004).

Ein weiterer wichtiger Zweig der Positiven Psychologie und des Positive Leadership, der Einfluss auf Führung in Unternehmen hatte, beschäftigt sich mit der Sinnfrage zur Steigerung der Zufriedenheit und Leistungsfähigkeit. Dies ist eine Frage, die verstärkt auch im Rahmen der sogenannten Generation Y-Diskussion gestellt wird und deren Beantwortung vielfach dem HR-Management übertragen wird. Sinn in der Arbeit finden Menschen, denen Ziele, Visionen und Perspektiven des Unternehmens klar vermittelt wurden und deren persönliche Werte mit denen des Unternehmens eine ausreichend große Schnittmenge bilden (Creusen, Eschemann, Kellner 2011).

Hiermit wird der Ansatz der Werteorientierung in die Unternehmenspraxis eingeführt. In unserem Beitrag legen wir die theoretische und methodische Basis für ein nachhaltiges Wertemanagement und führen den Synercube-Ansatz als Leadership Tool zur Umsetzung der Werteorientierung ein.

**Effektive Führung** Was bedeutet heute eigentlich „effektive Führung"? Das Verständnis darüber und deren tägliche Umsetzung im Unternehmen haben sich besonders seit dem Beginn des neuen Jahrtausends wesentlich verändert. War man seit den 1960er-Jahren im Rahmen der verhaltenstheoretischen Ansätze davon überzeugt, dass Spitzenleistung nicht durch Kompetenz, Erfahrung und Qualität der Ressourcen Einzelner, sondern durch die Beteiligung der Betroffenen an den Prozessen möglich wird, gelten heute viel mehr das Umfeld des Unternehmens, die Kultur und die im Unternehmen gelebten Werte, als maßgeblich für die effektive Zusammenarbeit und damit verbunden die Erreichung von Spitzenleistung im Unternehmen (Blake und Adams McCanse 1992; Schumacher 2014; Zankovsky und von der Heiden 2015).

Ursache dafür sind unterschiedlichste Faktoren, die auf ein Unternehmen heute einwirken. Neben den immer dynamischeren Prozessen, die den Unternehmensalltag prägen und damit Unsicherheit und Instabilität fördern, sind Unternehmen einer ständig notwendigen Verbesserung der internen Prozesse und Strukturen ausgesetzt. Kommunikation erfolgt heute im Sekundentakt, Mitarbeiter unterschiedlichster Kulturen arbeiten miteinander, Teams arbeiten nicht mehr zwangsläufig an einem Ort zusammen. Vom effektiven Umgang mit diesen Faktoren hängt der Erfolg oder Misserfolg eines Unternehmens heute ab, der einer effektiven Zusammenarbeit zwischen Topmanagement, Mitarbeitern und dem Unternehmensumfeld bedarf. Durch diese Zusammenarbeit entstehen jedoch Widersprüche, denn es muss hier sichergestellt werden, dass die Ziele des Unternehmens die Erwartungen aller Beteiligten erfüllen können. Folgende Widersprüche können im Unternehmen neben anderen bestehen:

- Ziele der Organisation vs. Ziele des Mitarbeiters,
- Leben in der Organisation vs. Privatleben („Work-Life-Balance"),

- Belohnung der Teamleistungen vs. Belohnung der individuellen Leistungen,
- Delegation vs. Eigenleistung,
- Ergebnisorientierung vs. Mitarbeiterorientierung und
- Streben nach Gewinn vs. Streben nach der Einhaltung ethischer Normen.

Dies sind nur einige Beispiele möglicher Widersprüche, denen sich ein Unternehmen ausgesetzt sehen kann. Grundlegend ist jedoch der Widerspruch zwischen den Zielen der Organisation und denen des Mitarbeiters, denn nur bei Überwindung dieses Widerspruchs kann effektive Zusammenarbeit erreicht werden. Dafür ist die Anpassung des Unternehmens an das Umfeld unausweichlich, jedoch ist die Verknüpfung und Integration der unterschiedlichen Ziele für den langfristigen Erfolg des Unternehmens ebenso relevant, da sonst immer das Risiko besteht, dass das Unternehmen und seine Mitarbeiter in unterschiedliche Richtungen arbeiten. Jede Führungskraft und jeder Mitarbeiter muss sich mit den Zielen der Organisation identifizieren können. Sie dürfen nicht im Gegensatz zu den individuellen Zielen stehen, sondern müssen diese ergänzen oder erweitern. Gleiches gilt für die Werte des Unternehmens. Sollen diese im Alltag gelebt werden und als Orientierung für alles Handeln dienen, müssen sich Führungskräfte und Mitarbeiter mit diesen Werten identifizieren, sie teilen und sich daran messen, um langfristig einen echten Beitrag für die gesamte Organisation leisten zu können. Führung ist somit zu einem Organisationsprozess geworden, dessen Ausgangspunkt eine Basis von Werten ist. Verantwortlich ist die Unternehmensführung (Zankovsky und von der Heiden 2015; Creusen, Bock, Thiele 2013).

Eine Wertebasis ist wichtig, weil sie dem Verständnis des Umfelds dient. Versteht man Werte als individuelle Orientierungspunkte, wird schnell klar, dass sie die Wahrnehmung beeinflussen können und somit auch das Verhalten von Individuen und Gruppen, deren Entscheidungen und Handlungsweisen. Der Ursprung der Werte ist oft in individuellen, kulturellen, sozialen, ökonomischen und ökologischen Gegebenheiten zu finden. Obwohl Werte im Individuum oder in einer Gruppe meist tief verwurzelt sind, sind sie dennoch veränderbar bzw. wandeln sich aufgrund anderer externer Einflüsse. Der Fokus auf die Corporate Social Responsibility unterstützt die Unternehmen dabei, sich nicht nur an den eigenen vermeintlich richtigen Werten zu orientieren, sondern auch die gesellschaftlichen, politischen und ökonomischen Werte im unternehmerischen Handeln zu berücksichtigen.

Ein Beispiel zur Erläuterung: Ein Produktionsunternehmen hat als einen maßgeblichen Wert Ehrlichkeit. Dieser Wert wird detailliert definiert. Ein Absatz dieser detaillierten Beschreibung beinhaltet den Ausschluss des Kaufs gestohlener Waren (sog. „Hehlerware") zur Erreichung besserer Konditionen für das Unternehmen. Im Laufe der Jahre stellen die verantwortlichen Mitarbeiter immer wieder fest, dass andere Unternehmen, direkte Wettbewerber, aber auch branchenfremde Unternehmen, zur Verbesserung der eigenen Position im Markt Waren erwerben, deren Herkunft nicht klar festzustellen ist. Später wird klar, dass diese Waren gestohlen sind. Da das direkte Umfeld vorlebt, dass der Erwerb solcher Waren nicht länger bedenklich ist, weichen die Mitarbeiter des beschriebenen Unternehmens von ihrem geltenden Wert sukzessive ab. Schließlich handeln sie selbst gegen diesen Wert und beziehen gestohlene Waren. Es vollzieht sich ein allmählicher Wandel.

Wenn wir weiter oben geschrieben haben „Verantwortlich ist die Unternehmensführung" meinen wir damit, dass die Unternehmensführung mit der Überwindung unternehmensinterner Widersprüche vor der herausfordernden Aufgabe steht, die organisatorische und die persönliche Produktivität der Mitarbeiter zu optimieren. Das kann erst dann gelingen, wenn die genannten grundlegenden, internen und externen Konflikte in den Unternehmen überwunden werden, denn sie sind maßgebend für langfristigen unternehmerischen Erfolg. Zur Lösung dieser Aufgabe muss die Unternehmensführung auf der einen Seite interne Prozesse und Strukturen optimieren und, auf der anderen Seite, das Unternehmen an die Umwelt, das Umfeld anpassen. Davon hängen schließlich Erfolg oder Misserfolg eines Unternehmens ab, denn es sind genau diese Widersprüche, die die Richtung für eine Veränderung angeben.

Für die Unternehmensführung stellt sich also die Frage, ob sie in der Lage ist, die Ziele des Unternehmens so zu definieren, dass die Erwartungen aller Beteiligten erfüllt werden können und schließlich die Organisation zum Nutzen aller Beteiligten geführt werden kann. Ein Beispiel zur Erläuterung sind die im Folgenden aufgeführten unterschiedlichen Erwartungen der Unternehmenseigentümer, deren Mitarbeiter und der staatlichen Institutionen:

- Die Eigentümer des Unternehmens streben dauerhaften Gewinn an. Dies gilt es durch eine Reduktion der Kosten zu erreichen.
- Die Mitarbeiter dagegen sehen ihre Erwartungen an das Unternehmen in den Bereichen Gehalt, soziale Sicherheit, gute Arbeitsverhältnisse. Daher werden sie mit Einschnitten in diesen Bereichen zur Erreichung eines maximalen Gewinns nicht einverstanden sein.
- Die staatlichen Institutionen betrachten das Unternehmen als Steuer- und Einnahmequelle. Sie sehen ein Unternehmen als Objekt für Regulierung und Standardisierung.

Das Beispiel zeigt, dass die Effektivität eines Unternehmens von unterschiedlichsten Faktoren abhängt, die höchstens minimal mit dem eigentlichen Tätigkeitsfeld oder den Ressourcen des Unternehmens in Beziehung stehen. Das Unternehmen ist also Widersprüchen zwischen internen (in diesem Beispiel die Unternehmensleitung und die Mitarbeiter) und externen (hier die staatlichen Institutionen) Faktoren ausgesetzt, die die Entwicklung des Unternehmens maßgeblich beeinflussen. Dadurch muss die Kompetenz einer Führungskraft in der Identifizierung und Überwindung dieser Widersprüche liegen.

Ein weiteres Beispiel zur Erläuterung:

Ein Unternehmen hat sich zum Ziel gesetzt, im kommenden Jahr den Abverkauf um 8 % zu steigern, um so ein Umsatzwachstum von insgesamt 10 % bei gleichbleibenden Kosten zu generieren.

– Ziel der Produktion ist es, die Verpackungskosten gesamt um 5 % gegenüber dem Vorjahr zu reduzieren.
– Der Vertrieb hingegen verfolgt das Ziel, die aufgrund natürlicher Fluktuation freiwerdenden Stellen nicht wieder zu besetzen und die betroffenen Kunden auf die anderen Vertriebsmitarbeiter aufzuteilen.

– Unmittelbar wird klar, dass die genannten Ziele nur sehr schwer miteinander vereinbar sind. Wenn man dann noch berücksichtigt, dass ein Mitarbeiter im Vertrieb zum Ziel hat, bei seinen Kunden zwar ein Umsatzwachstum von 8 % zu erwirtschaften, aber gleichzeitig nicht mehr Budget für Werbematerial zur Verfügung hat und vom Ziel der Produktion weiß, Verpackungskosten zu senken, wundert man sich nicht, dass dieser Mitarbeiter von den unterschiedlichen Zielen im Unternehmen eher verwirrt ist, als dass sie ihm Orientierung geben.

Erst wenn sich der Mitarbeiter mit seinen individuellen Zielen in den Zielen des Unternehmens wiederfindet, d. h. wenn seine Ziele im Einklang mit den Unternehmenszielen stehen, tritt das Unternehmen als Instrument der Bedürfnisbefriedigung für den Mitarbeiter ein. Der Mitarbeiter arbeitet im und für das Unternehmen und folgt dessen Zielen. Im Gegenzug erhält der Mitarbeiter den Lebensunterhalt sowie Wohlstand und persönliche Entwicklungsmöglichkeiten. Diesen Trend beschreibt man als Zentripetaltrend. Der Mitarbeiter fühlt sich zum Unternehmen hingezogen.

Im Gegensatz dazu steht der Zentrifugaltrend, der den Mitarbeiter vom Unternehmen wegdrückt. Hier stehen die persönlichen Ziele im Widerspruch zu den Zielen oder den Forderungen des Unternehmens und können nicht miteinander in Einklang gebracht werden. Da der Mitarbeiter nicht alle individuellen Ziele umsetzen kann, wird in ihm eine Protesthaltung ausgelöst, die ihn von der effektiven Zusammenarbeit in der Organisation entfernt.

Hinzu kommt, dass sowohl die Wissenschaft als auch die Unternehmenspraxis im Wettbewerb ein wichtiges Instrument zur Entwicklung eines Unternehmens sehen. Der Harvard-Professor M. Porter sagt z. B., dass „der Konkurrenzvorteil des Unternehmens die Basis für dessen erfolgreiche Markttätigkeit bildet", sowohl intern als auch extern. Entscheidend ist aber, ob dieser Wettbewerb auf Kooperation oder auf Konkurrenz ausgerichtet ist. Kooperation beinhaltet die Koordination und Zusammenführung aller verfügbaren oder betroffenen individuellen Kräfte. Im Rahmen der Kooperation erreicht das Individuum die eigenen Ziele, wenn alle Gruppenmitglieder ebenfalls ihre Ziele erreichen („Win-win-Prinzip"). Sie ist das Gegenteil von Konkurrenz. Der Unterschied besteht in den Zielen. In der Konkurrenz schließt die Zielerreichung des einen Individuums die Zielerreichung des anderen aus.

Dominiert der Zentripetaltrend in einem Unternehmen, also das Streben nach Zugehörigkeit und Integration, ist eine Basis für Kooperation im Unternehmen und damit nachhaltigen Erfolg geschaffen. Der Zentripetaltrend kann dann gestärkt werden, wenn das Unternehmen Werte klar definiert, sich in seinem Handeln an diesen Werten orientiert und die Qualität der Einhaltung dieser Werte konsequent misst.

Werte, die ein Unternehmen als relevant einstuft, können z. B. die folgenden sein (Seggewiß 2014).

## 1 Vertrauen schaffen

Sie gehen davon aus, dass jeder Mensch ein immenses Potenzial in sich trägt, das er aufgrund dieser oder jener Umstände nicht immer entfalten kann. Nur wenn Sie anderen Menschen viel Vertrauen schenken, können Sie ihnen helfen, auch selbst zu gewinnen. Durch Ihr Vertrauen Ihren Mitarbeitern gegenüber bilden Sie auch Vertrauen gegenüber dem Unternehmen und entwickeln so eine Situation, in der man arbeiten und Erfolge erzielen will. Das Vertrauen bildet somit die Grundlage für die Gegenwart und Zukunft des Unternehmens.

Vertrauen entgegengesetzt ist eine Kultur geprägt von Kontrollen und Anweisungen. Denjenigen, die eigenverantwortlich, aber ohne klare Anweisung handeln, wird misstraut. Vertrauen besteht lediglich in die eigenen Leistungen oder in die klar angewiesenen Prozesse. Dies führt zu einem Gefühl von Angst, Misstrauen und Unsicherheit unter den betroffenen Mitarbeitern. Das Vertrauen in die Leistungen und somit die Zukunft des Managements und des Unternehmens ist gering.

## 2 Commitment herstellen

Sie gehen von Ihrem eigenen Wertesystem aus und identifizieren sich zu 100 % mit Ihrem Unternehmen. Sie sind unabhängig von Ihrer hierarchischen Position, nicht nur ein einfaches Mitglied des Unternehmens, sondern auch jemand, von dem der Unternehmenserfolg abhängt. Dies ist keine Folge von Selbstüberschätzung, sondern das Ergebnis tiefster Identifikation mit dem Unternehmen. Ihre gesamte Tätigkeit wird mit höchster Verantwortung für die Menschen und das Unternehmen durchgeführt. Sie sind bereit zum Risiko und übernehmen dafür die volle Verantwortung.

## 3 Transparenz schaffen

Ehrlichkeit, Offenheit und Transparenz des betrieblichen Lebens sind für Sie die Grundlage für effektive und synergetische Zusammenarbeit. Nur unter den Bedingungen von Transparenz und Ehrlichkeit ergibt sich die Möglichkeit, Prozesse deutlich und klar zu planen, die Ausführung von Arbeiten zu organisieren, erreichte Resultate zu messen und die eigene Tätigkeit entsprechend anzupassen. Toleranz gegenüber anderen Kulturen ist ein wesentlicher Bestandteil von Offenheit und Ehrlichkeit.

Wenn wir an dieser Stelle exemplarisch schauen, was es bedeutet, wenn Transparenz nicht die Grundlage für effektive Zusammenarbeit bildet, stellen wir fest, dass Offenheit und Transparenz z. B. dann leicht gelebt werden, wenn es um positive Themen geht. Im Allgemeinen geht man aber davon aus, dass die übergeordneten Zusammenhänge für die meisten eher schwer nachzuvollziehen sind und Aussagen dazu eher Unruhe stiften würden.

Im Gegensatz dazu stehen Anweisungen und Kontrollen. Gesamtzusammenhänge werden nicht dargestellt, da echte Zusammenarbeit aus Angst vor Machtverlust verhindert wird. Eher werden Einzelaktionen individuell abgesprochen.

## 4 Gerechtigkeit herstellen

Sie sind davon überzeugt, dass Fordern und Fördern zusammenhängen und dass dadurch hervorragende Ergebnisse erreicht werden. Sie stellen eindeutige Kriterien auf, die alle Formen von Fördern und Fordern beinhalten. Jede Verbesserung würdigen Sie angemessen. Belohnungen sind nicht nur materielle Anreize, sondern beinhalten ein großes Spektrum immaterieller Anreize wie Aufmerksamkeit, Unterstützung durch den Vorgesetzten, öffentliche Anerkennung und zusätzliche Möglichkeiten der persönlichen Weiterentwicklung. Damit erreichen Sie, dass Ihre Mitarbeiter maximalen Erfolg erzielen wollen. Dieses Streben entspricht dann einer Unternehmenskultur, die Initiative und die Erreichung der bestmöglichen Resultate fördert und als fair und gerecht empfunden wird.

## 5 Verantwortung übernehmen

Sie glauben an das Positive und die Ressourcen des Menschen und sind deswegen ein überzeugter Gegner von Bestrafung als Machtmittel für Beeinflussung und Verhaltensänderung. Belohnung ist für sie die Anerkennung von pünktlicher, gut gemachter Arbeit. Sie ist immer an vorab formulierte Kriterien geknüpft und stimuliert die Erreichung hoher Ergebnisse.

Sie bemühen sich, Ihre hierarchische Position nicht hervorzuheben, sondern den Fokus auf partnerschaftliche Beziehungen zu legen. Sie nutzen Ihre hierarchische Position eher, um die Unternehmensinteressen zu repräsentieren, diese zu erklären und zu verteidigen. Sie stehen für die von Ihnen übernommene Verantwortung ein.

Sie nutzen Informationsressourcen dafür, um in Ihrem Bereich eine Unternehmenskultur zu schaffen, die alle Mitarbeiter in Richtung der Ziele, Werte und Standards des Unternehmens lenkt und infolgedessen auch von ihnen angenommen wird. Damit tragen Sie dazu bei, Konflikte zu überwinden und die höchstmöglichen Ergebnisse zu erzielen. Sie sorgen dafür, dass alle ständigen Zugang zu aktuellen Informationen haben, weil das die wichtigste Bedingung zur Erreichung der höchstmöglichen Resultate ist.

Sie verfügen über eine sehr hohe, professionelle Kompetenz in Ihrem Bereich und werden deswegen als Experte geschätzt. Sie sind sich bewusst, dass jedes Wissen in der modernen, sich stets wandelnden Welt beschränkt ist und bemühen sich daher ständig darum, dieses Wissen und Ihr professionelles Niveau zu erweitern. Sie sind von sich überzeugt, aber auch selbstkritisch und verfügen über hohe Überzeugungsfähigkeit. Sie sind in Ihren Handlungen konsistent und konsequent.

Sie sind zielgerichtet und schaffen um sich herum eine Atmosphäre von Optimismus und positive Ausstrahlung. Dies ist für Ihre Mitarbeiter attraktiv und führt dazu, dass auch Ihre Mitarbeiter Ihren Ideen, Werten und Zielen folgen. Damit übernehmen Sie als Vorbild einen wichtigen Beitrag für die Schaffung einer gesunden und ethisch hochwertigen Unternehmenskultur, die die Grundlage für nachhaltigen Erfolg Ihres Unternehmens ist.

Die hier vorgestellten Werte dienen direkt oder indirekt der Corporate Social Responsibility, wie sie zu Beginn dieses Buchs vorgestellt wurde. Besonders die Werte „Verantwortung übernehmen", „Gerechtigkeit herstellen" und „Transparenz schaffen" können innerhalb des Unternehmens genauso stark wirken wie nach außen. Sie berücksichtigen unterschiedlichste Verhaltensaspekte, die sich – bei gesunder Ausprägung dieser Werte im Unternehmen – auf das gesamte Umfeld des Unternehmens auswirken und Einfluss nehmen auf Entwicklungsprozesse außerhalb des Unternehmens.

**Werteorientierte Unternehmensentwicklung** Warum sind Werte schließlich so bedeutend für Unternehmen? Werte zeigen auf, was von Individuen, sozialen Gruppen, der Gesellschaft und dem Unternehmen wertgeschätzt wird. Jeder Mensch hat individuelle Werte, die die Basis für sein Handeln bilden, an denen er sich orientiert, die ihm als Kompass dienen und sein Gewissen lenken. Werte finden sich ebenso in sozialen Gruppen, in der Gesellschaft und, wie bereits beschrieben, in Unternehmen wieder. Werte bilden also auf allen Ebenen eine Handlungsorientierung. Dadurch, dass Werte Handlungsorientierung geben, können durch Werte die Beweggründe für das Handeln von Menschen in Unternehmen erkannt und beeinflusst werden. Werte stiften Identität und Sinn. Daher ist es besonders für Unternehmen wichtig, die eigenen Werte zu kommunizieren. Identifiziert sich der Mitarbeiter mit den Werten des Unternehmens, hat das positive Auswirkungen auf dessen Beitrag zum Unternehmenserfolg. Zum Beispiel können Werte wie Qualität oder Verantwortung Kontrollen und direkte Anweisungen ersparen. Der Mitarbeiter ist in der Lage, eigenverantwortlich zu handeln, da er sich in den Werten der Organisation wiederfindet. Steigende Loyalität und Engagement sind zu erwarten.

Die Werte der Mitarbeiter eines Unternehmens und das sich daraus entwickelnde Wertesystem ergeben die Unternehmenskultur. Als Unternehmenskultur wiederum beschreibt man die Gesamtheit aller Werte, Normen und Standards in einem Unternehmen, die das Verhalten der Mitarbeiter prägen. Sie bildet also den Handlungsrahmen für alle Tätigkeiten innerhalb des Unternehmens und nach außen.

Werte beeinflussen also neben dem Verhalten der Mitarbeiter einer Organisation auf individueller Ebene auch das Unternehmen als Ganzes, dessen Kultur sowie dessen Image außerhalb des Unternehmens. Ziel des Unternehmens muss immer sein, die Fähigkeiten und Fertigkeiten seiner Mitarbeiter zu identifizieren und nutzbringend für das Unternehmen einzusetzen und zu entwickeln. Somit haben Wertesysteme echte Konsequenzen für

Unternehmen. Denn, werden Werte durch konkretes Verhalten vorgelebt und können sich die Mitarbeiter mit diesen Werten tatsächlich identifizieren, so sind diese Wertesysteme ein Weg, Verhalten anderer Mitarbeiter langfristig zu beeinflussen und gemäß der vorgelebten Werte zu verändern Damit dominiert der Zentripetaltrend.

Zur effektiven Nutzung von Werten im Unternehmen und zum aktiven Wandel im Gegensatz zur Reaktion auf natürlichen Wandel, nutzen Unternehmen heute häufig ein sog. Wertemanagement. Der eigentliche Wert, spielt dabei eine weniger wichtige Rolle; Priorität hat hier der Bezug der Werte zur Unternehmensstrategie auf der einen Seite und die gesellschaftliche positive Wahrnehmung des Werts auf der anderen Seite. Die zu entwickelnden Werte müssen grundsätzlich im Unternehmen vorhanden sein.

Neben der Corporate Social Responsibility werden folgende Konzepte in Unternehmen heute immer häufiger vorgefunden, die deutlich machen, dass Werte tatsächlich zu einem Erfolgsfaktor für Unternehmen geworden sind:

- Employer Branding,
- Diversity Management und
- Werte bei Merger- und Acquisition-Prozessen.

Um ein Unternehmen also erfolgreich den Werten entsprechend entwickeln zu können, bedarf es in einem ersten Schritt einer genauen Identifizierung der Werte, die für das Unternehmen ausschlaggebend sein sollen oder gewünscht sind. Im folgenden Schritt erfolgt ein Abgleich mit den Zielen und der Strategie des Unternehmens. Daraus resultiert ein Wertesystem, das kontinuierlich hinterfragt, an den Zielen und der Strategie gemessen und der allgemeinen Entwicklung angepasst wird.

Zur Kommunikation der Werte dienen Schulungen der Mitarbeiter. Die Implementierung im Alltag unterstützt die Personal- und Führungskräfteentwicklung durch unterschiedliche Maßnahmen.

Ein Konzept, dass eine langfristige, nachhaltige Werteentwicklung im Unternehmen konsequent und strukturiert begleitet, ist das neue Synercube-Modell von Prof. Dr. Anatoly Zankovsky, das im Folgenden dargestellt wird.

**Das Synercube-Konzept** Mithilfe des ganzheitlichen Synercube-Organisationsentwicklungsprozesses gelingt es einem Unternehmen langfristig, werteorientiert zu handeln und die Produktivität der Organisation durch effektive Nutzung der Ressourcen in der menschlichen Zusammenarbeit positiv zu beeinflussen (Zankovsky und von der Heiden 2015).

Sinnvolles Führungsverhalten obliegt ganz individuellen Vorstellungen der Führungskräfte. Dementsprechend vielseitig ist Führungsverhalten. Das Modell des Zusammenwirkens in der Organisation beschreibt die vernünftige Art der Führung. Es enthält drei wesentliche Elemente, die in jeder Organisation zum Tragen kommen: Ressourcen (R), Interaktionen (I), Output, Ergebnisse (O).

**Abb. 1** Das Modell des Zusammenwirkens in der Organisation. Nach Zankovsky (2014)

Abb. 1 stellt das Modell des Zusammenwirkens dar.

**R** (Ressourcen) sind der Ausgangspunkt für das Zusammenwirken. Dazu gehören Geldmittel, Informationen, Energie, Rohstoffe, Materialien, Ausrüstung und menschliche Ressourcen als persönliche Eigenschaften der Mitarbeiter, deren Ausbildung, Fertigkeiten, Kenntnisse, Erfahrungen, Begeisterung und Ergebenheit.

**I** (Interaktionen) bezeichnen das Zusammenwirken. Interaktion umfasst jede Art von Verhalten und Handlungen sowie das Verhältnis der einzelnen untereinander oder zur Gruppe mit Auswirkung auf den Umgestaltungsprozess. Es geht um die Nutzung und Veränderung der Ressourcen, um Ergebnisse zu erreichen. Dazu gehören die Formen der Kommunikation und der Zusammenarbeit mit dem Ziel, mit den vorhandenen Ressourcen anspruchsvolle Ergebnisse zu erreichen. Interaktionen bestimmen, wie effektiv die Menschen im Team zusammenarbeiten.

**O** (Output) bezeichnet die Ergebnisse, die Folgen der Tätigkeit: Produkte, Dienstleistungen, Kenntnisse, Innovationen, Abschlüsse. Ergebnisse können unterschiedlich sein, sie spiegeln die Effizienz der Nutzung der R (Ressourcen) und der I (Interaktionen) wider.

Wir legen den Fokus in erster Linie auf die sogenannte I-Zone (Interaktionszone). Die Qualität der I-Zone bestimmt, wie effektiv die Menschen die Ressourcen „R" in Ergebnisse „O" umwandeln.

Wenn in der I-Zone falsch gehandelt wird, werden die meisten Ressourcen nicht effektiv genutzt bzw. verschwendet. Ungelöste Konflikte verhindern, dass Menschen ihre eigenen Schwächen sehen und als Ursache des Problems erkennen. Die vorhandenen Ressourcen werden nicht effektiv genutzt, wenn die Mitarbeiter ein negatives Verhalten seitens der Kollegen oder der Führung befürchten. Wenn die Kollegen untereinander Konflikte haben, denken sie nicht an das Ergebnis, sondern an Verteidigung und Rechtfertigung. Sie werden versuchen nachzugeben, sich hinter etwas zu verstecken oder mit der Arbeit aufzuhören. Eine ungesunde Atmosphäre unterdrückt Leistung, da die Menschen kein Risiko tragen wollen, wenn sie die Unterstützung und das Verständnis der Kollegen nicht spüren. Falsches Zusammenwirken führt zu negativen Konsequenzen in der Tätigkeit der Organisation.

Wenn jedoch das Zusammenwirken in der I-Zone richtig gestaltet wird, dann wachsen Vertrauen und Respekt in der Belegschaft und die Ressourcen können in vollem Maße genutzt werden. Individuelle Anstrengungen, die bei falscher Interaktion mehr auf Rechtfertigung oder das Vertuschen von Schwächen gerichtet sind, werden auf die Zusammenarbeit und die Suche nach neuen Lösungen und Entscheidungen über mögliche Risiken ausgerichtet. Wenn man die entstehenden Probleme aufrichtig und offen diskutiert, dann haben die Mitarbeiter keine Angst vor negativen Konsequenzen und können nach optimalen Lösungen suchen. Eine offene, auf Unterstützung gerichtete Atmosphäre erhöht das

Niveau der Adhärenz (Befolgen von Standards) und trägt zum optimalen Ergebnis bei. Die Adhärenz erlaubt den Mitarbeitern, herausfordernde Aufgaben zu übernehmen, nach Neuem zu suchen und das Neue zu schaffen, ohne Vorwürfe anderer befürchten zu müssen.

Synergie wird erreicht, wenn die Ressourcen R in der I-Zone reproduziert werden. Wenn alle Mitarbeiter offen und aufrichtig zusammenwirken, werden die gemeinsamen Ergebnisse die Leistung der einzelnen übertreffen. Synergie ist dann erreichbar, wenn die Gruppe die Ziele gemeinsam definiert und alle individuellen Ressourcen für deren Erreichen einsetzt. Synergie erfordert hohen gegenseitigen Respekt und Achtung sowie ständiges und konstruktives Überwinden von Konflikten.

Wenn die Organisation die Ressourcen, d. h. die Zahl der Mitarbeiter bzw. der Investitionen steigert, führt das nicht linear zur Steigerung des Outputs. Jede Organisation steht vor der Herausforderung, Konflikte in der I-Zone ständig zu überwinden und konsequent Synergie anzustreben.

Es gibt organisatorische, persönliche und psychologische Gründe, warum die I-Zone nicht im Fokus des Managements liegt. Die wichtigsten lauten:

1. Die Laufbahn eines Managers in der modernen Organisation hängt in erster Linie von den Kennzahlen für Ressourcen und Output ab. Die effektive Nutzung der Ressourcen und die Qualität der Ergebnisse sind kritische Einflussfaktoren für seine Karriere.
2. Mit dem Erreichen hoher Ergebnisse ist oft eine Überlastung des Managers verbunden. Überlastung und Zeitmangel geben dem Manager keine Möglichkeit, der I-Zone genug Aufmerksamkeit zu widmen, da sich der Fokus vom Prozess auf das Resultat verschiebt.
3. Aufgrund individueller psychologischer Besonderheiten und unterschiedlicher Lebenserfahrungen und Kompetenzen hat jeder Mitarbeiter eigene Vorstellungen von der idealen Gestaltung der I-Zone. Dadurch fehlt eine gemeinsame Vorstellung von der Zusammenarbeit. Hindernisse auf dem Weg zur effektiven Zusammenarbeit sind die Folge.
4. Fehlendes Verständnis der Gesetzmäßigkeiten des Gruppenzusammenwirkens in der I-Zone.

Mit der effektiven Nutzung der I-Zone können diese Hindernisse überwunden werden. Der Synercube-Führungswürfel gibt Orientierung, welche Bereiche entwickelt werden sollten.

Der Synercube-Führungswürfel dient als Rahmen für eine gemeinsame Sprache, mit der die unterschiedlichen Verhaltensweisen innerhalb einer Organisation verdeutlicht werden können und eine effektive Gestaltung der I-Zone möglich wird. Der Führungswürfel baut auf den drei Dimensionen Ergebnisorientierung, Menschenorientierung und Werteorientierung auf und wird in Abb. 2 dargestellt.

Die Achsen Menschenorientierung und Ergebnisorientierung sind mit einer Punktskala jeweils von 1 (niedrig) bis 7 (hoch) ausgeprägt versehen. Die Achse der Werteorientierung reicht von − (schwach ausgeprägt) bis + (stark ausgeprägt).

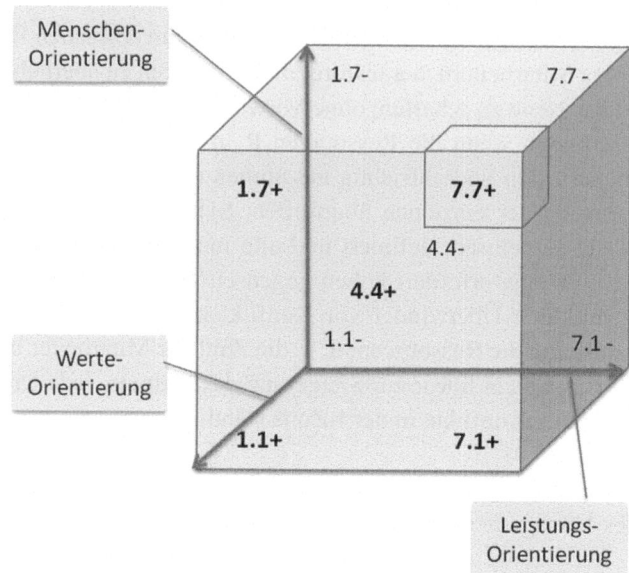

**Abb. 2** Der Synercube-Führungswürfel. Nach Zankovsky und von der Heiden (2015)

Die Kombination der drei Achsen bestimmt, wie eine Führungskraft das Ziel „Leistung durch Menschen" erreichen will. Die dritte Achse der Werteorientierung gibt dabei an, bis zu welchem Grad und in welcher Form das Unternehmen und dessen Mitarbeiter in der Lage sind, die zuvor beschriebenen Konflikte zu überwinden und entsprechend der bestehenden Werte zu handeln. Am Führungswürfel können daraus resultierend zehn unterschiedliche Leadership-Stile beschrieben werden.

Zur besseren Beschreibung und Analyse der I-Zone dienen unterschiedliche Elemente:

- Konflikte lösen,
- Informationen austauschen,
- Position beziehen,
- Entscheidungen treffen und
- Kritik üben.

Diese Elemente äußern sich nicht notwendigerweise in jedem Moment einer Handlung. Einige von ihnen äußern sich häufiger als andere, sie kommen aber im Prozess alle vor.

Im Folgenden beschreiben wir jeden der Leadership-Stile im dreidimensionalen Führungsmodell.

1. 1.1− *Der Aussitzer.* Eine niedrige Ausrichtung auf Ergebnisse und auf Menschen, Gleichgültigkeit und negatives Verhalten zu allem. Will keine Verantwortung für die Ergebnisse tragen, weicht den Organisationsproblemen und jeder Organisationstätigkeit aus. Wenn man ihn unter Druck setzt, verteidigt er sich aggressiv und betont die Nutzlosigkeit und Erfolglosigkeit der Tätigkeit. Akzeptiert seine Rolle in der Organisation.

2. *1.1 + Der Zweifler.* Eine niedrige Ausrichtung auf Ergebnisse und auf Menschen, Gleichgültigkeit, aber Interesse unter der Maske der Gleichgültigkeit. Ein nicht realisiertes Streben, einen eigenen Beitrag zur gemeinsamen Arbeit zu leisten. Enttäuschung, da er den gewünschten Nutzen nicht bringen kann. Das Streben, den politischen Spielereien und Konflikten auszuweichen. Untertauchen in sich selbst. Ist in kritischen Situationen imstande, eine aktive und konstruktive Position einzunehmen und nach Auswegen aus der Krise zu suchen. Seine Rolle in der Gruppe gefällt ihm nicht, sie unterdrückt ihn.
3. *1.7 – Der Diener.* Niedrige Ausrichtung auf Ergebnisse, hohe Ausrichtung auf Menschen, gleichgültig der Arbeit und dem Unternehmen gegenüber, will allen gefallen und allen schmeicheln. Pflegt gute Beziehungen „koste es, was es wolle", stellt sich auf die anderen ein und ist ihnen zu Diensten. Weicht Konflikten aus, ist nicht aufrichtig. Hinter seinem Schmeicheln sind seine eigenen Ziele versteckt, er nimmt sie nicht immer wahr.
4. *1.7 + Der Menschenfreund.* Niedrige Ausrichtung auf Ergebnisse, hohe Ausrichtung auf Menschen, Interesse am Unternehmen. Will eine Atmosphäre von Harmonie, Freundschaft und Enthusiasmus schaffen. Seine Phantasien dominieren über reale Pläne und Taten. Mehr Schein als Sein. Motiviert die Mitarbeiter durch die Betonung der positiven Aspekte der Arbeit.
5. *7.1 – Der Diktator.* Hohe Ausrichtung auf Ergebnis, niedrige Ausrichtung auf Menschen. Gleichgültiges, negatives Verhalten gegenüber den Menschen, die von ihm als Instrument zur Zielerreichung betrachtet und autoritär angegangen werden. Erwartet von den anderen Unterordnung und Verlässlichkeit. Übt totale Kontrolle und ständigen Druck auf die Mitarbeiter aus. Folgt den Regeln strikt und konsequent, da diese dem Ergebnis dienen.
6. *7.1 + Der Paternalist* Hohe Ausrichtung auf Ergebnisse, niedrige Ausrichtung auf Menschen, Interesse an der Arbeit und am Unternehmen nach eigenem Gutdünken. Ungleiches, teilweise ungerechtes Verhalten den Mitarbeitern gegenüber, die als unreife, noch nicht erwachsene Personen betrachtet werden, die immer betreut werden müssen. Duldet keine Einwände. Benimmt sich wie ein Ratgeber und Patron.
7. *4.4 – Der Bürokrat.* Mittlere Ausrichtung auf Ergebnisse, mittlere Ausrichtung auf Menschen, abwägendes Verhalten der Arbeit und dem Unternehmen gegenüber. Hat Angst vor Veränderungen und Neuerungen. Ist mit dem Status quo zufrieden, besteht auf Meinungen und Methoden der Vergangenheit. Folgt den Regeln und Anweisungen strikt, da sie die stabile Tätigkeit des Unternehmens sicherstellen.
8. *4.4 + Der Pragmatiker.* Mittlere Ausrichtung auf Ergebnisse, mittlere Ausrichtung auf Menschen. Interessiertes Verhalten gegenüber Arbeit und Unternehmen. Will eine stabile und sichere Atmosphäre schaffen. Respektiert die Traditionen und folgt ihnen, ist treu und tolerant, findet Mehrheiten und Kompromisse.
9. *7.7 – Der Opportunist.* Hohe Ausrichtung auf Ergebnisse, hohe Ausrichtung auf Menschen, opportunistisches Verhalten gegenüber Arbeit und Unternehmen. Hat die Fähigkeit, mit den Menschen so umzugehen, dass Ergebnisse erreicht werden, die ihm persönliche Vorteile bringen. Nicht aufrichtig. Werte werden nur deklariert. Manipulatives Verhalten.

10. *7.7+ Die Leitfigur* Hohe Ausrichtung auf Ergebnisse, Menschen und auf die Arbeit und die Organisation. Wunsch, eine Atmosphäre der Zugehörigkeit und Beteiligung zu schaffen. Anerkennen des Stellenwertes jedes Mitarbeiters. Streben nach höchsten Standards der Tätigkeit, Suche nach optimalen Entscheidungen, die durch alle unterstützt werden. Streben nach Entwicklung und Vervollkommnung der Traditionen und Werte des Unternehmens.

Nach dieser kurzen Vorstellung des Synercube-Konzepts folgt ein Praxisbeispiel zu einer Maßnahme aus dem ganzheitlichen Prozess der Synercube-Organisationsentwicklung.

**Praxisbeispiel zur werteorientierten Synercube Organisationsentwicklung** Das nachfolgende Beispiel beschreibt einen Ausschnitt aus der Anwendung eines systematischen Modells zur Konfliktlösung zwischen zwei Bereichen. Das Modell zeigt auf, welche Veränderungen nötig waren, um Probleme von zwei Unternehmensbereichen an den Schnittstellen ihrer Zusammenarbeit zu lösen:

In der Firma Innova (Name geändert) gab es eine starke Trennung zwischen den Bereichen „Fertigung" und „Instandhaltung". Die Fertigung war verantwortlich für den Herstellungsprozess von der Beschaffung der Rohmaterialien bis hin zum Endprodukt. Die Instandhaltung war mit der Wartung, Reparatur und Änderung bestehender sowie der Konstruktion oder Installation neuer Ausrüstungen beauftragt.

Auf dem Papier waren beide Bereiche gleichrangig. In der Praxis aber wurde die Instandhaltung, zumindest aus der Sicht der Fertigung, nur als Unterstützung ihrer Arbeit gesehen. Die Mitarbeiter der Fertigung sahen die Kollegen aus der Instandhaltung als untergeordnet und als von ihnen zu kontrollieren an.

Die Aufrechterhaltung eines Drei-Schicht-Betriebs schafft ganz eigene Prioritäten und nicht selten auch sehr unterschiedliche Auffassungen über die Bedeutung der am Prozess Beteiligten. Die Unternehmenskultur und die gelebten Standards verstärken dies.

Von der Struktur her haben die Fertigung und die Instandhaltung eine horizontale Beziehung, und ihre jeweiligen Vorgesetzten berichten direkt an den Betriebsleiter. Eigenverantwortliches Handeln, aber auch klare Absprachen sind für die Ausführung von Routinearbeiten und bei der Lösung unerwarteter Probleme erforderlich. Produktives Arbeiten hängt entscheidend davon ab, wie Mitarbeiter beider Bereiche bei der Erfüllung der Fertigungs- und Qualitätsziele zusammenarbeiten.

Die Konflikte zwischen den Bereichen und den einzelnen Teams behinderten die Effizienz und den Erfolg des Unternehmens und die Geschäftsführung beschloss, diese Probleme systematisch anzugehen. Die Verantwortlichen waren sich darüber einig, dass Fertigungsleiter und Instandhaltungsleiter sowie deren Teamleiter von Anfang an in das Projekt eingebunden werden müssen. Man war auch der Meinung, dass bei einem guten Ergebnis die finanzielle Investition gerechtfertigt sei. Gemeinsam mit Klaus Behrens (alle Personennamen wurden geändert), einem externen Berater, mit dem Geschäftsführer Marc Gerdes in der Vergangenheit schon sehr gute Erfahrungen gemacht hatte, wurden die nächsten Schritte vereinbart.

# Werteorientierung als Leadership Tool der Corporate Social Responsibility

Die beiden Bereiche haben im Laufe des Konfliktlösungsprozesses über die Schlüsselelemente der Zusammenarbeit diskutiert und ein gemeinsames Bild über eine ideale Form der Zusammenarbeit erarbeitet. Darüber hinaus haben sie auch die tatsächliche Zusammenarbeit definiert und Lücken zwischen Ideal und Realität herausgestellt. Dabei kam heraus, dass beide Teams unabhängig voneinander fehlendes Vertrauen und Respekt als die eigentliche Ursache für ihre schlechte Beziehung zueinander definierten (Abb. 3).

Nun stehen die Teams vor der Herausforderung, einen konkreten Maßnahmenplan zur Erreichung des Ideals bzw. zur Überwindung der Hindernisse in der Zusammenarbeit zu erstellen:

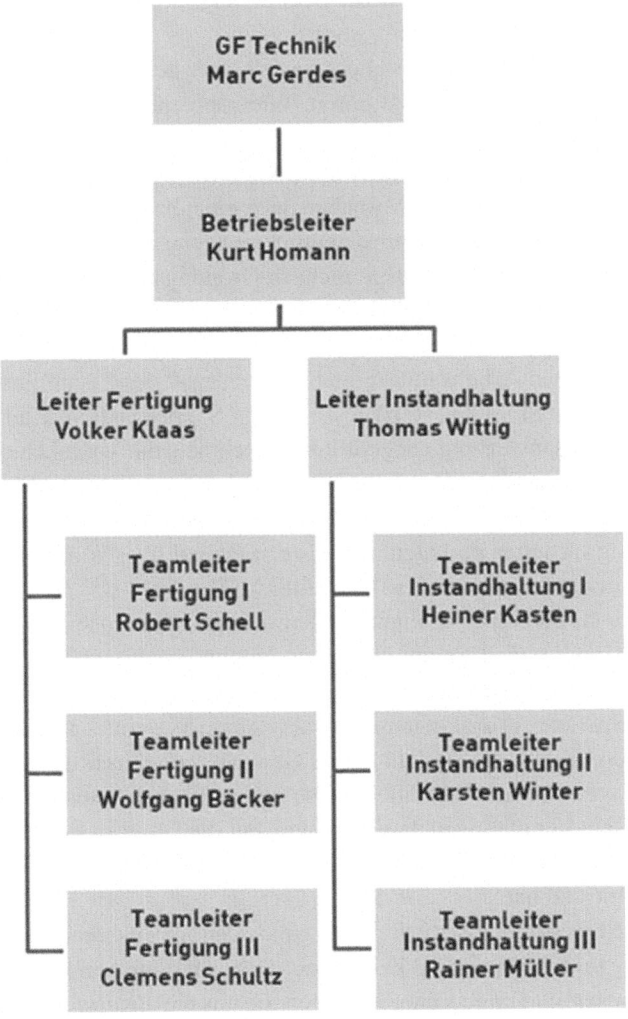

**Abb. 3** Organigramm Innova. Nach von der Heiden (2015)

„Es ist nicht verwunderlich, dass Sie uns nicht vertrauen", bemerkte Bäcker. „Ihre Zweifel und Misstrauen uns gegenüber sind schon seit geraumer Zeit offensichtlich."

„Wenn wir uns angegriffen fühlen", erklärte Wittig „haben wir dafür gute Gründe. Sie sind nicht die einzigen Experten, aber die meisten von Ihnen glauben das. Immer, wenn es z. B. in der Fertigung eine offene Stelle gibt, wird die intern besetzt. Wir werden nicht mit einbezogen, obwohl wir dazu durch Fachkenntnisse und Erfahrung befähigt wären. Sie trauen uns diese Aufgabe einfach nicht zu."

„Ich stimme Ihnen zu", sagte Klaas. „Wir haben Sie nicht akzeptiert, haben Ihren Wert und Beitrag zum großen gemeinsamen Ziel nicht erkannt. Ich könnte zu jeder Ihrer Aussagen etwas erwidern, aber eigentlich muss ich zustimmen. Man kann nicht ehrlich sein und sich gleichzeitig rechtfertigen."

„Vielleicht können wir gemeinsam zur Beendigung dieser Situation beitragen, indem wir die derzeitigen Praktiken stoppen", sagte Schell.

„Danke, Sie haben offen ausgesprochen, was alle hier denken", sagte Wittig. „Wir sind daran interessiert, alle Meinungen zu hören. Widersprechen Sie oder stimmen Sie den Vorschlägen von Schell zu?"

Schultz und Bäcker wurden lauter, „wir stimmen mit ihnen überein. Wie können wir uns selbst dazu verpflichten, unsere Vorhaben auch einzuhalten?"

Winter fiel ein, „lassen Sie uns zur eigentlichen Sache zurückkehren. Es ist alles gesagt. Sie sagen uns, was mit der Anlage nicht in Ordnung ist und wir reparieren sie. Sie geben uns eine Übersicht, wie dringlich etwas ist. Sie bringen Ihre Leute dazu, der Routinewartung zuzustimmen. Das bedeutet weniger Ausfälle. Das ist gutes Management."

„Und wenn wir einen Arbeitsauftrag nicht zufriedenstellend ausfüllen, sagen Sie uns das. Wenn uns die Fakten fehlen, werden wir die für Sie beschaffen. Und wir werden der Person, die die Arbeitsanweisung ausgefüllt hat, nochmals die Vorgehensweise erklären", äußerte Bäcker sich spontan.

„Wenn Sie einen Notfall haben, sollten Sie uns Ihre Prioritäten wissen lassen. Oft können wir kurzfristig Aktionen einleiten, die uns erst einmal über Wasser halten können bis Sie Hilfe durch unsere Ingenieure erhalten", fuhr Müller fort.

„Es scheint so, als ob keiner von uns mit dem jetzigen System zufrieden ist", bemerkte Klaas. „Ich weiß, dass wir uns nicht immer so deutlich ausdrücken, wie wir es könnten, wenn Reparaturen oder Anpassungen durchgeführt werden sollen."

„Und es ist schwierig, Prioritäten unter dem jetzigen System zu setzen", stimmte Winter zu. „Wir haben bis jetzt noch nicht genug Gewicht auf frühzeitige Diagnose und Vorbeugung gelegt, weil so viele Störfälle eine sofortige Lösung brauchen." „Es scheint so, als ob sich all unsere Bemühungen darauf richten, nur die Feuer zu löschen", sagte Kasten. „Die Instandhaltung hat einfach nicht genug Personal für Standardanfragen, wenn alles immer höchste Priorität hat."

„Aus unserer Sicht sollten Arbeitsaufträge genau den Arbeitsbereich sowie die benötigte Materialmenge und die benötigte Zeit bis zur Fertigstellung beinhalten. Da unsere Beziehung so distanziert und ungeordnet ist, haben Sie uns nie angerufen, wenn Sie Hilfe benötigten. Sie haben Einschätzungen vorgenommen, ohne sich bei uns rückzuversichern", sagte Winter.

„Und auch Sie haben zu viel oder zu wenig bestellt, weil unsere bloßen Einschätzungen bei den Arbeitsabläufen so weit auseinanderklaffen", gab Bäcker zu. „Weil wir es vermieden haben am Anfang eines Prozesses gemeinsam zu analysieren und zu planen, endete das für beide Teams mit dem Verlust wertvoller Zeit und Ressourcen."

„Das stimmt", räumte Kasten ein. „und unser Umgang mit Macht und Hierarchie verkomplizierte die Dinge weiter."

„Die Fertigung", erklärte Müller, „sieht die Arbeitsaufträge als ein Instrument der Kontrolle an. Das stört uns zwar, aber wir finden dann Wege, die Standards zu umgehen, um unsere Gleichberechtigung zu beweisen."

„Wenn Druck besteht", gab Winter zu, „werden wir unvorsichtig und hektisch, wenn sich die Arbeitsaufträge häufen, neigen wir dazu, die Ursachen nicht bei uns, sondern bei Ihnen zu suchen."

„In der Realität", kommentierte Klaas, „gibt es nichts Verkehrtes in diesem System. Das wirkliche Problem liegt an unserem Unvermögen, die Standards als Werkzeug für Kooperation und Zusammenarbeit zu nutzen."

„Trotz unserer vielfältigen Fähigkeiten und Fertigkeiten", ergänzte Müller, „haben wir uns gegenseitig für Probleme und Dinge verantwortlich gemacht, die nur durch intelligentere Zusammenarbeit gelöst werden konnten. Wir haben so viel Zeit darauf verwendet, die Fehler der anderen zu finden, dass kein Team sich darauf konzentriert hat, die Fehler bei sich selbst zu suchen oder zu überlegen, wie man selbst diese Unzulänglichkeiten überwinden und anderen dabei helfen kann."

„Wir sollten dazu in der Lage sein, dies in Zukunft viel besser zu machen", fasste Klaas optimistisch zusammen, „da wir nun nicht mehr das Bedürfnis verspüren, so viel Zeit und Energie auf unproduktive Dinge und Spielchen zu verschwenden. Ich spreche für mein gesamtes Team. Wir wissen, dass es ohne Sie nicht geht. Zusammenfassend heißt das, dass wir uns gegenseitig brauchen und zukünftig einen besseren Job machen können, wenn wir kooperativ zusammenarbeiten."

Die Offenheit, die Aufrichtigkeit und die objektive Selbst- und Fremdbeobachtung, die sich während dieses Austauschs ergab, bewirkte einen Wandel in der Beziehung zwischen Instandhaltung und Fertigung. Gemeinsam erarbeitete Aussagen für das Element Vertrauen und Respekt wurden ohne anklagende oder bewertende Untertöne formuliert:

Beschreibung Fertigung: Die Instandhaltung hat eine Unterstützungsfunktion und fühlt sich in ihrer zweitklassigen Rolle nicht wohl. Sie hat kein Vertrauen in unsere Reparaturarbeiten und denkt, sie verliert einen Teil der Kontrolle über ihren eigenen Bereich. Wir glauben nicht, dass sie offen und aufrichtig gegenüber sich selbst oder uns sind. Wir versuchen, ehrlich zu ihnen zu sein. Es gibt wenig gegenseitigen Respekt.

Beschreibung Instandhaltung: Die Fertigung erkennt unsere Bedeutung und Fähigkeiten nicht an. Weil sie glauben, dass sie ohne uns auskommen, trauen wir ihnen nicht. Gegenseitiger Respekt besteht bis zu einem gewissen Grad nur auf fachlichem, nicht aber auf persönlichem Gebiet. Wenn es um die Anlagen geht, werden wir in unserer Bedeutung hinten angestellt.

Konsolidierte Beschreibung: Es gibt wenig Vertrauen und Respekt zwischen den beiden Bereichen. Dies behindert eine effektive Zusammenarbeit. Die Instandhaltung ärgert sich über die Kontrolle der Kollegen der Fertigung. Die Fertigung ärgert sich über den Groll der Instandhaltung, etwas zu befolgen und über ihre Pseudo-Kooperationsbereitschaft. Keine Gruppe traut wirklich der anderen und keiner hat Respekt vor den Fähigkeiten des anderen.

Schließlich folgt der Vergleich der tatsächlichen Beziehung mit dem Idealmodell, der Identifizierung der Lücken und der Planung von konkreten Schritten, die notwendig sind, um das bestmögliche Modell zu erreichen. Instandhaltung und Fertigung skizzierten für das Element Vertrauen und Respekt eine Reihe von Aktivitäten, die dazu dienten, vorhandene Hindernisse in eine positive, produktive Beziehung umzuwandeln. Es wurden Termine für das Erreichen jedes gemeinsam erarbeiteten Schritts gesetzt, die Verantwortlichkeiten für das Beobachten und die Ausführung bestimmt und detaillierte Folgemaßnahmen herausgearbeitet. Beispiele hierfür waren:

- Eine neue Planung, basierend auf gemeinsamer Zielsetzung und gemeinsamer Festlegung der Folgeschritte.
- Die Einführung von Jours Fixes.
- Verbessertes On-the-job-Training der Mitarbeiter aus der Fertigung, die mit Wartung zu tun haben.
- Kontinuierliche Anpassungen der Arbeitsaufträge, um den Prozess weiter zu vereinfachen und zu verfeinern, ihn jedoch komplex genug zu lassen, um ausreichend Informationen zu erhalten.

Sechs Monate später wurde der Fortschritt gemessen und eine erneute Planung vorgenommen.

Das Problem mit den Arbeitsaufträgen von der Fertigung an die Instandhaltung war nach sechs Monaten immer noch nicht gelöst, aber die Anzahl von Informationen beider Seiten bezüglich der Diagnose hatte sich deutlich verbessert. Der Erfolg, der erreicht wurde, erzeugte eine hohe Motivation zur Kooperation, die vorher nicht vorhanden war. Zusätzliche Verbesserungen, die nicht während des Workshops erörtert wurden, wurden herausgearbeitet, damit sie in den nächsten sechs Monaten implementiert werden konnten.

Die Motivation für einen Wandel begann, als beide Teams offen und ehrlich die eigenen traditionellen Verhaltensmuster infrage stellten. Beiden Teams wurde dadurch bewusst, dass das jeweilige Verhalten die Abläufe störte und eine gute und effektive Zusammenarbeit behindert. Nachdem das Modell für die bestmögliche Beziehung entwickelt worden war, konnten alte Gewohnheiten, Traditionen und bisherige Praktiken objektiver gesehen werden. Die Notwendigkeit für einen Wandel wurde offensichtlich. Bestmögliche Praktiken konnten im Vergleich zu den gegenwärtigen Vorgehensweisen entwickelt werden. Um sicherzustellen, dass die Vorteile aus den neu konzipierten Jours Fixes langanhaltend sind, beinhaltete das Modell auch ein Tool, um die Qualität der Zusammenarbeit zu messen. Dazu gehörten eine nochmalige Überprüfung der Arbeitsverteilung, die Diagnose und die Verantwortlichkeit von Arbeitsbeziehungen in der Instandhaltung. Ebenfalls sollte überprüft werden, welche Auswirkungen interne Betriebsratsvereinbarungen auf die Aufgabenverteilung und die Arbeitsqualität haben.

Mit effektiven Arbeitsabläufen als übergeordnetem Ziel und der inzwischen praktizierten Aufrichtigkeit und Offenheit waren Fertigung und Instandhaltung nun in der Lage, ihre Differenzen so zu lösen, dass effektive Teamarbeit und übergreifende Zusammenarbeit möglich war. Die Produktivität wurde deutlich gesteigert und der Betrieb konnte sich schneller als in der Vergangenheit auf unvorhergesehene Probleme einstellen. Die Abhängigkeit zu externen Faktoren ist reduziert worden, weil sich das Team im Inneren gestärkt zeigte.

Die Ergebnisse, die das beschriebene Unternehmen erzielt hat, waren in jeder Hinsicht erfolgreich. Das Problem, mit dem man sich hier auseinandersetzen musste, beschreibt die Dynamik des Wandels.

Diese Dynamik kann aus drei verschiedenen Blickwinkeln betrachtet werden:

1. Veränderung wird mit Widerstand begegnet
   Der Widerstand gegen Veränderungen war offensichtlich, besonders zu Beginn des Projekts. Die Gründe waren vielseitig und zum Teil auch hinreichend bekannt. Aber niemand wollte sich zunächst eingestehen, dass man selber mindestens genauso für bestimmte Blockaden verantwortlich war. Die Ursachen waren:
   - Fehlendes Bewusstsein und Akzeptanz des Status quo
     Die Zusammenarbeit wird als „ziemlich gut", „okay", „einigermaßen erfolgreich" usw. beurteilt. Die Teilnehmer hatten daher wenig Motivation, Verbesserungen einzuleiten. Es fehlte das Bewusstsein für eine objektive Bewertung, da man sich mit dem gegebenen Zustand arrangiert und nicht an eine positive Veränderung geglaubt hatte.
   - Externe Faktoren verantwortlich machen
     Eine andere Art des Widerstands gegen Wandel rührte von der Auffassung der Teilnehmer, dass die Probleme nicht in ihrer Verantwortung liegen. Externe Gründe wurden vorgeschoben – Verbesserungen konnten daher nicht erwartet werden.
   - Fremdsteuerung versus Eigenverantwortung
     Eine dritte Quelle wurde durch das Unternehmen selbst verursacht. Dazu gehörten bürokratische Vorgehensweisen, die Unternehmenspolitik, die Arbeitsbedingungen und die Absprachen mit dem Betriebsrat aus der Vergangenheit. Es mag einen Anlass gegeben haben, wo all diese Dinge erforderlich gewesen sind. Jedoch gab es niemand, der das mit der Zeit infrage gestellt hatte. In gewisser Weise herrschte eine „Das haben wir schon immer so gemacht"-Mentalität vor. Das hatte zum Teil fatale Folgen. Solange diese Dinge als kritische Faktoren gesehen, aber nicht verändert werden, wirken sie lähmend und verhindern Motivation, Innovation und Eigenverantwortung.

2. Kräfte, die den Wandel begünstigen
Der Wandel konnte schließlich auch ausgelöst werden, weil es Einzelne gab, die sich nicht mit dem Status quo zufrieden gaben. Als besonders wirksam erwies sich:
- Standards für Spitzenleistungen in der Zentrale
  Den Fokus auf dieses Problem zu legen, kam von höherer Stelle. Gerdes, der Geschäftsführer, hatte einen „Standard of Excellence" zur Beurteilung von Arbeitsabläufen. Er war der festen Überzeugung, dass deutlich mehr getan werden kann, als derzeit üblich ist. Er verwies auf Zeitverzögerungen, nicht erfüllte Fertigungsquoten und fehlerhafte Anlagen, um aufzuzeigen, dass es tatsächlich Probleme gab. Einzelne Mitarbeiter der betroffenen Bereiche suchten nach Lösungen, auch wenn es zum Teil einem „Gegen-die-Wand-rennen" gleichkam. Sie ließen nicht locker.
- Einbeziehung statt über die Köpfe der Betroffenen hinweg zu entscheiden
  Das Management war der Überzeugung, dass Wandel nur erreicht werden kann, wenn man die beteiligten Führungskräfte und Mitarbeiter mit einbezieht. Der Prozess begann damit, dass Marc Gerdes sein Problem mit Kurt Homann ausführlich besprach. Er schlug vor, Klaus Behrens, den externen Berater, als neutrale Person hinzuzuziehen. Um den nächsten Schritt zu vereinbaren, trafen sich Gerdes, Homann und Behrens mit Klaas und Wittig und schließlich wurde die Durchführung der Teamentwicklung an den Schnittstellen mit den beiden betroffenen Bereichen vereinbart.

3. An einem bestimmten Punkt angekommen, ist eine Wende möglich
Einige Ereignisse brachten dann schließlich den erhofften Durchbruch. Als die Teilnehmer erst einmal das bestmögliche Modell aufgestellt und mit der gegenwärtigen Situation verglichen hatten, war die Diskrepanz zwischen Soll und Ist so groß, dass allen klar war, dass es Veränderungen geben muss. Es konnte so nicht weitergehen. In diesem Fall waren die herausgearbeiteten unterschiedlichen Sichtweisen die Voraussetzung für einen Durchbruch.

Die Bereitschaft zum Wandel wurde erreicht, als Volker Klaas eigene Fehler bei der derzeitigen Praxis der Stellenbesetzung einräumte. Dieses Eingeständnis bewirkte ein verändertes Verhalten und den Beginn von Offenheit und Integrität.

Die Grundvoraussetzung, Konflikte an den Schnittstellen zu lösen, ist die Bereitschaft eines Teams, sich und dem anderen Team einzugestehen, selbst zum Konflikt beigetragen zu haben.

## Literatur

Blake R, Adams McCanse A (1992) Das GRID-Führungsmodell. Econ Verlag, Düsseldorf
Creusen U, Eschemann N, Kellner R (2011) Positive Psychologie in der Führung. Windmühle Verlag, Hamburg

Creusen U, Bock R, Thiele C (2013) Führung ist dreidimensional – Werteorientierung mit Synercube. In: Crisand E, Raab G, Crisand N (Hrsg) Arbeitshefte Führungspsychologie. Windmühle Verlag, Hamburg

Csikszentmihalyi M (1991) Die Psychologie des Flow-Erlebnisses. Klett Cotta, Stuttgart

Peterson C, Seligman M (2004) Character strengths and virtues, a handbook and classification. Oxford University Press, Oxford

Schumacher S (2014) Leadership dimensions: an empirical integration. Master Thesis, Universität Osnabrück

Seggewiß N (2014) Explizierte Werte zur Kommunikation der Organisationskultur – Welche Werte postulieren deutsche börsennotierte Unternehmen? Masterarbeit, Universität Osnabrück

Seligman M (2011) Flourish – Wie Menschen aufblühen. Kösel, München

Zankovsky A, von der Heiden C (2015) Leadership mit Synercube. Eine dynamische Führungskultur für Spitzenleistungen. Springer Vieweg, Heidelberg

**Christiane von der Heiden** studierte Betriebswirtschaftslehre an der Fachhochschule der Wirtschaft. Danach arbeitete sie mehrere Jahre im Vertrieb und im Customer Marketing bei der Mars GmbH, bevor sie 2009 zu Grid International Deutschland wechselte. Christiane von der Heiden ist heute geschäftsführende Gesellschafterin der Synercube GmbH und zertifizierte Synercube Beraterin. Sie ist Expertin in der Unterstützung internationaler Firmen bei ihren Führungs- und Teamentwicklungsprozessen. Als Co-Autorin hat sie ihr erstes wissenschaftliches Buch über Organisationsentwicklung mit dem Titel „Führung ist dreidimensional" veröffentlicht. Ein weiteres Buch mit dem Titel „Das Synercube Modell" folgt dieses Jahr im Springer Verlag, ebenfalls als Co-Autorin.

**Prof. Dr. Utho Creusen** studierte Volkswirtschaftslehre, Soziologie und Sozialpsychologie. 2008 wurde er zum Honorarprofessor an der Katholischen Universität zu Eichstätt-Ingolstadt ernannt.

Fast 30 Jahre war Professor Creusen im Handel tätig: Zunächst bei den OBI Bau- und Heimwerkermärkten GmbH & Co. KG, zuletzt als Vorsitzender der Geschäftsführung der OBI Franchise Center GmbH und Mitglied des Vorstandes der OBI AG. Anschließend war er Mitglied der Geschäftsführung der Media-Saturn-Holding GmbH. Heute ist er als Senior Advisor für mehrere internationale Handelsunternehmen tätig, sowie als Non-Executive Director verschiedener internationaler Unternehmen. Professor Creusen verfasste zahlreiche Veröffentlichungen zu Fragen der Mitarbeiterführung, des Controlling, des Fusionsmanagements, der Organisationsentwicklung, des Qualitätsmanagements und der Unternehmensführung.

# Führung in Teilzeit: Herausforderung und Chance für eine nachhaltige Personalpolitik

Anja Karlshaus

## 1 Einleitung

> Engagierte und flexible Führungskräfte tragen ein erfolgreiches Unternehmen. Individuelle Gestaltungsmöglichkeiten – auch in der Arbeitszeit – sowie eine Balance von Privatleben und Beruf fördern Zufriedenheit und Motivation der Führungskräfte. Mit dem Angebot lebensphasengerechter Arbeitszeiten bindet das Unternehmen qualifizierte Mitarbeiterinnen und Mitarbeiter und beugt einem drohenden Fach- und Führungskräftemangel vor.
> (Mittelstand und Familie 2015)

Zur Beantwortung der Frage, inwieweit Teilzeitführung ein Instrument einer nachhaltigen Personalpolitik darstellt, ist eine kurze Definition und Erläuterung der Terminologie „Nachhaltiges Personalmanagement" notwendig. Dabei wird in diesem Artikel einer Definition von Ehnert (2009, S. 74) gefolgt, die das strategische Potenzial von Nachhaltigkeit für das Personalmanagement betont: „Sustainable HRM is the pattern of planned or emerging human resource strategies and practices intended to enable organisational [and individual] goal achievement while simultaneously reproducing the HR base over a longlasting calendar time and [while] controlling for self-induced side and feedback effects of HR systems on the HR base and thus on the company itself." Das hier zugrunde gelegte Verständnis von nachhaltigem strategischen Personalmanagement betont neben dem Aspekt der „Langfristigkeit" auch die Analyse der (Wechsel-)Wirkungen von Personalmanagentsystemen und -instrumenten auf den Ursprung des Personals wie z. B. der Familie. Schließlich befassen sich „nachhaltige" Personalstrategien mit dem Schwerpunkt „Substanzerhaltung", also auch der Regeneration von Personalressourcen (Ehnert 2012, S. 143).

A. Karlshaus (✉)
Cologne Business School, Köln, Deutschland
E-Mail: a.karlshaus@cbs.de

Personal ist demnach als eine wertvolle Ressource zu verstehen, die es zu pflegen gilt. Dabei kann diese Ressource insbesondere im Fach- und Führungskräftebereich knapp werden, was unter dem Stichwort „Fachkräftemangel" im Kontext eines größer werdenden Wettbewerbs zunehmend diskutiert wird. Um neue Zielgruppen wie die hochqualifizierten erwerbstätigen Frauen oder Mitglieder der sogenannten GenY zu erschließen und neue kostbare Ressourcen zu entwickeln, braucht es innovative Arbeitszeitmodelle, um den speziellen Anforderungen und Eigenheiten dieser neuen Zielgruppen gerecht zu werden. Ebenso gilt es in einem vom steigenden Durchschnittsalter geprägten Arbeitsmarkt auch ältere Fach- und Führungskräfte sorgfältig zu pflegen und mögliche Einschränkungen und Ausfälle durch flexible Arbeitszeitgestaltung zu entschärfen.

Teilzeitführung, als ein relevantes Instrument eines nachhaltigen Personalmanagements, hat somit das Ziel, tragfähige und auf langfristigen Erfolg ausgerichtete flexible und individuelle Arbeitszeitmodelle zu entwickeln, welche die Belastung für die Führungskraft und ihre Umwelt auf ein Minimum reduzieren und die Besonderheiten des einzelnen „Menschen" berücksichtigen. Dabei ist es völlig unerheblich, ob die Belastung in der Kinderbetreuung, der Pflege kranker Angehöriger oder durch parallel ausgeübte Weiterbildungsmaßnahmen oder Ehrenämter initiiert werden. Im Rahmen ethischer Überlegungen eines nachhaltigen Personalmanagements geht es darüber hinaus auch einfach um die Frage des „Wohlergehens" der Führungskräfte im Unternehmen. Auch wenn der Mensch i. d. R. den Großteil seiner Zeit (ca. 50–70 %) dem Erreichen beruflicher Leistungsziele widmet (Krell et al. 2011, S. 500), kann nur ein ausgewogenes Verhältnis von Arbeit, Familie/Freunde, Körper/Gesundheit bzw. Sinn/Werte zu einer langfristigen Ausgeglichenheit und damit Zufriedenheit und Motivation führen. Je nach Lebenssituation befinden sich auch Führungskräfte verstärkt in dem Spannungsfeld, eine gesunde Balance zwischen Berufs- und Privatleben zu finden und zu gestalten. Zentrales Kernelement vieler (nachhaltiger) Work-Life-Balance-Initiativen ist nicht ohne Grund das Thema Arbeitszeitflexibilisierung.

Aus Perspektive Ehnerts (2009, 2012) ist es darüber hinaus aber auch rational sinnvoll, wenn Unternehmen ihre Führungskräfte nicht „verschleißen", sondern sichern und somit ressourcenregenerierend agieren. Durch eine flexible und individuelle Arbeitszeitpolitik können Kosten und Risiken gesenkt und die Attraktivität als Arbeitgeber für die Gewinnung neuer und ggf. knapper Führungskräfteressourcen erhöht werden. Neben einem Imagegewinn wird auch die Vielfalt in den Betrieben (und damit die Kreativität und Produktivität) erhöht. Eine flexible Arbeitszeitpolitik stellt mittlerweile einen klaren ökonomischen Wettbewerbsfaktor dar, da sie Abwanderungstendenzen junger Nachwuchsführungskräfte entgegenwirkt und stattdessen Bindung, Einsatzbereitschaft, unternehmerische Leistungsfähigkeit, Kreativität und Zufriedenheit erhöht (Seiwert 2011, S. 21). Es bleibt festzuhalten, dass Nachhaltigkeitsüberlegungen in dem sich ändernden globalen Umfeld – auch im Hinblick auf Teilzeitführungsmodelle – eine strategische Relevanz für Unternehmen bekommen haben und bekommen werden.

## 2 Verständnis von Teilzeitführung

Die Unterscheidung zwischen Vollzeit und Teilzeit ist willkürlich, künstlich und relativ, da jede Arbeit selber das Ergebnis von Arbeitsteilung ist.

### 2.1 Begriffsklärung

Das Hauptmerkmal von Teilzeitführung – als eine der am weitesten verbreiteten Formen einer sogenannten atypischen Beschäftigung – ist die durchschnittlich kürzere Arbeitszeit (Vogel 2006, S. 11). Da ihr keine genaue Arbeitszeit zugeordnet wird, umfasst sie eine Bandbreite von Arbeitszeitmustern. Diese können sowohl knapp unter der Vollzeitnorm liegen als auch nur wenige Stunden in der Woche umfassen (Troost und Wagner 2002, S. 2). Laut OECD-Verständnis bezieht sich der Begriff Teilzeiterwerbstätigkeit hierbei auf Personen, die gewöhnlich weniger als 30 h an ihrem Hauptarbeitsplatz verbringen (OECD 2014; van Bastelaer et al. 1997, S. 12; Hipp und Stuth 2013a, S. 108). Das Institut zur Erforschung sozialer Chancen (ISO, Köln) hingegen arbeitete in seinen Studien mit der Annahme, dass Teilzeitarbeit als eine Tätigkeit mit einer wöchentlichen Stundenzahl von weniger als 34 h zu verstehen ist (Bauer et al. 2004, S. 57). Teilweise erfolgt die Erhebung einer Teilzeitbeschäftigung auch alleine über die subjektive Selbsteinschätzung. Es ist festzuhalten, dass die genaue Definition einer Teilzeitbeschäftigung anhand einer statistischen Stundenkenngröße nicht ganz eindeutig zu bestimmen ist.

Üblicherweise definiert das Teilzeit- und Befristungsgesetz (TzBfG) eine Teilzeitbeschäftigung als eine Beschäftigung, deren Arbeitszeit unter der „letzten umgesetzten Stufe der allgemeinen Arbeitszeitverkürzung mit Lohnausgleich liegt", also ein Arbeitsverhältnis mit verkürzter Arbeitszeit im Vergleich zu tariflichen oder betriebsüblichen Arbeitszeiten (Bauer 1999, S. 101). Ähnlich die Definition der ILO[1], welche Teilzeitarbeit als „hours of work that are shorter than those for comparable full-time work (in the country, sector, and occupation)" (Fagan et al. 2014, S. VI) beschreibt. Infolgedessen ist der Schwellenwert für die Bestimmung einer Teilzeitposition in Deutschland bei 36, in den USA bei 35 sowie in Kanada und Großbritannien bei nur 30 Wochenstunden anzusetzen (Fagan et al. 2014, S. 4). Auch Promberger et al. (1997, S. 21) bemängelt, dass solche Definitionen nicht eindeutig bei der Bestimmung einer Teilzeitbeschäftigung anzuwenden sind. Als Beispiel führt er die 1994 bei VW eingeführte 28,8-Stundenwoche an. Als Konsequenz arbeiten demnach vollzeitbeschäftigte Arbeitnehmer[2] bei VW häufig weniger als manche Teilzeitbeschäftigte anderer Branchen: „Damit ist Teilzeitarbeit ein relativer Begriff. So

---

[1] Die Internationale Arbeitsorganisation (ILO) ist eine Sonderorganisation der Vereinten Nationen.
[2] Aus Gründen der besseren Lesbarkeit wird im vorliegenden Artikel auf die gleichzeitige Verwendung männlicher und weiblicher Sprachformen verzichtet. Sämtliche Personenbezeichnungen gelten gleichermaßen für beide Geschlechter.

kann Teilzeitarbeit in einer Branche mit einem tariflich vereinbarten Arbeitszeitstandard von 39 h im Einzelfall durchaus längere Arbeitszeiten aufweisen als Vollzeitarbeit in einer Branche mit einem tariflich vereinbarten Arbeitszeitstandard von 35 h" (Troost und Wagner 2002, S. 2).

Dieser Umstand erschwert insbesondere bei der Betrachtung von Studien die Einordnung und Bewertung von Teilzeitarbeit: „Teilzeitarbeit muss unterschiedlich bewertet werden – je nachdem ob es sich um eine vollzeitnahe oder eher geringfügige Beschäftigung handelt, sie voll oder nur teilweise sozialversicherungspflichtig ist, sie freiwillig oder unfreiwillig gewählt wurde, sie Haupt- oder Nebenbeschäftigung ist, sie zeitweilig oder permanent ausgeübt wird" (Troost und Wagner 2002, S. 18 f.). In dem nachfolgenden Artikel liegt der Fokus auf einer freiwilligen Teilzeitbeschäftigung. Hierbei ist es irrelevant, ob die Teilzeit als „Haupt- oder Nebenjob" oder „zeitweilig oder permanent" ausgeübt wird. Im Allgemeinen ist jedoch bei Teilzeitführungskräften der Fall einer freiwilligen, zeitweiligen Teilzeit als Hauptbeschäftigung neben zumeist familiären Verpflichtungen anzutreffen.

Zur weiteren Klärung und Analyse der Begrifflichkeit „Arbeitszeit" ist eine Unterscheidung von drei relevanten Dimensionen, und zwar 1) Dauer, 2) Lage und 3) Verteilung derselben notwendig. Nach Bosch und Ellguth (1997, S. 381) regelt die Dauer der Arbeitszeit das quantitative Ausmaß derselben. Die Lage beschreibt die Regelung und „Positionierung der Arbeitszeit über den Tag" und die Dimension Verteilung beschreibt schließlich die mehr oder weniger systematische und gleichmäßige Verteilung der Arbeitsstunden innerhalb eines bestimmten Zeitraums (Seifert 1993, S. 277). Dabei beschreiben diese drei Dimensionen nach Garhammer (1994, S. 61) „eine gesellschaftliche tradierte und kulturell verankerte Soll-Norm" einer Normalarbeitszeit, sprich Vollzeitbeschäftigung, welche tagsüber im Einschichtsystem ausgeübt und gleichmäßig über Werktage, Monate sowie Jahres- und Lebensarbeitszeit verteilt ist (Seifert 1993, S. 277; Brose 1997, S. 86; Kress 1998, S. 492; Bosch und Ellguth 1997, S. 382). Die Dauer der Normalarbeitszeit liegt bei 35–40 h pro Woche. Damit entsprechen Beschäftigungen wie die Teilzeitarbeit nicht der Normalarbeitszeit (Garhammer 1999, S. 254). Bei der Definition und Festlegung von normaler bzw. Vollzeitarbeit in Abgrenzung zu atypischer Teilzeitarbeit wird nach Mückenberger (1985, S. 422) somit ein tradiertes und subjektives Leitbild eines Arbeitszeitmodells als Maßstab genommen.

## 2.2 Teilzeitführungsmodelle

Es gibt verschiedene Varianten der Teilzeitarbeit (BMAS 2001, S. 11). Dabei ist neben der Dauer (durchschnittliche wöchentliche Arbeitszeit) auch die Lage bzw. Verteilung über den Tag, die Woche, den Monat bis hin zum Jahr zu definieren (Bosch und Ellguth 1997, S. 381). Die vereinbarte Arbeitszeit kann gleichmäßig über die Wochentage verteilt sein, sodass sich täglich mehr freie Zeit ergibt oder die Arbeitszeit kann sich über wenige Tage der Woche erstrecken, sodass sich ganze freie Tage, Wochen oder sogar Monate ergeben. Auch Sabbaticals sind somit eine Form der Teilzeitarbeit. Bei der Betrachtung des Arbeitszeitrahmens zeigt sich insbesondere im Grad der Variabilität eine große Bandbreite von sehr starren und festgelegten – bis hin zu zeitlich flexibleren, eigenverantwortlichen Modellen, in denen „nach Bedarf" gearbeitet wird. Häufig finden sich alle möglichen Formen der Teilzeitarbeit in Kombination mit Telearbeitsangeboten, welche Arbeitnehmern die Möglichkeit erleichtern, auch zu betriebsuntypischen Zeiten flexibel zu arbeiten (BMFSFJ 1999).

Im Führungskräftebereich können grundsätzlich alle Teilzeitmodelle Anwendung finden, sofern sie auf die entsprechende Situation und Anforderungen von Teilzeitkraft und Unternehmen maßgeschneidert werden. Die genaue Verteilung der Teilzeitführungskräfte auf die einzelnen Modelle wird in Deutschland nicht flächendeckend statistisch erhoben – jedoch finden sich derzeit in der betrieblichen Praxis verstärkt sogenannte Best-Cases-Beispiele 1) vollzeitnaher Teilzeitführungsmodelle, von 2) Kadermodellen als auch von 3) Jobsharing bzw. 4) Jobsplitting Methoden, die nachfolgend kurz kritisch dargestellt werden:

Eines der häufigsten Teilzeitmodelle im (gehobenen) Management ist die sogenannte vollzeitnahe Führung, auch „Vollzeit Light" genannt Bei diesem Modell werden die wöchentlichen Arbeitsstunden minimal auf 75–90 % reduziert. Laut Mogler (2013, S. 415) liegt die typische Führungskraft bei einem Arbeitszeitbudget von 80 %. Oft wird somit ab einer wöchentlich durchschnittlichen Arbeitszeit von 30 h von vollzeitnaher Teilzeit gesprochen. Dabei kann die Verteilung der Arbeitszeit sowohl regelmäßig als auch unregelmäßig ausgeübt werden. Bei der Anwendung solch vollzeitnaher Modelle ist zu berücksichtigen, dass in der betrieblichen Praxis sowohl bei Voll- als auch bei Teilzeitkräften ein hohes Ausmaß an Überstunden üblich ist. Zudem sind die Aufgabenbereiche von Teilzeitführungskräften oftmals nur unwesentlich an die verkürzte Arbeitszeit angepasst. Aus Unternehmenssicht liegt der größte Vorteil von vollzeitnahen Modellen sicherlich in der einfachen Umsetzbarkeit und der kaum merklichen Abwesenheit der Führungskraft.

Eine weitere Möglichkeit ist der Einsatz sogenannter Kadermodelle („Cadre Models"). Dabei bezeichnet der Ausdruck „Kader" besonders qualifizierte und geschulte Manager, die oftmals innerhalb der eigenen Unternehmung rekrutiert werden. Die Bezeichnung kann sich sowohl auf gleichberechtigte Partner (siehe Jobsharing) als auch auf Partner aus unterschiedlichen Hierarchieleveln beziehen (Turkmani 1998). Im letzteren Fall ist die grundlegende Idee, dass der kostenintensive (Top-)Manager seine Arbeitszeit und damit einhergehend auch sein Einkommen reduziert, mittels welchem das Unternehmen einen weniger gut bezahlten persönlichen Assistenten einstellen kann, der sehr eng mit dem Top-Manager zusammen arbeitet und dessen Abwesenheiten auffängt (Turkmani 1998, S. 97). Ein solches Modell bietet darüber hinaus den Vorteil, dass es gleichzeitig ein innovatives, nachhaltiges und kostengünstiges Personalentwicklungsinstrument für talentierte Nachwuchskräfte darstellt. Zudem sichert es durch das „Partnern" Wissen im Unternehmen und erleichtert möglicherweise einen nahtloseren Übergang älterer Führungskräfte in den Ruhestand.

Schließlich ist das aus den USA kommende Job-sharing-Modell, welches im Führungskräftekontext auch teilweise als Top-Sharing bezeichnet wird, zu benennen. Diese spezielle Form der Halbtagsbeschäftigung ist in Deutschland erstmals zu Beginn der 1980er-Jahre bekannt geworden. Definitionsgemäß ist damit eine Arbeitsplatzteilung gemeint. Dabei wird eine Stelle und entsprechendes Gehalt auf zwei oder mehr Personen mit jeweils eigenen Arbeitsverträgen[3] aufgeteilt, die im Führungskräftekontext gemeinsam alle Fach- und Führungsaufgaben übernehmen und gemeinsam Verantwortung tragen (BMFSFJ 1999, S. 51 ff.). Auch wenn theoretisch ganz unterschiedliche Teilungsmodelle denkbar sind wie bspw. 1) mehr als zwei Führungskräfte, 2) andere Zeiteinteilungen als die Halbierung der Arbeitszeit zu jeweils 50 % auf die beiden Partner, 3) sich überschneidende versus sich ausschließende Anwesenheiten im Betrieb (die von einem halbtäglichen, täglichen, über einen wöchentlichen bis hin zu einem monatlichen Wechsel reichen können) etc., ist die klassische Form des Job-Sharings auf Führungsebene das gleichberechtigte (also 50/50 oder teilweise auch 60/60), sich minimal an oftmals nur einem Tag überschneidende, regelmäßige Anwesenheitsmodell. Hierbei ist zwar ein hoher Abstimmungsbedarf zwischen den beiden „Job-Partnern" hinsichtlich der Arbeitszeiten und den Arbeitsinhalten als auch größere Probleme bei der Neubesetzung einer „Partner-Position" zu verzeichnen sowie mögliche Reibungsverluste und Richtungskämpfe – dafür verfügt das Unternehmen über eine Know-how-Sicherung, mehr Kapazität bei hohem Arbeitsaufkommen, erhöhtes Kreativitätspotenzial, bessere Vertreterregelungen, höhere Qualität und Akzeptanz von Führungskräfteentscheidungen, höhere Motivation, Zufriedenheit und Produktivität, da Aufgaben nach Interesse zwischen den beiden Führungskräften verteilt werden können etc. (BMFSFJ 1999, S. 51 ff.; Kuark 2003).

Beim sogenannten Jobsplitting wird schließlich, im Gegensatz zum Jobsharing, eine Stelle auf zwei Personen mit jeweils eigenen Arbeitsverträgen aufgeteilt, die ihre Fach- und Führungsaufgaben unabhängig voneinander wahrnehmen (Mogler 2013, S. 414). Es besteht somit kaum Interaktions- und Kooperationsbedarf zwischen den beiden Teilzeitführungskräften. Auch wenn ein solches Zuschneiden von i. d. R. 50 %- oder 60 %-Positionen aus den ursprünglichen Führungsstellen nicht immer leicht zu realisieren ist und sich bestimmte Vorteile des Jobsharing wie die Sicherung des Know-hows oder die Kapazitätserhöhung in Peak-Zeiten nicht verwirklichen lassen, ist jedoch auch festzustellen, dass sich Nachteile wie der erhöhte Abstimmungsbedarf, Reibungsverluste oder Richtungskämpfe dementsprechend auch nicht finden. Solch ein Modell ist nur für bestimmte Bereiche realisierbar, wie bspw. im Vertrieb, in dem Zuständigkeitsbereiche regional aufgeteilt werden können.

Auch wenn die genaue Verteilung der Teilzeitführungskräfte auf die einzelnen Modelle in Deutschland nicht flächendeckend statistisch erhoben wird, sind jedoch einige Trends zum Thema „Arbeitszeitmanagement" zu beobachten (BMFSFJ 1999, S. 19):

---

[3] Anders beim Job-Pairing, bei welchem der Arbeitsvertrag gemeinsam mit beiden „Job-Partnern" geschlossen wird und auch nur gemeinsam gekündigt werden kann.

- Es erfolgt eine zunehmende Flexibilisierung der Arbeitszeit.
- Betriebs- und Arbeitszeiten werden zunehmend entkoppelt – damit einher geht der schleichende Rückgang einer Präsenz- bzw. Vollzeitkultur.
- Zeitkompetenz wird zunehmend in die Verantwortung der Mitarbeiter bzw. Führungskräfte delegiert.

Ein weiterer Trend ist nach Ansicht der Autorin die zunehmende Bedeutung von Work-Life-Balance-Themen, die mit einem größeren Verständnis und einer höheren Akzeptanz sowohl für Familie, Bildungsauszeiten, persönliche Weiterentwicklung als auch für Interessen außerhalb der Erwerbsarbeit einhergehen. Im Rahmen dieses sogenannten New Work Approach werden verstärkt Freizeit- und Freiraumkonzepte diskutiert, wie bspw. eine emailfreie Urlaubszeit (auch für Führungskräfte), sogenannte Feierabendregelungen, die Reduktion von Überstunden oder unnötiger Präsenzkultur.

## 3 Relevanz von Teilzeitführung als Bestandteil einer nachhaltigen Personalpolitik

Wir wollen Arbeitgeber motivieren und dabei unterstützen, mehr branchen- und betriebsspezifische Arbeitszeitmodelle anzubieten, die flexibel und familienfreundlich sind. Vollzeitnahe Teilzeitangebote spielen dabei eine besondere Rolle, da sie den Wünschen vieler Eltern entsprechen und es besser erlauben, Familie und Beruf mit Führungsaufgaben zu vereinbaren. (M. Schwesig, Bundesministerin für Familie, Senioren, Frauen und Jugend und E. Schweitzer, Präsident der Dt. Industrie- und Handelskammer, BMFSFJ 2015, S. 4)

Bei der Analyse der Hauptargumente gegen Teilzeitarbeit auf Führungsebene werden v. a. Bedenken hinsichtlich potenzieller Reibungsverluste und dem Anspruch an eine Führungskraft auf einen uneingeschränkten betrieblichen Fokus, der sich durch eine betonte Anwesenheitskultur zeigt, angeführt. Darüber hinaus findet sich häufig das scheinbar rationale Argument zusätzlicher Kosten (Jäger 2013). Diese Kosten lassen sich in Infrastrukturkosten wie bspw. zusätzliche Büros, Computer, Mobilfunkgeräte, Parkplätze (BMAS 2001, S. 66), in Mehrkosten aufgrund kopfbezogener Sozialleistungen und erhöhten Sozialabgaben (BMAS 2001, S. 64) sowie in Kosten für erweiterte Rekrutierungs- und Einarbeitungsnotwendigkeiten aufschlüsseln (Schmal 1997, S. 19). Auch die Weiterbildung sei für Teilzeitkräfte relativ gesehen teurer, da diese weniger Arbeitsstunden in der Woche zur Verfügung hätten, um die entstandenen Weiterbildungskosten zu amortisieren (BMAS 2001, S. 65). Mit der Anzahl der Beschäftigten steigen insgesamt die Kosten für die Verwaltung (Schmal 1997, S. 19). Darüber hinaus ist zu konstatieren, dass insbesondere bei Teilzeitführungskräften die Personalplanung und Koordination aufwendiger und Arbeitsabläufe und Kommunikationsmechanismen möglicherweise komplexer werden (Strümpel et al. 1988, S. 77).

Allerdings sind die soeben aufgeführten direkten Kosten für eine Teilzeitposition offensichtlicher und messbarer als mögliche Vorteile und Nutzenaspekte, die sich häufig nur

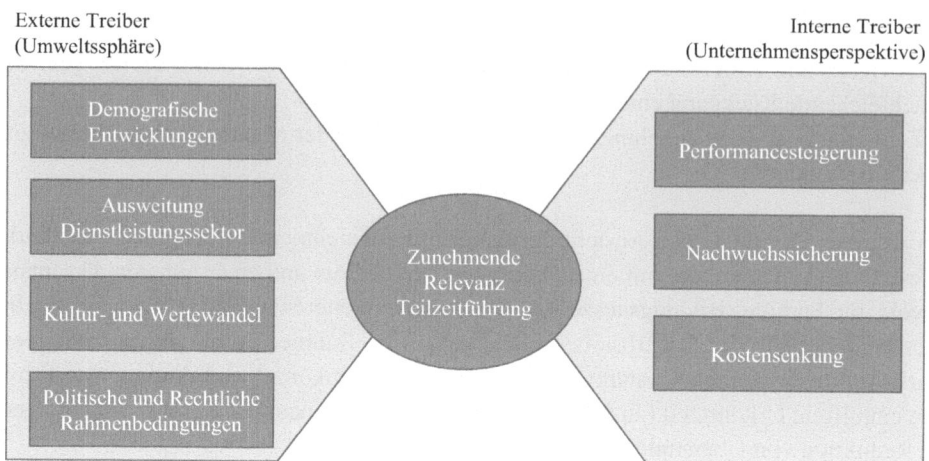

**Abb. 1** Einflussgrößen auf die Relevanz von Teilzeitführungskonzepten

in indirekten bzw. weichen Kenngrößen quantifizieren lassen. Nichtsdestotrotz arbeiteten 2014 mehr als die Hälfte der erwerbstätigen Frauen (57,8 %) und ca. 20 % aller erwerbstätigen Männer in Deutschland in Teilzeit – wenn auch nicht unbedingt auf Führungsebene (Wanger 2015). Das lässt vermuten, dass den Arbeitgebern die Vorteile solcher Modelle durchaus bekannt sind – der Transfer und die Anwendung für die Führungsebene aber häufig noch realisiert werden muss.

Im Folgenden (siehe Abb. 1) werden eine Reihe von Einflussgrößen, Impulsen und Trends vorgestellt, welche betriebliche Ansätze und Konzepte neuer Arbeitszeitmodelle erläutern und welche die Popularität von Begriffen wie „lebensphasenorientierte Arbeitszeitmodelle", „Zukunftsorientierte Arbeitszeitgestaltung" oder „Nachhaltiges Arbeitszeitmanagement" erklären (Geisel 2014, S. 176 ff.).

Der Anstieg und die zunehmende Popularität von Teilzeitmodellen lassen sich zu einem erheblichen Teil mit der demografischen Entwicklung in Deutschland erklären. Aufgrund sinkender Geburtenraten und steigenden Anforderungen an die Qualifikation der (potenziellen) Mitarbeiter gewinnt die Bindung von gut ausgebildeten Fach- und Führungskräften unter dem Stichwort „Fachkräftesicherung" an Relevanz. Laut dem „Unternehmensbarometer Fachkräftesicherung 2013" sehen mittlerweile rund 2/3 aller Unternehmen die Bewerberlage von hochqualifizierten Fach- und Führungskräften als angespannt bis kritisch an (BMAS 2013). Vor diesem Hintergrund treten insbesondere die Beschäftigtengruppen Frauen, ältere Arbeitnehmer und Migranten (ausländische Arbeitnehmer), die bislang noch nicht so präsent bzw. einflussreich auf dem Arbeitsmarkt waren, verstärkt mit ihren Bedürfnissen in den Fokus der Arbeitgeber (Geisel 2014, S. 176 ff.): „Für viele Unternehmen ist das Grund genug, mehr Sensibilität für das Thema Fachkräftesicherung und damit auch für arbeitszeitpolitische Belange von Beschäftigtengruppen und -generationen zu entwickeln". Mit der zunehmenden Erwerbstätigkeit der Frauen sowie den aktuell immer noch unzureichenden Betreuungsangeboten für Kinder (Vogel 2006, S. 3) sind gerade Frauen aufgrund ihrer häufigen Doppelrolle (Beruf und Familie) auf Teilzeitstellen angewiesen. Mehr als 80 % aller Teilzeitbeschäftigten sind Frauen. Teilzeitoptionen auch in Führungspositionen sind insofern eine wesentliche Voraussetzung für die Vereinbarkeit von Familie und Beruf bzw. Berufstätigkeit überhaupt und somit für die Verwirklichung von Chancengleichheit. Darüber hinaus lässt sich (insbesondere nach der Elternzeit) wertvolles Wissen im Unternehmen sichern und binden. Ein weiteres Charakteristikum der demografischen Entwicklung ist die alternde Belegschaft. Studien zeigen, dass im Rahmen der Diskussion über diese Entwicklung bspw. mehr als 75 % der befragten Unternehmen das Thema „Altersgerechte Arbeitszeitgestaltung" für äußerst relevant halten (Geisel 2014, S. 176 ff.; Vedder und Vedder 2008, S. 434).

Die zunehmende Popularität von Teilzeitführungsdebatten lässt sich aber auch mit einem allgemeinen Kultur- und Wertewandel – insbesondere bei der Generation Y (GenY) – erklären. Verschiedene Studien zeigen, dass dem Großteil der GenY-Befragten das Thema „Vereinbarkeit von Beruf und Familie" sehr wichtig ist (Geisel 2014, PWC 2008). Um für qualifizierte Arbeitskräfte dieser Generation im Sinne eines Employer Brandings attraktiv zu sein, ist das Thema „Zeitsouveränität" von entscheidender Bedeutung für die Gewinnung, Bindung und Motivation dieser Arbeitskräfte (Vedder und Vedder 2008, S. 434). Dieser neue Wert bzw. Lebensstil wird auch als „Downshifting" bezeichnet und beinhaltet den abnehmenden alleinigen Fokus auf Unternehmensbelange zu Lasten familiärer oder privater Aktivitäten (BMAS 2001, S. 22). Fauth-Herkner (2001) hat festgestellt, dass gerade in bestimmten Lebensphasen wie z. B. der Familiengründung, der anfallenden Pflege älterer Angehöriger oder in Phasen der Weiterbildung der Wunsch nach Teilzeit generell bei Fach- und Führungskräften verstärkt anzutreffen ist – unabhängig von ihrer Generationenzugehörigkeit.

Weitere Gründe für die zunehmende Diskussion von Teilzeitführung liegen in der Expansion des Dienstleistungssektors (Ostner 2000, S. 181), in denen „24-h-rund-um-die-Uhr-Services" immer selbstverständlicher werden und in denen sich ein überproportional großer Anteil an Frauen befindet. Zum Beispiel wird argumentiert, dass sich durch Teilzeit(führungs)angebote unattraktivere Arbeitszeiten (Nachtschichten, Wochenende etc.) teilweise kompensieren lassen, welche heute mehr und mehr Dienstleistung und Handel prägen. Ähnlich häufig ist das Gesundheitswesen von dem Aspekt „unattraktive Arbeitszeiten" in Kombination mit einem bereits spürbaren Fachkräfteproblem betroffen (Geisel 2014, S. 179). Neben dem Dienstleistungsaspekt sieht Fuchs (2006, S. 22) die Notwendigkeit einer flexibleren Produktion, welche er mit sich verändernden Kundenwünschen, Zuliefererbedingungen und saisonalen Marktschwankungen erklärt. Auch Bosch und Ellguth (1997, S. 383) fordern einen flexibleren Arbeitszeiteinsatz, um auf verschärfte internationale Konkurrenz, beschleunigte Innovationszyklen und immer differenziertere Produktangebote eingehen zu können. Zunehmende Unternehmensforderungen an die zeitliche Flexibilität der Mitarbeiter und Fach- und Führungskräfte sollten als gegenseitige Konsequenz auch eine flexiblere Einteilung von Zeit aufseiten der Arbeitnehmer zulassen (Garhammer 1994, S. 58; Fuchs 2006, S. 22) und zu einer weiteren Aufweichung der sogenannten Normalarbeitszeit hin zu weiteren atypischen Beschäftigungsformen führen.

Darüber hinaus zeigt sich eine zunehmend zu beobachtende Tendenz von Unternehmen, Teilzeitbeschäftigung zur Kostensenkung einzusetzen (Seifert 2008, S. 47). Hierbei werden Aufgaben von der „teuren" Führungskraft zu den Mitarbeitern übertragen, sodass die Führungskraft sich verstärkt um nicht zu delegierende Führungsaufgaben kümmern kann. Auch lassen sich durch den flexiblen und bedarfsgerechten Einsatz von Teilzeitführungskräften Schwankungen besser auffangen (BMAS 2001, S. 25): „Kurze Arbeitszeiten […] erlauben, den Arbeitseinsatz bedarfsgerecht (in Spitzenzeiten) flexibel auszudehnen und temporale Flexibilität zu steigern, ohne das Kosten treibende Überstundenzuschläge gezahlt werden müssen." Zudem kann durch zeitweilige Teilzeitregelungen ein Stellenabbau ggf. vermieden werden, wie das Beispiel Kurzarbeit zeigt.

Das Angebot von Teilzeitarbeit – auch in Führungspositionen – bietet den Unternehmen einen großen Nutzen hinsichtlich der individuellen Performance, wie Studien zeigen. Wesentliche Vorteile sind bspw. die zu beobachtende durchschnittlich höhere Zufriedenheit, Motivation, Kreativität und Innovation von Teilzeitführungskräften. Auch eine Erhöhung der Produktivität ist zu beobachten. Häufig sind Teilzeitführungskräfte bereit, auch eine Arbeitsverdichtung zu akzeptieren und zeigen eine konzentriertere und fokussiertere Leistung als ihre Vollzeitkollegen (Dellekönig 1995, S. 108 ff.; Domsch et al. 1994, S. 56 f.; Vedder und Vedder 2008, S. 434). Unternehmen profitieren darüber hinaus von den geringen Fehlzeiten und der niedrigen Fluktuation (Hinz 2008, S. 53). Schließlich lassen sich gerade bei Führungskräften in Teilzeit Überlastung und Burn-out vorbeugen und so Kosten für gesundheitliche Ausfälle reduzieren, die insbesondere bei Vollzeitführungskräften mit einem regelmäßigen hohen Überstundenanteil anzutreffen sind (Dellekönig 1995, S. 118): „[Beschäftigte], die regelmäßig Überstunden leisten, bzw. länger als 40 h pro Woche arbeiten, [leiden] häufiger unter körperlichen und psychovegetativen Störungen." Zudem lassen sich durch das Angebot von Teilzeitführungspositionen auch gesundheitlich bereits belastete Mitarbeiter (die nicht mehr voll arbeiten können) mit ihrem Know-how halten.

Zudem ist festzustellen, dass Teilzeitführung durch die gezwungenermaßen stärkere Delegation von Aufgaben und Verantwortung an Mitarbeiter (bspw. durch Management by Delegation oder sogenannten Empowerment-Initiativen) auch eine verbesserte Nachwuchskräfteförderung ermöglicht und die Mitarbeiterentwicklung überdurchschnittlich verbessert (Mogler 2013, S. 415). Bei Teilzeitführungskräften ist eine stärkere Trennung von Fach- und Führungsaufgaben und in dem Zusammenhang eine stärkere Konzentration auf klassische Managementaufgaben zu beobachten. Durch die Verschiebung von Verantwortung hin zum Mitarbeiter werden diese wiederum durch die neue Eigenverantwortung intrinsisch motiviert und zeigen ihrerseits eine bessere Arbeitsleistung.

Die Zunahme von Teilzeitbeschäftigungen wurde darüber hinaus sowohl von politischer als auch von rechtlicher Seite u. a. durch das TzBfG[4] aus dem Jahr 2001 explizit

---

[4] Ziel des TzBfG § 1 ist es: „Teilzeitarbeit zu fördern, die Voraussetzungen für die Zulässigkeit befristeter Arbeitsverträge festzulegen und die Diskriminierung von teilzeitbeschäftigten und befristet beschäftigten Arbeitnehmern zu verhindern". Damit sollen laut Trost und Wagner (2002, S. 13) Be-

gefördert. Demnach haben Arbeitgeber auch ihren Arbeitnehmern in leitender Position eine Verringerung ihrer vertraglich vereinbarten Arbeitszeit zu ermöglichen, unter der Voraussetzung, dass der Arbeitgeber mehr als 15 Arbeitnehmer beschäftigt, es bereits ein bestehendes Arbeitsverhältnis von mind. 6 Monaten gegeben hat und dass keine betrieblichen Gründe[5] der gewünschten Teilzeit entgegenstehen. Darüber hinaus sind Arbeitgeber nach § 7 TzBfG dazu verpflichtet, bei der Ausschreibung öffentlicher und innerbetrieblicher Stellen diese auch als Teilzeitstellen anzubieten[6], wenn der Arbeitsplatz sich dazu eignet.

Zusammenfassend lässt sich sagen, dass Teilzeitführung nicht pauschal als zu teuer bzw. zu kompliziert für Unternehmen einzuschätzen ist, sondern eine Reihe nachhaltiger direkter und indirekter Vorteile mit sich bringt (BMAS 2001, S. 67): „Ein genereller Kostennachteil von Teilzeitarbeit gegenüber herkömmlicher Vollzeitarbeit kann nach den vorliegenden Erhebungen und Erfahrungen keinesfalls behauptet werden. Auch dann nicht, wenn es um Fach- und Führungspositionen geht."

## 4 Die Situation von Teilzeitführung

Teilzeitarbeit für Führungskräfte ist organisierbar,
schon weiter verbreitet, als man gemeinhin denkt und
mit besonderen Chancen, aber auch Risiken verbunden.
(Vedder und Vedder 2008, S. 428)

### 4.1 Überblick zur Verbreitung von Teilzeitführungskräften

Statistiken über den Anteil an Teilzeitbeschäftigten variieren je nach zugrunde gelegter Definition hinsichtlich des Stundenvolumens einer Teilzeitkraft – aber auch bspw. hinsichtlich der Bemessungsgrundlage entweder aller Erwerbstätiger oder lediglich aller abhängig Beschäftigter. Im Führungskräftekontext muss darüber hinaus die Definition einer Führungskraft berücksichtigt werden, die in Studien ebenfalls variieren kann, je nachdem, ob Fach-, Budget- oder Personalverantwortung als wesentliche Merkmale einer Führungskraft bzw. einer „Leitenden Position" erfüllt sein müssen. Das Deutsche Institut für Wirtschaftsforschung (DIW) definierte für ihren „Führungskräfte-Monitor 2010" (Holst und

---

schäftigungspotenziale besser genutzt werden, welche ausdrücklich die Gruppe der Führungskräfte einschließt (Koch 2008, S. 612): „Ausdrücklich fördern wollte der Gesetzgeber reduzierte Arbeitszeiten auch in den Führungsetagen von Deutschlands Unternehmen."

[5] Ein betrieblicher Grund liegt v. a. vor, wenn die Verringerung die Organisation, den Arbeitsablauf oder die Sicherheit im Betrieb wesentlich beeinträchtigen oder unverhältnismäßige Kosten verursacht (§ 4 TzBfG).

[6] Allein durch diese Ausschreibungsverpflichtung könnten auch in Führungspositionen mehr Stellen in Teilzeit initiiert werden, da insbesondere dort Teilzeitstellen noch wenig verbreitet sind (Koch 2008, S. 613).

Busch 2010, S. 16): „Personen ab 18 Jahren, die im SOEP angaben, als Angestellte in der Privatwirtschaft in Funktionen mit umfassenden Führungsaufgaben […], sonstigen Leitungsfunktionen oder hochqualifizierten Tätigkeiten […] tätig zu sein" als Führungskräfte und beruft sich dabei auf Daten des Statistischen Bundesamtes bzw. von EuroStat (Mikrozensus, Labour Force Survey). Diesem Vorgehen soll in dem vorliegenden Artikel gefolgt werden.

Verschiedene Untersuchungen, wie bspw. die Umfrage der Hertie-Stiftung, zeigen, dass Unternehmen zunehmend flexible Arbeitszeitmodelle einsetzen, und zwar bereits 2003 mehr als 80 % (Vogel 2006, S. 30). Teilzeitarbeit scheint hierbei generell an Akzeptanz zu gewinnen. Die Anzahl von Unternehmen, die Personen in Teilzeit beschäftigen, stieg von 59 % im Jahr 1999 auf 72 % im Jahr 2006 an (Hinz 2008, S. 33) – sodass heute mit fast 10 Mio. Teilzeiterwerbstätigen von einem fast „selbstverständlichen" Arbeitszeitmodell gesprochen werden kann.

Lediglich auf Führungsebene scheinen sich die Teilzeitmodelle nicht gleichermaßen durchzusetzen. In Deutschland arbeiten nur 5 % der Manager in Teilzeit. Nach Geschlechtern unterteilt sind es 14,6 % der abhängig beschäftigten Frauen in der Privatwirtschaft, aber nur 1,2 % der Männer (Hipp und Stuth 2013b, S. 3; ähnlich Koch 2008, S. 612). Dementsprechend ist der Anteil der Teilzeitführungskräfte im Erziehungs-, Gesundheit- und Sozialen Sektor, im Öffentlichen Dienst sowie bei Handel, Immobilien, Banken und Versicherungen (alles Sektoren mit einem größeren Frauenanteil) höher als z. B. in Maschinenbau, Produktion bzw. Fertigung oder im Investmentbanking (Hipp und Stuth 2013b, S. 3; European Foundation for the Improvement of Living and Working Conditions 2011). Auch zeigt sich, dass es deutlich weniger Teilzeitführungskräfte bei kleinen Unternehmen (ca. 7 %) als bei Großunternehmen gibt (IHK Köln 2015; Vedder und Vedder 2008, S. 433). Der Vergleich von 19 Ländern verdeutlicht, dass es innerhalb Europas große Unterschiede gibt. In einigen Ländern sind Führungskräfte eher in der Lage, ihre Teilzeitwünsche zu realisieren als in anderen. Während in Deutschland nur ca. 5 % aller Führungskräfte weniger als 30 h pro Woche arbeiten, sind es in Großbritannien 8 % und in den Niederlanden 12 % (Hipp und Stuth 2013b, S. 4).

Allerdings würden 94 % der Frauen und 78 % der Männer in Führungspositionen gerne ihre Arbeitszeit verringern und streben dabei insbesondere vollzeitnahe Modelle mit 70 bis 90 % an (Bain & Company 2011; Mogler 2013, S. 415). Untersuchungen des DIW zeigen, dass weibliche Führungskräfte 2010 im Schnitt 40 h arbeiten – gewünscht seien aber durchschnittlich eher 34 h. Bei den männlichen Führungskräften liegt der Unterschied zwischen tatsächlicher und gewünschter Arbeitszeit bei sieben Stunden (vgl. Tab. 1 in Anlehnung an Holst et al. 2012, S. 36). Dahinter stehen i. Allg. der Wunsch nach mehr Zeit für die Familie, Weiterbildung, persönliche Hobbies oder gesundheitliche Motive wie z. B. die Vorbeugung eines Burnouts.

Obwohl Führungskräfte somit oftmals konkrete Vorstellungen haben, ihre Arbeitszeit zu reduzieren, nutzen nur wenige die bisher angebotenen Modelle zur lebensphasenorientierten Personalpolitik. Die wenigen Führungskräfte, die diese Angebote wahrnehmen, sind vor allem Frauen auf unterer bzw. mittlerer Führungsebene, die i. d. R. wegen ihrer Kinder kürzer treten.

**Tab. 1** Führungskräfte in der Privatindustrie in Deutschland (in Stunden). (Quelle: Holst et al. (2012, S. 36))

| | Frauen | | | | | | | | | | Männer | | | | | | | | | |
|---|---|---|---|---|---|---|---|---|---|---|---|---|---|---|---|---|---|---|---|---|
| | 2001 | 2002 | 2003 | 2004 | 2005 | 2006 | 2007 | 2008 | 2009 | 2010 | 2001 | 2002 | 2003 | 2004 | 2005 | 2006 | 2007 | 2008 | 2009 | 2010 |
| **Tatsächliche Arbeitszeit** | 41 | 40 | 42 | 40 | 41 | 41 | 42 | 41 | 42 | 40 | 47 | 48 | 47 | 47 | 47 | 48 | 48 | 47 | 46 | 47 |
| **Gewünschte Arbeitszeit** | 34 | 34 | 35 | 34 | 35 | 34 | 35 | 34 | 34 | 34 | 40 | 40 | 40 | 41 | 41 | 40 | 41 | 40 | 40 | 40 |
| **Vereinbarte Arbeitszeit** | 35 | 35 | 36 | 35 | 36 | 35 | 36 | 36 | 36 | 35 | 39 | 39 | 39 | 39 | 39 | 39 | 39 | 39 | 39 | 39 |
| *Memo item: Teilzeit* | | | | | | | | | | | | | | | | | | | | |
| **Tatsächliche Arbeitszeit** | 25 | 23 | 28 | 25 | 26 | 29 | 28 | 25 | 27 | 23 | 21 | 28 | 25 | 20 | 21 | 26 | 20 | 21 | 22 | 27 |
| **Gewünschte Arbeitszeit** | 23 | 22 | 25 | 24 | 25 | 26 | 25 | 23 | 26 | 25 | (–) | 31 | 27 | 38 | 29 | 26 | 20 | 22 | 23 | 28 |
| **Vereinbarte Arbeitszeit** | 22 | 21 | 25 | 25 | 25 | 25 | 25 | 22 | 25 | 22 | (–) | (–) | 24 | 25 | (–) | 23 | (–) | 22 | 26 | 24 |

(–) Fallzahlen <20

## 4.2 Überblick über Initiativen zur Implementierung von Teilzeitführung

In den vergangenen Jahren hat das Thema Teilzeitführung, als ein Instrument der Vereinbarkeit von Beruf und Familie, ungemein an Popularität gewonnen. So hat sich in den vergangenen zehn Jahren der Anteil der Unternehmen, welche das Vereinbarkeitsthema als „unternehmensrelevant" bezeichnen, von 46 % im Jahr 2003 auf über 80 % im Jahr 2012 erhöht (BMFSFJ 2015, S.6.). 30–40 % der deutschen Großkonzerne entwickeln laut Expertenschätzungen von u. a. E. Holst derzeit Konzepte für Teilzeitführung (Viering 2009). Im Rahmen einer systematischen Website- und Presserecherche deutscher DAX-Unternehmen im April 2015 wurden Unternehmen mit einem proaktiven Führungskräfteteilzeitprogramm identifiziert und teilweise kontaktiert, die nachfolgend vorgestellt werden[7]. Dabei zeigt die Analyse, dass es kein Standardkonzept für Teilzeitangebote im Führungskräftebereich gibt. Häufig ist die Thematik Teilzeitarbeit in den Funktionen Diversity oder Personal angesiedelt und umfasst v. a. Arbeitszeitflexibilisierungen und -reduzierungen zur besseren Vereinbarkeit von Beruf und Familie. In Abgrenzung zu allgemeinen Teilzeitprogrammen, welche sich nicht explizit an Führungskräfte richten (diese aber auch nicht ausschließen) wie bspw. Siemens mit einer Fülle an Programmen wie „Flex-time", „Part-time", „Jobsharing" und „Sabbaticals", sollen nachfolgend nur „reine" Teilzeitführungsangebote im DAX-Bereich erörtert werden. Dabei sind die bestehenden explizit für Teilzeitführungskräfte entwickelten Konzepte und Angebote ebenso unterschiedlich wie deren Benennungen. Grob lassen sich die Kategorien 1) vollzeitnahe Modelle, 2) Job-/Topsharing bzw. Doppelspitze, Tandemführung oder Vertretermodell sowie weitere Angebote im Sinne von 3) Sabbaticals und Verblockungen identifizieren.

Allgemeine Programme, die den jeweiligen Führungskräften scheinbar viel Freiraum in der individuellen Ausgestaltung lassen sind bspw. das 2006 gestartete Adidas-Pilotprojekt „Führung in Teilzeit", welches laut dem damaligen Adidas-Personalchef Malessa sehr gute Akzeptanzwerte im unteren Managementbereich erhielt und seiner Ansicht nach auch im Topmanagementbereich bis hin zum Vorstand durchaus funktionieren würde – jedoch auf diesen Hierarchieebenen bislang nicht gelebt würde. Die Allianz Group fasst ihr Angebot für Führungskräfte unter dem Projekt „Go Flexible Pilot" zusammen, dass neben der Teilzeitarbeit auch Sabbaticals und das „Virtual Office", also die Arbeit von zu Hause, beinhaltet. Wenn auch mit einem etwas weniger kreativen Namen bietet E.ON explizit „Teilzeit – auch für Führungskräfte" an. An solche richtet sich auch das sogenannte Flex Careers der Lufthansa AG, welches durch eine interne Befragung 2013 einen hohen Bedarf bzw. Wunsch nach Teilzeitführungsoptionen identifiziert hat (48 % der Frauen und 18 % der Männer). Die steigende Bedeutung von Work-life-Balance – insbesondere bei der jüngeren Generation – ließ auch die BASF ein spezielles Programm „Karriere$^{plus}$" explizit für Nachwuchsführungskräfte entwickeln.

---

[7] Aus Gründen der besseren Lesbarkeit soll an dieser Stelle auf die Angabe von Unternehmensverweisen verzichtet werden. Eine Übersicht über genutzte Datenquellen, Internetlinks und Unternehmensinformationen werden unter der URL: www.teilzeitfuehrung.info bereit gestellt.

Vollzeitnahe Modelle werden bspw. bei BMW explizit beworben, wie der Titel des Programms „Vollzeit Select" bzw. auch „BMW Familienpflegezeit" verrät. Ähnlich verhält es sich bei Henkel, die verschiedene Modelle der Teilzeitarbeit in der Führungsetage anbieten. So hat Henkel neben einem Projekt „1+1=3", hinter dem sich die Idee der Teilung einer Führungsposition verbirgt, auch individuelle Vereinbarungen, bei denen Führungskräfte ihre Arbeitszeit vollzeitnah reduzieren können, um bspw. für ihre Familie da zu sein.

Einen sehr innovativen Weg bei der Entwicklung der Teilzeitführungsprogramme hat die Commerzbank eingeschlagen. Nicht nur bietet sie „TopSharing" an, bei dem eine Führungsposition auf zwei Führungskräfte aufgeteilt wird, sondern alternativ dazu ein „Vertretermodell". Das Kernelement des Vertretermodells ist die Etablierung eines ständigen fachlichen Vertreters für die Führungskraft in Teilzeit. Ähnliche Konzepte stehen hinter dem „Shared-Leadership-Modell" bzw. der „Führungstandems" der Deutschen Telekom. Auch Daimler bietet JobSharing-Modelle für Führungskräfte – darüber hinaus aber auch die „Verblockung von Teilzeit". Diese Form der lebensphasenorientierten Arbeitszeitreduzierung findet sich bei SAP in Form von Sabbaticals bzw. Lebensarbeitszeitkonten. Allerdings räumt auch der ehemalige SAP-Arbeitsdirektor Heinrichs ein (Rossbach 2006): „Im absoluten Top-Management sind Sabbaticals oder Teilzeit allerdings auch bei SAP Fremdworte".

Es zeigt sich, dass alle DAX-Unternehmen in irgendeiner Form Teilzeitangebote entwickeln oder umsetzen. Darüber hinaus lassen sich in fast allen DAX-Unternehmen – auch ohne explizite Programme und Initiativen – bereits einzelne Ausnahmeführungskräfte finden, für die individuelle Kompromisslösungen entwickelt wurden. Gerade im Rahmen von Frauennetzwerken, Diversity-Abteilungen oder aber Arbeitszeitprogrammen scheinen sich Unternehmen zunehmend mit der Thematik auseinanderzusetzen, sodass in Zukunft sicherlich verstärkt mit Teilzeitführungsangeboten zu rechnen ist.

Auch in der breiteren Öffentlichkeit gewinnen Initiativen zum übergeordneten Thema „Vereinbarkeit von Beruf und Familie" mit dem zentralen Instrument der „Arbeitszeitflexibilisierung und -reduzierung" sowohl für Mitarbeiter als auch explizit für Fach- und Führungskräfte ungemein an Relevanz. Aktuell sind in Deutschland (seit 1999) bereits über 1000 Unternehmen nach dem Audit „berufundfamilie" zertifiziert. Im Unternehmensnetzwerk „Erfolgsfaktor Familie"[8] (seit 2006) sind zwischenzeitlich rund 5000 Unternehmen Mitglied und es finden sich zahllose Veröffentlichungen zum Thema. Das FFP (Forschungszentrum Familienbewusste Personalpolitik, Uni Münster in Kooperation mit der Steinbeis-Hochschule Berlin und der berufundfamilie gGmbH) führt regelmäßig Pilotstudien zum Thema „Vereinbarkeit von Beruf und Familie bei Führungskräften" durch (berufundfamilie 2011, S. 2). Es bleibt zu erwähnen, dass sich Politik und Wirtschaft mit der Unterzeichnung der „Charta für familienbewusste Arbeitszeiten" zu einem gemeinsamen Engagement für innovative, moderne und familienfreundliche Arbeitszeitmodelle verpflichten.

---

[8] Das Unternehmensnetzwerk „Erfolgsfaktor Familie" ist eine gemeinsame Initiative des Bundesfamilienministeriums und des deutschen Industrie- und Handelskammertages.

## 5 Erfolgsvoraussetzungen zur Implementierung von Teilzeitführung

I very nearly hired a Dutch fellow to become director of marketing. He had all the right skills, experience, and references and had impressed all the other directors of the region during our multiple-interview process. Just as we were in the final stages of hiring him, he asked if it would be possible to work forty-eight hours per week, within four days of the week. I was aghast and told him that this would be inconceivable. (…) He was only 33 years old, for goodness sakes. What would such a young man do with three days off?! (Hofstede et al. 2002, S. 50)

„I very nearly hired a Dutch fellow …" beginnt ein Zitat aus Hofstede et al. (2002), aber dann verlangte der vielversprechende junge Bewerber für die Position eines Marketingdirektors einen freien Tag in der Woche. Die Anekdote endet klar. Eine solche Bedingung ist für eine solche Position unvorstellbar und wurde abgelehnt: „He was only 33 years old, for godness sakes. What would such a young man do with these days off?" Ursachen für die Diskrepanz zwischen dem weit verbreiteten Wunsch nach einer Reduktion der Arbeitszeit und der skizzierten Wirklichkeit sind vielfältig. Strukturelle Ursachen liegen in der mangelnden Fähigkeit, die Aufgabenportfolios und das Arbeitsvolumen der Führungskräfte entsprechend zuzuschneiden. Eine fehlende Flexibilität hinsichtlich Arbeitszeiten bzw. -orten und zu hohe Mobilitätsanforderungen verstärken das Problem. Kulturelle und unternehmenspolitische Hürden zeigen sich u. a. in der fehlenden Akzeptanz von Unternehmensführung, Führungskollegen und Mitarbeitern als auch in der Angst vor Macht- und Statusverlust. Unternehmensstrategische Barrieren zur Umsetzung von Teilzeitführungsaktivitäten können in der mangelhaften Vereinbarkeit von Stakeholderinteressen bzw. einfach in einem fehlenden Fit zu vorgegebenen Unternehmenszielen liegen. Darüber hinaus gilt es, sowohl die operative Umsetzung und Implementierung von Teilzeitführungsmaßnahmen sowie die Persönlichkeit der potenziellen Teilzeitführungskraft als auch der einzelnen Teammitglieder zu beachten, wenn es um eine erfolgreiche Umsetzung flexibler Arbeitszeitmodelle geht (siehe Abb. 2).

Nachfolgend sollen in den einzelnen Unterkapiteln potenzielle Ursachen und Barrieren einer erfolgreichen Teilzeitführung analysiert und potenzielle Lösungsansätze skizziert werden.

### 5.1 Unternehmenskultur

Obwohl gesetzliche Rahmenbedingungen die Ausschreibung von Führungspositionen in Teilzeit festlegen, herrscht in der Gesellschaft oftmals ein veraltetes Rollenverständnis von Führung, in dem Teilzeitmanager nicht vorkommen (McDonald et al. 2009; Webber und Williams 2008). Das Leitbild der Präsenzkultur bzw. einer „uneingeschränkten Verfügbarkeit" (Koch 2008, S. 613) sowie ein extrem hohes zeitliches Engagement als Leistungsmaßstab prägen das Denken in vielen deutschen Unternehmen (Holst et al. 2012, S. 36; BMAS 2001, S. 5). Dahinter steckt häufig der Glaube, dass gute und effektive Ma-

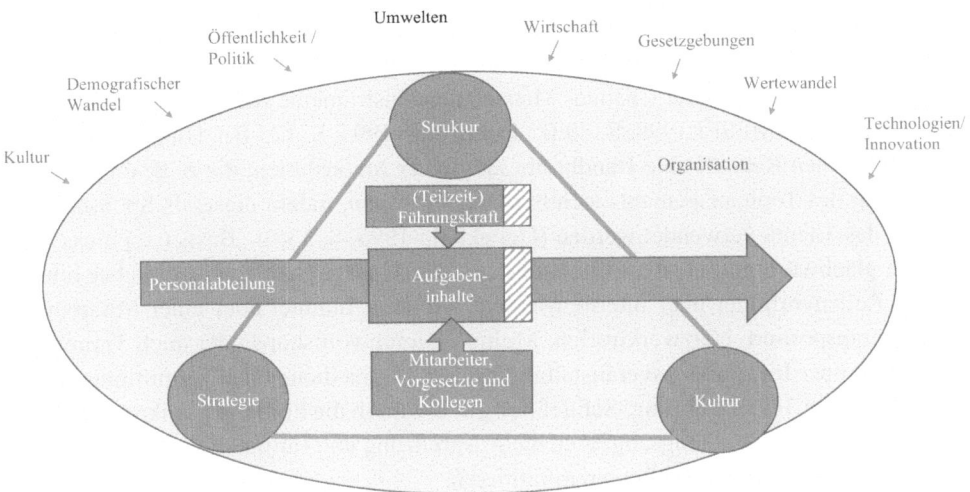

**Abb. 2** Implementierung Teilzeitführung

nagementarbeit nicht mit einem anderen Commitment und einer anderen Verantwortung außerhalb des Arbeitsplatzes kompatibel ist – insbesondere wenn es sich um eine Rolle handelt, die mit Fürsorge und Betreuung zu tun hat (berufundfamilie 2011, S. 5; Durbin und Tomlinson 2011). Teilweise gehen Vorurteile und Befürchtungen sogar über diese Zweifel hinaus, sodass Teilzeitführungskräfte als beruflich weniger engagiert, motiviert, flexibel und karriereorientiert gelten (Troost und Wagner 2002, S. 17; Vogel 2006, S. 75).

Neben diesen offensichtlichen Bedenken und Akzeptanzproblemen hinsichtlich der potenziellen Leistungsfähigkeit einer Teilzeitführungskraft durch Geschäftsführung, Vorgesetzte, (Führungs-)Kollegen und Mitarbeitern, sind darüber hinaus auch unternehmenskulturelle Merkmale zu beachten, die sich auf die erfolgreiche Arbeitszeitflexibilisierung auswirken. Teilzeitführung erfordert in besonderem Maße eine Vertrauens-, Ergebnis- und Kommunikationskultur (Mogler 2013, S. 414) – d. h. eine Kultur, die durch Offenheit und Innovativität geprägt ist.

Einher mit den geschilderten Akzeptanzproblemen geht die teilweise bewusste oder auch durchaus unbewusste mikropolitische Benachteiligung von Teilzeitführungskräften, welche eine teilzeitunfreundliche Arbeitszeitkultur weiter manifestiert. Hierbei sind u. a. sowohl zeitbedingte Benachteiligungen in Entscheidungs- und Gruppenprozessen zu nennen – als aber auch der Ausschluss aus bestimmten Netzwerken und Zirkeln, die aufgrund der zeitlichen Restriktionen einer Teilzeitführungskraft nicht realisiert werden können (Vedder und Vedder 2008, S. 437). Phänomene wie eine deutlich geringere Wahrscheinlichkeit auf Beförderung (Vedder und Vedder 2008, S. 439), oftmals im Vergleich geringere Bonuszahlungen oder auch eine Minimierung von Trainingstagen zugunsten von Arbeitszeit sind ebenfalls an dieser Stelle zu erwähnen.

▶ Empfehlung 1: Teilzeitführung in die Unternehmenskultur integrieren; mikropolitische Benachteiligungen ausgleichen

Maßnahmen zur Veränderung unternehmenskultureller Voraussetzungen einer erfolgreichen Arbeitszeitflexibilisierung und zur Erhöhung der Akzeptanz von Teilzeit werden i. Allg. mittels typischer Change- Management-Instrumente realisiert (Domsch et al. 1994, S. 284 ff.; BMFSFJ 1999, S. 70 ff.; Dellekönig 1995, S. 125 ff.). Hier findet sich in der betrieblichen Realität eine Bandbreite möglicher Maßnahmen, die z. B. die positive Einstellung des Topmanagements sichtbar machen sollen, indem diese als Sponsor oder Pate für das Thema verwendet werden (Dellekönig 1995, S. 135): „Basis (…) muss deshalb die glaubwürdige Selbstverpflichtung des Top-Management sein.". Darüber hinaus werden Rollenvorbilder über interne Medien (wie dem Intranet oder einer Mitarbeiterzeitung) transportiert. Netzwerktreffen, Multiplikatorenworkshops oder auch Trainings-, Schulungs- oder Informationsveranstaltungen zum Thema dienen der Vermittlung positiver Aspekte von Teilzeitführung. Schließlich gilt es, durch die Förderung mikropolitischer Strategien und Unterstützungsangebote die Ausgrenzung und (un)intendierte Benachteiligung von Teilzeitführungskräften zu minimieren.

## 5.2 Unternehmensstruktur

Die Implementierung von Teilzeitführungspositionen auf Führungskräfteebene tangiert in vielen Fällen etablierte Arbeitsprozesse und tradierte Arbeitsplatzstrukturen (Vedder und Vedder 2008, S. 435). In dem Zusammenhang sind klare und transparente Prozesse, die eine gewisse Flexibilität hinsichtlich Arbeitszeit bzw. Arbeitsort zulassen, eine wichtige Voraussetzung für gelungene Teilzeitführungsengagements (berufundfamilie 2011). Dabei ist die eindeutige Klärung von Zuständigkeiten – insbesondere bei den verschiedenen Jobsharing-Modellen – sowie die Etablierung proaktiver und direkter Kommunikationswege zwischen Mitarbeitern, Teilzeitführungskräften, Geschäftsführung und Kunden von zentraler Bedeutung (Fauth-Herkner und Leist 2001, S. 492). Schließlich ist festzustellen, dass sich geeignete Organisationsstrukturen durch ein hohes Ausmaß an Dezentralität, flachen Hierarchien und Mitarbeiterautonomie auszeichnen.

▶ Empfehlung 2: Transparente, flexible und bevorzugt dezentrale Strukturen mit einem hohen Ausmaß an Mitarbeiterautonomie schaffen

Voraussetzung für die unternehmensstrukturelle Anpassung an Teilzeitführungserfordernisse ist v. a. der Ausgleich einer eingeschränkten Verfügbarkeit und Ansprechbarkeit durch entsprechende Maßnahmen. Hier lassen sich teilweise einfache Regeln aufstellen wie die Etablierung fester Zeitkorridore für Besprechungen oder aber Eskalationsregelungen für die Abwesenheit. Wichtig ist insbesondere auf Führungsebene die Vereinbarung flexibler Arbeitszeitmodelle, in denen betriebliche Anforderungen situationsorientiert aufgefangen werden können und Anwesenheiten nicht vorab starr festgelegt werden, ggf. auch der Einsatz nur temporärer Arbeitszeitreduktionen (Sabbatical oder Kurzteilzeitengagements in den Ferien oder anderen Ausnahmesituationen), die Anwendung von verschiedenen Formen des mobilen Arbeitens sowie klare Vertreterregelungen. Für die Mitarbeiter gilt es, Möglichkeiten zu schaffen, dass diese bis zu einem gewissen Grad eigenverantwortlich handeln können. Die Festlegung von Rahmenbedingungen zur Ausgestaltung von Teilzeitführungspositionen sollte idealerweise durch Personen mit einer hohen (ggf. sogar direkten) Anbindung an Geschäftsführung und Vorstand erfolgen. An dieser Stelle sind entsprechend angesiedelte HR/Arbeitszeit- bzw. alternativ Diversity-Abteilungen besonders hilfreich (Karlshaus 2011).

## 5.3 Unternehmensstrategie

Studien zeigen einen positiven Zusammenhang zwischen dem Vorhandensein von Maßnahmen und Strategien zur Chancengleichheit[9] im Sinne einer „aktiven Genderpolitik", dem Anteil weiblicher Teilzeitführungskräfte und dem Anteil erfolgreich gelebter Teilzeitführung (Fischer et al. 2009). Dabei hängt die Relevanz von Arbeitszeitthemen, die oftmals als Teil einer umfassenderen Diversity- oder Work-life-Balance bzw. Vereinbarkeitsstrategie gesehen werden, von der durch die Geschäftsführung wahrgenommenen Notwendigkeit ab, auf die Bedürfnisse „neuer" Erwerbsbeteiligter wie Frauen, Ältere, Gen-Y etc. einzugehen, um Fachkräfteengpässe zu vermeiden. Neben der Priorisierung der Thematik durch das Topmanagement ist darüber hinaus auch der sogenannte „Fit" zur übergreifenden Unternehmensvision und -strategie zu beurteilen. Eine Wachstums- bzw. Innovationsstrategie begünstigt sicherlich vor dem Hintergrund demografischer Entwicklungen die Implementierung von Teilzeitführungskonzepten. Hingegen stehen bei einer Restrukturierungspolitik möglicherweise Kostenaspekte mehr im Vordergrund, die eine Teilzeitführung und Jobsharing-Modelle augenscheinlich unattraktiver werden lassen.

Schließlich spielen in dem Kontext der Unternehmensstrategie auch Stakeholderinteressen eine große Rolle bei der Umsetzung von Teilzeitführungskonzepten. Während sich Politik, Öffentlichkeit, Medien und viele Mitarbeiter selber eine Verkürzung der Arbeitszeit oftmals sehr gut vorstellen können, entsprechen solche Modelle teilweise nicht den Interessen und der Lobby von Kunden, Kapitalgebern und auch Lieferanten. Kunden verlangen bspw. häufig sowohl ein hohes Servicelevel, Flexibilität und Ansprechbarkeit 24/7 und persönliche Nähe als auch ein gutes Preis-Leistungs-Verhältnis – viele Parameter, die der eingeschränkten Anwesenheit und Erreichbarkeit einer Teilzeitführung diametral gegenüberstehen.

▶ Empfehlung 3: Arbeitszeitflexibilisierung bzw. -verkürzung als relevantes Thema in der Unternehmensstrategie verankern und Stakeholdergruppen in Überzeugungsarbeit einbeziehen

---

[9] Hierunter sind bspw. eine gezielte Frauenförderung, betriebliche Kinderbetreuung oder Angebote in der Elternzeit zu verstehen.

Das Beispiel einiger Beratungen zeigt, dass eine „nur" dreitägige Anwesenheit beim Klienten durchaus befürwortet und akzeptiert wird, wenn hier eine klare und transparente Kommunikation über Anwesenheitsregelungen erfolgt und eine gewisse Erreichbarkeit an den verbleibenden zwei Tagen sichergestellt ist. An dieser Stelle lässt sich Überzeugungsarbeit auch mit einem positiven Unternehmensimage verbinden. Darüber hinaus gilt es, Teilzeitführung als wesentlichsten Aspekt einer familienfreundlichen Unternehmensstrategie entsprechend zentral zu positionieren. Genaue Zielvorgaben wie bspw. ein Anteil von 10 % Teilzeitführungskräften bis 2020, die in der Unternehmensstrategie verankert sind, sind hilfreich.

## 5.4 Aufgabeninhalte

Zur Sicherstellung einer erfolgreichen Teilzeitführungstätigkeit gilt es vorab systematisch zu analysieren und zu bewerten, welche Arten von Aufgaben hierfür geeignet sind. Dabei spielen Kriterien wie der Standardisierungsgrad, die Vorhersagbarkeit und Dringlichkeit von täglichen Aufgabeninhalten, das Ausmaß der Vernetzung mit internen und externen Kunden sowie die Komplexität der zu bewältigenden Aufgabe eine wichtige Rolle. Geeignete Aufgaben für eine Teilzeitführungsstelle sind demnach eher standardisiert, planbar, weniger zeitkritisch und weniger komplex. Interne und externe Kunden sowie angrenzende Bereiche erfordern idealerweise einen nicht täglichen persönlichen Kommunikationsaufwand.

Darüber hinaus gilt es, sich die Arbeitsplatzbeschreibungen von Führungskräften hinsichtlich delegierbarer und nicht delegierbarer Bestandteile ihrer Tätigkeit ebenfalls genauer zu betrachten. Inhaltliche bzw. Sachaufgaben wie das Berichtswesen, die Mitarbeit im Tagesgeschäft oder teilweise konzeptionelle Aufgaben gelten allgemein als delegierbar (Kratzer und Neidl 2011, S. 37). Demgegenüber sind klassische disziplinarische Personalführungsaufgaben, welche bspw. Zielvereinbarungen, Zielbewertungen, Mitarbeitergespräche, Personalbeschaffung und -beurteilungen umfassen, in der Regel nicht teilbar. Auch wichtige strategische Entscheidungen sind von der Führungskraft selber zu treffen.

Entsprechende Positionen könnten aufgrund solch systematischer Analysen von Arbeitsplatzbeschreibungen durchaus vorab identifiziert und proaktiv als Teilzeitführungsstelle geplant und ausgeschrieben werden. Jedoch zeigen Studien, dass so gut wie nie nach einer Führungskraft in Teilzeit gesucht wird (Durbin und Tomlinson 2011; Koch 2008, S. 614). Unternehmen reagieren lediglich auf Teilzeitwünsche hochqualifizierter Talente und schaffen individuell ausgehandelte Lösungen – aber auch dieses selten bis nie proaktiv.[10]

---

[10] Somit ist der typische Einstieg in eine Teilzeitführungsposition laut Webber und Williams (2008) von extern kommend zumeist über den Vollzeiteinstieg und einer nach Ablauf der Probezeit späteren Aushandlung einer Arbeitszeitreduktion.

Aufgrund der Tatsache, dass Arbeitsplätze für Teilzeitmanager so gut wie nicht ausgeschrieben werden, sondern sich in der Regel aus einer Reduzierung einer Vollzeitstelle ergeben (Koch 2008, S. 613 f), zeigt sich das Problem, dass sich oftmals zwar die „offizielle" Arbeitszeit und der Verdienst reduzieren – die Arbeit hingegen die gleiche bleibt (Vedder und Vedder 2008, S. 435). Auch in der Studie des Forschungszentrums Familienbewusste Personalpolitik wird das Volumen der zu bewältigenden Arbeit im Beruf als Hauptbarriere für die Vereinbarkeit von Beruf und Familie bzw. familienfreundlichere Ausgestaltung genannt (berufundfamilie 2011, S. 5). Unternehmen sollten darauf achten, dass bei der Definition von Teilzeitführungsarbeitsplätzen auch das Arbeitspensum entsprechend anzupassen ist, damit Teilzeitführungskräfte nicht überfordert werden, gesundheitliche Risiken ausgeschlossen und eine bestmögliche und nachhaltige Leistung generiert werden können.

▶ Empfehlung 4: Klare Aufgabenbeschreibungen und eine adäquate Reduktion des Arbeitsvolumens

Teilzeit bedeutet nicht nur „Zeit zu teilen", sondern beinhaltet auch eine Teilung der Aufgaben. Hierzu ist die Erstellung differenzierter und transparenter Aufgaben- und Arbeitsplatzbeschreibungen zu empfehlen, in denen möglicherweise bereits zwischen delegierbaren und nicht delegierbaren Arbeitsplatzbestandteilen unterschieden wird (Kaehler und Karlshaus 2014, S. 29). Zur Festlegung des für die entsprechende Teilzeitposition adäquaten Arbeitsvolumens ist ggf. der Einbezug von Teilzeitführungskräften mit einem entsprechenden Erfahrungsschatz heranzuziehen.

## 5.5 Personalabteilung

Insbesondere bei Führungsaufgaben erfordert das gewählte Teilzeitprogramm einen höheren Flexibilisierungsbedarf – sowohl von Unternehmens- als auch von Mitarbeiterseite. Statt klassischer Reduzierungsmodelle wie z. B. einem 6-Stunden-Tag oder einem bestimmten freien Tag in der Woche, die als vergleichsweise „starre" Arbeitszeitmodelle einzuschätzen sind – sollte der Fokus eher auf „rollierende" Wochen- oder Monats- bzw. noch besser Jahresarbeitszeitkonten gelegt werden. So lassen sich Schwankungen im Arbeitspensum, die zwangsläufig mit der zunehmenden Komplexität unserer Umwelt und einer erweiterten Führungsverantwortung einhergehen, flexibler auffangen. Lebensphasenorientierte Arbeitszeitmodelle wiederum lassen biografisch bedingte unterschiedliche Zeitbedürfnisse in den einzelnen Lebensphasen der Führungskraft (z. B. Familienphase, Krankheiten, Elternpflege, Vorruhestand) abfedern (Kaehler und Karlshaus 2014). An dieser Stelle ist die Fülle möglicher Ausgestaltungsformen einer Teilzeitanstellung sehr groß und sollte von der Personalabteilung gemeinsam mit der Teilzeitführungskraft und ihrem Vorgesetzten mit dem klaren Willen, eine passgenaue individuelle Lösung zu finden, sorgfältig abgewogen und situativ angepasst werden. Ganzheitliche Arbeitszeitkonzepte vereinbaren idealerweise systematisch und kosteneffizient individuelle Bedürfnisse und betriebliche Ziele – auch wenn dies die Komplexität der Personalarbeit erhöht.

Darüber hinaus erfordert die Implementierung von Teilzeitführungsarbeitsplätzen eine systematische Prozessbegleitung – insbesondere wenn das Unternehmen noch wenig Erfahrungswerte in dem Bereich vorzuweisen hat. Dazu gehören neben einer umfassenden Bedarfsanalyse der verschiedenen Interessensgruppen (Potenzielle Teilzeitführungskraft, Unternehmen/Geschäftsführung, Mitarbeiter etc.) und gezielten Informationsveranstaltungen für alle Beteiligten auch eine begleitende Evaluation der Umsetzung im Sinne einer stetigen Prozessoptimierung und -verbesserung. Hierbei gilt es bspw. Aspekte wie den Grad und die Qualität der Aufgabenerfüllung, die Arbeitszufriedenheit, die Kommunikationsprozesse etc. zu bewerten (Fauth-Herkner und Leist 2001, S. 491).

> Empfehlung 5: Kreative und individuelle Entwicklung und Implementierung von Teilzeitführungskonzepten; sorgfältige Evaluation

An dieser Stelle ist es für Unternehmen hilfreich, ihre Erfahrungen mit bereits bestehenden Teilzeitmodellen zu dokumentieren und bei der Umsetzung verschiedener Teilzeitführungsmodelle eine sorgfältige Prozessbegleitung vorzunehmen. Personalbetreuer sollten über potenzielle Teilzeitführungsoptionen gut informiert und ggf. auch in der Lage sein, bei auftretenden Problemen die entstandenen Konflikte zu moderieren und zu lösen (Fauth-Herkner und Leist 2001, S. 491). Hierbei helfen den verantwortlichen Personalern sicherlich Netzwerktreffen, Infoveranstaltungen oder auch Trainings, um sich eine entsprechende Kompetenz zum Thema Arbeitszeitflexibilisierung zu erarbeiten.

## 5.6 Führungskraft

Im Rahmen einer Teilzeitführungstätigkeit sind Führungskompetenzen wie die Fähigkeit zur Delegation, eine schnelle Entscheidungsfindung, Flexibilität, Kommunikationsstärke und eine ausgeprägte Ergebnisorientierung relevante Faktoren (Sparber 2010, S. 163). Für eine erfolgreiche Umsetzung des Teilzeitarrangements ist es darüber hinaus wichtig, dass Themen wie Weiterbildung, berufliche Herausforderungen und Netzwerkaktivitäten nicht nur von Unternehmensseite angeboten, sondern auch aktiv durch die Teilzeitführungskraft eingefordert werden.

Vielfach zeigt sich, dass Teilzeitführungskräfte aus Zeitmangel im Vergleich zu Vollzeitkräften weniger Trainings besuchen. So findet eine schleichende Abqualifizierung dieser Zielgruppe statt. Darüber hinaus wurde in Studien von Lyonette und Baldauf (2010) festgestellt, dass 25 % der Frauen, die von einer Vollzeitführungsstelle in eine Teilzeitposition wechseln, sich eine Beschäftigung suchen, für die sie überqualifiziert sind, d. h. wo die durchschnittliche Qualifikation unter der jetzigen ist. Die Qualität der Teilzeitjobs (z. B. Komplexität der Aufgaben, intellektueller Anspruch) ist durchschnittlich niedriger. Sei es aufgrund von Akzeptanzproblemen und bestehenden Vorurteilen gegenüber Teilzeitkräften – sei es aufgrund einer weniger deutlich und aktiv forcierten Karrierepolitik – lässt sich feststellen, dass Teilzeitführungskräfte deutlich seltener weiterentwickelt und befördert werden als ihre Vollzeitkollegen.

Auch investieren Teilzeitführungskräfte weniger Zeit in Netzwerkaktivitäten und sozialen Aktivitäten mit Kollegen und Kunden (Kaehler und Karlshaus 2014). Dieser eingeschränkte Zugang zur internen und externen Kommunikation beinhaltet nicht nur für die Teilzeitmanager persönliche Karrierenachteile – sondern ist auch aus Unternehmensperspektive als kritisch anzusehen. Neben dem Wissensverlust kann die soziale Isolierung zu einer steigenden Unzufriedenheit führen.

▶ Empfehlung 6: Entwicklung von notwendigen Teilzeitführungskompetenzen wie bspw. Delegation, Kommunikationsstärke, Entscheidungsfindung und Flexibilität

Theodor Roosevelt hat behauptet: „Wer seiner Führungsrolle gerecht werden will, muss genug Vernunft besitzen, um die Aufgaben den richtigen Leuten zu übertragen, und genügend Selbstdisziplin, um ihnen nicht ins Handwerk zu pfuschen." Delegation lässt sich in Führungskräftetrainings durchaus vermitteln – ähnlich wie die Themen Entscheidungsfindung und Ergebnisorientierung. Darüber hinaus gilt es aber auch Themen wie Personalentwicklung und Netzwerkaktivitäten im Auge zu halten. Hierfür bieten sich ggf. andere Teilzeitführungskräfte bzw. ehemalige Teilzeitführungskräfte als Coach und Mentor an.

## 5.7 Mitarbeiter, Vorgesetzte und Kollegen

Gerade Teilzeitführungskräfte sind gefordert, Teilaufgaben in größerem Umfang als Vollzeitführungskräfte zu delegieren, was eine größere Fach- und Problemlösungskompetenz der Mitarbeiter voraussetzt. Damit einher geht zumeist eine Übernahme von mehr Verantwortung (Vedder und Vedder 2008, S. 436). Dies setzt zum einen eine Fähigkeit zur Eigenmotivation und zur Selbststeuerung des Teams voraus (Kratzer und Neidl 2011, S. 39). Zum anderen ist es wichtig, ein transparentes, strukturiertes und proaktives Kommunikationsverhalten im Team und mit der Führungskraft aufzubauen.

Aber auch dem Vorgesetzten und den (Führungs-)Kollegen einer Teilzeitführungskraft kommt eine große Bedeutung zu. Durch die geringeren Anwesenheitszeiten muss der direkte Vorgesetzte genauer im Voraus planen und spontane Aufgabenverteilungen teilweise zurückstellen. Gleiches gilt analog für das Einfordern von Arbeitsergebnissen und das Kontrollverhalten. Informelle und kurzfristige Absprachen mit dem direkten Vorgesetzten als auch zwischen Kollegen sind schwieriger zu realisieren (Vedder und Vedder 2008, S. 439): „Die direkten Vorgesetzten tun sich mit den (…) Forderungen nach mehr Vorausplanung, Arbeitsstrukturierung und Termineinhaltung schwer. Viele von ihnen präferieren Ad-hoc-Entscheidungen (…)."

▸ Empfehlung 7: Größtmögliche Mitarbeiterautonomie erreichen; Kommunikationskanäle zu Vorgesetzen, Kollegen und Mitarbeitern straffen und institutionalisieren

Zur Umsetzung des Delegationsanspruchs von Teilzeitführungskräften bedarf es gut qualifizierter, fachlich kompetenter und im Idealfall erfahrener Mitarbeiter, die auch bereit sind, Verantwortung zu übernehmen (Sparber 2010, S. 164). In dem Zusammenhang kann die Besetzung einer Stellvertreterposition mit einem loyalen, kompetenten, zuarbeitenden Mitarbeiter eine große Relevanz besitzen. Insgesamt ist es jedoch essentiell, die Mitarbeiter einer Teilzeitführungskraft entsprechend den erweiterten Anforderungen zu qualifizieren. Hierbei bieten sich sowohl Fachtrainings als auch Coaching- oder Mentoring-Programme an. Darüber hinaus ist die Akzeptanz der Teilzeitführungskraft und des Teilzeitführungskonzepts durch das Team zu fördern. In Informationsveranstaltungen kann den Teammitgliedern vermittelt werden, in der Abwesenheit der Führungskraft auch eine Chance zur persönlichen Förderung und Weiterentwicklung zu sehen (Kaehler und Karlshaus 2014).

Darüber hinaus sind von der Teilzeitführungskraft, aufgrund häufigerer Abwesenheiten, Strukturen zu schaffen, um die nicht mehr so problemlos möglichen informellen und kurzfristigen Absprachen zu kompensieren. Insgesamt gilt es sowohl für Mitarbeiter und Vorgesetzte als auch für Führungskräfte der gleichen Hierarchieebene wie der Teilzeitführungskraft, die Kommunikation sowohl zu straffen als auch zu institutionalisieren. Dies kann bspw. durch regelmäßige Arbeitsbesprechungen gelingen. Gemeinsame Besprechungstermine sollten darüber hinaus in festen Zeitkorridoren, z. B. immer nur zwischen 10:00 und 15:00 Uhr gelegt werden (Vedder und Vedder 2008, S. 436).

## 6 Teilzeitführung als Konzept einer nachhaltigen Personalpolitik

> The world is moving so fast these days that the man who says it can't be done is generally interrupted by someone doing it. (Elbert Hubbard, zitiert aus Esar und Bentley 1951, S. 103)

Führung in Teilzeit gewinnt immer stärker an Bedeutung. Globale Trends wie der demografische Wandel und der damit in einigen Sektoren verbundene Fachkräftemangel, eine höhere weibliche Erwerbstätigkeit, die Ausweitung des Dienstleistungssektors sowie ein insbesondere bei der jungen Generation Y zu beobachtender Wertewandel zugunsten von Balancethemen zwingen Unternehmen dazu, sich mit flexiblen Arbeitszeitmodellen auseinanderzusetzen. Eine Analyse von DAX-Unternehmen im Jahr 2015 demonstriert, dass bereits eine Reihe von Großunternehmen diesem Thema sehr aufgeschlossen gegenüber steht und aktiv Teilzeitführungsprogramme erarbeitet haben. Zahlreiche Portraits erfolgreicher Teilzeitführungskräfte in der Presse zeigen, dass darüber hinaus auch eher kritisch eingestellte Unternehmen individuelle Teilzeitführungsmodelle „auf Nachfrage" zulassen und solche Modelle insbesondere im unteren und mittleren Managementbereich durchaus erfolgreich gelebt werden. Einzelne Rollenmodelle beweisen, dass flexible Arbeitsmodelle selbst in hohen Managementpositionen funktionieren können. Betrachtet man darüber hinaus die politischen Initiativen sowie die wissenschaftliche Auseinandersetzung mit dem Thema Teilzeitführung (BMFSFJ 1999, S. 23 ff.; Domsch et al. 1994, S. 294; Straumann et al. 1996, S. 173), so ist in den diversen Publikationen schon seit 20 Jahren ein insgesamt sehr positives Gesamturteil über die Chancen und die Zukunft flexibler Arbeitszeitmodelle für Führungskräfte festzustellen.

Trotz einer zunehmenden Aufgeschlossenheit dem Thema Teilzeitführung gegenüber zeigt sich derzeit immer noch eine vergleichsweise geringe Quote von nur ca. 5 % an Teilzeitführungskräften, die sich v. a. auf den unteren bis mittleren Managementbereich verteilen. Teilzeitarbeit generell – speziell im Führungskräftekontext – wird in der Praxis bis heute oftmals noch nicht als gleichwertige Arbeitsform anerkannt und Potenziale verschiedener Teilzeitmodelle dementsprechend von Unternehmen verkannt. Diese Tatsache lässt sich teilweise durch unternehmensstrukturelle, -kulturelle und -strategische Parameter erklären: Strukturen sind noch nicht ausreichend auf die Teilzeittätigkeit ausgerichtet, es gibt bestehende Akzeptanzprobleme bei verschiedenen Stakeholdergruppen oder als eines der relevantesten Argumente die fehlende Chancengleichheit von Teilzeitführungskräften hinsichtlich Aufstieg, Weiterbildung und Vergütung.

Dabei sollte Führung in Teilzeit jedoch grundsätzlich immer möglich sein – insbesondere wenn man berücksichtigt, dass jede Stelle das Ergebnis von Arbeitsteilung und daher ihrerseits auch theoretisch weiter teilbar ist. Auch lässt sich am Beispiel von Unternehmen mit Schichtbetrieben oder mehreren Standorten zeigen, dass mit entsprechenden Führungs- und Organisationsmethoden eine „Führung mit zeitweiliger Abwesenheit der Führungskraft" durchaus erfolgreich praktiziert werden kann (Mogler 2013, S. 414). Zudem sollte man sich vor Augen halten, dass insbesondere im Topmanagement deutscher Konzerne eine faktische 40 %ige „Abwesenheit" der oberen Führungskräfte – bedingt durch Reisetätigkeiten, Konferenzen, Kundentermine, Gremienarbeit etc. – zu verzeichnen ist. Eine Arbeitszeitreduktion um 20 % wäre für die Mitarbeiter demnach kaum spürbar, da das operative Geschäft zumeist durchaus effektiv delegiert wird (Domsch et al. 1994). Sicherlich ist anzumerken, dass es hier – je nach Profession, Industrie und Hierarchielevel – gewisse Unterschiede gibt. Doch zeigt auch hier der internationale Vergleich am Bespiel der Niederlande mit einer Führungskräfteteilzeitbeschäftigung von 12 %, dass in Deutschland viel Potenzial in der Entwicklung lebensphasenorientierter Arbeitszeitmodelle liegt (Hipp und Stuth 2013b).

Jedoch gibt es keine Standard- oder Patentlösungen für die erfolgreiche Entwicklung und Implementierung von Teilzeitführung. Die Besetzung einer solchen Führungsposition erfordert – unter Beachtung der jeweiligen Rahmenbedingungen – individuelle Lösungen, um dem Unternehmen, dem Kunden, den direkten Vorgesetzten, der Teilzeitführungskraft und dem Team gerecht zu werden. Wichtig bei der Entwicklung flexibler Arbeitszeitmodelle ist die Berücksichtigung aufgezeigten Barrieren und Lösungsansätze. Diese gilt es systematisch zu bewältigen, indem zum Beispiel Führungsaufgaben klar abgegrenzt, Autonomie und Flexibilität gefördert, entsprechende Werte eindeutig kommuniziert und klare Spielregeln im Unternehmen geschaffen werden. Jedoch zeigen sich einige begünstigende Faktoren, welche die Konzeption und Umsetzung von Teilzeitführungskonzepten beschleunigen, wie bspw. ein spürbarer Fachkräftemangel, ein hoher Anteil an weiblichen bzw. jungen Mitarbeitern in der Belegschaft, eine offene und innovative Unternehmenskultur, eine aktive Gender-Politik sowie eine positive Grundeinstellung des Topmanagements.

Moderne, flexible bzw. kürzere Arbeitsmodelle – auch gerade im Führungskräftebereich – sind als ein Schlüsselthema einer zukunftsorientierten nachhaltigen Personalpolitik einzuschätzen. Sie bergen das Potenzial, ein Unternehmen in vielerlei Hinsicht positiv zu beeinflussen. Gerade vor dem Hintergrund der heutigen Entgrenzung von Beruf und Familie kann durch die Einführung lebensphasenorientierter flexibler Arbeitszeitmodelle eine deutliche Entlastung sowohl im familiären als auch im betrieblichen Umfeld erzielt und somit eine Win-win-Situation geschaffen werden. Hierzu muss sich der Arbeitgeber verstärkt mit Instrumenten wie Lebensarbeitszeitkonten, Familienteilzeiten, Kinderbonuszeiten oder auch diversen Altersteilzeitmodellen auseinandersetzen. Dieser Gedanke entspricht auch den Grundprinzipien der sogenannten New Work Approaches, welche ein besseres Verständnis für Familie und private Angelegenheiten beinhalten. Es gibt heutzutage neue Möglichkeiten der Umsetzung durch innovative Planungs- und Informationstechnologien, entsprechenden rechtlichen Rahmenbedingungen, einer ganzen Reihe von „Best-practice-Beispielen" sowie einem bereits vielfach spürbaren Akzeptanzgewinn: Jedoch wird sich Teilzeitführung in den einzelnen Unternehmen nur dann durchsetzen, wenn es diesen gelingt, eine lebendige und ernstgemeinte Kultur der flexiblen Arbeitszeit zu schaffen und entsprechende Strategien und Strukturen zu entwickeln.

## Literatur

Bain & Company (2011) Bain-Studie zu flexiblen Arbeitszeitmodellen: Teilzeit für Spitzenkräfte – Mehr Wunsch als Wirklichkeit? http://www.presseportal.de/pm/19104/1761201/bain-studie-zu-flexiblen-arbeitszeitmodellen-teilzeit-fuer-spitzenkraefte-mehr-wunsch-als. Zugegriffen: 15. Mai 2015

van Bastelaer A, Lemaître G, Marianna P (1997) The Definition of Part-Time Work for the Purpose of International Comparisons. OECD Labour Market and Social Policy Occasional Papers, No. 22, OECD Publishing, Paris. doi:10.1787/132721856632

Bauer F (1999) Teilzeit ist nicht gleich Teilzeit. Besonderheiten der Teilzeitbeschäftigung von Männern. In: Endl H-L, Heisig U, Holland J et al (Hrsg) teilZEIT. Lebensqualität trotz Beschäftigungskrise. VSA, Hamburg

Bauer F, Groß H, Lehmann K, Munz E (2004) Arbeitszeit 2003. Arbeitszeitgestaltung, Arbeitsorganisation und Tätigkeitsprofile. Berichte des ISO 70, Köln

berufundfamilie (2011) Vereinbarkeit von Beruf und Familie – ein Thema für Führungskräfte. berufundfamilie gGmbH, Frankfurt a. M. (Reihe: Spezial, Heft 3)

BMAS (Bundesministerium für Arbeit und Soziales) (2001) Teilzeit – neue Perspektiven. Menschen – Motive – Modelle. Bundesamt für Arbeit und Sozialordnung, Bonn

BMAS (Bundesministerium für Arbeit und Soziales) (2013) Unternehmensbarometer Fachkräftesicherung 2013. Bundesamt für Arbeit und Sozialordnung, Bonn

BMFSFJ (Bundesministerium für Familie, Senioren, Frauen und Jugend) (1999) Teilzeit für Fach- und Führungskräfte. Handbuch für Personalverantwortliche und Führungskräfte. Kohlhammer, Stuttgart (Schriftenreihe des BMFSFJ, Bd 176)

BMFSFJ (Bundesministerium für Familie, Senioren, Frauen und Jugend) (2015) Familienbewusste Arbeitszeiten. Leitfaden für die praktische Umsetzung von flexiblen, familienfreundlichen Arbeitszeitmodellen, 4. Aufl. Berlin

Bosch A, Ellguth P (1997) Betriebliche Arbeitszeitpolitik. In: Kahsnitz D, Ropohl G, Schmid A (Hrsg) Handbuch zur Arbeitslehre. Oldenbourg, München, S 381–393

Brose H-G (1997) Arbeitszeit und Lebensführung. In: Kahsnitz D, Ropohl G, Schmid A (Hrsg.) Handbuch zur Arbeitslehre. Oldenbourg, München, S 81–101

Dellekönig C (1995) Der Teilzeit-Manager. Argumente und erprobte Modelle für innovative Arbeitszeitregelungen. Campus, Frankfurt a. M.

Domsch M, Kleiminger K, Ladwig D, Strasse C (1994) Teilzeitarbeit für Führungskräfte – Eine empirische Analyse am Beispiel des hamburgischen öffentlichen Dienstes. Hampp, München

Durbin S, Tomlinson J (2011) Female part-time managers: networks and career mobility. Work Employ Soc Sage Publ 24(4):621–640

Ehnert I (2009) Sustainable Human Resource Management: a conceptual and exploratory analysis from a paradox perspective. Contribution to management science series. Physica/Springer Verlag, Heidelberg

Ehnert I (2012) Nachhaltiges Personalmanagement: Konzeption und Implementierungsansätze. In: Kaiser S, Kozica A (Hrsg) Ethik im Personalmanagement. Zentrale Konzepte, Ansätze und Fragestellungen. Rainer Hampp Verlag, München, S 131–157

Esar E, Bentley N (1951) The treasury of humorous quotations. Phoenix House, London

European Foundation for the Improvement of Living and Working Conditions (2011) European company survey 2009: part-time work in Europe, Publications Office of the European Union, Luxembourg

EUROSTAT (Statistical Office of the European Union) (2014) Vollzeit- und Teilzeitbeschäftigung nach Geschlecht, Alter und Beruf (1000). http://appsso.eurostat.ec.europa.eu/nui/show.do?dataset = lfsq_epgais & lang=En-US. Zugegriffen: 15. Mai 2015

Fagan C et al (2014) In search of good quality part-time employment. ILO (International Labour Office), Genf. http://www.ilo.org/travail/whatwedo/publications/WCMS_237781/lang–en/index.htm. Zugegriffen: 15. Mai 2015

Fauth-Herkner A, Leist A (2001) Flexible Modelle – auch für Führungskräfte. Arb Arbeitsrecht 56(11):490–494

Fischer G, Dahms V, Bechmann S, Frei M, Leber U (2009) Gleich und doch nicht gleich: Frauenbeschäftigung in deutschen Betrieben. Auswertung des IAB-Betriebspanels 2008, IAB Forschungsbericht 2009 (4)

Fuchs T (2006) Arbeit und Prekarität. Ausmaß und Problemlagen atypischer Beschäftigungsverhältnisse. http://www.boeckler.de/pdf_fof/S-2005-722-3-2.pdf. Zugegriffen: 15. Mai 2015

Garhammer M (1994) Balanceakt Zeit. Auswirkungen flexibler Arbeitszeiten auf Alltag, Freizeit und Familie. Edition sigma, Berlin

Garhammer M (1999) Wie Europäer ihre Zeit nutzen. Zeitstrukturen und Zeitkulturen im Zeichen der Globalisierung. Edition sigma, Berlin

Geisel S (2014) Arbeitszeiten flexibel gestalten – Herausforderungen und Leitsätze für eine moderne Arbeitszeitkultur. In: Klaffke M (Hrsg) Generationenmanagement. Konzepte, Instrumente, Good-Practice-Ansätze. Springer Gabler, Wiesbaden, S 175–204

Hinz S (2008) Teilzeitarbeit – Chance oder Risiko? Tönning, Lübeck

Hipp L, Stuth S (2013a) Management und Teilzeit? – Eine empirische Analyse zur Verbreitung von Teilzeitarbeit unter Managerinnen und Managern in Europa. Köln Z Soziol Soz 65(1):101–128

Hipp L, Stuth S (2013b) Management und Teilzeitarbeit – Wunsch und Wirklichkeit, In: WZBrief Arbeit 05/2013, http://bibliothek.wzb.eu/wzbrief-arbeit/WZBriefArbeit152013_hipp_stuth.pdf. Zugegriffen: 15. Mai 2015

Hofstede G, Pedersen PB, Hofstede G (2002) Exploring culture: exercises, stories and synthetic cultures. Intercultural Press, Maine

Holst E, Busch A (2010) Führungskräftemonitor 2010. Politikberatung kompakt 56. Deutsches Institut für Wirtschaftsforschung (DIW), Berlin

Holst E, Busch A, Kröger L (2012) Führungskräftemonitor 2012. Politikberatung kompakt 65. Deutsches Institut für Wirtschaftsforschung (DIW), Berlin

IHK Köln (2015) Diversity Befragung. http://www.ihk-koeln.de/upload/01_19_Studie_Diversity_Praesentation_37831.pdf. Zugegriffen: 15. Mai 2015.

Jäger R (2013) Das Highländer-Prinzip. Es darf nur einen geben! Arb Arbeitsr (AuA), 68(3)

Kaehler B, Karlshaus A (2014) Management-Teilzeitmodelle. Praktisch Probleme lösen. Personalmagazin 7(14):163

Karlshaus A (2011) Organisationale Strukturen als Grundlage eines nachhaltigen Handelns. In: Fröhlich E, Weber T, Willers C (Hrsg) Nachhaltigkeit in der unternehmerischen Supply Chain. Verlag der Fördergesellschaft Produktmarketing e. V. Schriftenreihe der CBS, Köln, S 39–68.

Koch A (2008) Elternzeit – Teilzeit – Aus(zeit)? Teilzeitrechte in Führungspositionen. WSI-Mitteilungen 61(11–12):612–618

Kratzer P, Neidl D (2011) Führen in Teilzeit ist möglich. Erfahrungen aus einem Projekt bei der DATEV eG. Personalführung 10:34–39.

Krell G, Ortlieb R, Sieben B (2011) Chancengleichheit durch Personalpolitik. Gleichstellung von Frauen und Männern in Unternehmen und Verwaltungen, 6. Aufl. Gabler, Wiesbaden

Kress U (1998) Vom Normalarbeitsverhältnis zur Flexibilisierung des Arbeitsmarktes – Ein Literaturbericht. Mitt Arb Berufsforsch 31(3):488–505

Kuark J (2003) Das Modell TopSharing: Gemeinsam an der Spitze. Mit rechtlichen Hinweisen von Zollinger, K. Netzwerk Arbeitsgesellschaft, Zürich

Lyonette C, Baldauf B (2010) Quality part-time work: an evaluation of the quality part-time work fund. Institute for Employment Research, University of Warwick. https://www.gov.uk/government/uploads/system/uploads/attachment_data/file/85547/part-time-work-evaluation.pdf. Zugegriffen: 15. Mai 2015

McDonald P, Bradley L, Brown K (2009) Full time is a given here: part-time versus full-time job quality. Br J Manag 20:143–157

Mittelstand und Familie (2015) Teilzeit in Führung. http://www.mittelstand-und-familie.de/teilzeit-in-fuehrung-ueberblick/. Zugegriffen: 15. Mai 2015

Mogler B (2013) Personalpraxis. Unternehmen etablieren flexible Arbeitszeitmodelle auf Leitungsebene: Führen in Teilzeit. Arb Arbeitsr (AuA) 68(7):414–416

Mückenberger U (1985) Die Krise des Normalarbeitsverhältnisses. Z Sozialreform 31(7–8):Teil 1:415–434 und Teil 2:457–475

OECD (2014) Teilzeiterwerbstätigkeit. In: Die OECD in Zahlen und Fakten 2014: Wirtschaft, Umwelt, Gesellschaft. OECD Publishing. http://www.oecd-ilibrary.org/economics/die-oecd-in-zahlen-und-fakten-2014/teilzeiterwerbstatigkeit_factbook-2014-54-de. Zugegriffen: 15. Mai 2015

Ostner I (2000) Was heißt hier normal? Normalarbeit, Teilzeit, Arbeit im Lebenszyklus. In: Nutzinger H, Held M (Hrsg) Geteilte Arbeit und ganzer Mensch. Perspektiven der Arbeitsgesellschaft. Campus, Frankfurt a. M., S 173–189

Price Waterhouse Coopers (2008) Managing tomorrow's people: Millennials at work – perspectives from a new generation. http://www.pwc.de/de_DE/de/prozessoptimierung/assets/millennials_at_work_report08.pdf. Zugegriffen: 15. Mai 2015

Promberger M et al (1997) Weniger Geld, kürzere Arbeitszeit, sichere Jobs? Soziale und ökonomische Folgen beschäftigungssichernder Arbeitszeitverkürzungen. Edition sigma, Berlin

Rossbach H (2006) Work-Life-Balance: Zwischen Schreibtisch und Leben, FAZ: 04.11.2006

Schmal A (1997) Teilzeitbeschäftigung. Motive, Präferenzen und Barrieren aus der Sicht von Arbeitnehmern. Campus, Frankfurt a. M.

Seifert H (1993) Arbeitszeitgestaltung jenseits der Normalarbeitszeit. In: Seifert H (Hrsg) Jenseits der Normalarbeitszeit. Perspektiven für eine bedürfnisgerechtere Arbeitszeitgestaltung. Bund, Köln, S 271–288

Seifert H (2008) Kürzer arbeiten – besser für den Arbeitsmarkt. Arbeitszeitverkürzung, Produktivität und Arbeitslosigkeit. In: Zimpelmann B, Endl H-L (Hrsg) Zeit ist Geld. Ökonomische, ökologische und soziale Grundlagen von Arbeitszeitverkürzung. VSA, Hamburg, S 37–53

Seiwert L (2011) 30 Minuten Work-Life-Balance, 15. Aufl. GABAL-Verlag, Offenbach

Sparber M (2010) Coaching von Führungskräften in Teilzeit. In: Schryögg A, Schmidt-Lellek C (Hrsg) Die Organisation in Supervision und Coaching. VS Verlag für Sozialwissenschaften, Wiesbaden, S 159–171

Straumann L, Hirt M, Müller W (1996) Teilzeitarbeit in der Führung. Perspektiven für Frauen und Männer in qualifizierten Berufen. VDF Hochschulverlag, Zürich

Strümpel B, Prenzel W, Scholz J, Hoff A (1988) Teilzeitarbeitende Männer und Hausmänner. Motive und Konsequenzen einer eingeschränkten Erwerbstätigkeit von Männern. Edition sigma, Berlin

Troost A, Wagner A (2002) Teilzeitarbeit in Deutschland. http://www.piw.de/Piw/Dokumente/tz2002.pdf. Zugegriffen: 15. Mai 2015.

Turkmani GM (1998) Job-Sharing auf Managementebene. Chavannes-près-Renens: Institut de Hautes Etudes en Administration Publique

Vedder G, Vedder M (2008) Wenn Managerinnen und Manager ihre Arbeitszeit reduzieren (wollen). In: Krell G (Hrsg) Chancengleichheit durch Personalpolitik: Gleichstellung von Frauen und Männern in Unternehmen und Verwaltungen; rechtliche Regelungen, Problemanalysen, Lösungen. Springer Gabler, Wiesbaden, S 427–442

Viering J (2009) Geteilte Chefinnen, Zeit Online. http://www.zeit.de/2009/20/Teilzeitfuehrung. Zugegriffen: 15. Mai 2015.

Vogel C (2006) Flexible Beschäftigung und soziale Ungleichheit: Teilzeitbeschäftigung in Großbritannien und Deutschland im Vergleich. Berlin. http://edoc.hu-berlin.de/dissertationen/vogel-claudia-2006-12-01/PDF/vogel.pdf. Zugegriffen: 15. Mai 2015

Wanger S (2015) Frauen und Männer am Arbeitsmarkt: Traditionelle Erwerbs- und Arbeitszeitmuster sind nach wie vor verbreitet. IAB-Kurzbericht, 04/2015, Nürnberg

Webber G, Williams C (2008) Mothers in „good" and „bad" part-time jobs. Different problems, same results. Gend Soc 22(6):752–777

**Prof. Dr. Anja Karlshaus** leitet den Fachbereich Personal an der Cologne Business School (CBS). Neben Lehre und Forschung ist sie seit fast 15 Jahren in diversen Großkonzernen im strategischen Personalbereich beschäftigt. Sie ist Mitglied in verschiedenen Arbeitskreisen u. a. der IHK und des Familienministeriums NRW und als Sprecherin sowie Trainerin zu den Themenfeldern Personalentwicklung, (Teilzeit-)Führung, Nachhaltigkeit, Gender und Diversity tätig.

# Teil III
# Arbeitgeber-Attraktivität

# Wenn der Sinn von CSR erlebbar wird

## Die Wahrnehmung von CSR-Projekten aus der Mitarbeiterperspektive

Lars Rademacher

## 1 CSR und Arbeitgeberattraktivität

Qualifizierte Mitarbeiter gelten im Anschluss an Hamel und Prahalad (1996) als wesentliche Ressource für zukünftigen Erfolg. Sie sind eine Quelle für die Wettbewerbsfähigkeit auf internationalen Märkten (Turban und Greening 1997). Inzwischen ist der Zugang zu qualifiziertem Nachwuchs eine große Herausforderung geworden und zu einem hoch kompetitiven Wettbewerb. Doch die neuen Mitarbeiter sind anders als die alten. Sie lassen sich nicht mehr mit den klassischen Versprechungen auf eine internationale Karriere binden. Nicht erst seitdem die sogenannte Generation Y in die Unternehmen eingetreten ist, hat die Wertorientierung bei der Wahl des Arbeitgebers einen hohen Stellenwert erlangt. Nachwuchstalente interessieren sich statt für eine internationale Karriere für die Tätigkeit bei einer NGO oder bei einer internationalen Organisation. Sie sind bereit, für ein deutlich geringeres Gehalt und mit weniger sozialer Absicherung zu arbeiten.

Doch auch Mitarbeiter in klassischen Profitorganisationen interessieren sich zunehmend für die Nachhaltigkeitsorientierung ihres Arbeitgebers. Selter et al. (2009) haben gezeigt, dass bei der Arbeitgeberwahl von Nachwuchsführungskräften die Faktoren CSR-Engagement und Gehalt gegeneinander abgewogen werden können: Mitarbeiter sind bei aktivem CSR-Engagement ihres Wunscharbeitgebers bereit, auf bis zu fünf Prozent ihres Einstiegsgehalts zu verzichten.

Das deckt sich mit eigenen Studien, die wir im gleichen Jahr durchgeführt haben (Kamm et al. 2009; Rademacher et al. 2009). Hierbei zeigte sich, dass bereits Studienanfänger andere Prioritäten setzen als früher: Sie interessierten sich für die Work-life-

---

L. Rademacher (✉)
Hochschule Darmstadt, Max-Planck-Str. 2, 64807 Dieburg, Deutschland
E-Mail: lars.rademacher@h-da.de

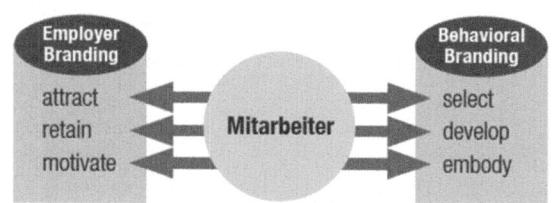

**Abb. 1** Zusammenhang zwischen Employer Branding und Behavioral Branding

Balance bei der Stellenwahl und erwarten einen strukturierten und sicheren Karriereweg, statt das In-Aussicht-Stellen einer potenziellen internationalen Karriere. Auch die geringe Mobilität deutscher Studierender, die bereits andere Studien belegt haben, wurde durch unsere Untersuchungen noch einmal bestätigt.

Doch Employer Branding wird hier sicher nicht nur verstanden als Methode zur Gewinnung von Talenten, sondern erstreckt sich im Sinne eines umfassenden Employerbrand-Managements (EBM) auch auf den bereits bestehenden Mitarbeiterstab – und sogar auf ehemalige Mitarbeiter (also Alumni), die gerade bei sehr spezifischem Mitarbeiterbedarf besonders erfolgskritisch sein können (Kamm et al. 2009, S. 6), weil man auf eine bestimmte Quote von Wiedereintritten angewiesen ist.

Als Behavioral Branding bezieht sich EBM daher keineswegs nur auf die Mitarbeitergewinnung („attract"), sondern auch auf eine langfristige und systematische Mitarbeiterbindung („retain") und Mitarbeitermotivation („motivate"). Unternehmen und Mitarbeiter gingen einen psychologischen Vertrag ein, dessen Inhalt weit über die vertraglich vereinbarte Verpflichtung hinausgehe, so Forster et al. (2009, S. 284). „Durch die wahrgenommene Erfüllung der Verpflichtungen werden beide Parteien dazu motiviert, auch ihrerseits eingegangene Leistungsversprechen zu erfüllen" (Forster et al. 2009, ebd., S. 284). Die Autoren haben auf die strukturelle Ähnlichkeit des Employer Branding zum Konzept des Behavioral Branding hingewiesen. Analog zu den genannten drei Angebotsebenen des Employer Branding ließen sich hier die Anforderungen des Unternehmens an das Brand Behavior des Mitarbeiters ebenfalls auf drei Ebenen erfassen (vgl. Abb. 1). Hier heißen die Parameter Selektion („select") des Arbeitgebers, Weiterentwicklung („develop") und Teilwerden („embody") einer Marke (2009, ebd., S. 286). Damit wird Employer Branding bewusst zwischen Talent Acquisition und Corporate Branding positioniert und kann mit gutem Recht als Teil der klassischen Corporate-Branding-Prozesse betrachtet werden (vgl. Esch et al. 2006). Brandingprozesse wiederum lassen sich beschreiben als Identitätsbestimmung und Identitätsgestaltung einer Organisation mit dem Ziel, materiale Kommunikationsartefakte und Verhaltensleitlinien zu erstellen (CD, CCom und CB), die bei der Darstellung, Verortung (und Selbstverortung) von Organisationen und ihren Mitgliedern Unterstützung und Orientierung geben. Das Ziel ist dann die Beeinflussung der Wahrnehmung und Wertzuschreibung an Organisationen und ihre Produkte und Dienstleistungen.[1]

---

[1] Beschrieben wird hier der in der Marketingliteratur einschlägige Zusammenhang von Corporate Identity und Corporate Image. Vgl. etwa Schmid und Lyczek 2006.

Wertzuschreibung meint in diesem Zusammenhang zweierlei: einmal die Zuschreibung von Wert i. S. von Qualitätsaspekten, die mit den Produkten und Dienstleistungen assoziiert werden, aber auch von Werten, für die das Unternehmen in der und durch die Bereitstellung seiner Produkte und Dienstleistungen steht – auch und besonders in Bezug auf seine Mitarbeiter. Ein Arbeitgeberimage bildet sich dann als „subjektive Vorstellungen eines Individuums von einem bestimmten Arbeitgeber" (von Walter et al. 2011, S. 329). Sie sei, so die Autoren, die Grundlage der Arbeitgeberattraktivität. Doch die Formulierung von der subjektiven Vorstellung des Individuums passt natürlich nur halbwegs in den Zusammenhang. Denn einerseits sind die kognitiven Vorgänge der Individuen natürlich subjektiv und insoweit in sich abgeschlossen (autopoietisch). Andererseits aber überhöht bzw. aggregiert die Vorstellung eines Images diese einzelnen subjektiven Eindrücke zu einem kollektivabstrakten: Ein Image soll als vereinfachendes Konstrukt, als Komplexitätsreduktion dienen und somit die Vielfältigkeit des Unternehmens in Bezug auf eine bestimmte Beobachtungsperspektive (hier: die des – potenziellen – Mitarbeiters) auf eine bestimmte knapp gefasste Bewertung bringen.

Die Kommunikation spielt in diesem Kontext eine entscheidende Rolle: Denn nicht alle Mitarbeiter beteiligen sich selbst aktiv in einem CSR-Projekt ihres Arbeitgebers. Sie erkennen aber an, dass ein Unternehmen als guter Bürger („corporate citizen") Verpflichtungen innerhalb einer sozialen Gemeinschaft hat, die es mit geeigneten Maßnahmen wahrzunehmen gilt. Zudem ergibt sich dadurch für den Mitarbeiter auch eine subjektive Entlastung: Was das Unternehmen stellvertretend für mich tut, muss ich nicht oder zumindest nicht allein tun. Ich kann mich als gerechtfertigt in der Ausübung meines Berufs wahrnehmen. Je weiter ich nun selbst von CSR-Projekten entfernt bin (z. B. weil ich nicht vertriebsnah oder kommunikationsnah arbeite), umso wichtiger wird die interne Kommunikation.

Im Folgenden werden CSR-Aktivitäten vor allem in ihrer Rolle als Bindungselement für den bestehenden Mitarbeiterstab thematisiert. Denn wenn ein gut eingearbeiteter Mitarbeiter das Unternehmen auf eigenen Wunsch verlässt, führt dies nicht nur zu Kompetenzverlust, sondern auch zu erheblichen Kosten. Von Walter et al. (2011, S. 330) weisen auf Untersuchungen für den amerikanischen Markt hin, wonach ein Arbeitgeberwechsel das abgebende Unternehmen über 13.000 USD koste, wovon 70 % sich allein auf die Unerfahrenheit des neuen Mitarbeiters zurechnen ließen. Im empirischen Teil der Darstellung wird vor allem auf das Fallbeispiel einer Großbank Bezug genommen, das im Kontext unseres Forschungsschwerpunkts „Employer Branding Management" entstanden ist und 2014 auf der Berliner CSR-Konferenz an der Humboldt-Universität erstmals diskutiert wurde.[2]

---

[2] Vgl. http://www.csr-hu-berlin.org/sites/default/files/downloads/programm-csr15.pdf.

## 2 Mitarbeiterbindung durch CSR-Engagement

Die Maßnahmen, mit denen Unternehmen Mitarbeiterbindung betreiben, sind breit gefächert und reichen von ausgeklügelten Vergütungssystemen (denen noch immer die stärkste Motivations- und Bindungskraft zugeschrieben wird) über vielfältige Instrumente wie Weiterqualifizierung, Gewährung von Spielräumen in der Arbeitsplatzgestaltung und bei der Arbeitszeit sowie Sozialleistungen bis zu Maßnahmen, die sich im weiteren Kontext als CSR beschreiben lassen. Hier müssen Initiativen, die den Mitarbeiter selbst zur Beteiligung animieren (z. B. Volunteering oder persönliche Spenden), von solchen unterschieden werden, die das Unternehmen kollektiv und stellvertretend für seine Mitarbeiter betreibt (also etwa CSR-Maßnahmen in der Lieferkette, Reduktion des $CO_2$-Ausstoßes, Orientierung an internationalen Regelwerken wie dem Global Compact oder den Equator Principles etc.).

Meist ist davon auszugehen, dass CSR-Engagement nicht als primärer Grund für oder gegen einen Arbeitgeber funktioniert, sondern dass ein solches Engagement vor allem als Ausschlusskriterium oder Differenziator funktioniert: Es umreißt einen Rahmen, der nicht verlassen werden darf, bzw. markiert eine Leerstelle, die bei fehlendem CSR-Programm nicht besetzt ist. Und eben dadurch kann einerseits eine positive Zuordnung des Mitarbeiters zum Arbeitgeber entstehen (Fit) oder eben eine Abgrenzung des Mitarbeiters speziell in Situationen, in denen er eine Auswahl unter mehreren relativ gleichwertigen Stellenangeboten treffen kann (vgl. Rübsaamen und Wechsler 2013, S. 156).

Erfolgreiches Employer Branding solle den Prinzipien Transparenz, Glaubwürdigkeit und Dialog folgen: Im Mittelpunkt stehe dabei die „realistic job preview", also ein Konzept, das versucht der zwischen Arbeitgeber und potenziellem Arbeitnehmer herrschenden Informationsasymmetrie entgegenzuwirken (von Walter et al. 2011, S. 335 ff.). Dazu gehören Netzwerkveranstaltungen mit gegenwärtigen und potenziellen Mitarbeitern ebenso wie die Möglichkeit, bereits auf Zeit mitzuarbeiten und sich erst danach zu entscheiden. Solche Systeme sind z. B. im Gesundheitswesen, wo es sehr stark auf die Zusammenarbeit innerhalb von kleineren Teams (etwa in der Pflege) ankommen kann, üblich und werden hier auch schon auf unterer Ebene (z. B. schon bei Pflegerinnen oder Pflegern und nicht erst bei Ärztinnen und Ärzten) praktiziert. Häufig hängt dies aber zusammen mit dem drängenden Personalbedarf bzw. umgekehrt ausgedrückt: mit dem Druck, der durch Fachkräftemangel verursacht wird. In der Pflege ist dies für viele Häuser ein Problem, deshalb zeigt man sich hier offen. Dass dies nicht unerhebliche Zusatzkosten für die Organisation von Bewerbungsverfahren (in Bezug auf die Parameter Entscheidungsunsicherheit, Komplexität und Dauer) mit sich bringt, ist leicht einzusehen. Deshalb werden solche Verfahren nur dann angewendet, wenn der Fachkräftemangel sehr hoch ist oder wenn besondere Transparenzziele angestrebt werden.

Ganz anders stellt sich nun die Situation für Mitarbeiter dar, die bereits mehrjährig in einem Unternehmen tätig sind. Bei ihnen geht es i. S. der Mitarbeiterbindung v. a. um Identifikation und Zufriedenheit. Die vorgenannte Informationsasymmetrie besteht nicht. Ein eigenes Arbeitgeberimage unter den Mitarbeitern ist sowohl individuell als auch kollektivabstrakt realisiert und wird permanent durch die interne Kommunikation und im Gespräch unter Kollegen mit der bisherigen Einschätzung abgeglichen. Meist resultiert dies in einer Bestätigung des bisherigen Arbeitgeberbildes, manchmal in teilweiser Korrektur.

Doch auch die bereits beschäftigten Mitarbeiter sind natürlich keine homogene Gruppe. Zu unterscheiden sind mindesten zwei Subgruppen:

- Mitarbeiter, die sich im ersten Jahr befinden, stehen dem psychologischen Vertragsabschluss (vgl. Forster et al. 2009, S. 284) noch nahe und werden in der Tendenz stark den Fit zwischen Arbeitgeber und Arbeitnehmer überprüfen. Ist die Diskrepanz hier sehr hoch, wird es schwer, dem Mitarbeiter gute Gründe zum Bleiben zu geben.
- Mitarbeiter, die mehrjährig oder gar langjährig im Unternehmen sind, haben entweder einen ausreichenden Fit festgestellt oder sind über eine Enttäuschung hinaus (falls es zum Zeitpunkt ihres Eintritts tatsächlich über das Eingehaltene hinausgehende Zusagen im Rekrutierungsprozess gab).

Der psychologische Vertrag zwischen Arbeitgeber und Arbeitnehmer ist bei der erstgenannten Gruppe sicher relevanter; doch auch in der Gruppe der mehrjährigen Mitarbeiter ist er noch von großer Bedeutung. Wenn davon ausgegangen wird, dass hier in der Regel von Leistungsträgern (auf den unterschiedlichen Niveaustufen) die Rede ist, müssen für sie stets genügend Gründe gegeben werden, um zu verhindern, dass sie ein anderes Angebot vom Markt annehmen.

CSR-Engagement kann in diesem Kontext eine bestätigende Funktion bekommen. Sie kann Bestandteil des individuellen Fits werden. Doch dazu bedarf es u. a. folgender Voraussetzungen:

- Die ideelle oder psychologische Vertragsbeziehung (s. o.), die parallel zum juristisch bindenden Vertrag eingegangen wurde, muss als dauerhaft stabil eingeschätzt werden durch den Arbeitnehmer. Das betrifft auch ein CSR-Engagement des Unternehmens. Arbeitgeber etwa, die in verschiedenen unternehmerischen Situationen (z. B. Reorganisation, ökonomische Drucksituationen) als schlecht kalkulierbar erscheinen, geraten in die Gefahr, diesen Vertrag zu verletzen. Besonders oft kommt dies in erstarrten Organisationen vor, die im sogenannten „Organizational Burnout" (Greve 2012) stecken, oder aber in disruptiven Veränderungsprozessen, in denen ein klarer Schnitt zur bislang üblichen Kultur notwendig ist oder angestrebt wird. Gelingt es aber, einen Mitarbeiter dauerhaft in der Wahrnehmung zu halten, der mit ihm geschlossene psychologische Vertrag werde eingehalten, steigert das die Loyalität des Mitarbeiters („accountability"). Teil dieses Vertrags kann dann auch das Engagement für z. B. Nachhaltigkeit und CSR sein. Dies gilt umso mehr, wenn Mitarbeiter in solche Maßnahmen aktiv einbezogen sind (durch Volunteering etc.).
- Die narrative Einbindung des CSR-Engagements in den Management- und Legitimationskontext der Organisation als Sensemaking (i. S. von Weick 1995) entscheidet darüber, ob die CSR-Aktivitäten als zusätzliche oder Randaktivität aufgenommen werden oder ob sie als mit dem Kerngeschäft und/oder mit den zentralen Organisationswerten verbunden und als integraler Kulturbestandteil wahrgenommen werden.

**Leitfragen der Ausrichtung interner CSR-Kommunikation**
Daher muss die CSR-Kommunikation Antworten auf folgende Fragen finden:
- Gibt es einen klar erkennbaren Sinnbezug entweder zu den als zentral definierten Unternehmenswerten bzw. zur positiv beschriebenen (also verschriftlichten) Unternehmensidentität?
- Existiert ein klarer Bezug zum Kerngeschäft, der für Porter und Kramer (2002) als Wettbewerbsvorteil gilt? Kommt es sogar zu einem „shared value" (Porter und Kramer 2011)?
- Passt das Engagement zu den Stakeholdererwartungen an die Organisation? Ist es authentisch im Kontext des gewöhnlichen Geschäftsbetriebs? Passt das CSR-Engagement zum Geschäftsfeld und wird als strategisch kompatibel wahrgenommen?
- Ermöglicht das Gesamtengagement die narrative Aufbereitung durch Storytelling und Beschreibungen von Best Practices?
- Gibt es eine Systematik, die Anknüpfungspunkte für unterschiedliche Engagementtypen unter den Mitarbeitern bietet (von der Spende bis zum persönlichen Engagement)?
- Existiert eine Vorbildkultur in der Organisation? Sind Führungskräfte und die Organisationsleitung mit den Aktivitäten vertraut und engagieren sich vorbildhaft?
- Wurde der Informationsbedarf der Mitarbeiter erhoben und wurde die erwartete Kommunikationshäufigkeit über das CSR-Engagement des Unternehmens erfragt? Denn schnell kann beim Mitarbeiter der Eindruck entstehen, es gehe hier um Greenwashing. Besonders wenn Diskrepanzen im generellen Verhalten zum Mitarbeiter wahrgenommen werden (s. o. zum psychologischen Vertrag), kann allein die Kommunikationshäufigkeit als Problem erscheinen.

## 3 Die Kommunikation von CSR-Aktivitäten an Mitarbeiter

Interne Kommunikation wird zumeist verstanden als „interessengeleitete Kommunikation der Organisationsleitung (oder ihrer Stellvertreter) mit den Mitarbeitern darauf ausgerichtet, einen Beitrag zu den Organisationszielen zu leisten" (Huck-Sandhu 2013, S. 224). Buchholz und Knorre beschreiben interne Kommunikation aus einer Managementperspektive: „Mit Interner Kommunikation werden mithin alle horizontalen und vertikalen Prozesse organisierter Kommunikation bezeichnet, die durch Einwirken auf Wissen, Einstellungen und Verhalten der Mitglieder eines Unternehmens Entscheidungen ermöglichen, Akzeptanz für diese Entscheidungen und daraus resultierende Handlungen herbeiführen sowie Vertrauen in die Führungspersonen schaffen, um so durch den Erhalt oder die Verbesserung der Produktivität die materiellen und immateriellen Unternehmensziele zu erreichen" (Buchholz und Knorre 2010, S. 11). Interne Kommunikation drückt sich also in einer organisierenden, einer strategischen und einer vertrauensbildenden Funktion aus.

Diese Verständnis trifft sich gut mit den oben genannten Prinzipien erfolgreichen Employer Brandings: Transparenz, Glaubwürdigkeit und Dialog.

In der Umsetzung dieser Prinzipien orientiere ich mich an den vorgenannten Punkten.

## 3.1 Sensemaking & Sensegiving

In der Literatur existieren unterschiedliche Auffassungen zur Frage der Sinnkontextualisierung von CSR. Schultz und Wehmeier (2011, S. 384) zeigen auf, dass in der jüngeren Diskussion um die Rolle von Organisationskultur CSR immer wieder als der „Kitt der Organisation", der den Teamgeist stärken soll, beschrieben wurde. Dies zeigt aber zugleich, dass sich CSR als bedeutungsoffenes Rahmenkonzept anbietet, das eben keine (!) konkreten Top-down-Vorgaben für die Anbindung an den kulturellen Rahmen braucht. Wenn hingegen die Organisation selbstorganisierend auf sich ändernde Umwelterwartungen reagieren könne (indem sie an diese angepasste CSR-Programme entwirft), dann entfalten sich lokal Verantwortungsmechanismen sozusagen subsidiär – und das Unternehmen gibt dafür nur mehr allgemein gehaltene Leitideen vor. Das, so wird argumentiert, unterstützt dann sowohl die Authentizität der Maßnahmen als auch die Selbstermächtigung der Mitarbeiter. Die Aufgabe der internen Kommunikation bestünde dann darin, „gesellschaftliche Phänomene wie CSR lokal kleinzuarbeiten und zu übersetzen" (Schultz und Wehmeier 2011, S. 386). Morsing und Schultz (2006) unterscheiden hier zwischen Sensegiving als Prozess, z. B. top down, bzw. als Maßnahme der PR gegenüber Stakeholdern, wohingegen sie unter Sensemaking das verstehen, was „andere", also z. B. Mitarbeiter oder auch externe Stakeholder, aus einer strategischen Konstellation machen. Partizipative Zweiwegekommunikation brauche beides: Sensemaking und Sensegiving. Klassische PR beschränke sich zumeist auf Sensegiving.

## 3.2 Orientierung am Kerngeschäft

Schon aus Gründen der Legitimation ist es oft nötig, eine kommunikative Anbindung an das Kerngeschäft zu leisten. Matten und Moon (2008) unterscheiden hier zwischen „explicit" und „implicit" CSR, wobei für sie „explicit" meint, dass stark (und bewusst unter dem Label CSR) kommuniziert wird und im besten Sinne ein strategischer Konnex zum Kerngeschäft zu finden sei. Damit ist der sogenannte „business case" gewissermaßen der Idealfall der expliziten CSR, als deren Kehrseite sie die damit einhergehenden Zweifel an der Ernsthaftigkeit des Engagements beschreiben.

## 3.3 Erwartungen der Stakeholder

Es ist argumentiert worden (z. B. Carroll 1991), dass CSR als Antwort auf Stakeholdererwartungen an ein Verhalten entlang der „tripple-bottom-line" entstanden ist. Diese Erwartungshaltungen haben sich entwickelt z. B. aufgrund von üblichen Verhaltensweisen in einer Branche, aufgrund von insgesamt gestiegenen Standards im Verhalten gegenüber Lieferanten und Partnern, aufgrund von veränderter Gesetzgebung (z. B. im Bereich Gender und Diversity) etc. In jüngerer Zeit haben Autoren wie McVea und Freeman (2005) betont, dass erfolgskritische Stakeholder eben nicht als Gruppen, sondern möglichst individuell zu behandeln seien. Diese seien konkret benennbar, hätten „Namen" und „Gesichter", die es zu kennen gilt. Und da Unternehmen keine abstrakten Interessen verfolgen (erst recht keine vollkommen selbstbezüglichen), sondern ihr Tun letztlich stets auf Bedürfnisse der Gesellschaft ausrichten, sprechen die Autoren auch nicht mehr von einem Management *der* Stakeholder, sondern sie managen ihre Aufgaben – sozusagen stellvertretend – *für* Stakeholder. Und dieses Management für Stakeholder oder im Interesse der sachgerechten Bedienung der Stakeholder ist kommunikativ aufzuarbeiten. Die Organisation muss in der Lage sein, Stakeholderinteressen zu analysieren und ihr Verhalten positiv beschreibbar an diesen Interessen zu orientieren bzw. auf sie zu reagieren und eine entsprechende Verhaltensjustierung nach innen zu argumentieren.

## 3.4 Glaubwürdigkeit, Authentizität und die rhetorische Situation

Gerade in Veränderungssituationen (Merger, Akquisition, Reorganisation u. a.) kommt es nicht selten zu strategischen Änderungen im bisherigen CSR-Portfolio. Beispielsweise werden bisherige Engagements reduziert oder es kommt zur Anpassung der beiden CSR-Programme der fusionierten Partner. Während Autoren wie Porter und Kramer (2011) davon ausgehen, dass CSR-Engagement kokreativ zu einem gemeinsamen gesellschaftlichen Wert entwickelt werden kann, wenn es eine enge Verbindung zum Kerngeschäft gibt, gingen jüngst Rangan et al. (2015) davon aus, es reiche, eine gewisse strategische Abstimmung der Maßnahmen innerhalb des Portfolios zu erzielen: Eine Verknüpfung zum Kerngeschäft oder gar einen „shared value" brauche es hingegen nicht. Diese Argumentation übersieht, dass es natürlich eine grundsätzliche Passung zwischen Unternehmen und Engagement braucht, dass es umso leichter ist, Mitarbeiter hinter das Engagement zu bekommen und es in der Organisation breit zu verankern, je näher es an den Wertschöpfungsprozess des Unternehmens heranrückt (Matten und Moon 2008). Eine solche Passung i. S. hoher Authentizität und Glaubwürdigkeit kann aber auch über Dauerhaftigkeit und Ernsthaftigkeit eines Engagements ganz abseits des Kerngeschäfts hergestellt werden. Matten und Moon (2008) halten ohnehin dafür, dass die strategische Einbindung und Zurichtung auf das Kerngeschäft den guten Zweck gewissermaßen korrumpiert oder aufsaugt: In der Wahrnehmung der Mitarbeiter würden besonders stark strategisch eingebundene Maßnahmen häufiger als Greenwashing oder unauthentisch abgewertet (da eine gewisse Zweckfreiheit nicht spürbar ist), das „gute" Handeln (wie immer man diesen Begriff inhaltlich füllt) wird auch verzweckt. Und das schadet seiner organisationsinternen Wahrnehmung.

Ein Positivbeispiel ist das inzwischen jahrelange Engagement der Fa. ABB für die Special Olympics – also die jeweils national durchgeführten Spiele für Menschen mit geistiger Behinderung.[3] Mehr als 200 Mitarbeiter werden bis zu einer Woche freigestellt, um als Volunteers die Durchführung der Special Olympics zu ermöglichen. Innerhalb weniger Minuten, so berichten die Verantwortlichen bei ABB, sind die jeweils im Intranet ausgeschriebenen Volunteering-Plätze besetzt. Und das Interesse an den Plätzen nimmt laut Unternehmensangaben ständig zu. Das Engagement wird als hoch authentisch empfunden – eben auch, weil es keine unmittelbare Verschränkung zum Kerngeschäft gibt, ein so weitreichendes Engagement für Menschen mit mentalen Einschränkungen und ihre Inklusion aber breit unterstützt wird. Die Mitarbeiter äußern sich immer wieder stolz über ihr Unternehmen.[4]

Allerdings wird auch dieses Engagement kommunikativ unterstützt. Das ist schon notwendig, um allen Mitarbeitern, die sich für das Volunteering bei ABB interessieren, eine ähnliche Chance zur Teilnahme zu ermöglichen. Extern ist ABB einer der wichtigsten Unterstützer und wird auch bei Pressekonferenzen genannt, entsendet zu diesen und anderen Terminen Repräsentanten (meist aus dem Management). Bei ABB scheint dies nicht negativ ins Gewicht zu fallen. Grundsätzlich ergibt sich aber stets das, was Ihlen (2011) die „rhetorische Situation" nennt. Ein Unternehmen versucht die möglichst authentische Kommunikation in Bezug auf ihr CSR-Engagement zu betreiben. Doch damit gerät das Unternehmen automatisch in den Zwiespalt, einerseits professionell kommunizieren zu wollen, um so Einblick zu gewähren, andererseits setzt es sich damit latent immer dem Verdacht der geschönten oder einseitigen Darstellung aus. Morsing und Schultz (2006, S. 323) betonen, dass ein Unternehmen sich umso wahrscheinlicher der Kritik durch Stakeholder aussetzt, je aktiver es seine sozialen Ambitionen öffentlich darstellt. Andere theoretische Stränge gehen sogar davon aus, dass verstärkte CSR-Kommunikation dazu führen kann, den Eindruck zu verstärken, es solle etwas verborgen werden (ebd.).

## 3.5 Narrativik & Storytelling

Wenn mit Weick (1995) davon ausgegangen wird, dass Management immer auch darin besteht, Narrative zu entwerfen, die Managemententscheidungen plausibilisieren, wenn es stets auch darum geht, Managerhandeln als sinnvoll und sinngebend zu beschreiben und insgesamt das Handeln der Organisation an Organisationszwecke zu koppeln, die größer

---

[3] Die Special Olympics wurden 1968 von Eunice Kennedy Shriver gegründet, einer Schwester von US-Präsident John F. Kennedy, die nach einer Lobotomie selbst behindert war. Schirmherrin in Deutschland ist Daniela Schadt, die Lebensgefährtin von Joachim Gauck.
[4] Vgl. http://new.abb.com/de/ueber-uns/nachhaltigkeit/special-olympics.

sind als die Organisation selbst, dann spielen Konstellationen des CSR-Portfolios, die diese Narrativik und ein Storytelling unterstützen, eine zentrale Rolle. Allgemein wird davon ausgegangen, dass Storytelling CSR-Maßnahmen unmittelbarer zugänglich und ihre Effekte besser nachvollziehbar macht. So kann ein abstraktes Programm auf einmal Gesicht gewinnen, Nähe und Anschaulichkeit.

Durch narratives Management werden die CSR-Initiativen angebunden an den strategischen Rahmen bzw. die Metaerzählung der Unternehmung, wie sie in grundlegenden Dokumenten wie Leitbildern, Unternehmensphilosophie, Vision oder Mission niedergelegt sind.

## 3.6 Engagementtypen und Engagementstruktur

Der Zusammenhang zur Engagementstruktur ergibt sich über das Vorhandensein unterschiedlicher Engagementtypen, über die bislang kaum ein Unternehmen etwas weiß bzw. deren Struktur bislang so gut wie nie erfasst wird. Unternehmen, denen an der breiten Unterstützung ihrer CSR-Programme gelegen ist, tun gut daran, eine gewisse Breite an Engagementmöglichkeiten vorzuhalten. Das betrifft sowohl interne als auch externe Stakeholder. Morsing und Schultz (2006) weisen darauf hin, dass Involvierungsstrategien nicht nur top down Programmelemente vorgeben, sondern offen bleiben für Beteiligung und Vorschläge. Das betrifft dann primär Mitarbeiter, aber auch gesellschaftliche Gruppen, die beispielsweise mit Kooperationsinteressen an das Unternehmen herantreten.

Beides zeitigt Effekte bezüglich der Kommunikationsinhalte und Kommunikationsnotwendigkeiten: Wenn beispielsweise ein breites Initiativenportfolio angestrebt wird, um möglichst viele Mitarbeiter zu involvieren, dann muss diese Maßnahmenvielfalt für die Mitarbeiter aufbereitet sein. Das reicht dann ggf. von stellvertretenden und unaufwendigen Maßnahmen wie Spenden bis zu Maßnahmen mit hohem persönlichen und zeitlichen Einsatz wie etwa Volunteering. Und auch gegenüber Externen muss dieses Angebot formuliert werden, z. B. um eine Durchlässigkeit in die Gesellschaft zu erhöhen und sich von ihr inspirieren zu lassen. Im Fall der Großbank, die im nachfolgenden Fallbeispiel behandelt wird, fördert das Unternehmen die freiwillige Initiative ihrer Mitarbeiter, wenn es gelingt, eine bestimmte Mitarbeiteranzahl (mindestens 15 Mitarbeiter) hinter einem nachhaltigen Projekt zu versammeln.

## 3.7 Vorbildkultur

Gibt es ihn – den „tone from the top"? Das ist in vielen Fällen entscheidend. Wenn Führungskräfte oder gar der Vorstand selbst mit gutem Beispiel vorangehen, selbst anpacken oder in praktischem Tun wie in der offiziellen Unternehmenskommunikation hinter einem Anliegen stehen, dann hat das oft mehr Ausstrahlung auf die Identifikation mit einem CSR-Engagement als die gesamte Breite der klassischen Kommunikationsmaßnahmen.

Beispiele wie das wiederkehrende persönliche Engagement des Topmanagements sind dazu geeignet, einen offiziell kommunizierten Anspruch auch zu plausibilisieren. Die damit kreierten Symbole und Bilder erzählen (i. S. des Storytelling) ihre eigene Geschichte, sind in der emotionalen Ansprache oft wesentlich intensiver als rationale Argumentationen. Hier kann das Zusammenspiel rationaler Verortung und emotionaler Vorbildhaftigkeit sich wechselseitig unterstützen.

## 3.8 Kommunikationsfrequenz & -stil

Schließlich ist die Frage der Kommunikationsfrequenz und des Kommunikationsstils zu berücksichtigen. Mit Kommunikationsstil ist die Tonalität der CSR-Kommunikation gemeint. Je nach Schwerpunkten des jeweiligen CSR-Programms kann der Kommunikationsstil den Projekten Raum geben oder sie überlagern; er kann die Initiative ins rechte Licht rücken oder aber sie durch übertriebene Rhetorik beschädigen. Gerade bei CSR-Engagements erwarten die Stakeholder eine sensible und zum Gegenstand in Relation stehende Rhetorik (Ihlen 2011), die sich einerseits in den üblichen Kommunikationsstil der Organisation einschreibt, andererseits aber immer eine Balance oder geradezu Distanz zu ihrem Gegenstand hält, ihn nicht instrumentalisiert, aber doch für die Organisation interpretiert.

Im folgenden Abschnitt wird ein Fallbeispiel dargestellt, an dem die hier entwickelte Konzeption aufgearbeitet wird. Dabei stehen die Fragen im Mittelpunkt, ob die Mitarbeiter im Sinn von „Sensemaking" Anknüpfungen zwischen der Unternehmensstrategie und dem CSR-Engagement entwickeln können und wie sie den Beitrag der internen Unternehmenskommunikation über CSR (also das „Sensegiving") zu diesem Gegenstand in Beziehung setzen.

## 4 Fallbeispiel: CSR-Kommunikation einer deutschen Großbank

### 4.1 Forschungsdesign und Forschungsansatz

In einer exemplarischen Fallstudie hatten wir im Sommer 2013 die Möglichkeit, 309 Mitarbeiter aller Ebenen einer deutschen Großbank nach ihrer Wahrnehmung der CSR-Maßnahmen ihrer Bank und der CSR-Kommunikation zu befragen. Verwendet wurde ein standardisierter Onlinefragebogen, der in mehreren Pretests mit Mitarbeitern unterschiedlicher Abteilungen getestet wurde. Rund 1000 Mitarbeiter wurden in zwei Wellen angeschrieben; die Befragung wurde in Absprache mit der Mitarbeitervertretung des Hauses konzipiert und war durch diese genehmigt. Auch dies hat sicher zur recht hohen Teilnehmerquote von 309 vollständigen Datensätzen geführt. 131 der Teilnehmer waren weiblich, 178 männlich; 12,3 % der Befragten waren unter 25 Jahre alt, 20,4 % waren zwischen 26 und 35 Jahre, 26,5 % zwischen 36 und 45 Jahre alt. Knapp über 30 % der befragten Mit-

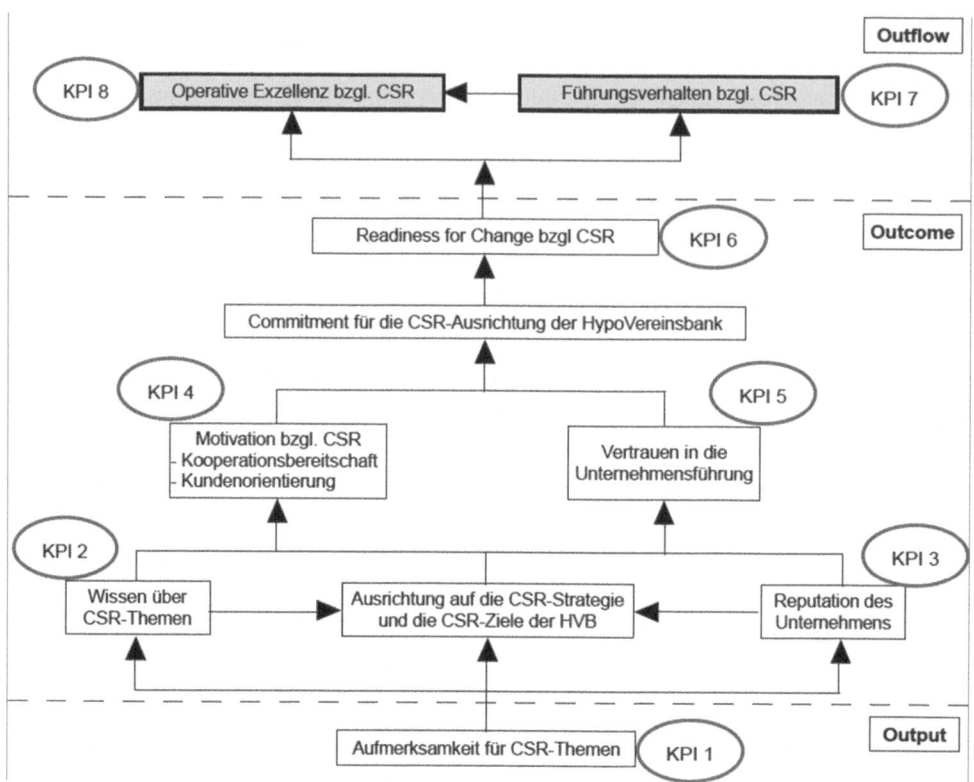

**Abb. 2** Werttreiberbaum der internen Kommunikation (eigene Darstellung in Anlehnung an Pfannenberg 2010 und DPRG et al. 2007)

arbeiter waren zwischen 46 und 55 Jahre alt. 10,3 % lagen in der Altersspanne zwischen 56 und 65 Jahren.

113 Befragte arbeiteten in einer Filiale einer Großstadt (über 100.000 Einwohner), 112 in einer Filiale einer kleineren Stadt. 84 Mitarbeiter gehörten zum Stab oder einer zentralen Abteilung. Dieses Verhältnis von rund eins zu dreieinhalb repräsentiert in etwa auch die strukturelle Verteilung innerhalb der Bank im Blick auf die Verteilung zentraler und dezentraler Funktionen. Es kann daher davon ausgegangen werden, dass das zufällige Sample einigermaßen repräsentativ für die Gesamtstruktur der Bank ist.

Um den Einfluss der internen Kommunikation in Bezug auf CSR und Sustainability erheben zu können, haben wir uns auf drei Wirkungsebenen der Kommunikation (Pfannenberg 2010) bezogen:

- die Outputebene, also auf Prozesse und Kommunikationsleistungen,
- die Outcome-Ebene, also Wirkungen in Bezug auf Wissen und Einstellungen, und
- die Outflow-Ebene, also betriebswirtschaftliche Wirkungen, die direkt durch das Verhalten der Mitarbeiter beeinflusst werden.

In Abb. 2 werden die Zielsetzungen und ihre Ursache-Wirkungs-Beziehungen (Value-Links) dargestellt. Ferner wurden Markierungen für Key-performance-Indikatoren (KPIs) eingefügt. „KPIs der Kommunikation sind Kennzahlen, die den Kommunikationserfolg anzeigen und somit als Indikator für Kommunikationswirkungen genutzt werden können" (Pfannenberg 2010, S. 67). Die KPIs für die Messung der jeweiligen Bereiche, an denen sie in der Grafik abgebracht wurden, lauten folgendermaßen:

- KPI 1: Die Aufmerksamkeit für CSR-Themen kann beispielsweise durch die Reichweite und das Interesse der Mitarbeiter an den CSR-Themen gemessen werden. Ferner könnte man prüfen, ob die Belegschaft CSR für die Bank als wichtig einstuft. Die Aufmerksamkeit ist die Voraussetzung für das Wissen.
- KPI 2: Das Wissen über die CSR-Themen sollte über das Mediennutzungsverhalten der Mitarbeiter evaluiert werden. Zudem sollte man überprüfen, ob ihnen alle Medien, über die CSR-Informationen kommuniziert werden, bekannt sind.
- KPI 3: Die Motivation der Mitarbeiter sowie deren Vertrauen bezüglich CSR in die Unternehmensführung hängen unter anderem von der allgemeinen Reputation des Unternehmens ab. Daher sollte die Reputation bei den Mitarbeitern gemessen werden.
- KPI 4: Die Motivation selbst kann man beispielsweise messen, indem man die Zufriedenheit der Mitarbeiter mit der CSR-Kommunikation und mit den CSR-Zielen sowie der CSR-Strategie untersucht. Motivation ist außerdem mit der Kooperationsbereitschaft der Mitarbeiter verbunden, im Fall von CSR kann man darunter ihre Unterstützungsbereitschaft bei der Umsetzung der CSR-Strategie sehen. Außerdem sollten sie die diesbezüglichen Ziele und Aktionen der Bank an Kunden kommunizieren, um bei ihnen ebenfalls die Reputation des Unternehmens zu verbessern.
- KPI 5: Das Vertrauen in die Unternehmensführung könnte überprüft werden, indem man evaluiert, ob die Absichten, die das Unternehmen mit seinen CSR-Aktivitäten verfolgt, glaubwürdig sind und ob die diesbezügliche Kommunikation authentisch wirkt. Ferner könnte man eruieren, ob die Mitarbeiter der Unternehmensführung zutrauen, die CSR-Strategie umzusetzen und so die CSR-Ziele zu verwirklichen.
- KPI 6: Readiness for Change bzw. die Veränderungsbereitschaft der Mitarbeiter in Bezug auf CSR ist von dem Commitment der Mitarbeiter abhängig, das wiederum stark mit der Motivation der Mitarbeiter und mit ihrer Zufriedenheit mit der Unternehmensführung im Allgemeinen und in Bezug auf CSR verknüpft ist. Die Readiness for Change kann mithilfe von verschiedenen Erhebungsmethoden gemessen werden. In diesem konkreten Fall soll Veränderungsbereitschaft bedeuten, dass die Mitarbeiter die Wichtigkeit von CSR erkannt haben und sich auf die diesbezüglichen Strategien, Ziele und Bedürfnisse anderer Stakeholder möglichst schnell und effektiv einstellen.
- KPI 7: Das Führungsverhalten bezüglich CSR kann über das Informations- und Kommunikationsverhalten über die CSR-Themen und -Aktivitäten der Bank von Führungskräften gemessen werden. Sie sind enorm wichtig für die operative Exzellenz und halten nicht nur operative Führungsfunktionen inne, sondern können zudem die Unternehmensleitung bei der Umsetzung der CSR-Strategie und somit bei der Erreichung der CSR-Ziele unterstützen.

- KPI 8: Die operative Exzellenz kann beispielsweise evaluiert werden, indem man prüft, ob die Kunden in Bezug auf das CSR-Verhalten der Mitarbeiter zufrieden sind und daher bereit sind, die Produkte und Dienstleistungen des Unternehmens denen anderer Wettbewerber vorzuziehen, um den Erfolg der Organisation dauerhaft zu sichern.

In unserer Fallstudie konnten nicht alle Ziele der CSR-Kommunikation gemessen werden, da aufgrund des beschränkten Methodensets beispielsweise keine endgültigen Aussagen über die allgemeine Reputation des Unternehmens bei den Mitarbeitern, deren Vertrauen in die Unternehmensführung etc. getroffen werden konnten. Darum wird auf eine Übertragung der analysierten Ziele und KPIs in eine Kommunikations-Scorecard (Pfannenberg 2010, S. 66) verzichtet.

Dennoch werden einige der Ziele bzw. der KPIs mithilfe einer Befragung untersucht. Um welche Themen es sich dabei konkret handelt und was die Ergebnisse für die CSR-Kommunikation der Großbank bedeuten, wird hier nachfolgend dargestellt.

### 4.2 Zu Sprachgebrauch und interner Verankerung in Bezug auf CSR und Sustainability

Um die vereinbarte Anonymität nicht zu unterlaufen, soll an dieser Stelle lediglich dargestellt werden, dass die Bank, die im Fallbeispiel behandelt wird, Festlegungen zur Transparenz und Integrität getroffen hat, wie sie branchenüblich sind. Aus Gründen der Verständlichkeit laufen alle Aktivitäten im Umfeld CSR unter dem zusammenfassenden Stichwort „Nachhaltigkeit". Darunter versteht man in der Bank laut Intranet einen „freiwilligen Beitrag der Wirtschaft zu einer nachhaltigen Entwicklung", der „über die gesetzlichen Forderungen hinausgeht". Dabei soll es darum gehen, gemeinsam mit den Kunden Geschäfte in einer Art und Weise abzuschließen, die „langfristige Werte schaffen, die zu einer nachhaltigen Entwicklung beitragen und die legitimen Erwartungen einer Vielzahl von Stakeholdern erfüllen" (Bankintranet).

Das übergeordnete Wertesystem, auf das die CSR-Initiativen einzahlen, berücksichtigt die Breite der CSR-Systematiken entlang der „tripple-bottom-line" (Ökonomie, Ökologie, Soziales) und greift sowohl finanzielle wie nichtfinanzielle Zielgrößen auf. So richtet sich die angestrebte Nachhaltigkeit sowohl auf Rahmenbedingungen, die neue Ertragspotenziale erschließen sollen, als auch darauf, Kredit- und Haftungsrisiken zu verringern und durch Umweltschutz Kosten einzusparen. Schließlich geht es auch um Reputationsverbesserung und die Steigerung der Kundenzufriedenheit. Zusammenfassend orientieren sich diese Punkte stark am Business Case, da sie durchgängig auf das Kerngeschäft einzahlen, dieses absichern oder es weiterentwickeln sollen.

Die angebotenen Maßnahmen der Bank orientieren sich an diesen Zielen. Zusätzlich bietet das Haus seinen Mitarbeitern die Möglichkeit, eigene Initiativen vorzuschlagen, wenn genügend Unterstützer aus der Mitarbeiterschaft gefunden werden konnten.

## 4.3 Forschungsfragen und Hypothesen

Aus der Forschungsfrage: „Wie wirkt die CSR-Kommunikation der Bank auf ihre Mitarbeiter und wie sind ihre Einstellungen zum Thema CSR?", lassen sich fünf forschungsleitende Fragen ableiten:

- Wie ist das CSR-Verständnis der Mitarbeiter?
- Welche Einstellung haben die Mitarbeiter gegenüber der CSR-Strategie der Bank?
- Welches Mediennutzungsverhalten haben die Mitarbeiter der Bank?
- Wie ist das Teilnahmeverhalten der Mitarbeiter an CSR-Initiativen?
- Was sind mögliche Grenzen für die CSR-Kommunikation?

Bezogen auf diese Forschungsfragen sind wir mit folgenden Hypothesen in die Befragung gegangen.

### 4.3.1 Hypothese 1
*Die Mitarbeiter, die sich privat ehrenamtlich beschäftigen, nehmen auch verstärkt an den ehrenamtlichen Mitarbeiterprogrammen der Bank teil.*

Es lässt sich vermuten, dass die Mitarbeiter, die privat positiv gegenüber CSR-Aktivitäten eingestellt sind und diese bereits in ihrer Freizeit ausüben, auch positiv gegenüber den ehrenamtlichen Mitarbeiterprogrammen der Bank eingestellt sind. Daraus folgert sich, dass sie aufgrund ihrer privaten Einstellung stärker die Angebote der Bank nutzen werden als ihre Kollegen, die sich auch in ihrer Freizeit nicht mit dem Thema beschäftigen.

### 4.3.2 Hypothese 2
*Die Filialmitarbeiter bewerten die Medien, die den Kunden zur Information über CSR-Themen dienen, positiver als Stabsmitarbeiter.*

Da sich die Mitarbeiter aus den Filialen häufiger mit den Medien auseinandersetzen, die dem Kunden empfohlen oder zur Verfügung gestellt werden, ist anzunehmen, dass sie deren Informationsgehalt stärker wahrnehmen und diese demnach auch positiver bewerten als Stabsmitarbeiter, die sich nicht so intensiv mit Materialien für Kunden auseinandersetzen.

### 4.3.3 Hypothese 3
*Filialmitarbeiter, die sich in ihrer Freizeit ehrenamtlich beschäftigen, bieten ihren Kunden verstärkt nachhaltige Bankprodukte an und halten das Thema CSR für geeigneter, um den Produktabsatz zu verbessern als Filialmitarbeiter, die sich privat nicht ehrenamtlich beschäftigen.*

Aufgrund der positiven Grundeinstellung gegenüber dem Thema CSR und des daraus resultierenden Engagements der Mitarbeiter in der Freizeit, ist davon auszugehen, dass die Filialmitarbeiter ihren Kunden verstärkt die diesbezüglichen Produkte anbieten. Ferner ist zu erwarten, dass sie das Thema auch für geeigneter halten als ihre Kollegen, die sich in ihrer Freizeit nicht mit CSR auseinandersetzen.

### 4.3.4 Hypothese 4
*Frauen erwarten von einer Führungskraft, die beim Thema CSR mit gutem Beispiel vorangeht, verstärkt die Einhaltung der Integrity Charter.*

Da in Bezug auf Frauen häufig die Chancengleichheit thematisiert wird und für sie die gleichen Rechte und Werte gelten sollen wie für Männer, ist anzunehmen, dass das weibliche Geschlecht stärker von den Führungskräften erwartet, die Werte der Integrity Charter einzuhalten als das männliche.

### 4.3.5 Hypothese 5
*Filialmitarbeiter in (Klein-)Städten werden von ihren Kunden häufiger auf Produkte mit nachhaltigem Charakter angesprochen als Filialmitarbeiter in Großstädten.*

Da vermutet werden kann, dass die Themen CSR und besonders Umweltschutz in ländlichen Gegenden präsenter sind, wird angenommen, dass die Kunden aus (Klein-)Städten die dort stationierten Filialmitarbeiter eher auf nachhaltige Bankprodukte ansprechen, als es in Großstädten der Fall ist.

## 4.4 Operationalisierung der Befragung

Bei der Operationalisierung der Befragung geht es darum, das Untersuchungskonzept umzusetzen. Man unterscheidet zwei Arten von Fragen, die Programmfrage und die Testfrage. Erstere leitet man aus der zentralen Fragestellung ab und bildet Indikatoren. Demnach lassen sich aus den forschungsleitenden Fragen folgende Themen bilden:

- CSR-Verständnis
- Mediennutzung
- Einstellungen gegenüber der CSR-Strategie
- Teilnahme an CSR-Initiativen
- Grenzen der CSR-Kommunikation

Programmfragen sind keine konkreten Fragestellungen, sondern stellen eher eine Struktur dar, welche Themen der Fragebogen behandeln soll. Daher werden die Indikatoren hier konkretisiert.

▶ Diese lauten beim Block „CSR-Verständnis":
- Bewertung der Wichtigkeit des Themas CSR für verschiedene Branchen
- Begriffsdefinition CSR

- Einordnung des Themas CSR in der Bank

▶ Der Indikator „Einstellungen gegenüber der CSR-Strategie" lässt sich folgendermaßen konkretisieren:
  - Wissen über die Ziele der CSR-Strategie
  - Rolle der Führungskraft

▶ Die „Mediennutzung" lässt sich in folgende Bausteine zerlegen:
  - Bewertung der aktuellen unternehmensinternen Medien
  - Wunsch nach weiteren Medien und Kommunikationsmaßnahmen
  - Häufigkeit der Information

▶ Die „Teilnahme an CSR-Initiativen" wird aufgeschlüsselt in:
  - Engagement in der Freizeit
  - Nutzungsverhalten und Zufriedenheit bezüglich der CSR-Angebote der Bank
  - Anreize für die Teilnahme an CSR-Angeboten der Bank

▶ Zuletzt wird auf die „Grenzen der CSR-Kommunikation eingegangen":
  - Wahrnehmung der CSR-Kommunikation

Im Anschluss daran werden aus dieser Konkretisierung die Testfragen entwickelt. Das sind Fragen, die dem Befragten auch tatsächlich gestellt werden. In der Praxis bedeutet das, dass die Programmfragen in die Testfragen überführt werden. Die einzelnen konkretisierten Indikatoren werden nun in Fragestellungen transformiert.

▶ **CSR-Verständnis**
  - Bewertung der Wichtigkeit des Themas CSR für verschiedene Branchen:
    *„Für wie wichtig halten Sie das Thema Nachhaltigkeit für folgende Branchen?"*
  - Begriffsdefinition CSR:
    *„Der Begriff „Nachhaltigkeit" kann auf ganz unterschiedliche Weise definiert werden. Was kommt Ihnen als erstes in den Sinn, wenn Sie an Nachhaltigkeit denken?"*
  - Einordnung des Themas CSR in der Bank:
    *„Nachhaltigkeit umfasst in der Bank ein breites Themenspektrum. Wie stark ordnen Sie die folgenden Beispiele dem Thema Nachhaltigkeit in einer Bank zu?"*

▶ **Einstellungen gegenüber der CSR-Strategie**
  - Wissen über die Ziele der CSR-Strategie:
    *Was denken Sie, welches Ziel die „Nachhaltigkeitsstrategie" der Bank verfolgt?*
  - Rolle der Führungskraft:
    *Wie stellen Sie sich eine Führungskraft vor, die beim Thema Nachhaltigkeit mit gutem Beispiel vorangeht?*

▶ **Mediennutzung**
- Bewertung der aktuellen unternehmensinternen Medien:
  *„Wie bewerten Sie die unternehmensinternen Medien, über die die Nachhaltigkeitsthemen kommuniziert werden?"*
- Wunsch nach weiteren Medien und Kommunikationsmaßnahmen:
  *Welche weiteren Medien bzw. Kommunikationsmaßnahmen würden Sie sich zusätzlich wünschen?*
- Häufigkeit der Information:
  *Wie häufig möchten Sie über Nachhaltigkeitsthemen informiert werden?*

▶ **Teilnahme an CSR-Initiativen**
- Engagement in der Freizeit:
  *Engagieren Sie sich in Ihrer Freizeit ehrenamtlich bzw. haben Sie sich in der Vergangenheit schon mal ehrenamtlich engagiert?*
  *Wenn ja, in welchem Bereich?*
  *Wenn nein, warum nicht?*
- Nutzungsverhalten und Zufriedenheit bezüglich der CSR-Angebote der Bank:
  *Welche Angebote der Bank nutzen Sie?*
  *Wenn Sie keine der vorgenannten Initiativen nutzen: Warum nicht?*
  *Würden Sie sich weitere Angebote der Bank wünschen, für die Sie sich engagieren können?*
  *Wenn ja, welche?*
- Anreize für die Teilnahme an CSR-Angeboten der Bank:
  *Was wäre ein Anreiz für Sie, sich mehr mit dem Thema Nachhaltigkeit zu beschäftigen?*

▶ **Grenzen der CSR-Kommunikation**
- Wahrnehmung der CSR-Kommunikation:
  *Was könnte die Mitarbeiter der Bank daran hindern, die Kommunikation zum Thema Nachhaltigkeit wahrzunehmen?*

Bei den Testfragen ist zu beachten, dass jeder der Befragten die Inhalte sowie die Formulierung der Fragestellungen verstehen muss. Das bedeutet, dass die Fragestellungen so schlicht wie möglich gestellt werden und auf wissenschaftliche Formulierungen gänzlich verzichtet werden sollte. Dennoch sollte die Sprache auf das Niveau der Adressaten zugeschnitten sein. Sie sollten nicht das Gefühl bekommen, unterschätzt zu werden. Die konkrete und angemessene Formulierung der Frage ist demnach sehr wichtig, denn ohne gute Fragen wird es keine guten Ergebnisse geben. Ferner muss es das Ziel sein, dass mit der Formulierung alle denkbaren Antwortverzerrungen, Missverständnisse und Zweideutigkeiten so gut wie möglich umgangen sind. Daher wurde bei der Operationalisierung der Begriff „CSR" in „Nachhaltigkeit" umbenannt, da dieser von der Bank favorisiert wird und er den Mitarbeitern geläufiger ist als „CSR". Zudem wäre es denkbar, dass es bei der Verwendung von „CSR" zu Antwortverzerrungen kommt, weil sich die Befragten nichts darunter vorstellen können.

## 4.5 Forschungsergebnisse und Fazit

Zunächst wurden die Bankmitarbeiter zu ihrem Grundverständnis in Bezug auf die Relevanz von CSR-Initiativen generell und bezogen auf unterschiedliche Branchen sowie in Bezug auf ihr Verständnis von CSR und Nachhaltigkeit befragt.

### 4.5.1 Begriffsverständnis der Mitarbeiter

Dabei schätzt die große Mehrheit der Mitarbeiter ein CSR-Engagement für Banken als „sehr wichtig" 34%) oder „wichtig" (47%) ein; nur 15,5% für „weniger wichtig" und lediglich 1,6% für „gar nicht wichtig". Ganz ähnliche Werte zeichnen sich für Versicherungsunternehmen ab. Andere Branchen wie die Energie- (77,6% „sehr wichtig") sowie die Chemie- und Pharmaindustrie oder die Lebensmittelindustrie (82% „sehr wichtig") erreichen allerdings in der Beurteilung der Bankmitarbeiter noch weitaus höhere Werte. Dennoch ist davon auszugehen, dass die Mehrheit CSR-Initiativen in der Bankwirtschaft als positiv und notwendig einstuft.

Doch was konkret verstehen die Mitarbeiter selbst unter CSR und Nachhaltigkeit? Trotz der Tatsache, dass die Bank bereits seit Jahren all ihr Engagement unter dem Begriff Nachhaltigkeit codiert, können nur sehr wenige (2,3%) mit dem Begriff gesellschaftliches Engagement identifizieren, sondern fast 60% verbinden damit vor allem den Schutz der Umwelt. Fragt man einzelne Items ab, die von den Mitarbeitern dem Themenfeld zugeordnet werden, stehen die Themen Umwelt- und Klimaschutz und Investitionen in erneuerbare Energien im Mittelpunkt. Auch das Engagement für die Mitarbeiter erhält noch hohe Zustimmungswerte, während Engagementfelder wie das kulturelle Engagement, Spenden oder soziale Projekte, die in der Bank schon traditionell stark sind, kaum als Schwerpunkte identifiziert werden. Auch zentrale Aspekte wie Corporate Governance und Diversity werden kaum zugeordnet; das ändert sich, wenn man Mitarbeiter aus Zentralabteilungen und Mitarbeiter mit Personalverantwortung befragt. Aber in der Summe bleibt die ernüchternde Bewertung, dass rund ein Viertel aller Mitarbeiter mit diesen beiden Aspekten nichts anfangen kann. Auch die Subsummierung unter dem Begriff Nachhaltigkeit bleibt fragwürdig: Der traditionelle Begriffsgehalt dominiert das unternehmerische Sensegiving.

### 4.5.2 Zielsetzung der CSR-Aktivitäten

Unter dem Aspekt der strategischen Einsicht wurde gefragt, was das vorrangige Ziel der CSR-Aktivitäten sei. Auch hier dominieren in der Wahrnehmung der Mitarbeiter die Aspekte der Bewusstseinsschaffung für Umwelt- und Klimaschutz (67%) und der Bedeutung der Ressourcenschonung bei den Kunden (40%). Doch den höchsten Zustimmungswert erreicht der Gesichtspunkt, sich vermittels Kommunikation der CSR-Maßnahmen einen deutlichen Vorteil durch ein verbessertes Bild in der Öffentlichkeit gegenüber der Konkurrenz zu verschaffen (75 %). CSR und CSR-Kommunikation werden von den Mitarbeitern der Bank also als eindeutig strategisch eingeordnet. Das angepeilte Ziel der Reputationssteigerung wird also durch die Mitarbeiter erkannt. Angesichts der Tatsache, dass die übrigen Ziele weniger gut erkannt werden, bleibt aber fraglich, ob dies einen Effekt der internen Kommunikation i. S. von Lernen bedeutet oder ob es sich um einen Nebeneffekt der internen Kommunikation handelt, der eher über Art und Stil der Kommunikation ausgelöst wird als über deren Content.

### 4.5.3 Das Mediennutzungsverhalten der Mitarbeiter

Geht man davon aus, dass das eindrucksvollste Medium das persönliche Beispiel ist, dann wird verständlich, dass die Anforderung an Führungskräfte ist, dass diese die Leitsätze der Bank beherzigen und vermitteln (75 %), die firmeneigene Integrity Charter einhalten (75 %) und auch andere mit ihrem Beispiel zu Eigeninitiative motivieren (70 %).

Bei den Medien der internen Kommunikation werden klassische Kommunikationsmedien wie die Mitarbeiterzeitung, der Intranetauftritt und Newsticker zum Thema Nachhaltigkeit als durchgängig gut bewertet. Auch spezifische Videos (etwa zu einer Restcentinitiative, mit der man Restbeträge des Gehalts monatlich spenden kann) oder der Nachhaltigkeitsbericht erhalten eine breite Zustimmung. Spezifischere Kommunikationsangebote wie ein eigenständiger Newsletter, spezielle Broschüren oder ein Citizenship-Flyer erhalten deutlich weniger Zustimmung und sind vielen Befragten überhaupt nicht bekannt. Das mag teilweise daran liegen, dass sie stärker auf externe Zielgruppen zielen. Aber diese Medien könnten von den Mitarbeitern in eigenen Kundengesprächen oder Teamsitzungen auch nicht eingesetzt werden, weil man um ihre Existenz nicht weiß.

Fragt man die Mitarbeiter, mit welchen Medien sie gern informiert werden würden (vgl. Abb. 3), ob sie sich mehr Social-media-Anwendungen erwarten, eher Workshops wünschen oder Tutorials, ist die Antwort nur zu deutlich: 22 % finden, dass die bisherigen Medien ausreichen, 28 % sagen sogar, es gibt bereits zu viele Medien, die über CSR im Unternehmen berichten, es brauche keine weiteren Angebote.

Bei der Häufigkeit präferieren 43 % der Befragten ein monatliches Update über die CSR-Aktivitäten, 30 % wären sogar mit ein- bis zweimal pro Jahr zufrieden. Die Mitarbeiter erwarten knappe, übersichtliche und schnelle CSR-Informationen, eher im Stil eines Telegramms, das sie in regelmäßigen Abständen (aber bitte nicht zu oft) über den aktuellen Stand auf dem Laufenden hält. Weniger ist hier definitiv mehr.

Welches sind die Gründe, warum die CSR-Berichterstattung der Bank nicht wahrgenommen wird? 33 % führen fehlende Zeit als wichtigsten Grund an. Allerdings sind ebenso viele Personen der Ansicht, dass die CSR-Kommunikation im Wesentlichen der Imagepflege dient und daher gar nicht für die Mitarbeiter gedacht ist. 13 % finden das Thema unübersichtlich, weitere 11 % fehlt das Interesse und 6 % finden die Informationen nicht. Interessant ist hierbei die Differenzierung: Je näher jemand der Unternehmensleitung steht, umso weniger fühlt er sich von den CSR-Themen angesprochen, unter Zeit-

Frage: Wie häufig möchten Sie über Nachhaltigkeitsthemen informiert werden?
*Bitte geben Sie nur eine Antwort an.*

| | ANZAHL | PROZENT | |
|---|---|---|---|
| einmal pro Woche (2) | 18 | 5.83% | |
| 2 - 3 mal pro Woche (1) | 5 | 1.62% | |
| einmal im Monat (4) | 135 | 43.69% | |
| 2 - 3 mal im Monat (3) | 24 | 7.77% | |
| einmal im Jahr (6) | 24 | 7.77% | |
| 2 - 3 mal im Jahr (5) | 91 | 29.45% | |
| gar nicht (7) | 12 | 3.88% | |
| GESAMT | 309 | | |
| ungültig (fehlend) | 0 | | |

**Abb. 3** Einschätzung des Medienbedarfs zur Berichterstattung über CSR (n=309; Mehrfachnennungen möglich)

mangel als Hinderungsgrund klagen hingegen am meisten die Filialmitarbeiter in Großstädten (38%). Und der gleiche Effekt ergibt sich, wenn Mitarbeiter in ihrer Freizeit stark ehrenamtlich engagiert sind: 40% fühlen sich dann nicht von der CSR-Kommunikation angesprochen und vermuten deren Sinn in der Imagepflege, während Mitarbeiter, die sich nicht ehrenamtlich engagieren, sich auch am wenigsten Zeit für die Wahrnehmung von CSR-Kommunikation attestieren.

Bezogen auf die oben angeführte Hypothese 2 lässt sich festhalten, dass mehr Mitarbeiter aus Großstadt- und Kleinstadtfilialen die Medien Internetauftritt, Videos, Nachhaltigkeitsbericht und Nachhaltigkeitsbroschüre mit „sehr gut" und „gut" bewerteten als die Stabsmitarbeiter. Demnach ist es richtig, dass die Filialmitarbeiter die Medien, die auch von Kunden genutzt werden können, positiver bewerten als Stabsmitarbeiter.

## 5 Fazit

Unter Rückgriff auf die aus der Literatur entwickelte Aufgabenstellung der CSR-Kommunikation, durch das Zusammenspiel aus Sensemaking und Sensegiving Glaubwürdigkeit und Transparenz herzustellen und den Dialog über das CSR-Engagement zu stimulieren, hat der vorliegende Beitrag anhand einer empirischen Studie die Schwierigkeiten aufgezeigt, die bei der Wahrnehmung eines in sich konsistenten CSR-Programms bei den Mitarbeitern entstehen können. Denn um die strategische Einsicht in Aufgaben und Zielsetzungen des Unternehmens zu verbessern und CSR-Maßnahmen auch für langjährige

Mitarbeiter zu einem festen Bestandteil ihres individuellen Fit zu machen, braucht es eine lebendige Diskussion. Diese beinhaltet auch, sich stärker durch Mitarbeiter infrage stellen zu lassen und ihre Feedbacks in Programmatik und Struktur des CSR-Programms zu integrieren. Beispielsweise ist es nicht gelungen, wie das vorgestellte Beispiel zeigt, einen zentralen Begriff wie Sustainability durchgängig über die dargestellten Maßnahmen zu stellen. Nach wie vor verbinden die befragten Mitarbeiter ihn mit Umweltbelangen und übertragen ihn nicht abstrahiert etwa auf die Geschäftstätigkeit der Bank. Auch wird das Mediennutzungsverhalten nicht erhoben und nach wie vor zu wenig auf die Erwartungshaltung der Mitarbeiter eingegangen. Deshalb unterstellen sie als Grund für das CSR-Engagement ihres Arbeitgebers auch primär die positive Außenwirkung, die man sich davon erwartet.

Die Studie zeigt zudem: Die meisten Unternehmen kümmern sich, anders als die Bank, mit der wir diese Untersuchung machen durften, bislang kaum um die interne Wahrnehmung ihres CSR-Portfolios. Das vergibt eindeutige Chancen, CSR als Bindungsargument für die Mitarbeiterbindung zu nutzen.

## Literatur

Buchholz U, Knorre S (2010) Grundlagen der Internen Unternehmenskommunikation. Helios Media, Berlin

Carroll AB (1991) The pyramid of corporate social responsibility: toward the moral management of organizational stakeholders. Bus Horiz 34(4):39–48

DPRG, Sass J, Schönefeld L, Pütz H, Stobbe R (2007) Werttreiber, Value Links und Key Performance Indicators der internen Kommunikation. http://www.communicationcontrolling.de/fileadmin/communicationcontrolling/pdf_thesenpapiere/DPRG-Thesenpapier-interne-Kommunikation-22-02-2007.pdf. Zugegriffen: 14. Feb 2015

Esch F-R, Tomczak T, Kernstock J, Langner T (Hrsg) (2006) Corporate brand management, 2 Aufl. Gabler, Wiesbaden

Forster A, Erz A, Jenewein W (2009) Employer Branding – Ein konzeptioneller Ansatz zur markenorientierten Mitarbeiterführung. In: Tomczak T et al. (Hrsg), Behavioral Branding – Wie Mitarbeiterverhalten die Marke stärkt, 2 Aufl. Gabler, Wiesbaden, S 277–294

Greve G (2012) Organizational Burnout. Das versteckte Phänomen ausgebrannter Organisationen, 2 Aufl. Gabler, Wiesbaden

Hamel G, Prahalad CK (1996) Competing for the future. Harvard Business School Press, Boston

Huck-Sandhu S (2013) Orientierung von Mitarbeitern – ein mikrotheoretischer Ansatz für die Unternehmensführung. In: Zerfaß A, Rademacher L, Wehmeier S (Hrsg) Organisationskommunikation und Public Relations. Forschungsparadigmen und neue Perspektiven. Springer VS, Wiesbaden, S 223–245

Ihlen O (2011) Corporate social responsibility und die rhetorische Situation. In: Raupp J, Jarolimek S, Schultz F (Hrsg) Handbuch CSR. VS Verlag für Sozialwissenschaften, Wiesbaden, S 150–170

Kamm S, Rademacher L, Remus N (2009) Kein Kandidat in Sicht? Employer Branding vor dem Perspektivenwechsel. MHMK University Press, München

Matten D, Moon J (2008) ‚Implicit' and ‚explicit' CSR: a conceptual framework for acomparative understanding of corporate social responsibility. Acad Manag Rev 33:404–424

McVea JF, Freeman RE (2005) A names-and-faces approach to stakeholder management: how focussing on stakeholders as individuals can bring ethics and entrepreneurial strategy together. J Manag Inq 1(14):57–69

Morsing M, Schultz M (2006) Corporate social responsibility communication: stakeholder information, response and involvement strategies. Bus Eth: Eur Rev 15(4):323–338

Pfannenberg J (2010) Strategisches Kommunikations-Controlling mit der Balanced Scorecard. In: Pfannenberg J, Zerfaß A (Hrsg) Wertschöpfung durch Kommunikation. Kommunikations-Controlling in der Unternehmenspraxis. F.A.Z.-Institut für Management-, Markt- und Medieninformationen, Frankfurt a. M., S 61–83

Porter ME, Kramer MR (2002) The competetive advantage of corporate philanthropy. Harv Bus Rev 80(12):57–68

Porter ME, Kramer MR (2011) Creating shared value. Harv Bus Rev 89(1–2):62–77

Rademacher L, Remus N, Kamm S (2009) Stochern im Nebel. Personalwirtschaft extra (8):12–14

Rangan VK, Chase L, Karim S (2015) Die Wahrheit über CSR. Harv Bus Manager 58–67

Rübsaamen C, Wechsler, SL (2013) Corporate Social Responsibility – Integration sozialer Verantwortung in die DNS von Unternehmen. In: Künzel H (Hrsg) Erfolgsfaktor Employer Branding. Mitarbeiter binden und die Gen Y gewinnen. Springer Gabler, Wiesbaden

Schmid B, Lyczek B (Hrsg) (2006) Unternehmenskommunikation. Kommunikationsmanagement aus Sicht der Unternehmensführung. Gabler, Wiesbaden

Schultz F, Wehmeier S (2011) Zwischen Struktur und Akteur: Organisationssoziologische und -theoretische Perspektiven auf Corporate Social Responsibility. In: Raupp J, Jarolimek S, Schultz F (Hrsg) Handbuch CSR. VS Verlag für Sozialwissenschaften, Wiesbaden, S 373–392

Selter S, Koch S, Fetchenhauer D (2009) Der MehrWert von CSR – Corporate Social Responsibility: Auswahlkriterium von Arbeitnehmern bei der Wahl eines Arbeitsplatzes. Wirtschaftspsychologie (2):67–73

Turban DB, Greening DW (1997) Corporate social performance and organizational attractiveness to prospective employees. Acad Manag J 40(3):658–672

Von Walter B, Tomczak T, Wentzel D (2011) Wege zu einem effektiven und verantwortungsvollen Employer Branding. In: Raupp J, Jarolimek S, Schultz F (Hrsg) Handbuch CSR. VS Verlag für Sozialwissenschaften, Wiesbaden, S 327–343

Weick K (1995) Sensemaking in organizations. Sage, Thousand Oaks

**Prof. Dr. Lars Rademacher** lehrt Unternehmenskommunikation an der h_da Hochschule Darmstadt und ist Gastprofessor für Governance & Sustainability an der Macromedia Hochschule München. Vor seiner akademischen Laufbahn hat er als Berater CSR-Projekte betreut und war bei der BASF Sprecher der CSR-Initiative „Wissensfabrik". Er forscht u. a. zu Stakeholdermanagement, Compliance Kommunikation, Unternehmenskultur und CSR und ist Editorial Board Member der „Critical Studies on Governance and Sustainability" (Emerald). Er ist Jury Mitglied beim Deutschen CSR-Preis und Conference-Chair des Academic CSR Summit.

# Corporate Social Responsibility durch Mitarbeiterorientierung

Matthias Zeuch

## 1 Verständnis von sozialer Verantwortung

Wird, wie manche Unternehmer argumentieren, mit der Bereitstellung von Arbeitsplätzen bereits ausreichend soziale Verantwortung durch Unternehmen übernommen?

Die Betriebe des taiwanesischen Elektronikkonzerns Foxconn in Mainland China erhielten in den Jahren 2009–2012 traurige Berühmtheit für eine Serie von Selbstmorden, die in Zusammenhang mit den Arbeits- und Vergütungsbedingungen des Konzerns in China standen. Selbst Kinderarbeit wurde dem Unternehmen nachgewiesen. Erst auf Drängen der Firmen, für welche Foxconn produzierte – darunter Apple –, wurden sowohl die Arbeitsbedingungen als auch die Vergütungsstruktur des Unternehmens auditiert und verbessert (Quelle: http://en.wikipedia.org/wiki/Foxconn).

Ist eine Firma wie Foxconn China in den Jahren 2009–2012 ein sozial verantwortliches Unternehmen, da es Arbeitsplätze schafft? Sicherlich nicht.

Das Beispiel zeigt, dass gesellschaftlich verantwortliches Handeln von Unternehmen sowohl das WAS als auch das WIE der unternehmerischen Tätigkeit betrifft. Nicht nur das Schaffen von ökonomischem Wert und die Schaffung von Arbeitsplätzen, sondern auch die Art, wie das Unternehmen dies tut, sind Komponenten gesellschaftlicher Verantwortung.

Ohne zu stark in die Wohlfahrtstheorie abgleiten zu wollen, steht hinter dieser die Idee eines gesellschaftlichen Nutzenoptimums, welches nicht nur das ökonomische Sozialprodukt, sondern auch die emotionale Befindlichkeit der Mitglieder der Gesellschaft mit

---

M. Zeuch (✉)
Global Association for Human Resources Limited, Hong Kong, Rm. C 2/F Capital Trade Ctr. 62, Tsun Yip St, Kwun Tong, HONG KONG
E-Mail: mzeuch@icloud.com

© Springer-Verlag Berlin Heidelberg 2016
T. Doyé (Hrsg.), *CSR und Human Resource Management*,
Management-Reihe Corporate Social Responsibility, DOI 10.1007/978-3-662-47683-3_7

einbezieht. Teilweise zwingen Regierungen die Unternehmen zu gesellschaftlich verantwortungsvollem Handeln (durch Arbeitsgesetze, Umweltschutzgesetze etc.), jedoch widerspricht eine allzu restriktive Politik dem Prinzip der Marktwirtschaft, welches weiterhin als die Quelle des ökonomischen Wohlstandes gesehen wird. Auch sind nationalen Gesetzgebungen Grenzen gesetzt, wenn das Ziel einer internationalen Wettbewerbsfähigkeit nicht aus den Augen verloren werden soll.

Auf Unternehmensebene schien traditionell eine starke Mitarbeiterorientierung mit sehr angenehmen Arbeitsbedingungen im Widerspruch zu einer wettbewerbsfähigen effizienten und effektiven Erstellung der Produkte und Dienstleistungen des Unternehmens zu stehen – in einer Formel: „Entweder Wellness oder Erfolg!"

Interessanterweise sind aber heute gerade solche Unternehmen die erfolgreichsten in der Welt, die ganz neue Wege der Mitarbeiterorientierung gehen. In den Medien sind dies vor allem die großen Internet- und IT-Firmen wie Google und Microsoft, die in diesem Zusammenhang häufig zitiert werden. Es sind aber nicht nur die großen bekannten Firmen, die solche neuen Wege der Mitarbeiterorientierung gehen, sondern auch viele kleine und mittelständische Firmen, die weniger mit spektakulären Programmen, sondern ganz persönlicher Ansprache und Freiräumen für die Mitarbeiter hochattraktive Arbeitsbedingungen schaffen. Viele Start-ups funktionieren zumindest in der Anfangsphase nach diesem Prinzip, indem sie jeden Beteiligten zum Mitunternehmer machen. Der kritische Punkt ist bei Start-ups, ob sie in der Lage sind, den „Start-up-Spirit" aufrechtzuerhalten, wenn sie die Größe etablierter Unternehmen erreichen.

Ich möchte in diesem Artikel zunächst auf die psychologischen Hintergründe des Themas eingehen, um dann aufzuzeigen, was dies für Führung in Unternehmen sowie für Unternehmen insgesamt bedeutet.

## 2 „Flow" und die Extrameile

Warum gehen Bergsteiger an die Grenzen ihrer körperlichen Leistungsfähigkeit und riskieren teilweise sogar ihr Leben, „nur" um einen Gipfel zu erklimmen?

Warum verbringen manche Menschen ihre Tage und Nächte hinter einem Computerbildschirm als Krieger in virtuellen Welten, „nur" um bestimmte Level zu erreichen?

Beide haben in der Regel keinen ökonomischen Vorteil von der Tätigkeit, zumindest keinen, der in einem vernünftigen Verhältnis zur eingebrachten Leistung und Zeit steht.

Der ursprünglich aus Ungarn stammende und in den USA lehrende Psychologe Mihaly Csikszentmihalyi hat seine Forschung dem Thema „Glück" gewidmet. Seine Kernfragestellung war, wie Menschen glücklich werden und was sie hierzu antreibt. Bezogen auf die Arbeitswelt haben seine Forschungen ergeben, dass Menschen dann am produktivsten sind, wenn sie sich in einem Zustand des „Flow" befinden. „Flow" bedeutet, dass der Mensch:

- ein Ziel vor Augen hat, welches er erreichen möchte,
- dieses Ziel nur schwierig zu erreichen ist, somit hohe Konzentration erfordert,
- das Ziel trotzdem erreichbar ist,
- Fortschritte auf dem Weg zum Ziel erkennbar sind und ggf. eine Art von Belohnung für erreichte Zwischenziele da ist.

All diese Konditionen sind sowohl bei dem Bergsteiger als auch dem „Krieger in virtuellen Welten" vorhanden:

- das Ziel ist klar und für die Person wichtig: der Gipfel, der in Bergsteigerkreisen als schwierig gilt, oder der „Diamantstatus", der im Kreis der virtuellen Spieler als besonders gilt,
- in beiden Fällen ist das Gewinnen nicht einfach, strengt an, erfordert körperliche und/oder geistige Konzentration,
- das Ziel ist in beiden Fällen erreichbar,
- Zwischenziele sind die Höhenmeter laut Höhenmesser/ein Bergkamm/ein Zwischenlager beim Bergsteiger und verschiedene Level innerhalb der virtuellen Welt im Computerspiel.

Ein wichtiges Resultat von Menschen im „Flow" ist, dass ihre Leistung weit über dem liegt, was eine normale Erwartung an sie ist. Im Flow gehen Menschen die Extrameile, fordern sich (und andere) heraus, um mehr, besser, schneller, erfolgreicher zu werden, ohne dass sie dies als Druck oder negativen Stress empfinden (Mihaly Csikszentmihalyi).

Aus dem eigenen Erleben hat jeder Mensch solche Erlebnisse bereits gehabt, in denen man „Feuer gefangen", sich für etwas begeistert hat. Die Anstrengung wird nicht mehr als „Arbeit" empfunden, sondern kommt natürlich und nur die natürliche Erschöpfung setzt noch Grenzen. Als Führungskraft erlebt man ebenfalls von Zeit zu Zeit Situationen, in denen Mitarbeiter für ein Thema „Feuer fangen" und unermüdlich daran arbeiten.

Wie oft erlebt man aber auch das Gegenteil an sich selbst und anderen: einen Mangel an Motivation, sich eines Themas anzunehmen? Was macht den Unterschied? Mihaly Csikszentmihalyi hat mit seinen Forschungen eine neue Art von Einblick in die Mechanismen, die uns antreiben, eröffnet. Dieses eröffnet auch neue Perspektiven auf das Thema „Führung".

## 3 Flow, Selbst und Führung

Wendet man die vier Prinzipien auf sich selbst an, so wird man finden, dass sie alle intuitiv einleuchten und mit der eigenen Erfahrungswelt in Einklang stehen. Ebenso lassen sich die Prinzipien von der eigenen Person auch auf Führungsbeziehungen zu anderen übertragen.

## 3.1 Eigenes Ziel

Das erste Prinzip bedeutet, ein Ziel vor Augen haben, welches man selbst erreichen möchte.

Selbst: Immer dann, wenn wir selbst ein Ziel haben, treibt es uns an. Wird das Ziel von anderen gesetzt (Chefs, Behörden …), ist es zunächst schwierig, dieses Ziel uns zu eigen zu machen. Manchmal gelingt es uns, ein von außen gegebenes Ziel so in unser eigenes Zielsystem einzuordnen, dass es indirekt damit zu einem eigenen Ziel wird.

Führung: Die Kunst der Führung liegt darin, Mitarbeitende so an der Zielfindung zu beteiligen, dass diese sich emotional als die Erfinder oder zumindest Miterfinder der Ziele fühlen, ohne dabei die Unternehmensziele aus den Augen zu verlieren. Ein partizipativer und empathischer Prozess der Zielfindung ist daher wichtig, damit der „Flow" nicht schon am Anfang des Prozesses verloren geht.

## 3.2 Anspruch und Konzentration

Das zweite Prinzip bedeutet, dass das Ziel nur schwierig zu erreichen ist – also eine echte Herausforderung darstellt – und somit hohe Konzentration erfordert.

Selbst: Es steckt eine tiefe Weisheit darin, dass Glück in der Konzentration entsteht. Ein Manager, der an einer Leitungsteamsitzung teilnimmt, mit dem Handy Textnachrichten mit einem Kunden austauscht und noch auf seinem Tablet die eingehenden Mails checkt, ist nach dieser Definition nicht glücklich. Er verliert sich zwischen parallelen Prozessen, von denen er keinem die notwendige Aufmerksamkeit gibt. Er ist ein Getriebener, kein Meister der Situation. Leider verlockt die ständige Aktualität von Information zu einer solchen Lebensweise, sie wird zu einer Sucht, die uns von der Konzentration auf das Wesentliche ablenkt und uns damit unglücklich macht. Simon Sinek hat dies in einer Rede zu „Leaders Eat Last" sehr gut auf den Punkt gebracht: Wenn das erste, wonach Sie morgens nach dem Aufwachen greifen, eine Flasche Whiskey ist, dann sind Sie vermutlich süchtig. Wenn das erste, wonach Sie morgens greifen, ihr Smartphone ist, dann sind Sie vermutlich ebenfalls süchtig und beginnen bereits früh am Morgen Ihren Fokus zu verlieren (Quelle: https://www.youtube.com/results?search_query=simon+sinek+leaders+eat+last).

Führung: In der Führungsbeziehung bedeutet dies, dass eine Führungskraft Mitarbeitende vor einer Überladung mit Zielen schützen muss, nicht einfach den Druck nach „mehr, schneller, höher" von oben oder dem Markt ungefiltert an die Mitarbeitenden weiterreichen darf. Priorisierung ist eine wichtige Führungsfunktion! Permanente quantitative Überforderung gibt Mitarbeitern das Gefühl von Minderwertigkeit, lässt sie unglücklich werden und kann im Extremfall Konsequenzen wie bei Foxconn haben.

## 3.3 Erreichbarkeit des Ziels

Das dritte Prinzip bedeutet, dass das Ziel trotz der reizvollen Herausforderung erreichbar sein muss.

Selbst: Unerreichbare Ziele motivieren nicht. Die lebendige Vorstellung genau dieses Glückserlebnisses: „Ich habe es geschafft", ist es, was motiviert. Wenn das Resultat aller eigenen Anstrengungen nur ein „Nicht-erreicht" sein kann, hat das Beginnen keinen emotionalen Wert.

Führung: Erreichbare Ziele sind das Gegenteil der sogenannten „Stretch Goals", die als Motivationsinstrument von Zeit zu Zeit diskutiert werden. Die Idee ist, dass, je höher ein Ziel ist, Mitarbeiter sich umso mehr bemühen, dieses Ziel zu erreichen. Zum einen gilt hier aber, was bereits im vorhergehenden Absatz zur quantitativen Überforderung gesagt wurde, auch für die qualitative Überforderung. Ebenso kommt hinzu, dass ab einem bestimmten Punkt das Ziel so absurd hoch ist, dass es seine motivierende Wirkung verliert.

## 3.4 Belohnung für Fortschritte

Das vierte Prinzip bedeutet, dass Fortschritte auf dem Weg zum Ziel erkennbar sein müssen und eine Art von Belohnung für erreichte Zwischenziele da ist. Diese „Belohnung" kann ein rein in der Person stattfindender Prozess (erreichte weitere 100 Höhenmeter, die der Bergsteiger von seinem Höhenmesser abliest) oder von außen gegebene Belohnungen (Boni für erreichte Umsätze eines Vertriebsbeauftragten) sein.

Selbst: Hier ist sicherlich der Kern des Geheimnisses der Onlinespiele: die „instant gratification", die 10.000 Bonuspunkte, der neue Status. Erinnern Sie sich noch an Ihre ersten Erfahrungen mit einem Flipper? All die Geräusche, die diese Geräte machen, wenn die Kugel die richtige Stelle trifft? Das Gerät sagt: „Toll gemacht, weiter so" … und man machte weiter.

Führung: Gute Führungskräfte tun genau das, sie geben möglichst zeitnah ein Feedback, wie gut ein Mitarbeiter eine Leistung erbracht hat. Das Prinzip des „positive reinforcement", also der Ermutigung, positives Verhalten zu wiederholen, gilt sowohl in der Kindererziehung als auch in der Führung von Erwachsenen.

## 4 „Flow" im Unternehmen

### 4.1 Gesellschaftliche Entwicklung und Unternehmensentwicklung

Unternehmen, die es verstehen, Mitarbeiter so behandeln, wie oben beschrieben, werden auf die Dauer erfolgreich sein, weil sie mit gleichem Mitteleinsatz (=Gehälter und gehaltliche Nebenleistungen) den deutlich größeren Output haben werden. Sie kommen damit ihrem gesellschaftlichen Auftrag nicht nur in dem „Was", also der Herstellung von Produkten und Dienstleistungen, der Schaffung von Arbeitsplätzen und als Steuerzahler, sondern auch in dem „Wie", sprich in der Bereitstellung attraktiver Arbeitsplätze und damit glücklichen Mitarbeitern, nach. Eine Firma, die beides schafft, leistet einen wesentlichen Beitrag zu einer besseren Gesellschaft!

Ganz sicher spielt die Art des Produktionsprozesses eine wesentliche Rolle dabei, inwieweit die Arbeitsbedingungen geändert werden können, jedoch sind viele Dinge, die zunächst zu schwierig oder unmöglich erscheinen, am Ende doch möglich – auch im technischen Bereich.

Ein Beispiel aus der Automobilindustrie: Seit den Zeiten Henry Fords war das Paradigma der Produktion ein hoher Grad an Arbeitsteilung und somit die Fokussierung jedes einzelnen Arbeiters auf eine möglichst einfache, wiederkehrende Tätigkeit. Durch diese Monotonisierung der Arbeit wurden die Tätigkeiten jedoch so einfach, dass der Arbeiter sie ohne Herausforderung ausführen konnte – eine Vorform von Robotern, allerdings in Menschengestalt. Dieses führte zu einem Mangel an „Flow" bei den Arbeitern, weil die Arbeit keine attraktive Herausforderung mehr darstellte und alle Ziele bis ins kleinste Detail vorgegeben wurden. Die höchste Stufe dessen was Karl Marx einst als „Entfremdung der Arbeit" bezeichnete.

Aus diesem Grund wurden die Instrumente der Jobrotation (also des Tauschens von Arbeitsplätzen), des Job-Enrichment (der Anreicherung der Tätigkeit durch Integration höherwertiger Inhalte) und des Job-Enlargement (Verbreiterung des Tätigkeitsspektrums) entwickelt und angewandt. Eigentlich laufen alle drei Maßnahmenarten dem Ziel einer effizienten Produktion zuwider, da ja die Spezialisierung und damit der Skaleneffekt abnimmt. Der Grund, warum sie trotzdem weitestgehend eine Standardpraxis in moderner Produktion sind, ist, dass Menschen anders als Roboter ein Gefühlsleben haben, welches sich auf die Arbeitsergebnisse auswirkt. Vollkommen monotone, ins Detail vorgegebene Arbeit ohne eigene Entfaltungsmöglichkeiten senkt die Leistungsbereitschaft. Monotone Arbeit kann keinen Flow erzeugen und damit auch keine außerordentlichen Leistungen hervorrufen. Es wird getan, was getan werden muss – nicht mehr.

In der Zeit der frühen Industrialisierung war diese Art der Leistung ausreichend, um die Unternehmensziele zu erreichen, und der klassische Produktionsarbeiter hatte einfach zu „funktionieren". Die gefertigten Produkte waren im Vergleich zu heute einfach und die zu ihrer Erstellung notwendigen Tätigkeiten ebenso einfach auszuführen.

Die heutigen Produkte sind Quantensprünge von den damaligen Produkten entfernt. Telefone sind heute Multimediainstrumente, Autos fahrende Entertainmentzentren und viele Produkte/Dienstleistungen, wie Online-Gaming, Chat/Microblogging, Suchmaschinen etc., sind vollkommen neu entstanden.

Mit der Beschleunigung der Entwicklungszyklen kommt immer mehr ein Element hinzu, welches zum Merkmal unserer Zeit geworden ist: die Unsicherheit.

Niemand kann voraussagen, was sich wie verändern wird, aber eines ist klar: Kaum etwas wird so bleiben, wie es ist.

Was werden biometrische Tools noch alles an Veränderungen bringen? Wie wird sich das fahrerlose Auto auf die Automobilwirtschaft und die individuelle Mobilitätsgestaltung auswirken? Welche Auswirkungen werden staatenlose virtuelle Währungen im Internet haben?

Eine solche Welt ist nicht mehr kompatibel mit starr beschriebenen, bis in kleinste Details vordefinierten Tätigkeiten in Unternehmen. Mitarbeiter, die darauf warten, dass ihnen im Detail gesagt wird, was sie wie zu tun haben, werden immer weniger gebraucht werden und Unternehmen, die auf einer solchen Detailsteuerung von Mitarbeitern beharren, von der Bildfläche verschwinden.

Daher ist es kein Wunder, dass Firmen beginnen, kreative Freiräume für Mitarbeiter einzurichten. Ein Beispiel aus Deutschland ist die Firma Adidas, welche mit ihrem neuen Kreativzentrum nicht nur architektonisch neue Wege gegangen ist, sondern auch mit einer sehr liberalen Policy den Mitarbeitenden die Chance gibt, out of the box neue Ideen zu entwickeln.

Die Gestaltung der Arbeitswelt im Unternehmen nach den Prinzipien des „Flow" ist nicht rein humanistisch motiviert. Sie ist dauerhaft die einzige Möglichkeit, der von außen kommenden zunehmenden Unsicherheit eine starke, kreative, hoch motivierte Belegschaft entgegenzusetzen, welche in der Lage ist, diese Unsicherheit nicht nur zu reduzieren, sondern zu meistern.

Eine vollkommen Out-of-the-box-Weiterentwicklung eines Business ist der viel zitierte Pike Place Fish Market in Seattle. Kaum ein Business inspiriert Innovation so wenig wie der Verkauf von Fischen am frühen Morgen am Hafen einer Großstadt wie Seattle. Dennoch kam aus der Belegschaft der an den Ständen arbeitenden Fischverkäufer eine Idee, die nicht nur das Business zu einem signifikanten Erfolg hat werden lassen, sondern mittlerweile auch eine ganze Serie von Managementliteratur und Seminaren inspiriert hat: Die Umgestaltung des Verkaufsprozesses in eine Comedyshow. Mit jedem Besucher werden Späße getrieben, sei es, dass ein Fisch nah am Gesicht des Kunden durch Fingerpuppentechnik des Verkäufers zu nicken beginnt, oder der bestellte Fisch 4–5 m weit durch den Verkaufsstand von einem zum anderen Ende geworfen wird. Ein Besuch an diesen Ständen wurde zu einer wichtigen Attraktion mit stark gestiegenen Umsätzen und die Mitarbeitenden haben als Comedystars deutlich mehr Spaß an ihrer Arbeit als sie vorher als schlichte Fischverkäufer hatten. Kann man einen Fischstand zu einem Comedyzentrum werden lassen? Ja, man kann!

## 4.2 Interne Befragungen als Basis von Mitarbeiterorientierung

Um die oben beschriebene Art der Mitarbeiterorientierung im Unternehmen voranzutreiben, ist eine Fähigkeit des Managements besonders wichtig: das Zuhören!

Wie aber soll insbesondere das Topmanagement wissen, was den Mitarbeitern wirklich wichtig ist, wenn die klassische Linienorganisation Anweisungen von oben in der Pyramide über Hierarchiekaskaden nach unten laufen lässt und nur geschönte Informationen vom unteren Teil der Pyramide nach oben kommen lässt? Immer noch besteht die Angst in vielen Unternehmen, dass der Überbringer der schlechten Nachricht bestraft wird – und das mehr als 2000 Jahre nach der Erfindung dieses Prinzips im antiken Sparta, wo der Bote, welcher die Nachricht von einer verlorenen Schlacht überbrachte, getötet wurde.

Häufig angewandte Instrumente, um diese Informationsbarriere zu durchbrechen, sind Mitarbeiterbefragungen, Interviews und Focus Groups.

Mitarbeiterbefragungen finden in der Regel online und anonym statt, fragen aber bestimmte demografische Daten ab, um die Ergebnisse z. B. nach Alter, Geschlecht, Betriebszugehörigkeit, Abteilung und Hierarchieebene auswerten zu können. Sie haben den Vorteil, dass hierbei alle Mitarbeiter befragt werden können und durch die Anonymisierung eine Chance besteht, mehr authentische Aussagen und Bewertungen zu erhalten. Sicherlich wecken Mitarbeiterbefragungen auch Erwartungen auf Verbesserungen, daher führen Mitarbeiterbeiterbefragungen ohne Follow-up in der Regel zu erhöhter Frustration. Nur dann, wenn die Unternehmensleitung sowohl die Ergebnisse intern publiziert als auch klar erkennbare Verbesserungsmaßnahmen initiiert, ist eine Mitarbeiterbefragung ratsam. Ein weiterer Vorteil von Mitarbeiterbefragungen ist, dass sie Vergleiche zwischen den Unternehmensteilen ermöglichen und bei Kooperation mit bestimmten Befragungsfirmen, die immer die gleichen Fragen verwenden, sogar externe Vergleiche erlauben.

Focus Groups sind vorausgewählte, möglichst repräsentative Kleingruppen, in denen bestimmte Kernfragen in einem weniger strukturierten Format als bei Mitarbeiterbefragungen diskutiert werden. Der Vorteil der Focus Groups ist, dass es durch die Dialogform möglich ist, Hintergründe zu beleuchten und damit ein besseres Verständnis der Sichtweisen zu gewinnen. Auch können Focus Groups Ansätze zur Verbesserung entwickeln und durch die Diskussion bereits näher an die Realisierbarkeit bringen.

Individuelle Interviews erlauben die intensivste Form des „Zuhörens" bei ausgewählten Personen und können bei guter Fragetechnik und Vertrauen in den Interviewer tiefere Einblicke, insbesondere in besonders kritische Themen, gewähren.

### 4.3 Maßnahmen zur Erhöhung der Mitarbeiterorientierung und -bindung

Was können Unternehmen tun, um die beschriebene Art der Mitarbeiterorientierung voranzutreiben? Eine wichtige neue Entwicklung, die insbesondere in der Mitarbeiterqualifizierung mehr und mehr an Bedeutung gewinnt, ist die „Gamification". Gamification, also die Einführung spielerischer Elemente, appelliert exakt an die in Kap. 1 beschriebenen Flowaspekte. Ein langweiliges E-Learning-Programm mit Lesetexten und Multiple-Choice-Fragen am Ende kann durch Gamification zu einem spannenden Lernerlebnis werden, in dem der Lernende versucht, High Scores zu erreichen, verschiedene Lösungsvarianten durchspielt, eigene Ideen entwickelt und mit anderen Lernern spielerisch konkurriert oder um die richtige Lösung ringt.

Ebenso kann Gamification die Erreichung von Performancezielen, insbesondere von Gruppen, zu einem spannenden Erlebnis werden lassen. So haben zum Beispiel US-amerikanische Collection Centers (Callcenter, welche Kunden, die im Zahlungsverzug bei

Krediten sind, anrufen, um diese dazu zu bewegen, die Zahlungen wieder aufzunehmen) untereinander „Meisterschaften" im Format des US-American Football mit entsprechenden Score Boards in den Großraumbüros ausgetragen und Siege entsprechend gefeiert.

Eine weitere Form sind Peer-to-peer-recognition-Programme, bei denen Mitarbeiter anderen Mitarbeitern in einem Onlinesystem Bonuspunkte, z. B. als Dank für besonders kollegiales Verhalten oder als Anerkennung außerordentlicher Leistungen, zukommen lassen können.

Sicherlich sind auch die klassischen Instrumente von Familientagen, Jahresendfeiern, gemeinsamen Sportaktivitäten, Social Clubs zur gemeinsamen Freizeitgestaltung Wege, Mitarbeitern ein Gefühl von Unternehmenszugehörigkeit zu geben, welches über den reinen Status als Arbeitnehmer und Gehaltsempfänger hinausgeht.

Eine interessante Form der Kombination von Mitarbeiterorientierung und darüber hinausgehender sozialer Verantwortung sind Charity Events, wie z. B. Antik-/Flohmärkte auf dem Firmenparkplatz am Wochenende mit Spende der Einnahmen für wohltätige Zwecke. Ebenso organisieren manche Firmen z. B. Renovierungsaktionen von sozialen Einrichtungen, wie z. B. Kindergärten, mit ihren Teams, was einerseits ein teamentwickelndes Gruppenerlebnis ist und zusätzlich einen sozialen Nutzen stiftet.

Der wichtigste Transmitter von Mitarbeiterorientierung sind jedoch nicht Programme und Events, sondern ist die Führungskultur im Unternehmen – es ist das, was Mitarbeiter in ihrem Berufsalltag erleben. Eine ermutigende, respektvolle, motivierende, coachende, auf das Individuum eingehende Art des Umgangs mit Mitarbeitern ist der Schlüssel zur Mitarbeiterorientierung. Wie in Kap. 1 gezeigt, heißt dies nicht, dass Führungskräfte zu Animateuren in einem Wellnessclub mutieren sollen. Herausforderungen, die der Markt stellt, müssen in Herausforderungen für Mitarbeiter übersetzt werden. Dies ist eine der wichtigsten Führungsaufgaben und kann – wie in Kap. 1 gezeigt – durchaus in Harmonie mit dem Ziel einer positiven glücklichen Beschäftigung („positive employment experience") von Mitarbeitern im Unternehmen stehen. Führungskräfte müssen ein feines Gespür dafür entwickeln, wie viel Hilfestellung und wie viel Freiraum Mitarbeiter brauchen, um optimal zum Unternehmenserfolg beizutragen – was gleichbedeutend mit der optimalen Position zwischen Fähigkeit und Herausforderung in ihrem individuellen Flowkanal ist. Eine Grundvoraussetzung hierfür ist ein echtes Interesse an den Menschen und nicht eine Reduzierung von Menschen als Mittel zum Zweck. Dazu sind sowohl empathische Fähigkeiten als auch der Wille, diese anzuwenden, notwendig. Diese beiden Eigenschaften, also die Fähigkeit sowie der Wille zur Empathie, sollten sowohl bei Auswahlprozessen für angehende Führungskräfte als auch bei der Gestaltung von Führungskräftetrainings eine entscheidende, wenn nicht sogar *die* entscheidende Rolle spielen.

## Literatur

Csikszentmihalyi M (2015) Flow: Das Geheimnis des Glücks, 18. Aufl. Klett-Cotta
Lundin SC, Paul H, Christensen J (2005) Fish!™: Ein ungewöhnliches Motivationsbuch, 1. Aufl. REDLINE

**Matthias Zeuch** Nach 24 Jahren verschiedener HR-Leitungsfunktionen bei Daimler/Mercedes-Benz in Europa, USA und Asia-Pacific hat Matthias Zeuch vor circa zwei Jahren begonnen, ein weltweites HR Netzwerk, die „Global Association for Human Resources Management" (www.gahrm.net) aufzubauen. Die Association hat mittlerweile im äußeren Kreis mehr als 1500 Mitglieder und im inneren Kreis 80 Professoren, HR Leiter und leitende Berater. Der innere Kreis publiziert mit Springer Science+Business Media ein neues Standardwerk, das „Handbook of Human Resources Management". Ebenso bietet die Association Beratung, Kurse und Zertifizierung in HR Management an.

Seit September 2015 ist Herr Zeuch verantwortlich für den europäischen Personalbereich von Johnson Electric.

# Corporate Social Responsibility in Klein- und Mittelbetrieben Flexible Personaleinsatzstrategien und das Problem der Fach- und Führungskräftesicherung

Dieter Wagner

Dies bedeutet z. B. im Einzelnen:

- partizipative Entwicklung, Erprobung von betrieblichen Flexibilisierungslösungen in KMU verschiedener Branchen für Einzel-/Sonder- und Serienfertigung sowie in verschiedenen Regionen,
- Diskussion der betrieblichen Untersuchungsergebnisse zwischen den betrieblichen Anwendungspartnern zur Erschließung von Synergieeffekten entlang möglicher Kunden-/Lieferantenbeziehungen,
- Verallgemeinerung der betrieblichen Untersuchungsergebnisse sowie weiterführender empirischer Untersuchungen zur Entwicklung
  - eines Handlungsleitfadens für den betrieblichen Anwender, der beschreibt, wie in diesem Prozess systematisch vorgegangen werden soll. Bestandteile des Leitfadens sind arbeitswissenschaftlich und betriebswirtschaftlich orientierte Checklisten, Fragebögen, Auswerteroutinen usw.
  - eines Baukastensystems als systematische Sammlung intern und extern induzierter Flexibilisierungsstrategien und Personaleinsatzlösungen. Hier ist besonders die Frage zu beantworten, welche konkrete Flexibilisierungsstrategie in Abhängigkeit von der Fertigungsart über Einzel-, Kleinserien- bis Serienfertigung, der Branche (z. B. Maschinen- und Anlagenbau, Medizintechnik), von bestimmten Marktsituationen und -anforderungen, der Unternehmensstrategien, der Personalsituationen zweckmäßig ist und welche erfolgssichernden Rahmenbedingungen dafür einzuhalten sind.

---

D. Wagner (✉)
Universität Potsdam, August-Bebel-Straße 89, 14482 Potsdam, Deutschland
E-Mail: Dieter.Wagner@uni-potsdam.de

Das heißt auf der pragmatischen Ebene konkret, Unternehmenssicht und Mitarbeitersicht müssen gleichrangig betrachtet und bei der Entscheidungsfindung berücksichtigt werden.

## 1  Stand der Forschung

Die Situation der konjunkturellen Abschwächung in den Jahren 2007 ff. bestätigte in besonderem Maße die Notwendigkeit zu mehr Flexibilität und Stabilität in einer modernen auf Wirtschaftswachstum und nachhaltige Beschäftigungsfähigkeit ausgelegten Arbeitswelt. So war die Zahl der Erwerbstätigen in den neuen Bundesländern im Jahr 2009 rund 20.000 unter dem Vorjahresniveau. Die Unternehmen waren dabei sehr bemüht, ihr Fachpersonal zu halten, sie mussten aber auch auf die schlechte Auftragslage insbesondere mit der Kündigung von flexiblen Beschäftigungs- und Arbeitsformen, wie z. B. Zeitarbeitsverträgen und geringfügigen Beschäftigungsverhältnissen, reagieren. Im Großen und Ganzen zeigen die vorliegenden arbeitsmarktpolitischen Befunde auf eine typische Entwicklung des Auf und Ab der Konjunktur hin. Flexible Personaleinsatz- und -entwicklungskonzepte für längerfristige Arbeitsmarktprojektionen, die sowohl wirtschaftliche als auch sozialgerechte Lösungen in den Mittelpunkt stellen, sind offensichtlich mehr denn je erforderlich.

Insgesamt fehlen dazu immer noch empirische und theoretische Forschungsergebnisse, die das Beziehungsgeflecht Flexibilität, Stabilität, soziale Sicherheit und Qualität der Arbeit untersuchen. Sowohl die europäische Arbeitsberichterstattung als auch der DGB-Index „Gute Arbeit" liefern zwar wertvolle empirische und methodische Grundlagen, konzentrieren sich aber vordergründig auf abhängige Beschäftigungsformen und bauen auf Erkenntnissen der psychologischen Arbeitsanalyse sowie der persönlichkeitsförderlichen Arbeitsaufgabengestaltung (vgl. Ulich 2011) auf, die sich in ihren Analyse- und Bewertungskriterien im Wesentlichen wiederum auf Formen der traditionellen Erwerbsarbeit beziehen.

Der europäische Flexicurity-Ansatz versucht Konzepte für die erforderliche Flexibilität auf dem europäischen Arbeitsmarkt mit Beschäftigungssicherheit für den Menschen, insbesondere im transnationalen Vergleich, auch aufgrund der immer noch bestehenden arbeitsmarktpolitischen Segmentierung, zu synchronisieren. Da sich die Unternehmen auch in ihren Flexibilisierungsstrategien im globalen Kontext bewegen, erscheint es sinnvoll für den vorliegenden Projektansatz, Untersuchungsergebnisse aus dieser Initiative einzubeziehen.

Angesichts des demografischen Wandels gelangt die Fachkräftesicherung und die Diskussion über einen möglichen Fachkräftemangel immer mehr in den Fokus von Personalpolitik und Personalentwicklung. Beim Blick auf wichtige Arbeitsmarktindikatoren ist eines offenkundig: Fachkräfte sind besonders gefragt, aber auch teuer. Der Abstand zwischen den Arbeitslosenquoten von Qualifizierten zu Unqualifizierten wächst. Drohende Mangelsituationen sind insbesondere in den neuen Bundesländern aufgrund der hohen Abwanderungsquoten zu erwarten. Die Unternehmen können diesen Trend nur durch die Gestaltung attraktiver Arbeits- und Beschäftigungsformen aufhalten (vgl. Schmicker et al.

2011). Flexibilisierung ist unter Berücksichtigung individueller Präferenzen in der beruflichen und persönlichen Entwicklung u. a. auch für die frühe ausbildungsbegleitende Beschäftigung ein Suchpfad.

Ein gewichtiger Teil der Prozess- und Produktinnovationen kommt in Deutschland aus kleinen und mittleren Unternehmen (KMU), die auch die Mehrheit der Arbeitsplätze stellen. Kleinbetriebe sind nicht selten abhängig, z. B. als Zulieferer von den großen Unternehmen. Kleine Unternehmen haben in der Regel eine weniger mächtige Lobby und Finanzkraft. Diese Bedingungen führen zur Selektion, zum Überleben nur der Unternehmen mit optimaler und insbesondere flexibler Betriebs- und Arbeitsorganisation. Man ist versucht zu behaupten, dass der Selektionsdruck die überlebenden KMU zu Musterstätten der Innovationskultur macht, von denen im Sinne des Benchmarkings zu lernen ist. So finden wir bereits einen breiten Fundus informeller flexibler Arbeits-/Beschäftigungsformen bzw. Arbeitskombinationen und ein bürokratieloses schlankes Management vor, die es wert sind zu untersuchen (vgl. Quaas 2008; Sattes und Conrad 1998).

Ein KMU-orientiertes Projekt muss dabei in besonderem Maße pragmatische, nutzenorientierte Gestaltungslösungen entwerfen, auf Effektivität und Effizienz im methodischen Vorgehen aufgrund der knappen Ressourcen achten und Exemplarität sowie Generalisierbarkeit/Abstraktion in eine geeignete Balance setzen (vgl. Hartmann et al. 2008).

Die Gestaltung menschorientierter Aspekte unterliegt unter diesen Bedingungen zwingend einer zeitnahen wirtschaftlichen Evaluation. Das präferiert im Sinne eines ganzheitlichen Projektansatzes eine interdisziplinäre, arbeits- und gleichzeitig wirtschaftswissenschaftliche Forschungsbegleitung, die im Projektansatz gesucht wurde.

Seit den 70er-Jahren gibt es in der Arbeitswissenschaft und auch in der Personalwirtschaftslehre eine Diskussion zur differenziellen Arbeitsgestaltung und Personalpolitik (vgl. Ulich 2011). Die Differenzierung der Personalarbeit nach verschiedenen Zielgruppen ist letztlich kompatibel mit dem Konzept der Managing Diversity, in dem z. B. nach Gender, Alter, Nationalität, Kulturkreis etc. differenziert wird (vgl. Wagner und Sepehri 2000; Wagner und Voigt 2007). Dabei nehmen sowohl der demografische Wandel (z. B. Alter) als auch das Ausmaß an Internationalisierung und Globalisierung an Bedeutung zu.

Flexibilisierung und Individualisierung sind Personalkonzepte, die insbesondere in den 80er-Jahren entstanden sind. Vor allem die Lage und die Dauer der Arbeitszeit bildeten spätestens seit den Auseinandersetzungen um die 35-Stunden-Woche in der westdeutschen Metallindustrie den Ansatzpunkt für vielfältige Flexibilisierungskonzepte. Anfangs eher als exotisch und weltfremd verlacht, hat die Bedeutung dieser Konzepte ständig zugenommen, auch wenn bestimmt noch nicht alle Spielräume ausgeschöpft worden sind.

Individualisierung bezieht sich insbesondere auf die Handlungssituation einzelner Arbeitnehmer und zwar z. B. im Hinblick auf die individuelle Personalentwicklung und auf das individuelle Entgelt. Insbesondere die Cafeteriamodelle, nach denen innerhalb eines bestimmten Budgets bestimmte Sozialleistungen wählbar sind, haben gezeigt, dass hierdurch die Arbeitsplatzattraktivität und die Mitarbeiterbindung gesteigert werden kann (vgl. Wagner 1994).

Allerdings beziehen sich die bekannt gewordenen Modelle zur Arbeitszeitflexibilisierung (vgl. Glaubrecht et al. 1984) und zur individuellen Personalentwicklung sowie zur Entgeltindividualisierung vornehmlich auf Großunternehmen (vgl. Zander und Wagner 2005). Eine Übertragung dieser Konzepte auf Klein- und Mittelunternehmen liegt bislang kaum vor. Insbesondere bei den relativ kleinen Unternehmen in den neuen Bundesländern, z. B. mit Mitarbeitergrößen von 20–80 Mitarbeitern ist die vorliegende Literatur relativ klein. Hinzu kommt, dass eine integrative Betrachtung von (flexiblem und stabilem) Beschäftigungsverhältnis, (variabler) Vergütung und (flexiblem) Arbeitsort so gut wie unbekannt ist. Hier besteht ein entsprechender Forschungs- und Handlungsbedarf.

Hinsichtlich der Flexibilität und Individualisierung von Beschäftigung, Arbeitszeit und Entgelt überwiegt im deutschsprachigen Raum die konzeptionell orientierte Literatur. Empirische Arbeiten zum Verbreitungsgrad finden sich z. B. beim Wissenschaftszentrum Berlin, dem Institut der Deutschen Wirtschaft und dem Wirtschafts- und Sozialwissenschaftlichen Institut der Gewerkschaften (WSI). Dabei sind internationale Arbeiten nur schwer vergleichbar (z. B. zur Teilzeitarbeit), weil die rechtlichen und die institutionellen Rahmenbedingungen (z. B. das Schulsystem, das Angebot an Kitas) recht unterschiedlich sind. Gleichwohl kommt den Arbeiten zur Unternehmenskultur, zu Managing Diversity und zur „Lernenden Organisation" sowie zur Kompetenzentwicklung eine große Bedeutung zu, die insbesondere aus dem angloamerikanischen Raum stammen.

Im Bereich der externen Flexibilisierungsstrategien gewinnt die Nutzung von Zeitarbeit zunehmende Bedeutung. Insgesamt ist derzeit von über 400.000 Zeitarbeitern auszugehen. Zum Teil wird diese neue Beschäftigungsform als atypisches bzw. prekäres Beschäftigungsverhältnis diskutiert. Im Kontext der Reform der Arbeitsmarktpolitik (Personalserviceagenturen) und der Liberalisierung der Arbeitnehmerüberlassung wurde in Deutschland inzwischen ein Instrument geschaffen, dass insbesondere die Kompetenzentwicklungspotenziale in der Zeitarbeit befördert und negative Auswirkungen wie Lohneinbußen, erhöhte Mobilitätsanforderungen und geringe soziale Integration im Kundenunternehmen zu reduzieren versucht. Adaptionen der klassischen Zeitarbeit sind in sogenannten Poolkonzepten zu finden, die von regionalen und/oder branchenbezogenen Unternehmensnetzwerken gemeinsam für die flexible bedarfsgerechte Fachkräftebereitstellung vorgehalten werden. Erste Untersuchungen zeigen, dass diese Beschäftigungsform insbesondere für den Berufseinstieg von Hochschulabsolventen oder den Wiedereinstieg nach der Erziehungszeit geeignet ist (vgl. Schmicker und Schröder 2008).

Flexibilisierungsformen besitzen mindestens zwei Dimensionen, eine organisations- bzw. unternehmensbezogene und eine individuelle. Aus diesen zwei Dimensionen ergeben sich bestimmte Ausgangsbedingungen (Einflussfaktoren), die die konkrete Gestaltungslösung unter räumlichen, zeitlichen, vertraglichen und entgeltdifferenzierenden Gestaltungsaspekten beeinflussen. Je nach Konfiguration der Ausgangsbedingungen ergeben sich spezifische Flexibilisierungsstrategien und Lösungsmuster (vgl. Abb. 1)(vgl. Wagner und Grawert 1995).

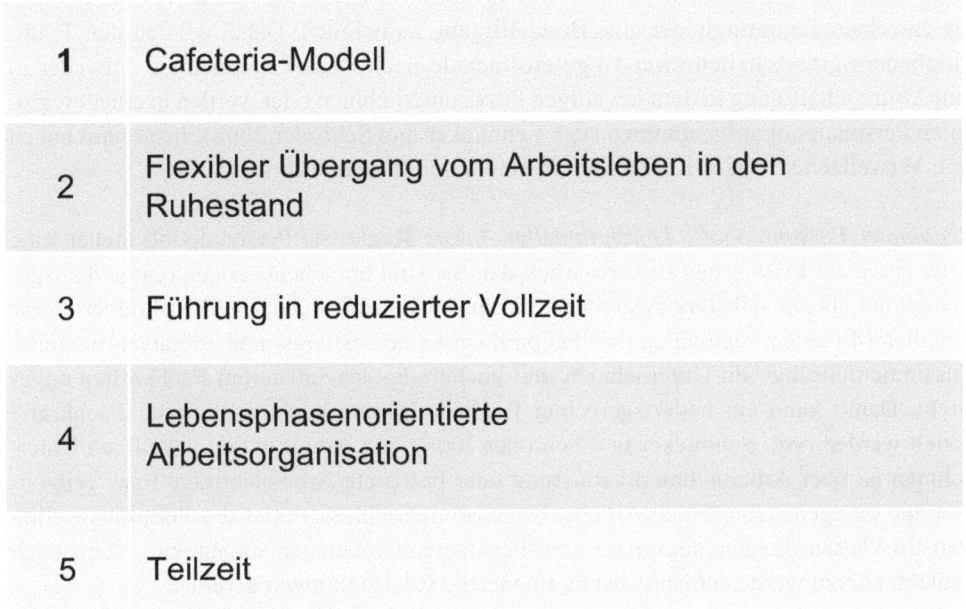

**Abb. 1** Flexibilisierungsstrategien und Gestaltungslösungen

Diese grundlegenden Betrachtungen sind eine wesentliche Basis für die Analyse, Bewertung und Gestaltung von konkreten betrieblichen sowie auf andere Unternehmen und Branchen zu übertragenden Flexibilisierungsstrategien in den Arbeitspaketen. Zugleich handelt es sich um eine integrierte, ganzheitliche Betrachtung aus individueller und organisationaler Sicht.

Ein Schwerpunkt der Betrachtungen ist neben der Suche nach generellen Lösungsansätzen die Analyse, Aufbereitung und Weiterentwicklung eigener Forschungs- und Entwicklungsarbeiten auf dem Gebiet zukunftsträchtiger flexibler Personaleinsatzstrategien und ihre Integration in den Handlungsleitfaden, das Baukastensystem und in die fünf betrieblichen Projekte.

Folgende Konzepte haben sich durchaus bewährt und bedürfen der weiteren Erprobung:

*Lernpools – konzeptioneller Ansatz* Lernpools sind Teams, die zur bedarfsgerechten und/oder regional orientierten Fachkräftegewinnung in einem Qualifizierungsprojekt auf eine Tätigkeit im Rahmen von Neuansiedlungen, Erweiterungsinvestitionen oder im Rahmen der Entwicklung von Unternehmen und Unternehmensnetzwerken vorbereitet werden. Die Vorbereitung erfolgt über Praxisexkurs, Training, Coaching, Mentoring sowie fachliche und überfachliche Schulungsmaßnahmen. Über die eingeleiteten Maßnahmen sollen die einzelnen Teammitglieder eine Beschäftigung aufnehmen. Dabei werden den Teammitgliedern grundsätzlich zwei Wege eröffnet. Je nach Bedarf münden sie entweder in eine Vollbeschäftigung in dem jeweiligen Praxisunternehmen oder werden in einem regionalen Personalpool aufgenommen (vgl. Schmicker und Schröder 2008). Insgesamt haben sich Verweilzeiten von 6–12 Monaten in einem Lernpool bewährt.

*Regionaler Personalpool – konzeptioneller Ansatz* Regionale Personalpools stellen eine Alternative zur klassischen Erwerbsarbeit dar. Sie sind branchenbezogen regional ausgerichtet und als ein selbstorganisierendes Team im Sinne des „angestellten Freiberuflers" gestaltet. Mit einem regionalen Personalpool wird eine leistungs- und aufgabenorientierte Zusammenführung von Unternehmen und hochgradig spezialisierten Fachkräften angestrebt. Damit kann ein bedarfsgerechter flexibler Einsatz hochqualifizierter Fachkräfte erzielt werden (vgl. Schmicker und Schröder 2006). Die Arbeit in den jeweiligen Unternehmen ist über Arbeitnehmerüberlassung oder befristete Arbeitsverträge bzw. Teilzeitverträge geregelt. Über einen Arbeitgeberzusammenschluss findet die Poolorganisation statt. In Phasen des Nichteinsatzes sind Personalentwicklungsmaßnahmen systematisch geplant. Hierzu werden entsprechende finanzielle Rückstellungen gebildet.

*Cafeteriamodell – konzeptioneller Ansatz* Dieses Modell ist ein betriebliches Anreizsystem, bei dem die Arbeitnehmer aus den vom Unternehmen angebotenen Zusatzleistungen im Rahmen eines bestimmten Budgets ihren Bedürfnissen entsprechend auswählen können. Dazu gehören Leistungen wie Unfallversicherung, Direktversicherung, Pensionsplan, Arbeitgeberdarlehen, Sachleistungen wie Kinderbetreuung, Sportprogramme, Weiterbildung oder Zeitleistungen wie ein Sabbatical. Größter Vorteil des Systems ist die individuelle Anpassungsmöglichkeit an ggf. sich verändernde persönliche Bedürfnisse für den Arbeitnehmer, ein Nachteil sind Einschränkungen aus der Steuergesetzgebung (geldwerter Vorteil). Interessant dabei wäre auch die Verrechnung von Arbeitszeitguthaben mit Entgelt, was zur Bildung von Zeitwertkonten führen würde (vgl. Wagner et al. 1994). Bisher sind kaum systematische Anwendungen in KMU bekannt.

*Temporäres Arbeitszeitmodell – konzeptioneller Ansatz* Ein temporäres Arbeitszeitmodell wird individuell für einen Mitarbeiter in einem Unternehmen für die Dauer eines strategischen und gezielten Personalentwicklungsprogramms für simultanes Studieren und Arbeiten entwickelt. Es kombiniert eine Vollzeit- und Teilzeitbeschäftigung mit Freisetzungszeit. Die Merkmale eines temporären Arbeitszeitmodells sind die ausbildungsbegleitende Wirksamkeit, langfristige Planung, zeitliche Flexibilität und arbeitsvertragliche Regelung. Zusätzlich werden bspw. über Langzeitbeschäftigungskonten Entgelt und Zeit erfasst und ausgeglichen. Die Ziele eines solchen Ansatzes sind die frühe ausbildungsbegleitende und bedarfsgerechte Fach- und Führungskräfteentwicklung, die frühzeitige Bindung von Fachkräften an regionale Unternehmen (insbesondere KMU), die Verknüpfung der theoretischen Grundlagenausbildung mit einer praxisbezogenen Tätigkeit im Unternehmen und vor allem die Sicherung der Zufriedenheit junger Mitarbeiter.

In Theorie und Praxis gibt es nur wenige Beispiele, in denen eng und konsequent zwischen Vertretern der Arbeitswissenschaft und der Wirtschaftswissenschaft im Rahmen der Gestaltung flexibler Arbeitswelten kooperiert wird. Die gemeinsame Bearbeitung schafft Synergieeffekte, da optimale Lösungen zur Sicherung der notwendigen Flexibilität sowohl arbeitswissenschaftlichen Kriterien (z. B. den Ebenen der arbeitswissenschaftlichen Bewertung) als auch betriebswirtschaftlichen Kriterien (z. B. vertretbare Kosten) entsprechen müssen.

- *Vereinbarkeit zwischen organisationalen und persönlichen/individuellen Flexibilitätsbedarfen*
  Auf der betrieblichen Ebene sollen konsequent Unternehmens- und Mitarbeitersicht gleichrangig in die Gestaltungslösungen einfließen. Die Antragsteller gehen davon aus, dass zukunftsträchtige und langfristig erfolgreiche Lösungen zur Personalflexibilisierung letztlich nur entstehen, wenn die Unternehmenssicht mit der Mitarbeitersicht entlang individueller berufsbiografischer Erwartungen zur Deckung gebracht wird.
- *Balance zwischen Flexibilität und Stabilität*
  Flexibilität und Stabilität stehen gleichrangig im Fokus der Betrachtungen. Beide Sichtweisen haben Chancen und Grenzen, die im Projekt in ihrer Wechselwirkung untersucht werden sollen.
- *Von der Unternehmensstrategie zur konkreten Gestaltungslösung*
  Aufgrund der hohen operativen Tagesgeschäftsbelastung und der geringen Personalressourcen haben KMU grundsätzlich Defizite in der strategischen Planung. Das Projekt versucht im besonderen Maße deshalb strategiegeleitete Gestaltungslösungen zu entwerfen. Die Fragestellung: „Tun wir die richtigen Dinge?", soll Ausgangspunkt allbetrieblicher Projektbetrachtungen sein, um eine hohe Nachhaltigkeit, Ganzheitlichkeit und Stabilität der entworfenen Lösungen zu sichern.
- *Ganzheitlichkeit der Gestaltungsaspekte*
- *Komplementäre Anreizgestaltung und Entgeltdifferenzierung*

## 2 Handlungsleitende Thesen

Im Folgenden sind im Rahmen des BMBF-Forschungsprojektes „Flexible Personaleinsatzstrategien in KMU" und des Arbeitskreises „Personalmanagement" der Schmalenbach-Gesellschaft für Betriebswirtschaft e. V. folgende Ergebnisse in thesenhafter Form entwickelt worden (vgl. Schmicker und Wagner 2014):

1. Die individuellen Ansprüche der Mitarbeiter an die Arbeit differenzieren sich deutlich. Immer mehr hochqualifizierte Frauen und Männer mit spezifischen – oft zeitlich begrenzten – Spielräumen suchen eine angemessene Beschäftigung.
2. Ein sehr wichtiger Ansatzpunkt besteht darin, durch flexible Lösungen des Personaleinsatzes die Wettbewerbsfähigkeit der Unternehmen zu sichern.

| | Es werden folgende Kategorien von Flexibilität vorgeschlagen: | |
|---|---|---|
| 1 | **Funktionale Flexibilität:** Anpassung der Arbeitsorganisation an wechselnde Rahmenbedingungen und damit die Möglichkeit der Variation von Arbeitsteilung, Arbeitsstruktur und Arbeitsorganisation. | **Beispiel:** Ein/eine Mitarbeiter/-in führt nicht nur die mechanische Bearbeitung von Teilen durch, sondern übernimmt zusätzlich die Qualitätskontrolle. |
| 2 | **Monetäre Flexibilität:** Variationsfähigkeit in Entgelt- und Anreizsystemen bezogen auf quantitative und qualitative Regelungen. | **Beispiel:** Die Vergütung erfolgt über einen festen Stundenlohn plus eines leistungsabhängigen Anteils. |
| 3 | **Numerische Flexibilität:** das Arbeitskräftevolumen an intern oder extern induzierte Nachfrageschwankungen im Rahmen des betrieblichen Leistungsportfolios anzupassen. | **Beispiel:** Einsatz von Leiharbeitnehmern zum Erfüllen von Auftragsspitzen. |
| 4 | **Räumliche Flexibilität:** Variationsfähigkeit des Arbeitsorts und des Arbeitsplatzes | **Beispiel:** Homeoffice /Telearbeit |
| 5 | **Zeitliche Flexibilität:** Variationsfähigkeit in der Arbeitszeit/Lebensarbeitszeit bezogen auf Lage (chronologisch) und Dauer (chronometrisch) der Arbeitszeit. | **Beispiel:** Beginn der Arbeit innerhalb eines vereinbarten Rahmens zu verschiedenen Zeitpunkten (Gleitzeit). |
| 6 | **Vertragliche Flexibilität:** Variationsfähigkeit in der juristischen und rechtlichen Form der Bindung zwischen Unternehmen und Mitarbeiter/-innen/Selbständige/Organisationen. | **Beispiel:** dem/der Mitarbeiter/-in steht frei, einen Arbeitsvertrag oder einen Werkvertrag für die Zusammenarbeit abzuschließen. |
| 7 | **Biografische Flexibilität:** Variationsfähigkeit in der Strukturierung/Systematisierung nach berufs-und lebensbiografischen Phasen. | **Beispiel:** Sonderform |

**Abb. 2** Kategorien von Flexibilität

3. Folgende Kategorien von Flexibilität können unterschieden werden (vgl. Abb. 2):
4. Da es sich erwiesen hat, dass optimale Lösungen für jedes Unternehmen anders aussehen, ist in jedem Fall eine betriebsspezifische Anpassung und Prüfung notwendig.
5. Folgende Ziele sind für die Unternehmen wichtig:
    a. Sicherung der Wettbewerbsfähigkeit,
    b. Sicherung der Arbeitgeberattraktivität,
    c. Gewährleistung bzw. Erhöhung von Arbeitszufriedenheit und Mitarbeitermotivation,
    d. Reduzierung von Krankheitsquoten.
6. Folgende Ziele sind aus Mitarbeitersicht wichtig:
    a. zeitliche Flexibilität unter den Aspekten
        I. Familienfreundlichkeit,
        II. Work-life-Balance,
    b. räumliche Flexibilität (Arbeiten zu Hause: Kinderbetreuung, Pflege),
    c. inhaltliche bzw. funktionale Flexibilität (Qualifizierung, Kompetenz- und Persönlichkeitsentwicklung),
    d. monetäre Aspekte (angemessene, auch individuell gestaltete, monetäre Anreizsysteme).
7. Das betriebliche System der Gestaltungslösungen umfasst je nach Situation die angemessenen (personalen) Flexibilitätsinstrumente, wobei sich die mitarbeiter- und die unternehmensbezogenen Ziele ergänzen (vgl. Abb. 3).
8. Flexibilitätsinstrument (z. B. Entgeltumwandlung, Arbeitszeitkonto) und -werkzeuge ergeben das Flexibilitätsmodell (vgl. 7.). Hierdurch ergeben sich verständliche, praxisgerechte und sinnvoll strukturierte Lösungen.

**Abb. 3** Modellbeispiele

| 1 | Cafeteria-Modell |
|---|---|
| 2 | Flexibler Übergang vom Arbeitsleben in den Ruhestand |
| 3 | Führung in reduzierter Vollzeit |
| 4 | Lebensphasenorientierte Arbeitsorganisation |
| 5 | Teilzeit |

9. In die jeweilige Gestaltungslösung fließen die unternehmensorientierten und die mitarbeiterorientierten Zielstellungen ganzheitlich ein.
10. Für die unternehmensorientierte Sicht bietet sich z. B. das Balanced-scorecard-Konzept an. Für die mitarbeiterorientierte Strukturierung sind die Ebenen der Persönlichkeitsförderlichkeit und der Sozialverträglichkeit wichtig.

Damit wird zugleich deutlich, wie flexible Personaleinsatzkonzepte zur Corporate Social Responsibility in Klein- und Mittelunternehmen (KMU) beitragen.

## Literatur

Glaubrecht H, Wagner D, Zander E (1984) Arbeitszeit im Wandel. Haufe, Freiburg i.B
Quaas W (2008) Eine Kultur der Menschenwürde in der Arbeit – Herausforderungen an eine zeitgerechte humanistische Arbeitswissenschaft. Otto-von-Guericke-Universität, Institut für Arbeitswissenschaft, Fabrikautomatisierung und Fabrikbetrieb, Magdeburg
Sattes I, Conrad H (1998) Arbeitsorganisation. In: Sattes I, Brodbeck H, Lang H-C, Domeisen H (Hrsg) Erfolg in kleinen und mittleren Unternehmen. Ein Leitfaden für die Führung und Organisation in KMU, 2. bearb. Auf. Universitätsverlag ETH Zürich, S. 93–106.
Schmicker S, Schröder S (2008) Autonomie im Umbruch, Neue Lebens- und Arbeitsentwürfe am Beispiel von Lern- und Personalpools in regionalen Netzwerken, Tagungsbband 54. Kongreß der Gesellschaft für Arbeitswissenschaften, Dortmund
Schmicker S, Wagner D (Hrsg) (2014) Der flexible Personaleinsatz, Entwicklung und Einführung von Gestaltungslösungen für flexible Personaleinsatzkonzepte in kleinen und mittleren Unternehmen. Shaker, Aachen
Schmicker S, Wassmann S, Kramer C (2011) Arbeitgeberattraktivität aus Sicht von Studierenden. Universitätsverlag, Magdeburg
Ulich E (2011) Arbeitspsychologie, 7. Aufl. Pöschel, Stuttgart
Wagner D (1994) Die Personalfunktion in der Unternehmensleitung. Gabler, Wiesbaden
Wagner D (Hrsg) (2016) Handbuch des Personalmanagements. Haufe-Lexware, München

Wagner D, Grawert A (1995) Sozialleistungsmanagement. C. H. Beck, München

Wagner D, Grawert A, Langemeyer H (1994) Cafeteria-Modelle. Poeschel, Stuttgart

Wagner D, Sepehri P (2000) Managing Diversity, Wahrnehmung und Verständnis im internationalen Management, PERSONAL 9. Handelsblatt-Fachverlag Düsseldorf, S 456–462

Wagner D, Voigt B F (Hrsg) (2007) Diversity-Management als Leitbild von Personalpolitik, Gabler, Wiesbaden

Zander E, Wagner D (Hrsg) (2005) Handbuch des Entgeltmanagements. München

**Prof. em Dr. Dieter Wagner** war von 1993 bis 2012 Inhaber des Lehrstuhles für Betriebswirtschaftslehre mit dem Schwerpunkt Organisation und Personalwesen an der Universität Potsdam. Zuvor lehrte er acht Jahre an der Universität der Bundeswehr in Hamburg. Und war mehrere Jahre in Führungspositionen der Wirtschaftspraxis tätig. Zur Zeit ist Prof. Wagner Geschäftsführer (Sprecher) der Universität Potsdam Transfer GmbH und dort für den Geschäftsbereich Executive Education zuständig.

Prof. Wagner bekleidet diverse Beirats- und Aufsichtsratspositionen, ist Mitherausgeber der PERSONALQuarterly. Er forscht und publiziert zu Themen der Flexibilisierung und Individualisierung, Management von Diversity und demografischem Wandel sowie zum Gründungs- und Innovationsmanagement.

# Teil IV
# Auswählen – Qualifizieren – Motivieren

# Professioneller Auswahlprozess – Ein Instrument des CSR

Matthias Busold

## 1 Vorspann

Der Auswahlprozess ist die Visitenkarte des Unternehmens gegenüber dem zunehmend umkämpften Arbeitsmarkt. Eine strategische Ausrichtung ist notwendig, um den Auswahlprozess als Teil des CSR darzulegen. Dieses erfordert Know-how, Kapazitäten, Stringenz und ein angemessenes Verhalten.

Den Auswahlprozess für neue Mitarbeiter so professionell zu gestalten wie möglich ist aus zwei Gründen essenziell. Zum einen, dies liegt auf der Hand, wird nur mit entsprechender Genauigkeit im Auswahlprozess und mit dem Einsatz der richtigen Instrumente herauszufiltern sein, welcher Kandidat für die jeweilige Vakanz der passende ist. Zum zweiten, und dies darf nicht unterschätzt werden, wird der Rekrutierungsprozess vor dem Hintergrund sich verändernder Arbeitsmärkte zu einem Teil des Corporate-Social-Responsibility-Ansatzes. Vor diesem Hintergrund werden Mechanismen und Instrumente eines optimalen Auswahlverfahrens diskutiert und Handlungsempfehlungen vorgeschlagen.

Das Verhalten gegenüber den Stakeholdern ist für ein Unternehmen charakterbildend. Zu den Stakeholdern gehören neben Kunden und Lieferanten, Investoren und derzeitigen Mitarbeitern auch Kandidaten in einem Rekrutierungsprozess. Dabei interpretieren wir den Begriff Kandidaten dahingehend, dass dies das gesamte „relevant set" an Personen ist, die potenziell für das Unternehmen als Mitarbeiter in Betracht kommen. Stets sollte beachtet werden, dass sämtliche Kandidaten, auch bzw. insbesondere diejenigen, die für eine bestimmte Position nicht infrage kommen, zuvorkommend und professionell behandelt

---

M. Busold (✉)
Busold Consulting – Human Values Consultants, Loogestieg 7, 20249 Hamburg, Deutschland
E-Mail: matthias.busold@busold-consulting.de

werden. Bewerber sind Multiplikatoren und können zu einem positiven oder eben auch einem negativen Image des Unternehmens beitragen.

Da der eingestellte Kandidat naturgemäß frohgestimmt ist, ist die positive Weitertragung des Images des Unternehmens in diesem Fall leicht. Deutlich herausfordernder ist, die positive Konnotation auch bei denjenigen Kandidaten zu erzielen, die im Rekrutierungsprozess keine Berücksichtigung fanden. Niemand ist erfreut, wenn ihm abgesagt wird. Letztlich empfinden Kandidaten, insbesondere Personen, die in der finalen Auswahlrunde waren, diese Situation als Niederlage. Manchmal hängt davon auch sehr viel ab, bspw. wenn die Person gerade von Arbeitslosigkeit bedroht ist und die wirtschaftliche Existenz in gewissem Sinne von der Einstellung abhängt. Um in diesem Fall dennoch ein positives Image zu kreieren, werden die verschiedenen Schritte des Auswahlverfahrens beleuchtet und die Erkenntnisse aus einer Vielzahl von Projekten dargelegt.

## 2 Herausforderungen

Die CSR-Thematik ist im Kontext der Fülle von Herausforderungen zu sehen, vor denen Unternehmen im Zuge der Veränderung von Arbeitgeber- zu Arbeitnehmermärkten stehen. Diese haben zur Folge, dass sich Unternehmen zukünftig nicht mehr ohne Weiteres die passenden Kandidaten aussuchen können, sondern sich um diese bewerben müssen. Der War for Talents ist in vollem Gange. Dieser Begriff wurde bereits im Rahmen der New-Economy-Zeit Ende der 90er-Jahre des vergangenen Jahrhunderts populär. Die damalige Jagd nach Talenten war jedoch durch eine spezifische Konjunktur bedingt. Im Gegensatz hierzu steht der heutige War for Talents 2.0 unter anderen Vorzeichen. Er ist struktureller Natur. Verschiedene Faktoren haben sich deutlich geändert, die Unternehmen bei der Rekrutierung von Talenten zu langfristigen Strategien zwingen. Zu diesen gehören:

- demografischer Wandel,
- kulturelle Veränderungen (Work-life-Balance),
- soziologische Veränderungen in der Einstellung zu Geld, Einfluss, Familie und Karriere.

Andererseits ist erkennbar, dass Arbeitskräfte ein hohes Maß an Qualifikation mitbringen müssen, um den Anforderungen des zukünftigen Arbeitsmarktes gerecht zu werden. Die gestiegenen Anforderungen resultieren u. a. aus folgenden Sachverhalten:

- Digitalisierung und damit einhergehende komplexe Geschäftsmodelle sowie neuartige Berufsfelder,
- zunehmender internationaler Wettbewerb, insbesondere durch BRIC- und osteuropäische Staaten,
- drastisch gestiegene Transparenz von Produkten, Leistungen und Preisen,
- geringere Markenbindungskraft beim Konsumenten.

Zudem hat sich durch folgende Aspekte ein harter Kampf um die besten Arbeitsplätze in Deutschland entwickelt:

- heterogene, sehr differenzierte Studiengänge (Bachelor/Master),
- sehr international geprägte Studentenschaft, die nicht nur in Deutschland ausgebildet wurde, sondern sich zunehmend vorstellen kann, auch in Deutschland zu arbeiten,
- Frauen drängen auf den Arbeitsmarkt, auch in höchste Führungspositionen,
- Einwanderung von jungen Fachkräften aus südeuropäischen Staaten.

Durch die gestiegenen intellektuellen und persönlichen Anforderungen werden Unternehmen verstärkt in die Rekrutierung des besten Kandidaten investieren. Im Zweifel bleibt eine Position unbesetzt, bevor eine Second-best-Lösung betrieben wird. Damit wird die Suche nach dem besten Kandidaten immer anspruchsvoller, sodass die Imagebildung des Unternehmens von entscheidender Bedeutung sein wird.

## 3 Kennzeichen des Rekrutierungsprozesses

Der Rekrutierungsprozess ist volkswirtschaftlich betrachtet eine typische Allokation, also das Zuordnen knapper Ressourcen auf verschiedene Verwendungsmöglichkeiten. Hierbei stehen im Wesentlichen zwei Aspekte im Vordergrund. Einerseits die Realisierung eines optimalen Arbeitgeber-Arbeitnehmer-Matches, andererseits die Erreichung eines optimalen Arbeitnehmerpositionsabgleichs. Dabei sind Rekrutierungsprozesse typischerweise durch zwei Probleme gekennzeichnet:

Unternehmen und Kandidaten sehen sich einer asymmetrischen Informationsverteilung ausgesetzt (Kräkel 2006). So besitzt der Kandidat normalerweise keine ausreichende Information über das Unternehmen, seine handelnden Personen und die tatsächliche Gestaltung der Aufgabenstellung. Manche dieser Aspekte können oberflächlich durch die zur Verfügung stehenden Medien generiert werden. Doch es stellt sich die Frage, wie substanziell diese Informationen tatsächlich sind und wie transparent die Gesprächspartner des Kandidaten etwaige Problemfelder im Rahmen der Aufgabenstellung, der Weiterentwicklung des Unternehmens oder der Abteilung, Marktprognosen etc. gegenüber dem Kandidaten darlegen. Empfohlen wird, hierbei so offen wie möglich zu sein, denn letztlich haben beide Seiten nichts davon, wenn sich am Tag des Beginns für den neu eingestellten Arbeitnehmer die tatsächliche Situation des Unternehmens oder der Aufgabenstellung ganz anders darstellt. Frustration und ggf. kurzfristige Kündigung, mithin immense Kosten, sind die Folge.

Andererseits besteht eine asymmetrische Informationsverteilung auch im Hinblick auf die Kenntnis des Unternehmens gegenüber dem Kandidaten. Anders als z. B. im Profifußball, bei dem jeden Samstag die ca. 300 aktiven Bundesligaspieler von zahlreichen Kameras und Kommentatoren begutachtet werden und somit ein vollständig transparenter Markt herrscht, ist dies in nahezu sämtlichen anderen Berufssparten gänzlich anders.

Der Einstellende muss sich auf Informationen verlassen, die er durch verschiedene, im Weiteren detailliert zu beschreibende Verfahren erhalten wird. Der Wahrheitsgehalt dieser Erkenntnisse ist nicht vollkommen. So ist es für einen Externen immer wieder sehr schwer zu beurteilen, wie z. B. im Rahmen der Besetzung einer Vertriebsposition überprüft werden soll, wie der Kandidat neue Kunden akquiriert und in welcher Funktion er genau agiert hat. Vielleicht war es nur ein Lucky Punch, womöglich haben andere Faktoren eine Rolle gespielt, eventuell hat der Kandidat nur durch einen glücklichen Zufall von dem Projekt Wind bekommen etc. All diese Punkte bleiben im Dunkeln, sodass eine Entscheidung ggf. auf Wohlwollen, Vertrauen und Spekulation basiert.

Zusätzlich besteht eine offenkundige Interessendivergenz zwischen Arbeitnehmer und Arbeitgeber. Der Arbeitgeber möchte letztlich den am besten qualifizierten Mitarbeiter zum günstigsten Preis einstellen. Der Arbeitnehmer hingegen verfolgt persönliche Ziele, die ggf. mit der tatsächlichen Tätigkeit nur am Rande zu tun haben, wie z. B. der Wunsch, aus privaten Gründen in eine andere Stadt zu ziehen und sich deswegen, aber nicht wegen der herausfordernden Aufgabenstellung, für diese oder jene Position zu interessieren. Ökonomisch gesprochen, ergeben sich aus diesen Themen Adverse-selection[1]- und Moralhazard[2]-Probleme.

## 4 Personalauswahl

Viele Unternehmen sehen in der Einstellung von Personal eine lästige Aufgabe, die nebenbei von einer Führungskraft übernommen werden kann. Es wird eine lieblose Anzeige geschaltet, abgewartet, wer sich bewirbt, und dann die vermeintlich kostengünstigste, also die Person mit den geringsten Gehaltsvorstellungen, eingestellt. Dies in einem einzigen, unvorbereiteten Gespräch mit unsinnigen Fragen und wenig Tiefgang.

Die Besetzung einer Vakanz sollte als Chance erkannt werden, CSR in den Auswahlprozess einfließen zu lassen, sich also ganzheitlich um den Kandidatenmarkt zu kümmern, indem systematisch nach der am besten passenden Person gesucht und am Kandidatenmarkt ein Statement hinterlassen wird. Dies erfordert Kapazitäten, Know-how und vor allem eine Strategie.

---

[1] Es stehen zwei Güter zur Auswahl, deren Qualität unterschiedlich ist – aber den Qualitätsunterschied kennt nur der Anbieter, nicht der Nachfrager. Da aus Sicht des Nachfragers die Güter sich nicht unterscheiden, wählt er das günstigere. Wegen der schlechteren Qualität ist der Anbieter nämlich bereit, es günstiger anzubieten. Auf diese Weise werden nur noch Güter mit schlechterer Qualität gehandelt, denn diejenigen mit guter Qualität kann der Nachfrager nicht erkennen und ist daher nicht bereit, entsprechend mehr zu zahlen.

[2] Ein Moral Hazard droht, wenn ein Widerspruch entsteht zwischen dem, was für die Allgemeinheit (Kollektiv), und dem, was für das Individuum vernünftig ist, mithin ein Widerspruch zwischen Kollektivrationalität und Individualrationalität vorliegt. Ein Moral Hazard steht an, wenn eine höhere Instanz (z. B. eine Regierung) oder eine kollektive Instanz (z. B. eine Versicherung) eine Kollektivrationalität durchsetzen will, diese aber von den Individuen zugunsten ihrer eigenen Interessen ausgenutzt und damit womöglich unterlaufen wird. Kurz: Ein Moral Hazard ist die Förderung leichtfertigen Verhaltens aufgrund der Abdeckungsgewissheit des resultierenden Schadensrisikos (Meyer 2004).

Zunächst sollte die *Auswahlstrategie* festgelegt werden, also ob eine auf Homogenität oder Heterogenität ausgerichtete Belegschaft entstehen soll. Homogene Gruppen sind leichter zu führen, neue Mitglieder der Gruppe sind leichter zu integrieren, da es ein grundsätzlich gleichartiges Gedankenkonstrukt gibt. Somit wird das Risiko, die falsche Einstellungsentscheidung zu treffen, als geringer eingeschätzt. Auf der anderen Seite wird eine heterogene Auswahl einen Perspektivwechsel möglich machen, neue Argumente werden in die Diskussion eingebracht, andere Blickwinkel betrachtet, mithin erhöht sich die Chance auf Innovation. Dies erfordert allerdings Charakterfestigkeit der Einsteller sowie ein Verständnis für das mögliche Konfliktpotenzial (Hoering et al. 2001).

Des Weiteren muss die *zielgruppenadäquate Ansprache* determiniert werden. Digital Natives sind nicht mit den gleichen Mechanismen und Medien anzusprechen, wie z. B. Ü50-Personen. Es sollte zusätzlich entschieden werden, ob eine Ansprache am Markt differenziert oder undifferenziert erfolgen, welche Imagebildung durch Anzeigen erreicht werden und in welcher Intensität der Auswahlprozess erfolgen soll. Zum Beispiel stellt sich die Frage, ob der Auswahlprozess einen mehrstufigen Verlauf umfasst, bei dem die Kandidaten durch mehrere Schritte mit unterschiedlichen Personen und verschiedenen Methoden auf Herz und Nieren geprüft werden, mit dem nachteiligen Effekt, dass sich womöglich ein interessanter Kandidat diesem Prozess nicht aussetzen möchte und das Verfahren verlässt.

Die Auswahl geeigneter Kandidaten erfordert den intensiven Einsatz von geeigneten Maßnahmen, um adverse Selektionseffekte zu vermeiden. Hierzu gehören:

Signalling

- Lebenslauf
- Zeugnisse (Prämisse: Diejenigen Akteure sind besonders produktiv (sollten eingestellt werden), die die besten Zeugnisse und den passenden Lebenslauf bieten.)

Screening

- Bewerbungsgespräch
- Assessment-Center/Auditierung/Appraisal
- Verhalten in vermeintlich irrelevanten Situationen (Abendessen, Freizeitaktivitäten)

## 5 Identifizierung des Talents

### 5.1 Signalling

Zunächst muss sich ein Unternehmen klar machen, welche Kompetenzen es für eine bestimmte Position benötigt. Die dafür nötigen Talente sind naturgemäß bei einem potenziell zukünftigen CFO andere als bei einem IT-Leiter. Teilweise ähneln sie sich aber auch, wie bspw. Führungskompetenzen. Wenn eine Organisation also herausragende Persönlichkeiten für ein entsprechendes Traineeprogramm einstellen möchte mit der Zielsetzung, die eingestellten Personen langfristig an das Unternehmen zu binden, zu fördern und in maßgebliche Positionen aufsteigen zu lassen, muss eine gut durchdachte Identifikationsstruktur implementiert werden.

Noten können das erste formale Kriterium sein, das anzusetzen wäre. Eine durchgängig hervorragende Note in Mathematik charakterisiert sicherlich analytisches Talent (Ability). Doch wäre die singuläre Betrachtung dieser Note (oder sämtlicher Noten) deutlich zu wenig, um zu einer positiven Entscheidung für einen Kandidaten zu kommen. Wichtiger ist die Frage: Wie kam ein Kandidat zu den vorhandenen (guten) Noten? Welche Leistungsbereitschaft hat ein Kandidat gebraucht, um diese Noten zu erlangen, also welches Engagement hat die Person eingesetzt, um die entsprechenden Erfolge zu erzielen? Denn es ist zu beobachten, dass Personen, denen die Aufnahme von Wissen in der Schule oder im Studium sehr leicht fiel, häufig Probleme bekommen, wenn sie unter großem Druck und starker Konkurrenz Leistung erbringen müssen, da sie während der Schulzeit aufgrund ihrer intellektuellen Überlegenheit selten stark kompetitiven Situationen ausgesetzt waren. Des Weiteren sollte evaluiert werden, welche Gründe vorlagen, dass eine Persönlichkeit das o. g. Engagement (und den daraus abgeleiteten Erfolg) betrieben hat. Waren es extrinsische Motivatoren, wie z. B. der Druck oder die Tradition der Familie, oder war das Engagement intrinsisch motiviert? Wie stark ausgeprägt ist die Ambition eines Kandidaten? (Ambition darf hier übrigens nicht mit Ehrgeiz verwechselt werden: Ambition soll als ausgeprägte Motivation, Ziele durch eigene Leistung zu erreichen, verstanden werden. Ehrgeiz ist hingegen das Verfolgen von Zielen unter Zuhilfenahme von teilweise unlauteren Mitteln.) Zusätzlich ist eine detaillierte Analyse der individuellen Motivationsfaktoren und der beruflichen und nichtberuflichen Felder, in denen sich die „Leidenschaft" des Kandidaten zeigt, vonnöten – zum Beispiel in Form besonderer Aktivitäten in Sportvereinen oder sozialen Engagements.

## 5.2 Screening

Eine Erfolg versprechende Vorgehensweise, die Talente einer Person herauszufinden, ist, ihr die Chance zu geben, sich im Gespräch zu entwickeln und darauf zu achten, welche Prioritäten sie setzt, warum sie etwas betont bzw. warum sie bestimmte Aspekte nicht erwähnt. Zum Beispiel wird ein erfahrener Personaler einen Kandidaten nicht bitten, chronologisch sein CV zu erläutern, sondern er wird ihn danach fragen, was ihn in seinem Werdegang geprägt hat. Hier kann der Kandidat selbst entscheiden, was ihm im Laufe seines Lebens wichtig war und was ihn dazu geführt hat, dort zu sein, wo er jetzt ist. Die wenigsten Kandidaten machen sich dies klar und sind im ersten Moment verblüfft und etwas ratlos hinsichtlich dieser offenen Frage. Es sollte bei der Beantwortung darauf geachtet werden, ob die Person eine hohe Auffassungsgabe besitzt, wie sie also mit dieser Frage umgeht.

Neben diesen dialogbasierten Interviews haben sich professionelle Instrumente wie Assessment-Center und Appraisals als probate Mittel zur Identifikation von Talenten herausgebildet.

Im Rahmen eines Assessment-Centers testet ein Einstellungsgremium den oder die Kandidaten in mehreren Situationen (Verhaltenssimulation, Arbeitsproben) über einen längeren Zeitraum. Aufgrund des hohen Stressfaktors wird eine Extremsituation simuliert, der sich der Kandidat stellen muss. Neben Fachkompetenzen sollen dabei vor allem zwischenmenschliche Kommunikationsfähigkeit und Führungsqualitäten getestet werden. Um ein valides Ergebnis zu erzielen, sollte jedoch nicht nur die „Laborsituation" hergestellt werden, sondern das Assessment-Center sollte sich über mindestens zwei Tage erstrecken und die Möglichkeit beinhalten, den Kandidaten bei einer informeller gestalteten Abendveranstaltung in Form eines Abendessens oder lockeren Beisammenseins auch außerhalb der AC-Situation kennenzulernen. Oftmals werden erst hier Verhaltensweisen und Sozialkompetenzen deutlich, die zu einer Einstellung oder Ablehnung des Kandidaten führen (Thom und Friedli 2008).

Beim Appraisal handelt es sich um eine differenzierte Kompetenz- und Potenzialanalyse. Die Fähigkeiten und Verhaltensweisen der Kandidaten werden dabei anhand einer strukturierten und validierten Methodik professionell evaluiert. Insbesondere kann die Frage beantwortet werden, inwiefern Kandidaten den heutigen und vor allem zukünftigen Anforderungen entsprechen (Aldering und Hohensee 2011).

## 6 Verhalten im Auswahlprozess

Unternehmen müssen sich bewusst sein, dass sich die Rekrutierung eines neuen Mitarbeiters immer aus Pull- und Push-Faktoren zusammensetzt. Unternehmen sollten die Hybrisfalle, der aus unserer Erfahrung oftmals insbesondere inhabergeführte Unternehmen unterliegen, vermeiden. Selbstverständlich ist es notwendig, dass ein Bewerber seine Motivation deutlich darlegt, gleichfalls muss sich das Unternehmen präsentieren und dem Kandidaten gegenüber sein Interesse dokumentieren. Es muss seine Vorzüge darstellen und den Kandidaten von sich ebenso überzeugen, wie der Kandidat die Repräsentanten des Unternehmens. Hierzu gehören: gegenseitiges Vertrauen aufbauen, sich genügend Zeit nehmen, den Kandidaten nicht über Gebühr vor dem Gespräch warten lassen – akademisches Viertel ist in Ordnung – und das Gespräch eine bis eineinhalb Stunden dauern lassen.

Der Einstellungsprozess muss zügig und zielorientiert organisiert werden. Der Kandidat muss ein Gefühl für das Interesse des Unternehmens an seiner Person bekommen und das Verfahren muss strukturiert und transparent wirken. Das Unternehmen sollte administrative Aspekte, wie Terminierung, Gesprächspartner, Anreiseverfahren, Übernahme der Reisekosten deutlich machen. Reisekosten werden grundsätzlich vom Unternehmen übernommen. Dies ist einerseits rechtlich festgelegt, andererseits empfehlenswert, da ansonsten das negative Bild eines knauserigen Unternehmens vermittelt wird. Kurzfristige, aktive Feedbackrunden, auch wenn sich der Prozess länger hinzieht, vermitteln einen professionellen Eindruck. Wir empfehlen einen One-face-to-the-candidate-Ansatz. Der Kandidat hat einen Ansprechpartner im Unternehmen, der bei Krankheit oder Urlaub dafür sorgt, dass eine Vertretung über die Geschehnisse informiert ist.

Ein unprofessionell gestalteter Rekrutierungsprozess wirkt negativ auf das Unternehmen. Selbst bei Kandidaten, die man auf keinen Fall einstellen möchte, muss absolute Stringenz des Prozesses vorliegen, denn diese können Kunden, Konsumenten oder Multiplikatoren sein bzw. womöglich zu einem späteren Zeitpunkt der richtige Kandidat. Daher ist Professionalität auf allen Ebenen und aller am Prozess beteiligten Personen während sämtlicher Prozessschritte essenziell. Personalauswahl ist Chefsache. Nur der Einstellungsentscheider kann auch die Auswahl der zum Gespräch einzuladenden Kandidaten treffen. Sollte dies an untergeordnete Mitarbeiter ohne Fachkompetenz delegiert werden, besteht die Gefahr, Kompetenzen zu übersehen, versteckte Fähigkeiten nicht zu erkennen oder aus Aussagen falsche Schlüsse zu ziehen.

Die Konsistenz des Prozesses wird zum Beispiel durch Einhaltung von Zusagen unterstützt. Es kommt vor, dass sich Einstellungsprozesse aufgrund verschiedener interner und externer Faktoren verzögern. Gerade in diesem Fall ist es wichtig, die Kandidaten von Zeit zu Zeit über den Status quo zu informieren. Dies kann schriftlich, sollte aber immer proaktiv erfolgen. Für Absagen empfehlen wir, dass je weiter ein Kandidat im Prozess fortgeschritten ist, umso individueller das Absageschreiben formuliert werden sollte. Persönlich kennengelernte Kandidaten erhalten eine telefonische Absage mit einer dezidierten Begründung. Diese Absage übernimmt die höchstgestellte Person des Prozesses. Die Zeit sollte hierfür einkalkuliert werden.

Während der persönlichen Gespräche werden die Kenntnisse, Kompetenzen und die Persönlichkeit der Kandidaten evaluiert. Vermeiden Sie auf jeden Fall den Kandidaten zu drangsalieren, also das sogenannte Grillen. Wenn die Interviewer bei einer Antwort die Plausibilität vermissen, kommunizieren Sie dies deutlich. Es kann auch zu einer Absage führen, wenn Verhaltensweisen des Kandidaten diskonform zu den Normen des Unternehmens sein sollten, aber Höflichkeit, Wertschätzung, Takt sind von einem professionellen Unternehmen zu erwarten – Interviews können hart, müssen aber fair ablaufen. Beispielsweise ist es völlig nachvollziehbar, wenn für eine Vertriebsposition in Asien sehr gute Englischkenntnisse Voraussetzung sind. Daher ist es natürlich legitim, einen Teil des Gespräches in Englisch zu führen. Sollte der Bewerber diese Fähigkeiten nicht in ausreichendem Maße mitbringen, kann das Gespräch beendet werden, mit dem klaren Hinweis, dass dies eine essenzielle Bedingung für die Übernahme der Position ist. Jeder wird dies verstehen. Es ist unsinnig, den Kandidaten über einen längeren Zeitraum Englisch sprechen zu lassen, obgleich er nicht die notwendigen Fähigkeiten mitbringt.

Um einen insgesamt professionellen Eindruck gegenüber den Kandidaten zu hinterlassen, wird empfohlen, die Auswahlgespräche/Interviews von erfahrenen Interviewern durchführen zu lassen und offene Fragen zur Handlungskompetenz zu stellen und typische Personalerhandbuchfragen zu vermeiden, wie z. B.:

- „Warum wollen Sie denn eigentlich wechseln?" (bei Direktansprache)
- „Was sind Ihre Stärken/Schwächen?"
- „Wo sind Sie in 5 (10, 15 etc.) Jahren?"
- „Sind Sie ein Teamplayer?"

Oftmals kommt es vor, dass ausgeschiedene Kandidaten das Gespräch mit einem Repräsentanten des Unternehmens suchen, um die Gründe für die Absage zu erfahren. Wir raten dringend dazu, sich dessen bewusst zu sein und Kapazitäten hierfür freizustellen und keine fadenscheinigen Ausreden zu erfinden oder sich hinter der Formulierung „ein anderer Kandidat passte besser" zu verstecken, sondern stets offen und wahrheitsgemäß zu antworten. Wir haben die Erfahrung gemacht, dass eine konstruktive, vielleicht hart anmutende, aber ehrliche Stellungnahme zur Kompetenz, dem Verhalten oder zu anderen zur Absage führenden Aspekte immer besser ankommen als belangloses Geschwafel. Stets sollten sich die handelnden Personen fragen, wie sie selber in einem Bewerbungsprozess behandelt werden möchten. Die Maxime sollte lauten, den Kandidaten als Menschen betrachten.

## 7  Optimaler Auswahlprozess

Eine detaillierte und klare Profilbestimmung ist die Grundlage einer Suche. Die Einschaltung eines renommierten Personalberaters kann zur Schaffung einer positiv belegten Employer Brand von wenig am Markt bekannten Unternehmen beitragen, z. B. durch eine Co-Branding-Anzeige, die das bekannte Logo der Personalberatung mit dem des Auftraggebers kombiniert und damit eine entsprechende Wertigkeit des Unternehmens ausstrahlt. Die exklusive Beauftragung eines Personalberaters ist vonnöten, um am Kandidatenmarkt den Eindruck zu vermeiden, dass unter starkem Druck und desperat dieselben Kandidaten von unterschiedlichen Firmen angesprochen werden. Eine synergetische Kooperation zwischen Berater und Unternehmen ist notwendig. Beide ziehen an demselben Strang und sollten gegenüber dem Arbeitsmarkt gleichartig auftreten.

In der klar und verständlich formulierten Anzeige sollten die erwünschten Kompetenzen eindeutig benannt werden. Zum Beispiel sollte statt eines unkonkreten „managementerfahren" lieber „nachweisbare Erfahrung in der Führung von Teams mit 5-7 Mitarbeitern" formuliert werden. Die Darlegung von Sachverhalten in der Anzeige und auch im Kandidateninterview muss mit der Realität des Unternehmens übereinstimmen.

Die Prozessschritte im Rahmen eines professionellen Auswahlverfahrens werden in nachfolgender Abbildung gezeigt (Abb. 1).

Für die gesamte Durchführung bis zur Einstellung kann ein Zeitrahmen von zehn Wochen veranschlagt werden. Zwischen dem ersten und einem zweiten Gespräch liegen nicht mehr als zehn Arbeitstage. Eine Rückmeldung zum jeweiligen Gespräch erfolgt binnen zwei Arbeitstagen. Sollte nach dem zweiten Gespräch ein Vertragsangebot unterbreitet werden, empfehlen wir zunächst telefonisch innerhalb von zwei Tagen mit dem ausgewählten Kandidaten in Kontakt zu treten und nach positivem Feedback und grundsätzlicher Einigung sehr zügig einen Vertragsentwurf per E-Mail im PDF-Format zu übersenden. Ein offizielles Vertragsdokument wird dann nach finaler Einigung ebenfalls sehr kurzfristig erstellt. Das Momentum des Einstellens sollte stets genutzt werden und der Kandidat sollte sich zuvorkommend behandelt fühlen.

**Abb. 1** Optimaler Auswahlprozess

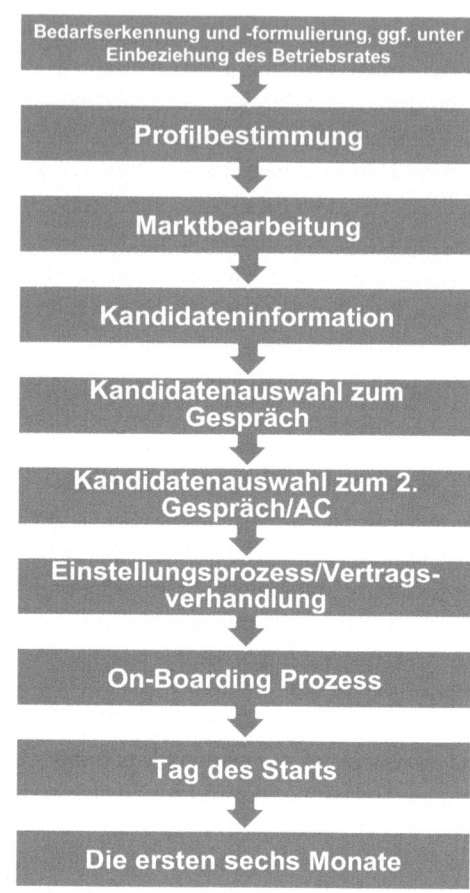

## 8 Onboarding-Prozess und die ersten sechs Monate

Nachdem der Rekrutierungsprozess mit der Unterschrift des selektierten Kandidaten vordergründig abgeschlossen ist, beginnt nun der Onboarding-Prozess, der ebenso zum Einstellungsprozess gehört und genauso wichtig ist, um kognitive Dissonanz bei dem neuen Mitarbeiter zu verhindern. Denn nur in den seltensten Fällen wird der Kandidat unmittelbar nach der Vertragsunterschrift in das neue Unternehmen einsteigen. Zwischen Unterschrift und Arbeitsbeginn liegen oft mehrere Monate, in denen viel passieren kann. Um keine Unstimmigkeiten aufkommen zu lassen, empfehlen wir, den neuen Mitarbeiter von Zeit zu Zeit sowohl mit (scheinbar) notwendigen Aspekten (Visitenkarten, Mobiltelefonnummer etc.) als auch mit offenkundigen Goodwill Calls zu kontaktieren, um, falls nötig, Themen des Mitarbeiters zu erkennen und möglichst frühzeitig zu beheben.

Zusätzlich ist es dringend erforderlich, am Tag des Arbeitsbeginns alle Vorbereitungen erledigt zu haben. Zu diesen gehören:

- Schreibtisch, Laptop, Mobiltelefon, Visitenkarten, Passwort,
- Information der Mitarbeiter des Unternehmens,
- Vorgesetzter (bzw. Einsteller) nimmt sich am ersten Tag Zeit, begrüßt den neuen Kollegen, führt ihn durch die Abteilung(en) und kümmert sich um ihn.

Gleichfalls ist es wünschenswert, wenn das Unternehmen einen Fahrplan für die ersten sechs Monate erstellt hat und den neuen Mitarbeiter durch diese Monate, z. B. mithilfe eines Mentors, begleitet. Sinnvollerweise sollte dieser Mentor im Hinblick auf Alter und Hierarchie des Unternehmens einen deutlichen Abstand zum Mentee haben, um Konflikte zu vermeiden. Unklarheiten, Konfliktpotenzial mit Kollegen, Vorgesetzten und Mitarbeitern sowie sonstige Themen kann der Mentor im Vorfeld entschärfen und moderierend zur Seite stehen. Auch der Personalberater, so es denn einen im Prozess gegeben hat, kann diese Rolle teilweise einnehmen.

## 9 Fazit

Die professionelle Gestaltung des Rekrutierungsprozesses wird zunehmend als zentraler Teil des CSR erkannt und damit als Instrument im Rahmen des War for Talents immer wichtiger. Bereits Stellenanzeigen fungieren als Marketinginstrument, z. B. Co-Branding-Anzeigen mit einem bekannten Personalberater. Noch wichtiger sind die Organisation und das Verhalten der am Rekruting-Prozess beteiligten Mitarbeiter des Unternehmens. Diese sollten stets professionell, proaktiv, hilfs- und auskunftsbereit sein und sich als Repräsentanten des Unternehmens sehen.

Entscheidend ist, ein rekruting-orientiertes Gesamtkonzept zu entwickeln, welche Ziele im Rahmen des Auswahlverfahrens erreicht werden sollten, und daraus abgeleitet eine entsprechende Strategie zu implementieren. Die propagierten Aspekte müssen mit der Realität übereinstimmen, um im Verfahren den Cultural Fit des Bewerbers mit dem Unternehmen so gut wie möglich bestimmen zu können. Durch die Professionalisierung des Auswahlverfahrens kann sich das Unternehmen in Bezug auf CSR ein Renommee aufbauen, das auf Bewertungsplattformen, wie z. B. Kununu, positiv bewertet wird. Dabei geht es nicht um ein lasches Auswahlverfahren, sondern um Fairness, ein adäquates Verhalten der Gesprächspartner und eine stringente Vorgehensweise.

## 10 Glossar

### 10.1 Signalling

Im Rahmen der Personalauswahl werden als Signalling sämtliche objektiv vorliegenden Fakten verstanden. Hierzu gehören Noten und Bewertungen in Abschluss- und Arbeitszeugnissen sowie der Lebenslauf. Dieses Verfahren setzt die Annahme voraus, dass diejenigen

Akteure besonders produktiv sind (also eingestellt werden sollten), die die besten Zeugnisse und den passenden Lebenslauf bieten. Es wird nach dem Muster entschieden, dass die Vergangenheit ein Prädiktor für die Zukunft darstellt.

## 10.2 Screening

Im Rahmen des Screenings wird durch den Einsatz verschiedener Instrumente – Interview, Assessment-Center, Appraisal – mit erheblichem Aufwand versucht, entweder im 1:1-Gespräch oder in der Gruppe Fähigkeiten, Kompetenzen, Handlungsweisen und Sozialverhalten des Kandidaten einzuschätzen und für die zu besetzende Vakanz abzuleiten. Hierbei werden unternehmenstypische oder abstrakte Situationen simuliert und die daraus resultierenden Erkenntnisse für die Position in den jeweiligen Kontext gesetzt.

## Literatur

Aldering C, Hohensee J (2011) Management Appraisals als Hebel für Führungskräfte. In: Hofmann D, Steppan R (Hrsg) Headhunter. Gabler, Wiesbaden

Hoering S et al. (2001) Homogenität und Heterogenität in der Gruppenzusammensetzung. München

Kräkel M (2006) Prinzipal-Agenten-Ansatz, in Handelsblatt Wirtschaftslexikon. Schäffer Poeschel, Stuttgart, S. 4589–4595

Meyer M (2004) Prinzipale, Agenten und ökonomische Methode – Von einseitiger Steuerung zu wechselseitiger Abstimmung, Einheit der Gesellschaftswissenschaften Bd. 130, Mohr Siebeck, Tübingen, S. 73–98

Thom N, Friedli V (2008) Hochschulabsolventen gewinnen, fördern und erhalten. Haupt Verlag, Bern

**Matthias Busold** Jahrgang 1970, ist Gründer und Geschäftsführer von *Busold Consulting – Executive Search*. Er ist seit zehn Jahren im Executive Search tätig und berät insbesondere Digital- und Professional-Service-Unternehmen im Rahmen der Besetzung von Führungs- und Expertenpositionen. Busold hat Betriebswirtschaft in Berlin, Los Angeles und Wien studiert. Er agierte als Vertriebsleiter internationaler IT-Unternehmen und war Co-Founder und Geschäftsführer eines erfolgreichen E-Commerce-Unternehmens während der New-Economy-Zeit. Er ist darüber hinaus als Dozent an verschiedenen Hochschulen und als Autor zu den Themen Personalwirtschaft und Kommunikation tätig und ist Herausgeber des Buches „War for Talents".

# Bildungsmanagement – Beitrag zum Unternehmenserfolg als soziale Verantwortung?

Christoph Anz

## 1  Der Begriff Bildungsmanagement

Wer in den einschlägigen Handbüchern und Lexika nach einer allgemeingültigen Definition von „Bildungsmanagement" sucht, wird im Kern auf zwei Bedeutungsebenen verwiesen.[1] Einerseits gehe es um Aktivitäten, mit denen Lern- und Lehrprozesse angestoßen, konzipiert, durchgeführt und gegebenenfalls auch evaluiert werden; damit wird die Prozessebene des Lehrens und Lernens in den Mittelpunkt gestellt, was auf einem geistes- und sozialwissenschaftlichen Verständnis von Bildung beruht. Andererseits existieren die betriebswirtschaftlichen Konnotationen, bei denen Konzeption, Steuerung und Auswertung als Teil des Managementprozesses verstanden werden. Die unterschiedlichen Bedeutungszusammenhänge zielen zunächst in verschiedene Richtungen und können als Bildungsprozessmanagement und als Bildungsbetriebsmanagement interpretiert werden.

Das Bildungsprozessmanagement fokussiert auf das Initiieren und Gestalten von Lehr- und Lernprozessen, die innerhalb eines definierten organisationalen Rahmens stattfinden. Zu den wesentlichen Aufgaben des Bildungsprozessmanagements gehören – idealerweise in dieser Reihenfolge – die Bildungsbedarfsanalyse, die Programmplanung sowie die Programmdurchführung, die Prüfung, die Transfersicherung, die Evaluation und schließlich die Programmrevision.

Beim Bildungsbetriebsmanagement stehen Steuerung und Gestaltung der organisationalen, finanziellen und personalen Rahmenbedingungen im Mittelpunkt. Dies gilt unab-

---

[1] Vgl. beispielsweise Seufert 2013 oder Marburger und Griese 2011.

C. Anz (✉)
Grundsätze, Konzepte, Prozesse Personalentwicklung, BMW Group, Petuelring 130, 80788 München, Deutschland
E-Mail: Christoph.Anz@bmw.de

hängig davon, ob es sich um eine öffentliche Bildungseinrichtung als Teil des staatlichen Bildungssystems, wie beispielsweise eine Schule, eine Einrichtung der Erwachsenenbildung oder um eine Organisationseinheit innerhalb eines Unternehmens handelt, die diese Aufgaben für das Unternehmen verantwortet. In allen Zusammenhängen sind Personalmanagement, Organisationsentwicklung, Bildungsmarketing, Controlling und Bildungscontrolling usw. zu leisten. Die jeweils genutzten Managementtheorien und -methoden, derer sich die einzelnen Bildungseinrichtungen bedienen, unterscheiden sich nicht von denen, die auch in anderen Organisationsformen zum Einsatz kommen.

Bildungsprozessmanagement und Bildungsbetriebsmanagement sind eng aufeinander bezogen, ergänzen sich gegenseitig und können nur gemeinsam zu einem Gesamterfolg beitragen, wenn sie entsprechend gesamthaft gestaltet und gesteuert werden. Ein erfolgreiches Bildungsmanagement innerhalb solcher Bedingungen lässt sich demnach auch daran messen, wie die unterschiedlichen Ebenen in Einklang gebracht, gegeneinander austariert und gleichzeitig zu einem Mehrwert für das Unternehmen gestaltet werden. Dafür erforderlich ist die Beachtung und der bewusste Umgang mit bzw. die konstruktive Gestaltung von wiederum unterschiedlichen, teilweise sich gegensätzlich gegenüberstehenden Aspekten.[2] Dazu zählen insbesondere die genannten Dimensionen Selbstzweck, Mitarbeiterbindung, Wettbewerbsfähigkeit, soziale Verantwortung und Eigennutz.

Im Folgenden werden diese Dimensionen anhand verschiedener Ansätze in der Förderung und Weiterentwicklung von Mitarbeitern beleuchtet und immer wieder die Frage nach dem erforderlichen Umfang von Bildungsmanagement und dessen Erfolgsfaktoren gestellt.

## 2 Erhalt der Beschäftigungsfähigkeit von Mitarbeitern durch Bildungsmanagement

Die in der Schule und den daran anschließenden Bildungsgängen – entweder im Bereich der beruflichen oder im Bereich der hochschulischen Qualifizierungsmöglichkeiten – erworbenen Fähigkeiten und Kompetenzen reichen in der Regel dazu aus, den Einstieg in den Arbeitsmarkt erfolgreich zu gestalten. Die damit offenbar vorhandene Beschäftigungsfähigkeit der Absolventen wird meist in den ersten Berufsjahren eher unbewusst als bewusst durch die ausgeübte Tätigkeit erweitert; die gesammelten Erfahrungen, der Umgang mit dem Erlernten in unterschiedlichen Arbeitszusammenhängen erweitern den individuellen Horizont und tragen dazu bei, auch in schwierigen und unerwarteten Situationen richtig zu handeln. Die Beschäftigungsfähigkeit wird also gesichert und in gewisser Weise ausgebaut.

Je nach Arbeitszusammenhang ist diese anfänglich fast automatisch gesicherte Beschäftigungsfähigkeit[3] rasch in eine Sackgasse geraten, weil weder eine fachliche noch

---

[2] Vgl. dazu auch die Ausführungen von Diesner 2009 sowie die Zusammenstellung von Gessler 2009.

[3] Allgemein zur Beschäftigungsfähigkeit vgl. etwa Möller 2014.

eine überfachliche, bewusst gesteuerte Weiterqualifizierung angestrebt, geschweige denn umgesetzt wird. Für den einzelnen Mitarbeiter bedeutet diese Situation recht schnell die Gefahr, den eigenen Arbeitsplatz wieder zu verlieren, weil trotz aller Routine und Erfahrung kein adäquater Umgang mit sich ändernden Rahmenbedingungen erfolgen kann. Vielfach fühlen sich Mitarbeiter überfordert, eigenständig einschätzen und entscheiden zu können, welche Bildungsmaßnahmen sinnvoll dazu beitragen können, die eigene Beschäftigungsfähigkeit zu erhalten. Teilweise herrscht auch die Erwartungshaltung vor, der Abreitgeber müsse schon selbst dafür sorgen, dass durch geeignete Bildungs- und Qualifizierungsangebote die kontinuierliche Anpassung an sich ändernde Anforderungen gesichert wird; schließlich läge dies im Eigeninteresse des Unternehmens.

Die Eigenverantwortung des Individuums in diesem Zusammenhang wird immer wieder negiert, obwohl auch hier das Eigeninteresse des Individuums unterstellt werden darf. Die Sicherung des eigenen Lebensunterhalts – um nicht von der eigenständigen Teilhabe an der Gesellschaft zu sprechen – sollte tatsächlich zum Eigeninteresse der Mitarbeiter gehören. Aus dieser Perspektive sollten sich die (vermeintlichen) Eigeninteressen von Mitarbeiter und Arbeitgeber ohne Probleme ergänzen bzw. in Einklang bringen lassen. Beide Seiten sollten ein elementares Interesse an dem Erhalt der Beschäftigungsfähigkeit haben und sich aktiv dafür engagieren.[4]

Damit eröffnen sich mehrere Handlungsstränge für das Bildungsmanagement eines Unternehmens:

- Schaffung von Transparenz bezüglich aktueller und absehbarer Anforderungen;
- Bereitstellung von Informationen über geeignete Bildungs- und Qualifizierungsmaßnahmen;
- Schaffung geeigneter Rahmenbedingungen für die aktive Teilnahme an Bildungsmaßnahmen;
- Entwicklung und Etablierung geeigneter Instrumente, um Beschäftigungsfähigkeit zu sichern;
- Verankerung eines Grundverständnisses der Bedeutung von Beschäftigungsfähigkeit in der Unternehmenskultur.

Zweifelsfrei ließen sich weitere Handlungsstränge anführen, wie beispielsweise die Etablierung geeigneter Messinstrumente zur Qualitätssicherung eigener (und externer) Bildungsangebote oder die Evaluierung erfolgter Qualifizierungsmaßnahmen, damit eine Erfolgsmessung durchgeführt wird. Doch soll hier die Darstellung nicht unnötig komplex werden, um sich auf die wesentlichen Anforderungen an das Bildungsmanagement zu konzentrieren.

---

[4] Das Spannungsfeld zwischen betriebswirtschaftlichen Aspekten einerseits und der Notwendigkeit zum Erhalt der Beschäftigungsfähigkeit beleuchtet Galon 2013.

## 2.1 Partnerschaften des Bildungsmanagements im Unternehmen

Bei dem Erhalt der Beschäftigungsfähigkeit der Mitarbeiter – gesamthaft ebenso wie bei Teilgruppen oder dem einzelnen Mitarbeiter – ist es für das Bildungsmanagement unerlässlich, die strategische Weiterentwicklung des Unternehmens ebenso zu kennen wie die kurzfristigen Veränderungen, die sich aus dem Einsatz neuer Maschinen oder neuer Software – um nur wenige Beispiele zu nennen – für die jeweiligen Mitarbeiter ergeben. Mit anderen Worten: Bildungsmanagement kann nur dann erfolgreich sein, wenn die Mikroebene ebenso erfasst ist wie die Makroebene; kurzfristige Anforderungen müssen in gleicher Weise im Blick sein wie die langfristig angestrebten und absehbaren Veränderungen.[5] Auf beides muss mit den geeigneten Bildungs- und Qualifizierungsmaßnahmen reagiert werden, damit den Mitarbeitern die passenden Angebote für den Erhalt der individuellen Beschäftigungsfähigkeit unterbreitet werden können.

Dabei ist es keineswegs erforderlich, alle Maßnahmen selbst zu entwickeln, anzubieten und durchzuführen. Prinzipiell ist es völlig ausreichend, wenn die Mitarbeiter klare Informationen erhalten, mit welchen Angeboten sie den richtigen Schritt zum Erhalt der Beschäftigungsfähigkeit gehen. Unabhängig von der Frage, ob die Mitarbeiter eher mit eigenen, arbeitsplatzbezogenen Inhouseangeboten konfrontiert oder auf externe Angebote aufmerksam gemacht werden, ist die Sicherung der Motivation, solche Maßnahmen anzunehmen und individuell für sich zu nutzen, von entscheidender Bedeutung. Dies gelingt umso besser, je deutlicher die Unternehmenskultur von einem positiven Grundverständnis geprägt ist. Dazu beitragen kann auch der Sozialpartner, der für das erfolgreiche Bildungsmanagement eine wesentliche Rolle spielen kann.

Bildungsmanagement hat sehr viel mit Überzeugungsarbeit und Vermittlung von positiven Grundeinstellungen zu tun. Dies gilt gegenüber allen Unternehmensbereichen, allen Hierarchiestufen und allen Beschäftigten in einem Unternehmen gleichermaßen.[6] Ein erfolgreiches Bildungsmanagement sorgt dafür, dass auch der Sozialpartner eingebunden ist und einen wesentlichen Teil der Kommunikation gegenüber den Beschäftigten unterstützt, teilweise auch mit eigenen Mitteln durchführt. Die Akzeptanz einer gemeinsam erfolgten Initiative oder Kampagne auf Seiten der Mitarbeiter ist erheblich größer, als wenn nur das Personalwesen oder die Unternehmensseite allein agieren.

Insgesamt muss das Bildungsmanagement an der Strategieentwicklung eines Unternehmens beteiligt sein, mindestens jedoch die strategische Entwicklung genau kennen, gleichzeitig die Unternehmenskultur beeinflussen, den Sozialpartner als Verbündeten gewinnen und für ausreichend Transparenz für die Mitarbeiter sorgen. Hinzu kommen die Konzeption, gegebenenfalls Durchführung und Evaluierung von Bildungs- und Qualifizierungsangeboten, mit denen die Beschäftigungsfähigkeit erhalten werden kann. Mit diesem Grundverständnis eines eigenen, wesentlichen Beitrags zum Erhalt der Beschäftigungsfähigkeit der Mitarbeiter übernimmt das Bildungsmanagement – und damit letztlich

---

[5] Vgl. dazu bspw. Negri 2011; auf die notwendige Verzahnung der unterschiedlichen Ebenen hat bereits Pieler 2003 hingewiesen.

[6] Vgl. dazu die Ausführungen von Mauthner 2008, der die Bedeutung der unterschiedlichen Menschenbilder nachdrücklich unterstreicht.

das Unternehmen – zugleich soziale Verantwortung. Wer als Arbeitgeber aktiv die Mitarbeiter dabei unterstützt, die Beschäftigungsfähigkeit zu erhalten, leistet einen erheblichen Beitrag im eigenen Unternehmen, aber auch gegenüber der Gesellschaft, weil das Risiko von (zeitweiser) Arbeitslosigkeit erheblich reduziert wird. Insofern treffen sich hier unterschiedliche Motive, erfolgreiches Bildungsmanagement zu betreiben, weil es unterschiedliche „Profiteure" gibt.

## 3 Erschließung des Mitarbeiterpotenzials durch Bildungsmanagement

Neben den Erhalt der individuellen Beschäftigungsfähigkeit tritt die Frage, wie das Potenzial der Mitarbeiter erkannt und für den Arbeitgeber bestmöglich erschlossen werden kann. Die bereits eingangs erwähnte Bildungsbedarfsanalyse spielt auch in diesem Zusammenhang eine wesentliche Rolle. Dieses Instrument wird in zwei Richtungen eingesetzt: Einerseits ist zu ermitteln, welchen Kompetenzbedarf das Unternehmen bzw. Teilbereiche innerhalb des Unternehmens aktuell, in naher Zukunft sowie langfristig aufweist; andererseits ist transparent zu machen, welcher individuelle Bildungsbedarf bei den einzelnen Mitarbeitern besteht, damit sie die Kompetenzanforderungen erfüllen können. Dieser eher formalistische Ansatz ist bei der entsprechend konsequenten Durchführung zweifelsfrei ein Erfolg versprechender. Allerdings bleibt mit dem Formalismus das Individuum, der einzelne Mitarbeiter mit seinen eigenen Erwartungen, Werten, Interessen, Stärken und Talenten unbeachtet. Damit steht eine solche Form von Bildungsmanagement in der Gefahr, trotz aller Bemühungen und scheinbar klarer Ergebnisse dauerhaft ohne den gewünschten Erfolg zu bleiben.

Neben die erforderliche Bildungsbedarfsanalyse sollte daher ein weiterer Aspekt des Bildungsmanagements, letztlich der Führungsarbeit treten: die Zusammenführung von individuellen Stärken und Talenten des einzelnen Mitarbeiters mit den auf die künftigen Kompetenzbedarfe des Unternehmens ausgerichteten Bildungsmaßnahmen. Auf diese Weise entsteht ein an den Kompetenzbedarfen des Unternehmens ausgerichtetes Bildungsmanagement, das die Stärken und Interessen des Einzelnen nutzt, um die Potenziale möglichst umfänglich heben und für das Unternehmen einsetzen zu können. Damit steigt sowohl die individuelle Zufriedenheit und Bindung des Mitarbeiters an das Unternehmen als auch die Produktivität des Unternehmens. Eine defizitorientierte Personalentwicklung, die lediglich erkennt, welche Defizite auszugleichen sind, um Kompetenzanforderungen zu erfüllen, wird weitaus weniger erfolgreich sein. In diesem Fall wird die soziale Dimension völlig ausgeblendet und nur auf der formalistischen Ebene gedacht, ermittelt und umgesetzt.

### 3.1 Stärkenorientierung im Bildungsmanagement

Das Bildungsprozessmanagement und das Bildungsbetriebsmanagement müssen hier besonders eng ineinandergreifen und aufeinander abgestimmt sein. Nur dann wird die Wirkung entfaltet, die erforderlich ist, um auch die Unternehmenskultur entscheidend prägen zu können. Letztlich kann aus diesem stärkenorientierten Ansatz ein Business Case gerechnet werden, denn unzufriedene Mitarbeiter, die in der Gefahr stehen, „innerlich zu kündigen", kosten jedes Unternehmen erhebliche Beträge, wohingegen motivierte Mitarbeiter, die immer wieder auf sie und auf die Kompetenzanforderungen zugeschnittene Bildungsmaßnahmen durchlaufen, maßgeblich zum Erfolg eines Unternehmens beitragen. Somit zeigt sich auch bei dem Ansatz, die Mitarbeiterpotenziale heben zu wollen, dass ein rein formalistischer Ansatz abzulehnen und stattdessen ein umfassender Ansatz, der den einzelnen Menschen in die Betrachtung einbezieht und entsprechend handelt, sehr viel erfolgreicher ist.

Die Wirksamkeit der stärkenorientierten Personalarbeit[7] ist nicht auf Teilbereiche oder bestimmte Zielgruppen beschränkt, sondern erstreckt sich über das ganze Unternehmen, über alle Verantwortungsbereiche und sämtliche Aufgabengebiete. Vor diesem Hintergrund ist es verwunderlich, dass im Bildungsmanagement und in der Personalarbeit insgesamt nicht längst konsequent und flächendeckend auf einen solchen Ansatz umgestellt worden ist. Angesichts des bis heute defizitorientiert arbeitenden Bildungssystems in Deutschland, das viele Generationen von (Bildungs-)Managern geprägt hat, lässt sich jedoch ein Erklärungsansatz finden.

## 4 Höherqualifizierung von Mitarbeitern durch Bildungsmanagement

Eine weitere Facette der Mitarbeiterentwicklung stellt das gezielte Höherqualifizieren von Mitarbeitern dar. Auch damit wird ein Beitrag zum Erhalt der Beschäftigungsfähigkeit sowie der Entwicklung des Mitarbeiterpotenzials geleistet, allerdings sind die Dimensionen erheblich andere und die langfristige Zielsetzung unterscheidet sich ebenfalls. Mit der Höherqualifizierung von Mitarbeitern ist hier das Erreichen eines höheren Bildungsabschlusses gemeint, der durch unterschiedliche Maßnahmen möglich wird. Klassisch in Deutschland ist die berufliche Fortbildung, die mit Abschlüssen wie Meister, Techniker usw. eine lange Tradition und hohes Ansehen genießt. Im akademischen Bereich war bis vor etwa 15 Jahren hierzulande kaum mehr als Promotion nach einem abgeschlossenen Studium möglich, um eine formale Höherqualifizierung zu erreichen.

Mit der Einführung des gestuften Studiensystems und der Hochschulabschlüsse Bachelor und Master haben sich vielfältige Möglichkeiten entwickelt, die in anderen Regionen innerhalb und außerhalb Europas, insbesondere im angloamerikanischen Raum längst selbstverständlich waren. Die Grundidee ist einfach und kann auch als Antwort auf die sich grundlegend ändernden Lebens- und Arbeitswelten interpretiert werden. Die Zeiten, in denen eine „Initialqualifizierung" für den Einstieg in den Arbeitsmarkt und das lebenslang erfolgreiche Gestalten der individuellen beruflichen Entwicklung ausreichend war, sind längst vorbei. Doch scheint diese Erkenntnis erst ganz allmählich auch im Bildungs-

---

[7] Grundlegend zur Stärkenorientierung noch immer Buckingham und Clifton 2014. Vgl. ergänzend Rath 2014.

management außerhalb und innerhalb der Unternehmen anzukommen und in entsprechende Maßnahmen umgesetzt zu werden.

Vereinfacht – und provozierend – ließe sich argumentieren, was die berufliche Bildung mit ihrer Erstqualifizierung und den vielfältigen Möglichkeiten der Höherqualifizierung durch die Fortbildungsabschlüsse über Jahrzehnte erfolgreich (vor-)gelebt hat, ist im hochschulischen Bereich durch die Einführung der gestuften Studienstruktur kopiert worden. Jedenfalls ergeben sich aus dieser Stufigkeit Entwicklungschancen, die ein unternehmensbezogenes Bildungsmanagement geschickt nutzen kann. Dies gilt sowohl im Hinblick auf Anreizsysteme und Bindungsmöglichkeiten gegenüber den einzelnen Mitarbeitern als auch hinsichtlich des auf Kompetenzbedarfe ausgerichteten „Bildungsmanagements" für unterschiedliche Zielgruppen innerhalb der Belegschaft.

## 4.1 Berufsbegleitendes Studium als Aufgabe des Bildungsmanagements

Der sich immer schneller vollziehende Wandel an Kompetenzanforderungen, bedingt durch die technologischen Weiterentwicklungen und sich daraus ergebender höherer Komplexität, erfordert es immer häufiger, Mitarbeiter so zu qualifizieren, dass sie dauerhaft beschäftigungsfähig bleiben und damit zum Unternehmenserfolg beitragen können. Dies umfasst auch die Notwendigkeit, Mitarbeiter in neue Aufgabenfelder zu entwickeln und sie mit Wissen und Kompetenzen auszustatten, die nicht unbedingt mit ihren ursprünglich erlernten Berufsfeldern unmittelbar zu tun haben. Das Bildungsmanagement hat hier – wie in den sonstigen Bereichen ebenfalls – die Aufgabe, geeignete Maßnahmen zu identifizieren, die Mitarbeiter entsprechend zu motivieren und zu begleiten. Auf diese Weise können beruflich Qualifizierte im Laufe ihres Berufslebens nicht nur einzelne Module an Qualifizierungsangeboten aus der akademischen Welt nutzen, sondern durch das Absolvieren kompletter Studiengänge einen Hochschulabschluss erwerben.

Diese Form der Höherqualifizierung eröffnet individuelle Entwicklungspfade, die innerhalb der beruflichen Qualifizierungswelt enger begrenzt sind.[8] Gleichzeitig ist diese Höherqualifizierung auch ein Beitrag zur Erschließung zusätzlichen Mitarbeiterpotenzials. Ein (langjähriger) Mitarbeiter, der die Unternehmensabläufe kennt und um die Herausforderungen weiß, vor denen ein Unternehmen steht, kann durch das erfolgreiche Absolvieren eines (berufsbegleitenden) Studiengangs kontinuierlich an der Bearbeitung der Problemstellungen mitarbeiten und trägt darüber hinaus zu einem Wissenstransfer zwischen Unternehmen und Hochschule bei, von dem beide Seiten profitieren.

Das Bildungsmanagement steht in diesem Bereich noch immer vor großen Herausforderungen und Hürden. Die positiven Veränderungen, die sich mit der Einführung der gestuften Studienstruktur an den deutschen Hochschulen ergeben haben, reichen bei Wei-

---

[8] Allgemein zur Situation und den Herausforderungen innerhalb der Berufsbildung vgl. etwa Euler und Severing 2006.

tem noch nicht aus, um den Anforderungen der Arbeitswelt zu entsprechen. Hochschulen haben bislang viel zu wenig erkannt, dass lebenslanges Lernen nicht nur eine Floskel sein sollte, sondern zu ihren Kernaufgaben gehört. Die Verantwortung einer Hochschule für ihre Studierenden sollte nicht mit der Abschlussprüfung enden, sondern letztlich mindestens das Berufsleben hindurch weiterbestehen.[9] Darüber hinaus müssen sich Hochschulen – nicht nur vor dem Hintergrund des demografischen Wandels – schon aus Eigeninteresse neue Zielgruppen erschließen, die sie als Studierende entwickeln und in der individuellen beruflichen Entwicklung unterstützen können. Damit rücken wiederum die beruflich Qualifizierten in den Blick.

Neben das noch lange nicht ausreichende Engagement der Hochschulen im Bereich des lebenslangen Lernens allgemein und im Bereich der Öffnung für beruflich Qualifizierte im Besonderen tritt ein weiteres strukturelles Defizit, mit dem sich das Bildungsmanagement auseinandersetzen muss. Die nach wie vor bestehende weitgehende strikte Trennung zwischen dem Berufsbildungsbereich und dem hochschulischen Bildungsbereich verhindert eine pragmatische und zielführende Gestaltung von Qualifizierungsangeboten, die dem Einzelnen neue Chancen eröffnen und den Unternehmen gezielte Personalentwicklung erleichtern würde. Ein Ineinandergreifen der beiden Bereiche, gepaart mit einer gleichberechtigten Kooperation auch bei der Konzeption und Durchführung von Qualifizierungsgängen, wäre ein entscheidender Beitrag, aktuellen und künftigen Kompetenzanforderungen gerecht werden zu können.

In der aktuellen Situation verbleibt kaum etwas anderes, als die traditionellen Wege zu gehen und die wenigen Übergänge zwischen den versäulten Bildungsbereichen für ein gezieltes Bildungsmanagement zu nutzen. Die Höherqualifizierung von Mitarbeitern muss dabei nicht ausschließlich auf einen akademischen Abschluss gerichtet sein, sondern kann auch allgemeiner verstanden werden. Darüber hinaus muss das Bildungsmanagement nicht ausschließlich die Kernmitarbeiter eines Unternehmens als Zielgruppe definieren. Möglich ist selbstverständlich ebenso eine Form der Ausweitung des Verantwortungsbereichs, der dann beispielsweise auch Zeitarbeitskräfte in den Blick nimmt oder von der Prozesskette her denkt und so Mitarbeiter anderer Unternehmen als relevante Zielgruppe erkennt, weil diese entscheidend zur Wertschöpfung des eigenen Unternehmens beitragen. Dieser Gedanke wird im Abschnitt zum Thema Fachkräftemangel aufgegriffen und vertieft.

## 5 Mitarbeiterbindung durch Bildungsmanagement

Ein erfolgreiches Bildungsmanagement trägt ganz wesentlich dazu bei, die Mitarbeiterbindung an das Unternehmen zu sichern und zu steigern. Bereits mehrfach ist darauf hingewiesen worden, dass Mitarbeitern mit Instrumenten wie der Bildungsbedarfsanalyse oder einem stärkenorientierten Ansatz im Bildungsmanagement neue Chancen für ein attraktives Arbeitsfeld eröffnet werden. Dadurch wird seitens des Arbeitgebers dem Mitarbeiter gegenüber eine Form der Wertschätzung ausgedrückt, die ganz wesentlich zu

---

[9] Die notwendige Weiterentwicklung der hochschulischen Bildung und ihrer Einrichtungen haben Huisman und Pausits 2010 herausgearbeitet.

einer Bindung an das Unternehmen beiträgt. Unter der Voraussetzung, dass die Instrumente regelmäßig genutzt und das Grundverständnis eines solchen Ansatzes transparent und ehrlich gelebt werden – also Teil der für jeden Mitarbeiter egal welcher Hierarchiestufe erlebbaren Unternehmenskultur sind – hält die Mitarbeiterbindung auch in wirtschaftlich schwierigen Zeiten. Die Bereitschaft, dem Arbeitgeber „die Treue zu halten", zeigt sich immer dann am beeindruckendsten, wenn entweder zusätzliche Aufgaben zu leisten sind oder wenn wegen wirtschaftlicher Turbulenzen Einschränkungen abverlangt werden.

Die Bindung an das Unternehmen ist immer wichtig, besonders bei gut qualifizierten Fach- und Führungskräften. Die demografische Entwicklung der Gesellschaft trägt dazu bei, dass die Bedeutung der Mitarbeiterbindung in Zukunft noch deutlich zunehmen wird. Hinzu kommt der Wertewandel, der sich in der „Generation Y" und den noch jüngeren Jahrgängen abzeichnet. Die Erwartungshaltung an die Gestaltung von Arbeitszeiten und Arbeitsaufgaben, an die Führungsarbeit und nicht zuletzt an die Vereinbarkeit von Berufs- und Privatleben hat ebenso Auswirkungen auf das Bildungsmanagement. Das Bildungsmanagement muss Rahmenbedingungen und Angebote schaffen, die für die Mitarbeiter attraktiv sind, aktiv genutzt werden und den von den Mitarbeitern erwünschten Mehrwert auch tatsächlich erbringen.

Bereits heute stehen viele Arbeitgeber vor der Herausforderung, Bachelorabsolventen für ihr Unternehmen gewinnen zu können. Die Mehrzahl der Studierenden, angefeuert durch Medienberichte und nicht selten auch Äußerungen von Professoren, streben eher ein unmittelbar anschließendes Masterstudium an, als die Chance zu ergreifen, als Bachelorabsolventen in den Arbeitsmarkt einzusteigen, Berufserfahrung zu sammeln und sich im Laufe der weiteren Erwerbsbiografie auch der Bildungsbiografie anzunehmen und berufsbegleitend einen weiteren Hochschulabschluss zu erwerben. Wenn das Bildungsmanagement hier attraktive Angebote schafft, dazu beiträgt, dass in der Unternehmenskultur ein entsprechendes Verständnis verankert wird, und solchen Mitarbeitern, die diesen Weg gehen, tatsächlich neue Möglichkeiten eröffnet werden, leistet es einen entscheidenden Beitrag zur Mitarbeiterbindung.

Erforderlich dafür ist nicht zuletzt ein enger Kontakt des Bildungsmanagements zu Hochschulen, die in der Lage und bereit sind, entsprechende Angebote zu entwickeln, auf den Markt zu bringen und sie so umzusetzen, dass sie für die jeweilige Zielgruppe passen. Dabei sollten Bildungsmanagement und Hochschule eng kooperieren und einen regelmäßigen Austausch pflegen.[10] Das beginnt bei der Definition der Studieninhalte, geht über die gemeinsame Verabredung der Studienstruktur (zeitliche Organisation, vorbereitende Brückenkurse, Prüfungsvorbereitungen usw.) bis hin zur Evaluierung dessen, was gemeinsam aufgesetzt worden ist. Neben die Eigenverantwortung der teilnehmenden Mitarbeiter, die keinesfalls übersehen werden, aber auch nicht überbetont werden sollte, tritt hier eine gemeinsame Verantwortung von Bildungsmanagement und Hochschule. Daher sollte möglichst klar definiert werden, wer welche Aufgaben trägt und wie mit eventuell auftretenden Konflikten umzugehen ist. Darüber hinaus müssen Spielregeln definiert werden, wie innerhalb des Unternehmens die Rahmenbedingungen für die studierenden Mitarbeiter gestaltet werden, welche gegebenenfalls wettbewerbsrelevanten Arbeitsinhalte

---

[10] Vgl. auch dazu Huisman und Pausits 2010.

sie in die Hochschule tragen dürfen und welche Unterstützung bei eventuell auftretenden Studienschwierigkeiten geleistet wird. All dies sind umfangreiche Aufgabenpakete für das Bildungsmanagement, häufig ebenso für die Hochschule, mit der kooperiert wird; aber der damit verbundene Aufwand zahlt sich rasch aus, weil auftretende Schwierigkeiten rascher gelöst werden können und weil die Mitarbeiter das Gefühl haben, dass sie bei einem solchen Schritt nicht allein gelassen werden. Die Mitarbeiterbindung kann somit entscheidend positiv beeinflusst und gestaltet werden.

## 5.1 Zielgruppen des Bildungsmanagements erweitern

Dabei sollte das Bildungsmanagement nicht nur die aktuell tatsächlich im Unternehmen tätigen Mitarbeiter im Blick haben, sondern einen umfassenden Ansatz verankern, der von einem Grundverständnis von Mitarbeiterbindung ausgeht, der weit über die unter Vertrag stehenden Personen hinausgeht.[11] Das heute gern als „Trennungsmanagement" bezeichnete Freistellen von Mitarbeitern kann – je nach Rahmenbedingungen – auch dazu genutzt werden, Menschen neue Perspektiven zu eröffnen, ihnen Qualifizierungsangebote aufzuzeigen und ihnen nach erfolgreich absolvierter Weiterbildung wieder einen Arbeitsvertrag anzubieten. Die Gestaltungsmöglichkeiten sind vielfältig; letztlich muss auf beiden Seiten ein Interesse an einem dauerhaften Kontakt bestehen. Auch wenn ein Mitarbeiter ausscheidet, muss dies nicht das Ende jeden Kontakts bedeuten. Die vielfältigsten Gestaltungsmöglichkeiten stehen offen, um eine Phase der Nichtbeschäftigung gemeinsam und zielgerichtet zu nutzen, um im Anschluss daran neue Chancen im Unternehmen zu erhalten. Wichtig ist in diesem Zusammenhang, dass – wie auch in den bereits beschriebenen Situationen – eine transparente und ehrliche Umgangsweise an den Tag gelegt wird. Weder sollen Versprechungen gegeben werden, die nicht haltbar sind, noch Erwartungen unausgesprochen bleiben; dies gilt selbstverständlich für beide Seiten. Am ehesten kann eine solche Form der Mitarbeiterbindung, die über eine Phase der Nichtbeschäftigung gestaltet werden soll, erfolgreich gelingen, wenn möglichst klare Verabredungen vereinbart werden. Hat der Mitarbeiter bereits während seiner Betriebszugehörigkeit die Unternehmenskultur als offen, ehrlich und wertschätzend wahrgenommen, wird auch in einer solchen Situation das ausreichende Vertrauen auf die Fortsetzung dieser Grundhaltung bestehen, sodass entsprechende Angebote auch wahrgenommen werden.[12]

Damit zeigt sich ein weiteres Mal, wie wichtig im Bildungsmanagement eine weitsichtige Arbeit ist und welchen Einfluss das Bildungsmanagement auf die Unternehmenskultur hat bzw. ausüben muss. Erst wenn dieses Zusammenspiel innerhalb des Unternehmens funktioniert und für die Mitarbeiter erlebbar wird, kann das gesamte Potenzial eines konstruktiven Bildungsmanagements gehoben werden.

---

[11] Erste Gedanken dazu bereits bei Diesner 2009.
[12] Auf die Bedeutung von Werten im Bildungsmanagement haben Adam, Müller und Schweizer 2010 aufmerksam gemacht.

## 6 Fachkräftemangel begegnen durch Bildungsmanagement

Nicht erst vor dem Hintergrund der demografischen Entwicklung, sondern auch vor dem Hintergrund technologischer Weiterentwicklung steht ein Unternehmen immer in der Gefahr, zu wenige Fachkräfte in der Belegschaft zu haben, um den Betrieb erfolgreich zu halten. Dass die Mitarbeiterbindung einen wesentlichen Beitrag gegen diese Gefahr leisten kann, ist im vorausgehenden Abschnitt dargestellt worden. Doch unabhängig davon kann das Bildungsmanagement einem drohenden Fachkräftemangel begegnen, indem – wiederum – aus der Unternehmensstrategie abgeleitet die erforderlichen Qualifizierungsmaßnahmen definiert und die dafür geeigneten Zielgruppen im Unternehmen identifiziert werden.[13]

Neben umfangreichen Maßnahmen, wie beispielsweise der Etablierung kompletter Studiengänge, gehören auch eher kleinteilige Qualifizierungsmaßnahmen dazu, die eine erfolgreiche Erweiterung des bisherigen Aufgabengebietes – etwa durch Erwerb oder Auffrischung erforderlich gewordener Fremdsprachenkenntnisse – ermöglicht. Eine Vielzahl weiterer Ansätze ließe sich aufzählen, weil eine solche Vielzahl im Rahmen der Arbeit des Bildungsmanagements erforderlich ist. Dabei ist allen Aktivitäten in diesem Zusammenhang gemein, dass sie auf die im Unternehmen tätigen Mitarbeiter gerichtet sind. Das ist zweifelsfrei notwendig, aber für eine erfolgreiche Arbeit des Bildungsmanagements gegebenenfalls nicht ausreichend. Es ergeben sich mindestens Schnittstellen zu anderen Teilen der Personalarbeit, insbesondere dem Recruiting.

Im Idealfall werden Menschen eingestellt, die sowohl von ihrer vorhandenen Qualifikation als auch von der Gesamtpersönlichkeit her mit dem ersten Arbeitstag erfolgreich die ihnen übertragenen Aufgaben bewältigen und zum Erfolg des Unternehmens beitragen. Dieses Idealbild wird sich längst nicht immer realisieren lassen und blendet zwei entscheidende Faktoren aus: Einerseits besteht über die unternehmenseigene Berufsausbildung und Weiterbildung ein äußerst wirksamer Hebel, um Fachkräftemangel vorzubeugen; andererseits kann mit einem Ansatz, der die gesamte Produktions- oder Wertschöpfungskette in den Blick nimmt, ebenfalls erfolgreich gegen einen drohenden Fachkräftemangel gearbeitet werden.

Bei allen einzustellenden Personen, einschließlich der Auszubildenden, ist zu entscheiden, welche Vorqualifikation wünschenswert, aber eben auch realistisch ist und mit welchen Maßnahmen gegebenenfalls fehlende Kompetenzen durch das Bildungsmanagement vermittelt werden können. Der Bereich der Weiterbildung ist bereits unter den unterschiedlichen Blickwinkeln und Herangehensweisen beschrieben worden und soll hier – da er sich auf die im Unternehmen tätigen Mitarbeiter konzentriert – nicht erneut dargestellt werden. Dennoch sei darauf hingewiesen, dass auch ein betriebswirtschaftlicher Aspekt zu berücksichtigen ist. Unter Umständen kann es mittel- und langfristig für ein Unternehmen richtig sein, Menschen mit einer geringeren Qualifikation einzustellen, diese im Laufe ihrer Unternehmenszugehörigkeit weiter zu qualifizieren und damit sowohl Personalkosten geringer zu halten, als auch die Mitarbeiterbindung zu erhöhen.

---

[13] Wie wichtig das Zusammenspiel von Unternehmensstrategie und Bildungsmanagement ist, stellt Wolf 2010 dar.

Eine ähnliche Frage gilt es bei der Berufsausbildung zu berücksichtigen und entsprechende Antworten seitens des Bildungsmanagements zu geben. Hier ist zunächst zu entscheiden, welchen Schulabschluss die Auszubildenden vorweisen müssen, um sich erfolgreich auf einen Ausbildungsplatz bewerben zu können. Angesichts der Heterogenität des deutschen Schulsystems fällt eine eindeutige Antwort schwer. Darüber hinaus ist es ohnehin fraglich, ob allein die vorhandene Schulbildung den Ausschlag geben sollte, der in der Vorauswahl von Auszubildenden Berücksichtigung findet. Immer häufiger setzen Unternehmen auf andere Aspekte, die immer stärker versuchen, die Gesamtpersönlichkeit der Bewerber zu erfassen, um auf dieser Grundlage eine erheblich validere Vorauswahl treffen zu können.

Neben diesen Fragen, die zumindest nicht ohne Beteiligung des Bildungsmanagements adäquat beantwortet werden können, treten Fragen zur Gestaltung der Berufsausbildung.[14] Dabei sind nicht nur die anzubietenden Ausbildungsberufe zu definieren, sondern auch die inhaltliche und organisatorische Gestaltung. Darüber hinaus hat sich das Bildungsmanagement der Frage nach der (richtigen) Auswahl geeigneter Ausbilder und deren Qualifizierung anzunehmen. Zusätzlich sollte das Bildungsmanagement eingebunden sein, wenn zum Ende der Ausbildung die Übernahme auf geeignete Arbeitsplätze im Unternehmen ansteht. In dem Gesamtprozess Berufsausbildung – Recruiting, Durchführung, Übernahmeprozess – hat das Bildungsmanagement eine durchgehende Verantwortung, die Rahmenbedingungen so zu gestalten, dass die für das Unternehmen am besten geeigneten Bewerber identifiziert, in der für das Unternehmen passenden Weise ausgebildet und auf die „richtigen" Stellen übernommen werden.

In diesem Gesamtprozess kann wiederum die Stärkenorientierung entscheidend dazu beitragen, dass frühzeitig die Potenziale des Auszubildenden erkannt, gezielt gefördert und mit den Bedarfen des Unternehmens in Einklang gebracht werden. Die positiven Effekte – bis hin zur Mitarbeiterbindung – sind hinlänglich beschrieben, aber nur selten tatsächlich umgesetzt. Der mit einem solchen Ansatz in der Berufsausbildung erhöhte Aufwand zahlt sich mittel- und langfristig aus, weil nicht nur die Mitarbeiterbindung und die Zufriedenheit der Mitarbeiter steigt, sondern weil sehr gezielt auf die Bedarfe des Unternehmens ausgerichtet das Potenzial der Auszubildenden und späteren Mitarbeiter erkannt und gefördert wird. Damit ist erneut das Spannungsfeld zwischen Bildungsprozessmanagement und Bildungsbetriebsmanagement in den Blick gerückt.

## 6.1 Zusammenführung von Bildungsprozess- und Bildungsbetriebsmanagement

Wie bereits eingangs beschrieben, sind für ein erfolgreiches Bildungsmanagement beide Aspekte zu berücksichtigen und als zwei Seiten einer Medaille zu betrachten. Selbstverständlich sind Bildungsprozesse im Unternehmen immer den betriebswirtschaftlichen

---

[14] Vgl. zum Ineinandergreifen von Aus- und Weiterbildung als Teil der Personalentwicklung Negri 2011.

Rahmenbedingungen unterworfen.[15] Es bleibt jedoch eine dauerhafte Auseinandersetzung, in welcher Form die betriebswirtschaftlichen Rahmenbedingungen Einfluss auf die Arbeit des Bildungsmanagements nehmen. Solange eine vorwiegend kurzfristige Sicht im Vordergrund steht und Entscheidungen des Bildungsmanagements von einer kurzfristigen Betrachtungsweise geprägt sind, kann weder langfristige Verlässlichkeit in die Arbeit einziehen noch sind die mittel- und langfristigen Effekte der Arbeit berücksichtigt. Im Laufe der einzelnen Abschnitte ist immer wieder – implizit wie explizit – auf die positiven Effekte eines strukturierten und auf langfristige Erfolge ausgerichteten Bildungsmanagements hingewiesen worden. Es geht dabei nicht darum, kurzfristig erforderliche Veränderungen, die sich aus betriebswirtschaftlichen Gründen ergeben können, abzulehnen oder gar zu verweigern. Es ist vielmehr Aufgabe des Bildungsmanagements, den eigenen Beitrag zu einer auf langfristigen Erfolg ausgerichteten Unternehmensarbeit deutlich zu machen und betriebswirtschaftliche Aspekte der eigenen Arbeit darzustellen. Da Bildung von Menschen immer erst mit einer gewissen zeitlichen Verzögerung wirkt und betriebswirtschaftlich wirksam wird, kann die Aufklärung über die eigene Arbeit immer wieder herausfordernd sein; aber ein Bildungsmanagement muss dieses Spannungsfeld positiv gestalten und für das gesamte Unternehmen transparent machen.

Die erforderliche Überzeugungsarbeit in den eigenen Reihen mag nochmals schwieriger werden, wenn die Arbeit weit über das eigene Unternehmen hinausreicht. Es ist bereits oben der Gedanke angesprochen worden, die gesamte Wertschöpfungs- oder Produktionskette in den Blick zu nehmen, wenn es Aufgabe des Bildungsmanagements ist, einen Beitrag gegen drohenden Fachkräftemangel zu leisten. Diese Überlegung lässt sich auf weitere Zielgruppen ausdehnen, etwa auf die im Unternehmen eingesetzten Zeitarbeitskräfte.

Innerhalb einer Wertschöpfungskette arbeiten viele Menschen in unterschiedlichen Unternehmen und in völlig verschiedenen Arbeitszusammenhängen daran, ein Endprodukt zu fertigen, das erfolgreich am Markt platziert werden soll. Je besser die einzelnen Prozesse aufeinander abgestimmt sind und ineinandergreifen, umso eher wird das Endprodukt fehlerfrei sein. Es geht jedoch keineswegs lediglich um die Prozessoptimierung, denn in allen Teilschritten sind es handelnde Individuen, die durch ihr Handeln die Qualität der Teilschritte bestimmen. Daher kommt es auch hier wieder auf die richtige Qualifizierung der einzelnen Menschen an, um die Produktqualität gewährleisten zu können.

Solange das Bildungsmanagement auf die im eigenen Unternehmen tätigen Menschen fokussiert, mag die Arbeit für dieses Unternehmen sehr erfolgreich sein. Für die Qualität des Endprodukts kann es aber entscheidend sein, nicht nur die Wertschöpfungs- oder Produktionskette gesamthaft zu betrachten, sondern auch die Qualifizierungskette, die erforderlich ist, um aus vielen Einzelschritten ein qualitativ hochwertiges Endprodukt zu fertigen. Insofern ist die Frage berechtigt, wie weit die Verantwortung des Bildungsmanagements über das eigene Unternehmen hinausreicht und es damit wiederum betriebswirtschaftliche Verantwortung übernimmt, weil es einen Beitrag zur Qualitätsverbesserung des Endprodukts leistet.

---

[15] Dieser Aspekt wird ebenfalls betont von Galon 2013.

Wie eine solche, über die Grenzen des eigenen Unternehmens hinausreichende Arbeit des Bildungsmanagements gestaltet werden kann, ist sicherlich von einer Vielzahl von Faktoren abhängig. Es mag jedoch bereits ein entscheidender Vorteil sein, wenn die jeweils Verantwortlichen aller beteiligten Betriebe aufeinander abgestimmt arbeiten. Aber auch das setzt voraus, dass ein Kontakt und ein Austausch bestehen, der eine aufeinander abgestimmte Vorgehensweise erst möglich macht. Eine deutlich weitergehende Möglichkeit besteht in der unmittelbaren Zusammenarbeit hinsichtlich der Qualifizierung von Mitarbeitern. So können beispielsweise Mitarbeiter des einen Unternehmens ihre Qualifizierungsmaßnahme – etwa durch „training on the job" – in einem anderen Unternehmen der Wertschöpfungs- bzw. Produktionskette absolvieren, um anschließend im eigenen Betrieb an dem Gesamtprozess mitzuarbeiten.

Der gleiche Grundansatz kann auch für Zeitarbeitskräfte zur Anwendung kommen, indem diese nicht innerhalb des ausleihenden Unternehmens, sondern durch das Unternehmen weitergebildet werden, in dem sie eingesetzt werden. Damit hat das Unternehmen, in dem die Zeitarbeitskräfte eingesetzt sind, die Gewissheit, dass unmittelbar für die Tätigkeiten und Abläufe qualifiziert wird, in denen die Zeitarbeitskräfte eingesetzt werden. Darüber hinaus erlernen die Zeitarbeitskräfte Fertigkeiten und Kompetenzen, die ihre künftigen Einsatzmöglichkeiten und damit ihren Marktwert – letztlich also die „employability" – steigern.

## 7 Sicherung von Arbeitsplätzen durch Bildungsmanagement

Investiert ein Unternehmen nicht in seine Mitarbeiter, gefährdet es letztlich die geschaffenen Arbeitsplätze. Insofern ist erfolgreiches Bildungsmanagement unerlässlich, damit die dauerhaft zielgenau qualifizierten Mitarbeiter erfolgreich tätig sein können und auf diesem Weg ein Beitrag zum Erhalt von Arbeitsplätzen geleistet wird.[16]

Die Bedeutung eines ganzheitlichen, an der Unternehmensstrategie ausgerichteten Bildungsmanagements wird auch dadurch unterstrichen, dass es zum betriebswirtschaftlichen Erfolg eines Unternehmens beiträgt. Je schwieriger es ist, bestimmte Arbeitsplätze im Sinne von Tätigkeitsprofilen mit geeigneten Mitarbeitern zu besetzen, umso größer ist die Gefahr, dass solche Arbeitsplätze und die damit verbundenen Aufgaben ausgelagert werden. Ein weitsichtig agierendes Bildungsmanagement hat auch solche möglichen Entwicklungen frühzeitig im Blick und steuert entsprechend gegen. Neben der unmittelbar auf das eigene Unternehmen zielenden Wirkung wird ein bislang nur implizit angesprochener Aspekt sehr deutlich: Es handelt sich um die soziale Verantwortung gegenüber den Mitarbeitern und gegenüber der Gesellschaft, die durch einen solchen Handlungsansatz wahrgenommen wird.

Die nach innen, in das eigene Unternehmen gerichtete Verantwortung ist bereits ein wesentlicher Schritt, der dazu beiträgt, Mitarbeitern weiterhin einen (attraktiven) Arbeits-

---

[16] Vgl. dazu etwa Adam, Müller und Schweizer 2010.

platz zu sichern. Ohne entsprechend vorausschauendes und auf die Bedürfnisse sowohl des Unternehmens als auch der Mitarbeiter (vgl. Stärkenorientierung) gerichtetes Handeln besteht die Gefahr, dass wegen des Mangels an adäquat qualifizierten Mitarbeitern Tätigkeiten verlagert werden. Damit unmittelbar verbunden ist die Gefahr, dass Mitarbeiter freigestellt werden müssen, eben weil ihre bisherigen Tätigkeiten sich so verändert haben, dass sie selbst nicht mehr ausreichend qualifiziert sind, um diese Tätigkeiten auszuüben.

## 7.1 Nachhaltigkeit des Bildungsmanagements

Vor diesem Hintergrund wäre zu diskutieren, ob nicht künftig sehr viel stärker als bislang auch die Aktivitäten des Bildungsmanagements als Teil des CSR in die Öffentlichkeit getragen werden müssen und in der Gesellschaft gewürdigt werden sollten. Hinsichtlich des aus Vorschule, Schule und Berufsbildung bzw. Hochschulbildung bestehenden (staatlichen) Bildungssystems zweifelt niemand an, dass es sich hierbei auch um die soziale Verantwortung der Gesellschaft handelt, junge Menschen auf eine aktive Teilhabe an der Gesellschaft – zu der die Möglichkeit, einer geregelten Beschäftigung nachzugehen, gehört – bestmöglich vorzubereiten. Im Grunde stellt die Arbeit des Bildungsmanagements eines Unternehmens nichts anderes dar; hier geht es nicht zuletzt um den Erhalt der Beschäftigungsfähigkeit und damit um die Sicherung des Lebensunterhalts für die Mitarbeiter.

Dies zeigt gleichzeitig auch die soziale Verantwortung der Gesellschaft gegenüber, die in der Arbeit des Bildungsmanagements verankert ist. Je weniger erfolgreich das Bildungsmanagement eines Unternehmens agiert, umso größer ist die Gefahr, dass Arbeitsplätze verloren gehen und als Folge davon Mitarbeiter freigestellt werden müssen. Dies belastet auf Dauer die Sozialsysteme eines Landes und damit die Allgemeinheit. An diesem Beispiel wird erneut deutlich, wie wichtig das Ineinandergreifen der beiden Aspekte „Bildungsprozessmanagement" und „Bildungsbetriebsmanagement" ist. Gelingt es dem Bildungsmanagement, diese beiden Facetten so miteinander zu verbinden, dass eben auch der Erhalt von Arbeitsplätzen leistbar ist, wird die soziale Verantwortung nicht nur behauptet, sondern unmittelbar erlebbar gemacht. Die in den letzten Jahren intensiv geführte Diskussion um Nachhaltigkeit beschränkt sich keineswegs auf ökologische oder wirtschaftliche Aspekte; die soziale Dimension der Nachhaltigkeit ist längst erkannt. Dennoch wird der Beitrag des Bildungsmanagements zu sowohl der (betriebs-)wirtschaftlichen als auch der sozialen Nachhaltigkeit noch zu wenig beachtet. Hier kann insbesondere der Beitrag des Bildungsmanagements zum Erhalt von Arbeitsplätzen ein besseres Verständnis erzeugen.

## 8 Sicherung der Wettbewerbsfähigkeit durch Bildungsmanagement

Nicht jeder erhaltene Arbeitsplatz trägt automatisch zur Wettbewerbsfähigkeit eines Unternehmens bei. Hier sind auch Entwicklungen denkbar und in der Vergangenheit durchaus aufgetreten, bei denen das Festhalten an überkommenen Tätigkeitsfeldern und -strukturen die Wettbewerbsfähigkeit so sehr geschwächt hat, dass ein Unternehmen gar nicht mehr überlebensfähig ist. In dem bislang beschriebenen Verständnis von Bildungsmanagement und einer unmittelbaren Verknüpfung dieses Tätigkeitsbereichs mit der Unternehmensstrategie wird die Wettbewerbsfähigkeit jedoch sehr positiv beeinflusst.

Das Bildungsmanagement begleitet die Entwicklung des Unternehmens und sorgt dafür, dass zum richtigen Zeitpunkt die richtigen Menschen am richtigen Platz einsetzbar sind.[17] Unstrittig ist, dass dies nicht allein durch das Bildungsmanagement leistbar ist, sondern dass viele andere Akteure, insbesondere innerhalb des Personalwesens eines Unternehmens, daran beteiligt sind. Ebenso unstrittig ist allerdings, dass ohne das Bildungsmanagement ein entsprechender Erfolg nicht zu erzielen ist. Die Wettbewerbsfähigkeit eines Unternehmens beruht auch auf einer erfolgreichen Personalarbeit, an der das Bildungsmanagement einen erheblichen Anteil hat.

## 8.1 Individuelle Wettbewerbsfähigkeit

Gleichzeitig trägt das Bildungsmanagement auch zur Wettbewerbsfähigkeit des einzelnen Mitarbeiters bei. Die vielfältigen Aspekte, die innerhalb der Arbeit des Bildungsmanagements bislang aufgezeigt wurden, zielen mehr oder weniger deutlich auf die Beschäftigungsfähigkeit des einzelnen Mitarbeiters. Eine individuell vorhandene Beschäftigungsfähigkeit ist zugleich elementarer Bestandteil der individuellen Wettbewerbsfähigkeit des Mitarbeiters. Diese Sicherung der individuellen Wettbewerbsfähigkeit ist sicherlich nicht allein Aufgabe des Unternehmens; auch jeder einzelne Mitarbeiter muss hierzu seinen eigenen Beitrag leisten und damit seinerseits zum Unternehmenserfolg beitragen. Letztlich ist das sogar im Eigeninteresse des Mitarbeiters, weil er damit zusätzlich seine Beschäftigung, am Ende des Tages seinen Lebensunterhalt sichert. Dennoch ist es auch Verantwortung des Unternehmens, bei deren Wahrnehmung wiederum das Bildungsmanagement eine entscheidende Rolle spielt.

So sehr dieser Teil der Aktivitäten des Bildungsmanagements wünschenswert und erforderlich ist, um das Unternehmen insgesamt wettbewerbsfähig und erfolgreich zu halten, wird gleichzeitig ein Dilemma deutlich, in dem das Bildungsmanagement auch steckt. Ein Bildungsmanagement, das erfolgreich die eigenen Mitarbeiter beschäftigungsfähig und wettbewerbsfähig hält, sieht sich der Gefahr ausgesetzt, dass Mitarbeiter nach anderen Arbeitgebern Ausschau halten. Diese mögliche Abwanderung wird in der Regel ausgerechnet von den besonders leistungsstarken Mitarbeitern in die Tat umgesetzt, weshalb der (mögliche) Druck auf das Bildungsmanagement weiter wächst.

Doch auch hier zeigt sich erneut, dass ein eindimensionales Agieren des Bildungsmanagements nicht erfolgreich sein kann. Werden Wertschätzung und Mitarbeiterbindung vernachlässigt, können die Qualifizierungsangebote noch so gut sein; sie werden auf Dau-

---

[17] Auf diese Zusammenhänge weist Bünger 2010 hin. Vgl. ergänzend und z. T. vertiefend Gessler 2009.

er betrachtet allein nicht die Wettbewerbsfähigkeit des Unternehmens sichern. Daher ist es unerlässlich, das Bildungsmanagement in die Arbeit des gesamten Personalwesens so zu integrieren, dass sich die jeweiligen Aktivitäten sinnvoll ergänzen und Synergieeffekte genutzt werden.[18] Es wird wiederum deutlich, welch große Bedeutung die Einbindung des Bildungsmanagements in die Strategieentwicklung und -umsetzung eines Unternehmens besitzt. Nur in einem konstruktiven, aufeinander bezogenen Zusammenspiel kann dauerhaft die Wettbewerbsfähigkeit gesichert werden.

Das gilt ebenso für die individuelle Wettbewerbsfähigkeit der einzelnen Mitarbeiter. Diese durch das Bildungsmanagement zu vernachlässigen wäre sträflicher Leichtsinn mit entsprechend negativen Folgen, mindestens mittel- bis langfristig. Allein auf den Erhalt der individuellen Wettbewerbsfähigkeit zu setzen wäre ebenso gefährlich. Daher müssen weitere Aspekte – beispielsweise die Mitarbeiterbindung – beachtet und entsprechend umgesetzt werden, um den gesamthaften Erfolg zu sichern. Auch hier spielt die Unternehmenskultur, die gelebt wird und nicht nur auf dem Papier stehen darf, eine entscheidende Rolle. Je transparenter diese Kultur ist und je überzeugender sie von den Mitarbeitern erlebt wird, umso geringer die Gefahr, dass (insbesondere leistungsstarke) Mitarbeiter abwandern.

## 9 Verbesserung des (öffentlichen) Bildungssystems durch Bildungsmanagement

Die vielfältigen Wirkungen eines erfolgreichen Bildungsmanagements über die Unternehmensgrenzen hinaus sind an mehreren Stellen beschrieben worden. Neben der auch darin zum Ausdruck kommenden Verantwortung für das eigene Unternehmen spielt dabei immer zusätzlich die Verantwortung für andere, für die Gesellschaft eine Rolle. Diese soziale Verantwortung des Bildungsmanagements soll abschließend noch auf einen Bereich bezogen werden, von dessen erfolgreicher Arbeit der Wohlstand unserer Gesellschaft in nicht unerheblichem Maß abhängt: das Bildungssystem.

Die Gründung unternehmenseigener Bildungseinrichtungen – von sogenannten Corporate Universities über Berufsschulen oder Berufsfachschulen bis hin zu vorschulischen Einrichtungen – muss auch als Ausdruck eines nicht oder zumindest nicht ausreichend funktionierenden Zusammenspiels zwischen (staatlichem) Bildungssystem und Arbeitswelt oder Teilbereichen der Arbeitswelt verstanden werden. Selbstverständlich sind bestimmte Qualifizierungsaufgaben in Unternehmen viel einfacher in eigener Verantwortung zu konzipieren und durchzuführen. Aber spätestens bei dem notwendigen lebenslangen Lernen, das heute und künftig weit mehr umfasst als eine kurze Qualifikation für ein neues Werkzeug oder eine Software, ist ein erfolgreiches Zusammenspiel zwischen öffentlichem Bildungssystem und Bildungsmanagement der Unternehmen unerlässlich.

---

[18] Sowohl Diesner 2009 als auch Bünger 2010 betonen diese Wechselwirkung. Ergänzend dazu Adam, Müller und Schweizer 2010.

Gleiches gilt bereits für die Eingangsphase des durch Unternehmen verantworteten und an das Schulsystem anschließenden Bildungsangebots: die Berufsausbildung. Wenn im schulischen Bereich die „Ausbildungsfähigkeit" der Absolventen nicht erreicht wird, entstehen Brüche, bei denen eine „Reparatur" meist auf Kosten der jungen Leute geht.

Inzwischen haben sich deutschlandweit Initiativen entwickelt, die meist auf lokaler oder regionaler Ebene ein Bildungsmanagement aufbauen und etablieren, um den Menschen in der jeweiligen Region bessere und vor allem besser aufeinander abgestimmte Bildungs- und Qualifizierungsangebote unterbreiten zu können.[19] Diese meist als „kommunales Bildungsmanagement" ins Leben gerufenen Aktivitäten werden bis heute meist noch völlig unverbunden zu den Unternehmen betrieben. Insofern bleibt es aktuell meist der Eigeninitiative von Mitarbeitern überlassen, für sich selbst eine geeignete Verbindung herzustellen und sich der Möglichkeiten „beider Welten" zu bedienen. Auf Dauer sollte zwischen den kommunalen Bildungsmanagements und denen der Unternehmen ein Austausch und nach Möglichkeit eine Kooperation etabliert werden, um Synergieeffekte zu erzielen und den Menschen in der Region die bestmöglichen Bildungs-, Qualifizierungs-, Entwicklungs- und Karrierechancen zu eröffnen.

Trotz des Bewusstseins, in den Unternehmen auf das öffentliche Bildungssystem angewiesen zu sein, funktioniert ein konstruktives und auf die Vermittlung bestmöglicher Chancen der Bildungsteilnehmer (Schüler, Studierende ...) ausgerichtetes Zusammenwirken nur in Ansätzen. Im Wissenschaftsbereich wird – insbesondere im weiten Bereich der kultur-, geistes- und sozialwissenschaftlichen Fachkulturen – die seitens der Wirtschaft erhobene Forderung nach einer kompetenzorientierten und auf „Beschäftigungsfähigkeit" zielenden Hochschulbildung missverstanden und zurückgewiesen, weil einer Form der „Bildung zur Wissenschaft" nachgegangen wird, die mit den realen Bedingungen des Arbeitsmarktes außerhalb der Wissenschaft wenig zu tun hat. Im Schulbereich sind es insbesondere die Gymnasien, die eine Berufsorientierung verengen auf die Vorbereitung der Schüler auf ein mögliches Studium, ohne jedoch auch hier die realen Anforderungen des Arbeitsmarktes in den Blick zu nehmen. Die Bemühungen der Politik, häufig angeregt und unterstützt durch Schüler- und Studierendenvertretungen sowie die unterschiedlichen Arbeitgebervertretungen, haben viele Impulse gegeben und zu beachtenswerten Einzelerfolgen geführt, aber in der Fläche noch nicht die erforderlichen Veränderungen verankert.

Dabei sind auch vollmundige Äußerungen, häufig genug als Forderung formuliert, seitens verschiedener Wirtschaftsvertreter nicht geeignet, das gegenseitige Verständnis füreinander zu fördern und damit die Basis für eine dauerhafte, konstruktive Kooperation zum Wohle der jungen Menschen und deren Karrierewegen auf dem Arbeitsmarkt zu legen. Es ist und bleibt jedoch die Aufgabe des Bildungsmanagements, auch proaktiv Einfluss zu nehmen auf das öffentliche Bildungssystem, um dadurch dazu beizutragen, den nachwachsenden Generationen eine solche Schul- und Hochschulbildung zu ermöglichen, die den Anforderungen des Arbeitsmarktes gerecht werden kann und die eine lebensbegleiten-

---

[19] Zu den Aktivitäten auf lokaler und kommunaler Ebene vgl. den umfassenden Überblick bei Döbert und Weishaupt 2014.

de Weiterqualifizierung unterstützt. Auch damit trägt das Bildungsmanagement dazu bei, die richtigen Menschen für das Unternehmen zu gewinnen und diese kontinuierlich weiter entwickeln zu können.

In diesem Engagement des Bildungsmanagements fließen letztlich alle Teilaspekte und Motive des eigenen Handelns (wieder) zusammen. Eine konstruktive und ergebnisorientierte Kooperation mit Einrichtungen des (staatlichen) Bildungssystems unterstützt das eigene Unternehmen bei der Rekrutierung geeigneter Mitarbeiter und deren Weiterbildung – sie ist insofern Selbstzweck, gespeist auch aus betriebswirtschaftlichen Überlegungen. Gleichzeitig unterstützt eine solche Zusammenarbeit die Wettbewerbsfähigkeit von Unternehmen und Individuen, festigt die Mitarbeiterbindung sowie die Beschäftigungsfähigkeit der einzelnen Menschen. Auch damit fließen Selbstzweck und soziale Verantwortung zusammen. Bei allen Schwierigkeiten in der konkreten Zusammenarbeit sollten die Unternehmen erkennen, dass dieser Bereich ebenso zu den Kernaufgaben des Bildungsmanagements gehört wie alle anderen, stärker unmittelbar auf das eigene Unternehmen gerichteten Aufgaben des Bildungsmanagements ebenfalls. Die dafür erforderlichen Ressourcen zahlen sich mittel- und langfristig aus.

## 10  Fazit

Die Vielschichtigkeit und Vielfältigkeit eines umfassenden Bildungsmanagements ist eine herausfordernde, für die Unternehmen aber wichtige und wertvolle Aufgabe. Unabhängig davon, welcher Aspekt in der unmittelbaren Arbeit des Bildungsmanagements im Vordergrund steht, ein verengter Ansatz wird allenfalls kurzfristige Erfolge erzielen. Von zentraler Bedeutung ist ein umfassender Ansatz, bei dem innerhalb des Unternehmens betriebswirtschaftliche, bildungsprozessbezogene sowie an der Unternehmensstrategie ausgerichtete Aktivitäten erforderlich sind. Ebenso müssen Aspekte berücksichtigt und in die Arbeit des Bildungsmanagements einbezogen werden, die außerhalb des Unternehmens liegen; dies gilt für die Überlegung, die gesamte Wertschöpfungs- bzw. Produktionskette in den Blick zu nehmen, ebenso wie für die Kooperation mit externen Bildungseinrichtungen, insbesondere den (staatlichen) Schulen und Hochschulen.

Die Verantwortung, die das Bildungsmanagement hat, ist sowohl (betriebs-)wirtschaftlicher als auch sozialer Natur. Sie gilt gegenüber dem eigenen Unternehmen und den darin beschäftigten Mitarbeitern – dieser Teil der Verantwortung mag am einfachsten nachvollziehbar sein. Die Verantwortung gilt aber auch gegenüber möglichen künftigen Mitarbeitern, gegenüber Kooperationspartnern, auf deren Leistungsfähigkeit das eigene Unternehmen angewiesen ist, und sie gilt gegenüber der Gesellschaft. Ein erfolgreiches Bildungsmanagement trägt dazu bei, die Beschäftigungsfähigkeit von Menschen und damit die Finanzierung des individuellen Lebensunterhaltes aus eigener Kraft zu erhalten. Darüber hinaus gewährleistet die Zusammenarbeit des Bildungsmanagements mit (staatlichen) Bildungseinrichtungen eine adäquate Vorbereitung auf die Anforderungen des Arbeitsmarktes; mit anderen Worten: Die Bildungs- und Karrierechancen der Menschen werden verbessert.

## Literatur

Adam T, Müller U, Schweizer G (2010) Wert und Werte im Bildungsmanagement. W. Bertelsmann, Bielefeld
Baumeister Roy F, Leary Mark R (1995) The need to belong. Desire for interpersonal attachments as a fundamental human motivation. Psychol Bull 117(3):497–529
Buckingham M, Clifton DO (2014) Entdecken Sie Ihre Stärken jetzt! Das Gallup-Prinzip für individuelle Entwicklung und erfolgreiche Führung. Campus, Frankfurt a. M.
Bünger L (2010) Strategisches Bildungsmanagement. Entstehung von Bildungsstrategien in Unternehmen. Südwestdeutscher Verlag, Saarbrücken
Diesner I (2009) Bildungsmanagement in Unternehmen. Konzeptualisierung einer Theorie auf der normativen und strategischen Ebene. Gabler, Heidelberg
Döbert H, Weishaupt H (Hrsg) (2014) Bildungsmonitoring, Bildungsmanagement und Bildungssteuerung in Kommunen. Ein Handbuch. Waxmann, Münster
Euler D, Severing E (2006) Flexible Ausbildungswege in der Berufsbildung. W. Bertelsmann, Bielefeld
Fischer P, Kastenmüller A, Frey D, Peus C (2009) Social comparison and information transmission in the work context. J Appl Soc Psychol 39(1):42–61
Galon A (2013) Employability. Betriebliche Weiterbildung zwischen Beschäftigungsfähigkeit und begrenzten Ressourcen. AV Akademikerverlag, Saarbrücken
Gessler M (Hrsg) (2009) Handlungsfelder des Bildungsmanagements. Ein Handbuch. Waxmann, Münster
Grilz W (1998) Qualitätssicherung in Bildungsstätten. Luchterhand, Neuwied
Gütl B, Orthey FM, Laske S (2006) Bildungsmanagement. Differenzen bilden zwischen System und Umwelt. Rainer Hampp, Mering
Hasanbegovic J (2008) Beratung im betrieblichen Bildungsmanagement. Analyse und Gestaltung eines Situationstypen. Südwestdeutscher Verlag, Saarbrücken
Henninger M, Mandl H (2009) Handbuch Medien- und Bildungsmanagement. Qualitätsmanagement, Erwachsenenbildung, Mediengestaltung, Kommunikation, Personalentwicklung. Beltz, Weinheim
Huisman J, Pausits A (2010) Higher education management and development. Compendium for managers. Waxmann, Münster
Marburger H, Griese C (2011) Bildungsmanagement Lehrbuch. de Gruyter Oldenbourg, München
Mauthner C (2008) Menschenbilder als Bezugssysteme für Konzepte des Bildungsmanagements und der beruflichen Weiterbildung. Grin, München
Möller R (2014) Individualisierungsleitbild Beschäftigungsfähigkeit. Ist Employability die neue Form des Berufes? Grin, München
Müller U (2007) Bildungsmanagement - Skizze zu einem orientierenden Rahmenmodell. In: Schweizer G, Iberer U, Keller H (Hrsg) Lernen am Unterschied. Bildungsprozesse gestalten -Innovationen vorantreiben. W. Bertelsmann, Bielefeld, S 99–122
Negri C (2011) Angewandte Psychologie für die Personalentwicklung. Konzepte und Methoden für Bildungsmanagement, betriebliche Aus- und Weiterbildung. Springer, Berlin
Pieler D (2003) Neue Wege zur lernenden Organisation. Bildungsmanagement, Wissensmanagement, Change Management, Culture Management. Gabler, Heidelberg
Rath T (2014) Entwickle deine Stärken mit dem StrengthsFinder 2.0. Redline, München
Schweizer G, Wippermann S, Müller U (Hrsg) (2008) Visionen entwickeln - Bildungsprozesse wirksam steuern - Führung professionell gestalten. Dokumentation zum Masterstudiengang Bildungsmanagement der Landesstiftung Ba-Wü. W. Bertelsmann, Bielefeld
Seufert S (2008) Innovationsorientiertes Bildungsmanagement. Hochschulentwicklung durch Sicherung der Nachhaltigkeit von eLearning. VS Verlag für Sozialwissenschaften, Heidelberg

Seufert S (2013) Bildungsmanagement. Einführung für Studium und Praxis. Schäffer-Poeschel Verlag, Freiburg
Stender J (2009) Betriebliches Weiterbildungsmanagement. S. Hirzel Verlag, Stuttgart
Veltjens B (2006) Qualitätsmodelle im Überblick. Deutsches Institut für Erwachsenenbildung, Bonn
Wang Y (2011) Education management, education theory and education application. Lecture notes in intelligent information technology application. Springer, Berlin
Wolf D (2010) Erkenntnisse der Managementforschung für ein betriebliches Bildungsmanagement. Grin, München
Wuppertaler Kreis e. V./Certqua (2006) Qualitätsmanagement und Zertifizierung in Bildungsorganisationen. Ziel-Verlag, Augsburg
Zech R (2008) Qualität in der Weiterbildung. Beltz, Weinheim
Zech R, Erhart F (2009) Herausforderungen meistern! Lernorientierte Qualitätsentwicklung in Bildungsorganisationen der Wirtschaft und des Gesundheitswesens. Expressum, Hannover
Zimmer M (2014) Strategisches Management in Bildungseinrichtungen. Waxmann, Münster

**Dr. Christoph Anz** Der promovierte Historiker, Skandinavist und Politologe Christoph Anz arbeitete nach seinem Studium am Max-Planck-Institut für Geschichte in Göttingen. Von dort wechselte er nach Stockholm, um in unterschiedlichen Funktionen den Aufbau der neu gegründeten Hochschule Södertörn zu gestalten. Als stellvertretender Leiter der Bildungsabteilung bei der Bundesvereinigung der Deutschen Arbeitgeberverbände vertrat er anschließend auf nationaler und europäischer Ebene die Interessen der Unternehmen im Bereich der Hochschul- und Berufsbildungspolitik (Bologna-Prozess und Kopenhagen-Prozess). Seit 2007 arbeitet er bei der BMW AG in München und verantwortet dort aktuell die Bildungspolitik des Gesamtkonzerns. Darüber hinaus ist Christoph Anz vielfältig im Wissenschafts- und Hochschulwesen engagiert, u. a. im Bereich Qualitätssicherung. Sein soziales Engagement umfasst auch eine Tätigkeit als ehrenamtlicher Richter am Sozialgericht München.

# CSR- und Incentivemanagement

Birgit Kohlmann

## 1 Incentives – Das „verdräng(te)/(ende) Marktsegment"?

Ein Incentivemittel ist die anreizende Maßnahme, für Leistungssteigerung zu belohnen. Geld oder andere Arten von Incentive motivieren jedoch immer nur kurzfristig und verdrängen ganz unbewusst die Mission und Vision, wenn diese nicht im gleichen Maße gestärkt wird. Das gilt es vom Incentivegeber zu berücksichtigen, auch wenn er in eine Teamaktivität investiert. „Arbeitsfreie Zeit" ist für viele Menschen sehr kostbar und so ist es wichtig, sie mit wert(e)vollen Erlebnissen zu bereichern. Weil es dazu die unterschiedlichsten Vorstellungen gibt, wird die Gestaltung von gemeinsamen Events sicherlich auch weiterhin eine Herausforderung bleiben.

Weil sich die Controllingabteilungen in den Unternehmen des kaum kalkulierbaren „Return of Investments" bewusst sind und Compliance zum „Unwort der Incentivebranche" wurde, kam es hier zu teilweise gravierenden Umsatzrückgängen sowie Veränderungen in der Ausgestaltung von Incentives.

---

B. Kohlmann (✉)
ZEITWANDEL – (E)motion for Social Responsibility, Pfarrweg 20, 90547 Stein bei Nürnberg, Deutschland
E-Mail: info@zeitwandel.net

## 1.1 Eine Studie aus 2010 ergab zusammengefasst folgende Ergebnisse[1]

- Incentivereisen dauern durchschnittlich 3,2 Tage,
- Unternehmen aus der Banken-, Finanz-, Versicherungs- und IT-Branche sind die größten „Produzenten" von Incentivereisen,
- fast alle Planer, Agenturen und auch die Unternehmen selbst arbeiten direkt mit Hotels zusammen, egal ob ihnen eine Destination bekannt ist oder nicht,
- immer wichtiger wird die Leistungssteigerung von Mitarbeitern durch Weiterbildung als Grund für eine Incentivereise,
- eine Zusammenarbeit der Planer mit dem Einkauf/Controlling ist kaum noch zu vermeiden,
- Programme werden immer intensiver und dichter und beinhalten immer mehr Elemente (z. B. Meeting, Konferenzen, Weiterbildung, Trainings und geschäftliche Themen in Verbindung mit Freizeit, Spaß, Sport und sozialen Themen),
- Vielfalt, Originalität und die Einbeziehung von Lifestylethemen werden in Zukunft mehr Bedeutung erhalten,
- die größte Unsicherheit der Incentiveagenturen besteht eindeutig darin, dass die finanziellen Entwicklungen maßgeblich und fast ausschließlich zum Erfolg bzw. Misserfolg beitragen,
- „weniger Geld, weniger Zeit, weniger Reisen" ist ebenso ausschlaggebend für den Wandel in der Branche,
- die Krise hat Veränderungen ausgelöst und damit neue – vielleicht dauerhafte – Aspekte in die Planung der Organisation von Incentivereisen eingebracht,
- die Incentiveprogramme werden künftig weniger auf Spaß und mehr auf seriöse Themen wie Training und Weiterbildung ausgerichtet sein,
- Lifestylethemen gewinnen an Bedeutung (Gesundheit, Ernährung und Sport),
- weniger Geld, aber Mehr-Wert(e) und Qualität sind wichtige Aspekte.

Fünf Jahre nach dieser Studie ist unter anderem festzustellen, dass die Programme zunehmend unspektakulärer, auf das Wesentlichste reduziert sind und damit immer seltener ein originelles Rahmenprogramm vorsehen. Stattdessen sind es heute Meetings und Tagungen, die Fortbildung und themenspezifische Trainings beinhalten. Der Markt hat sich bereinigt und so gibt es heute weniger Agenturen, die mit demselben Geschäftsmodell wie vor 20 Jahren noch erfolgreich sind.

## 1.2 Zwei Typen von „Incentive- und Eventplanern"

In der Verallgemeinerung gesprochen, gibt es zwei verschiedene Typen:

---

[1] Quelle: Patridge P., Study of the german incentive & motivational travel market, site international & german foundation, research conducted by tmf – travel marketing factory GmbH.

Da sind zum einen die Leidenden, die keine Lösung parat haben, und die anderen, die es theoretisch besser wissen, aber keine Veränderung vornehmen, weil das der eigenen Motivation nicht nachkommt: „mitfeiern und mitreisen aus geschäftlichen Gründen". Sie sehen keinen Grund, etwas zu ändern, denn es würde gegebenenfalls nicht mehr ihrem persönlichen An-Trieb nachkommen.

Aus dem ersten Typ entwickelte sich unter anderem der „Weltverbesserer", der mit Social-Incentives sein Portfolio erweitert, weil er mit CSR eine Lösung für neue Produkte wahrnimmt. Mit der Einbindung sozialer Programme sollen Social-Incentives nicht nur eine „neue Chance für Incentives", sondern im besten Fall auch Herzensprojekte sein. Wenn man CSR jedoch als nachhaltiges betriebswirtschaftliches Managementsystem versteht, reicht es nicht aus, die Incentiveangebote mit sozialen Themen zu behaften. Konsequent muss CSR in die eigene Unternehmensorganisation Schritt für Schritt integriert werden.

Auch dem Incentivegeber sollte klar sein, dass es nur nachhaltig Sinn macht, wenn Motivation und Belohnung strategisch in den CSR-Prozess eingebunden werden. Und so kann diese Form von Incentives erst als Kür zum Einsatz kommen, was im Weiteren zu folgender Überlegung führt: Welches Incentiveprogramm kann tatsächlich einen nachhaltigen Mehrwert für ALLE Beteiligten bieten?

Es ist eine kritische Frage, die insbesondere im Rahmen von sogenannten Social-Incentives gestellt werden MUSS, um CSR als betriebswirtschaftliches Managementsystem wahrzunehmen, das sich in seiner Ganzheit versteht und nicht nur im Rahmen einzelner Maßnahmen für den „guten Zweck" zum Einsatz kommen darf.

## 2 CSR makes Incentives a „better wor(l)d"

CSR ist Incentive und Incentive ist CSR!

Wenn Begrifflichkeiten und Verständnis miteinander verknüpft werden, spricht man von Integration. Sie werden als Einheit wahrgenommen und nicht mehr getrennt voneinander betrachtet.

Der nachfolgende Impuls für ein integratives CSR- und Incentivemanagement soll dazu dienen, das nachhaltige Betriebswirtschaftssystem CSR zu „incentivieren" und damit zu intensivieren. Und so steht bei dem nachfolgenden Ansatz die Motivation für CSR im Mittelpunkt. Die drei Säulen: Ökologie, Ökonomie und Soziales sind dafür die Basis, um in den damit verbundenen Handlungsfeldern die eigene Organisationsentwicklung nachhaltig zu gestalten und voranzutreiben.

### 2.1 CSR- und Incentivemanagement messbar machen

Sogenannte KPIs im Rahmen der CSR-Strategie definieren die zu erbringenden Leistungen und formulieren damit die Etappenziele, die es zu erreichen gilt. Diese Form des Antriebs hat in der Verbindung mit einer Belohnung viele positive Aspekte:

- Es werden nicht nur Umsatzzahlen, sondern auch nichtmonetäre Werte in den Fokus gerückt,
- Die CSR-Strategie wird greifbar und erlebbar gemacht,
- Mit dem Erreichen der Ziele wird das nachhaltige Management systematisch vorangetrieben und bietet damit zugleich die Chance, übers Ziel „hinauszuwachsen",
- CSR wird intern nicht nur als reine Berichterstattung kommuniziert, weil Mitarbeiter aktiv mit den Themen eingebunden werden und die Aussicht auf Belohnung einen Anreiz darstellt,
- Es bietet die Möglichkeit, externe Stakeholder ebenfalls daran zu beteiligen, was der gesamten CSR-Struktur sehr dienlich ist.

## 2.2 Das CSR- und INCENTIVE-Management ist die

Integration of

- Natural Resource Management
- Corporate Communication
- Education & Development
- Non-profitable Measures
- Team Spirit
- Innovation
- Vision
- Emotional Intelligence

### 2.2.1 Natural Resource Management

Jede Organisation und jedes System macht sich die Ressourcen, die der Mensch und die Natur bereitstellen, für eigene Zwecke nutzbar. Und so ist es aus der Sache heraus nur natürlich, dass es zur Kernaufgabe gehört, damit verantwortungsbewusst und rücksichtsvoll umzugehen.

**Ressourcenknappheit von energetischen und nichtenergetischen Rohstoffen**
Der Raubbau an der Natur ist der Preis industrieller Entwicklungen. Und so gilt es, die wesentlichen Themen in den Fokus zu stellen, um dieser Herausforderung allgemein- und naturverträglich gerecht zu werden. Es verfehlt die nachhaltige Wirkung, wenn man die Natur und deren Ressourcen vom eigenen Schöpfergeist abtrennt, als wäre man kein Teil davon. Und deshalb muss der ganz grundlegende Antrieb lauten: Wie kann man eine Wohlstandsgesellschaft für alle Menschen schaffen, ohne die natürlichen Grundlagen des Planeten zu überfordern? Und was kann man als Unternehmen dafür leisten? Auch der erkennbare Sinn für Produkte und Dienstleistungen spielt eine wichtige Rolle, weil es den intrinsischen Antrieb weckt. Wenn dieser fehlt, lässt auch das selbstbewusste Handeln nach. Erschöpfung statt Schöpfergeist ist die Folge.

**Zeit für Regeneration – Das betriebliche Gesundheitsmanagement**
Das Gleichgewicht von Körper, Geist und Seele ist die unerschöpfliche Kraftquelle und beschreibt die Trinitätslehre, von der Siddhartha und Albert Einstein bereits wussten. Es ist ganz entscheidend, dass das betriebliche Gesundheitsmanagement nicht nur der körperlichen, sondern vor allem auch der psychischen Gesundheit dient, um stressbedingten Krankheiten vorzubeugen. Entsprechende Angebote müssen gerade auch in diesem Bereich vom Unternehmen heraus initiiert werden, weil so der ehrliche und proaktive Umgang mit dem Thema sichtbar wird und eine Vertrauenskultur entstehen kann. Schätzungen der WHO zufolge werden stressinduzierte Erkrankungen in den nächsten zehn Jahren die häufigsten Ursachen für Fehlverhalten im unternehmerischen und gesellschaftlichen Kontext sein. Aus diesem Grund sind entsprechende Maßnahmen äußerst empfehlenswert. Mit der Installation eines betrieblichen Gesundheitsmanagements schafft der Unternehmer nicht nur die Rahmenbedingungen und Voraussetzungen für gesundes Arbeiten. Er gibt damit auch die Verantwortung an die Mitarbeiter weiter, die nun aus ihrer „Opferrolle" aussteigen müssen. Einer Studie[2] zufolge werden damit 58 % der initiativlosen Deutschen erreicht, die nur akzeptieren und hinnehmen, weil es eben ist, wie es ist, und 31 % der akut Unzufriedenen, die bewusst alles schlecht machen und immer einen Schuldigen suchen. Sie finden ihn in der Regel beim Unternehmer.

### 2.2.2 Corporate Communication

Sich im Rahmen der Unternehmenstätigkeit gezielt zu vernetzen, um voneinander zu lernen, und sich damit gemeinsam weiterzuentwickeln, steigert die Loyalität und den eigenen Wert hin zu Mehr-Werten.

**Wie innen so außen – Zu sich selbst stehen für gemeinsames Gehen**
Von diesem Standpunkt aus betrachtet, kommuniziert man ganz bewusst intern und schafft damit die notwendige Grundlage, um in der Öffentlichkeit so wahrgenommen zu werden, wie man ist und auch wie man in Zukunft sein möchte. Denn eine nachhaltige CSR-Strategie lebt, sie entwickelt sich Schritt für Schritt und macht deutlich, dass es immer was zu tun gibt und dass die Absicht da ist, es auch zu tun. Das ist die Motivation, das ist Incentive. Unternehmenskommunikation ist somit nicht nur das „passive Wort", sondern insbesondere das „aktive Handeln", um es intensivieren zu können.

**CSR- und Nachhaltigkeitsbericht**
Eine Integration der CSR-Strategie in den Geschäftsbericht ist die konsequente Maßnahme, wenn der CSR- und Nachhaltigkeitsbericht nicht ein „zusätzliches Berichtsübel" sein soll. So hat CSR eine echte Chance, es ist kein „Extraaufwand" mehr, weil es ganzheitlich auf die Unternehmenstätigkeit hin ausgerichtet ist. Mit dem Ziel der Nachhaltigkeit in allen Bereichen.

---

[2] Quelle: Mein wunderbarer Arbeitsplatz, arte, 2015.

**Sprache schafft Raumklima**
Aus einer authentischen und ehrlichen Haltung kann nur eine authentische und ehrliche Kommunikation entstehen. Es wird von der Führung vorgelebt und überträgt sich auf das Raumklima. Unser Wort hat immer einen Einfluss, das macht bereits das Gleichnis der „drei Siebe" von Sokrates und seinem Schüler deutlich:

Es bedarf der Verantwortung eines jeden, wie man mit Informationen und Wissen umgeht. Nicht Sensationen und Spekulationen, die unter Umständen vernichtende Auswirkungen haben können, sondern der wertschätzende und wohlüberlegte Inhalt in der Kommunikation muss die Motivation für das tägliche Miteinander sein. Auch, weil es die Unternehmenskultur positiv unterstützt.

### 2.2.3 Education & Development
Mangelhafte oder gar fehlende Bildung sind einer der wesentlichen Gründe für soziales Ungleichgewicht. Bildung muss für alle zugänglich sein. Egal, welcher Herkunft und Gesellschaftsschicht.

Das war auch die simple Idee und Vision von Aaron Swartz, dem „internets own boy". Ein Genie und junger Aktivist, der das Internet als eine große, vernetzende Chance für mehr Bildungsgerechtigkeit erkannt und genutzt hat. Aaron Swartz zum Vorbild folgen viele Menschen und gründen Organisationen mit dem Erbe, das er hinterlassen hat. Es gibt mittlerweile zahlreiche Bildungsinitiativen, mit denen Unternehmen kooperieren oder gar selbst Strategiemaßnahmen entwickeln, um neue Wege für herkömmliche Rekrutierungsmaßnahmen zu gehen. Einer Bertelsmann-Studie aus dem Jahr 2012 zufolge, kooperieren 27,2 % der Unternehmen mit Universitäten und 20,2 % mit örtlichen Schulen. 15,7 % sprechen gezielt eine junge Altersgruppe an (unter 30 Jahren) und 15,4 % gezielt Frauen. Ausländische Mitarbeiter werden von nur 8,3 % der Unternehmen angesprochen und gerade mal 8 % sprechen ältere Menschen (über 50 Jahren) an.

**Begeisterung durch Weiterbildung**
Wenn man nicht nur der Arbeit nachgeht, für die man ausgebildet wurde, sondern die Möglichkeit der Weiterbildung bekommt, wird man mit einem Mehrwert belohnt, von dem auch der Arbeitgeber profitiert. Dies kann strategisch erfolgen oder als Bildungsschein im Rahmen eines Incentives. Die Auswirkungen auf zufriedene und leistungsstarke Mitarbeiter dürften sich in jedem Fall bezahlt machen. Es können damit nicht nur „allgemeine Unternehmensinteressen", sondern auch individuelle Talente gefördert werden. Eine weitere Form der Kompetenz, auf die heute kaum noch verzichtet werden kann, weil sie mit „Leichtigkeit und Natürlichkeit" zum Ausdruck kommt.

Eine CSR-Strategie birgt ebenso eine Weiterbildung für die nachhaltige Entwicklung in sich, neue Horizonte entstehen und ein erweitertes Verständnis für die Zusammenhänge wird sichtbar. Konservatives Denken und Handeln integriert sich nun ganz bewusst mit den progressiven Veränderungen, wenn diese notwendig werden.

## 2.2.4 Non-profitable Measures

Dass es insbesondere um die nichtfinanziellen Informationen geht, wenn ab 2017 die EU-Richtlinie für CSR- und Nachhaltigkeitsberichte in Kraft tritt zeigt, dass dies für die Politik ein untrennbarer Aspekt zur profitablen Geschäftstätigkeit geworden ist.

Jedes Unternehmen hat eigene Herausforderungen und auch eigene Interessen und so gilt es, die nichtmonetären Aspekte in der Unternehmenstätigkeit klar zu definieren und zu entwickeln. Dahinter verbirgt sich die weiterhin freiwillige und individuelle Gestaltung der nichtfinanziellen Werte und wie diese in das Unternehmen mehrwertorientiert einfließen können.

**Social Day & Corporate Volunteering**
Diese Form des Engagements setzt vor allem die nachhaltige Verbindlichkeit im Rahmen der CSR-Strategie voraus, um die tatsächlich möglichen Leistungen und Ressourcen im Aufbau und/oder der Weiterentwicklung von sozialen Projekten zur Verfügung zu stellen.

**Die Gründung eines eigenen Vereins/Kooperation mit einer Nichtregierungsorganisation**
Wenn etwas Eigenes entsteht, was vorangetrieben und weiterentwickelt werden will, ist das ein intrinsischer Motor, der fast „von selbst" läuft. Ganz wichtig ist dabei die Freiwilligkeit, damit sich auch der Sinn für das Engagement frei entfalten darf. Auch die strategische Unterstützung im Rahmen einer langfristigen Kooperation mit einer NGO ist eine verbindliche Maßnahme, wenn sich die EU künftig für den nichtfinanziellen Einsatz im Rahmen der Unternehmenstätigkeit interessiert.

## 2.2.5 TEAM-Spirit

„Together Everyone Achieves More" ist das Verständnis und der Inbegriff von Mehr-Wert.

Das zielführende Miteinander in der Ergänzung von Wissen, Kompetenzen, Interessen und Bedürfnissen sowie das Ausgleichen von individuellen Stärken und Schwächen innerhalb eines Teams stärken den Kern, die Wurzel.

Ein wunderbarer Satz vom Dalai-Lama sagt: „Teile Dein Wissen, so erlangst Du Unsterblichkeit". Und so geht es in der Tat ums Teilen, denn nur so ist Vermehrung für alle möglich. Man kann es strategisch und damit zielgerichtet im Hinblick auf den Profit tun. Und man kann es im Kontext der „Non-profitable Measures" tun, ohne einen „Return of Investment" zu erwirtschaften. Beide Antriebe sind wichtig.

**Kulturenvielfalt**
Durch die Globalisierung sehen sich die Menschen immer häufiger mit unterschiedlichen Kulturen konfrontiert, die es zu bewahren gilt. Gleichzeitig ist es jedoch auch eine der größten Herausforderungen, da der Unternehmer „unternehmensweit" denkt und handelt und aufgrund von Prozessoptimierungen eine einheitliche Unternehmenskultur zu schaffen versucht. Das „Spannungsfeld der unterschiedlichen Mentalitäten" wird sich dabei nie

ganz auflösen lassen und so darf es in jedem Fall als eine Bereicherung wahrgenommen werden, weil es die ganz eigene Firmenkultur widerspiegelt. Das teamorientierte Arbeiten dient nicht nur dem zielorientierten Ergebnis, sondern setzt insbesondere auch positive Emotionen frei. Und diese sind menschlich. Egal, woher man kommt und welchen kulturellen Hintergrund man hat.

**Teamaktivitäten**
Sehr viele gute Programme und Trainingsangebote haben sich in der Spezialisierung auf dem Markt etabliert. Für den nachhaltigen Erfolg ist es allerdings entscheidend, dass der Incentivegeber an der Strategieentwicklung beteiligt ist, um damit auch Ziele so klar wie möglich zu definieren. Denn ein externer Dienstleistungsanbieter kann nur so gut sein, wie der Kunde ihm die Vorgabe dafür liefert. Nur so können die Teilnehmer genau dort abgeholt werden wo sie sind, und es kann ein echter Prozess entstehen, der sinn- und wertvoll ist, weil sich der Impuls auf die tägliche Arbeit überträgt und nicht nur im Raftingboot seine Wirkung zeigt.

### 2.2.6 Innovation

Innovation ist ein wichtiger Schlüssel für den Wettbewerbsvorteil. Sie inspiriert zu einem kreativen Prozess und motiviert für das „out of the box"-Denken, was den entscheidenden Unterschied machen kann.

Um die Vorgaben innerhalb der CSR- und Nachhaltigkeitsstrategien einzuhalten, besteht hier ein großes Potenzial, weil die festgelegten CSR-Kriterien gegebenenfalls dazu auffordern, umzudenken. Entlang der Wertschöpfungskette wird ein Mehrwert generiert, der den Innovationsgeist weiter antreibt.

**Social Innovation**
Welche Produkte können für die Gesellschaft und die Umwelt entwickelt werden, um nachhaltig erfolgreich zu sein? Diese Frage hat Social Innovation zum Kern mit dem Ziel, einen sogenannten Shared Value, einen Mehrwert für Unternehmen und die Gesellschaft, zu generieren. Das Vertrauen von Stakeholdern zu gewinnen, ist Belohnung und Treiber zugleich, Incentive darf sich entfalten. Dabei gilt es, die echten Bedürfnisse in der Gesellschaft zu identifizieren, um mit Produkten und Dienstleistungen tatsächlich ein Problem zu lösen. Die Unternehmen werden in der Verantwortung dahin gehend motiviert, proaktiv und vorausschauend die notwendigen Prozesse dafür zu definieren. „Echte Innovationen bergen jedoch immer auch ein gewisses Risiko in sich, weil etwas Neues geschaffen wird. Wenn man sich jedoch vom gesellschaftlichen und ökologischen Aspekt als Kernaufgabe leiten lässt, treibt der nichtmonetäre Faktor an. Bereichsübergreifende Partnerschaften werden eingegangen, extern verfügbares Wissen wird verinnerlicht und internes Wissen nach außen getragen. Dies eröffnet neue Dimensionen auch im Hinblick auf die Kreativität und den Forscher- und Entdeckergeist, der die Quelle und Treiber zugleich ist" (Schmidpeter und Osburg 2013)[3].

---

[3] Quelle: Altenburger R (Hrsg) (2013) CSR und Innovationsmanagement, 1. Aufl. Springer Gabler Verlag, Berlin Heidelberg.

## 2.2.7 Vision

Eine Vision zu haben ist der entscheidende Antrieb für das Weiterkommen und Ankommen. Zunächst ganz im „eigenen Sinne".

Man ist erst einmal unabhängig von anderer Leute Visionen, lässt sich nicht von deren Absichten diktieren und führt ein selbstbestimmtes Leben. Das macht wirklich frei, weil man alles im Frieden „lassen" kann, was einen von der Vision und den damit verbundenen Zielen abhält. Dafür ist auch die ganz konsequente Abgrenzung erforderlich, indem man sich für das, an was man glaubt, festnageln lässt. Diese Haltung, bis zur letzten Konsequenz, ist, in Verbindung mit den eigenen Werten äußerst wünschenswert und wichtig. Die Komfortzone ist der Luxus der Industrialisierung. Aber nichts scheint wirklich sicher und so muss man sich die Frage stellen, wer sich besser fühlt, wenn der „wind of change" mal wieder weht. Der, der keine Ahnung davon hat, was das Leben sinn- und wertvoll macht? Oder derjenige, der sich seiner Vision und damit seiner wert(e)vollen Motivation bewusst ist? Denn sie sind gegenüber den anderen nicht nur proaktiv und entwickeln einen Plan B. Sie sind auch in der Lage, den Wind auszuhalten und ihn, wenn nötig, so lange zu stehen, bis er sich wieder dreht. Eine Eigenschaft, mit der man den unschätzbaren Wert von Vision und Glaube auch aufrechterhalten kann.

**Das Ziel! „Nur" eine Vision?**
Wer Marathon läuft, macht die intensive Erfahrung mit dem Weg und nicht mit dem Ziel. Es ist tatsächlich der Weg, der prägt, weil man sich nicht nur auf die „Programmierung" einstellt, sondern sich ihr auch stellen muss. Und dazu gehört nicht nur Disziplin und Ausdauer, sondern vielmehr auch die achtsame Wahrnehmung, was nur der Fokus auf den Augenblick möglich macht. So ist man fähig die Programmierung gegebenenfalls zu verändern, um am Ende das Ziel zu erreichen.

Diese Selbsterfahrung liefert den Beweis: Der Weg ist das Ziel! Die Vision liefert den Treibstoff. Je nachhaltiger, desto besser!

## 2.2.8 Emotional Intelligence

Die Förderung und das bewusste Trainieren emotionaler Intelligenz ist eine sehr wichtige Grundlage, um sich den ethischen und moralischen Grundsatzdiskussionen nicht mehr ausliefern zu müssen, weil der eigene Maßstab gleichermaßen von emotionalen und intelligenten Werten geprägt ist. Zudem weiß man heute, dass Entscheidungen (auch Kaufentscheidungen) auf der emotionalen Ebene getroffen werden und damit die wesentliche Antriebskraft sind. Die Merkmale, an denen man emotional intelligente Menschen erkennt und das Testergebnis hier im Folgenden zusammengefasst[4].

Emotional intelligente Menschen sind sich ihrer Emotionen bewusst. Es geht nicht mehr um gut oder schlecht, sondern warum etwas gut oder schlecht ist. Konkrete Lösungen werden damit möglich, weil Emotionen klar formuliert werden. Darüber hinaus sind sie interessiert, mitfühlend und empathisch, eine gute Menschenkenntnis wird entwickelt,

---
[4] Quelle: Bradberry T, Greaves J (Hrsg) (2009) TalentSmart, Buch „Emotional Intelligence 2.0".

weil man um die Motivationen, Antriebe aber auch um die Sorgen anderer weiß. Dies geht letztlich mit sozialem Bewusstsein einher. Man erkennt im Laufe der Zeit auch seine eigenen Schwächen, um andere Menschen zu integrieren, die diese ausgleichen. Ihre Persönlichkeit ist selbstbewusst und aufgeschlossen, sie nehmen sich nicht allzu ernst und können auch mal über sich selbst lachen.

Neutral zu bleiben im Umgang mit schwierigen Menschen ist entscheidend für eine gemeinsame Basis, weil man sich selbst und den anderen wahr nimmt und dem Frust oder Ärger keinen Raum gibt. Groll und Wut versetzen in einen Stress-, Kampf oder Fluchtmodus und werden meist von negativen Gedanken verursacht. Wenn der Auslöser jedoch in der Vergangenheit liegt ist es wichtig, sich selbst oder dem anderen zu vergeben. Emotional intelligente Menschen wissen Gedanken von Fakten zu unterscheiden und befähigen sich dadurch, Negatives hinter sich zu lassen, um positiv voranzuschreiten. Sie sind sich auch darüber im Klaren, dass Emotionen sich immer einen Weg suchen. Die erste Anlaufstelle ist der Körper und so ist es gesünder, nicht länger daran festzuhalten, wenn es zu nichts führt.

Flexibel und anpassungsfähig zu sein bedeutet, sich nicht von der Angst vor Veränderung lähmen zu lassen. Stattdessen wird vorausschauend ein Plan B für mögliche Veränderungen kreiert. Es gilt dabei auch, Fehler abhaken zu können, ohne sie jedoch zu vergessen wissend, dass die Natur des Menschen fehlbar ist. Perfektion als Ziel zu definieren führt nur dazu, dass man immer das Gefühl hat zu versagen oder nicht genügend Zeit investiert zu haben. Depressionen und Burn-Out sind meist die Folge.

„Nein" zu sagen, zu sich selbst und zu anderen ist unerlässlich, um bereits bestehende Verpflichtungen zu honorieren und zu stärken. So können sie mit Erfolg zu Ende geführt werden. Der damit einhergehende Abstand ist ebenfalls notwendig, um das Stresspotenzial unter Kontrolle zu haben und damit den Augenblick zu leben. Man genießt das Hier & Jetzt und die permanente Erreichbarkeit ist nicht länger eine Belastung. Auch der Schlaf spielt hierbei eine wichtige Rolle, weil man weiß, dass Selbstkontrolle, Achtsamkeit und das Gedächtnis voll funktionsfähig sind, wenn man ausreichend gut geschlafen hat.

Menschen, die Erfahrung mit Wertschätzung und Dankbarkeit machen, sind besser gelaunt und steigern so ebenfalls das Energielevel für das eigene Wohlbefinden. Wenn man darüber hinaus stets daran denkt, was man anderen Menschen mitgeben kann ungeachtet dessen, was man dafür zurückbekommt, hinterlässt das einen bleibenden Eindruck, der sich im sozialen Miteinander immer bezahlt macht.

Sich die Freude durch andere nicht nehmen zu lassen befähigt Menschen, Herr des eigenen Glücks zu sein. Indem man sich unabhängig von der Meinung anderer macht, vergleicht man sich auch nicht mehr. Das führt zur inneren Freiheit und ist glücklich darüber, was man bereits erreicht hat. Diese Freude kann einem keiner mehr nehmen.

## 3  MEHR-Wert mit MEHR-Sinn

Die Sinnhaftigkeit ist der herausragende Faktor für die intrinsische Motivation und kann damit den entscheidenden Unterschied ausmachen. Menschen, denen der Sinn fehlt, wird der emotionale Treibstoff immer wieder ausgehen. Diesen benötigt man jedoch nicht nur für die zu erbringenden Leistungen, sondern auch für die gesunde Balance. Der Sinn liegt immer in der Zukunft, er entsteht und wartet darauf, sich mit den Aufgaben zu entfalten. Die Führungskraft kann hier zum verantwortungsvollen Sinnstifter werden.

Das eigene Leben erfährt man durch eigene Erfahrungen. Und deshalb ist es auch wichtig, sich immer wieder die Frage zu stellen, welche Erfahrungen man heute, morgen und in Zukunft gerne machen möchte. Auch Kolumbus konnte diese Frage für sich beantworten, um letztlich etwas zu entdecken, von dem er nicht die entfernteste Vorstellung hatte, dass es existiert. Er hat demnach sein eigentliches Ziel weit verfehlt, aber das spielte keine wesentliche Rolle mehr. Seine Vision vom Ziel trieb ihn an, weil er um sein „WARUM" wusste und hat so eine „Neue Welt" entdeckt.

Folgender Auszug eines Zitates beschreibt dies sehr treffend, welches auch Viktor E. Frankl in seiner Arbeit vielfach benutzte:

> Hat man sein Warum des Lebens, so verträgt man sich fast mit jedem Wie (Friedrich Nietzsche).

## Literatur

Altenburger R (Hrsg) (2013) CSR und Innovationsmanagement, 1. Aufl. Springer Gabler Verlag, Berlin Heidelberg

Bradberry T, Greaves J (Hrsg) (2009) TalentSmart, Buch „Emotional Intelligence 2.0"

Patridge P Study of the german incentive & motivational travel market, site international & german foundation, research conducted by tmf – travel marketing factory GmbH

**Birgit Kohlmann** 1976 in Immenstadt (Allgäu) geboren. 1994 Ausbildung zur Reiseverkehrskauffrau (IHK) in einer Incentivereisenagentur. Umfangreiche und mehrjährige Berufserfahrung im Reisebüro, beim Reiseveranstalter und im Business Travel. Spezialisierung im MICE-Segment (Meetings, Incentives, Congresses and Events) als Projektleiterin für mittelständische und multinationale Unternehmen sowie als Key-Account-Managerin. Assistentin der Geschäftsleitung und Direktion eines 5-Sterne-Hotels (Allgäu), verantwortlich in der Entwicklung und Umsetzung des Marketing- und Eventbereichs. Tourismusleiterin für eine Destinationsmanagement GmbH (Allgäu). 2011 Gründung Einzelunternehmen „Zeitwandel" für die Konzeption und Umsetzung von CSR-Reisen, Social-Marketing-Projekten sowie CSR-Beratung, als eine der ersten CSR-Managerin (IHK) deutschlandweit.

# Teil V
# Diversity

# Diversity Management am Beispiel eines internationalen Trainingsprogramms der Continental AG

Nobue B. v. Wurzbach

## 1 Diversity Management

Die Continental AG verfolgt seit einigen Jahren das Ziel, Diversity (Vielfalt) als einen strategischen Erfolgsfaktor aufzubauen. Bei der Konzernführung hat sich die Erkenntnis durchgesetzt, einer unbeständigen, vielfältigen und komplexen Marktrealität durch Vielfalt im Unternehmen begegnen zu wollen, um auch künftig im Wettbewerb bestehen zu können (Bea und Haas 2005).

Die systematische, auf die Unternehmensziele ausgerichtete Gestaltung von Diversity (Diversity Management) kann durch von Vielfalt geprägte Teams Erfolgspotenziale schaffen, die sich aufgrund beispielsweise gesteigerter Agilität und Innovationskraft (Stichwort: bessere Problemlösungsfähigkeit durch vielfältige Problemlösungsansätze) und Marktnähe (Stichwort: bessere Ausrichtung auf Kundenbedürfnisse durch besseres Verständnis für die jeweilige Marktkultur) letztlich positiv auf die operativen Steuerungsgrößen Erfolg (beziehungsweise Rentabilität) und Liquidität auswirken (Gälweiler 2005). Im Fokus steht also ein idealerweise höherer künftiger wirtschaftlicher Erfolg, zumindest eine Sicherung der Überlebensfähigkeit.

Der Aufbau einer solchen Teamstruktur erfolgt anhand der systematischen Zusammenstellung und Führung leistungsfähiger Mitarbeiter mit einem breiten Spektrum individueller Talente, Fähigkeiten, Kompetenzen und Erfahrungen. Es sind der strategische Bedarf auf Basis der Zielsetzungen der Continental AG und die Marktentwicklungen aufeinander abzustimmen. In diesem Zusammenhang sollte das Diversity Management auch die

---

N. B. v. Wurzbach (✉)
Head of Culture Development & Diversity Management, Continental AG,
Vahrenwalder Straße 9, 30165 Hannover, Deutschland
E-Mail: nobue.von-wurzbach@conti.de

Diskrepanz zwischen einem sich beständig verändernden Geschäftsumfeld und den darauf auszurichtenden Führungsfähigkeiten im Auge behalten und möglichst verringern.

Am Anfang standen für den Konzern insbesondere die Geschlechtervielfalt (Gender Diversity) und die Internationalität im Vordergrund. Bei diesen Diversity-Kriterien herrschten auffällige Ungleichgewichte. In Zukunft sind weitere Kriterien zu berücksichtigen.

Die systematische Erhöhung von Geschlechtervielfalt und Internationalität zielt darauf ab, den wirtschaftlichen Nutzen durch die bestmögliche Zusammenstellung der Mitarbeiter zu erhöhen. Die bestmögliche Zusammenstellung und Führung der individuellen Kompetenzen, Fähigkeiten, Talente und Erfahrungen ist eine Führungsverantwortung. Deshalb sind – neben dem Personalbereich (Human Resources) – Führungskräfte mit Personalverantwortung die Adressaten für den Themenkomplex Diversity Management.

Obwohl Diversity als zukunftsweisender Wettbewerbsfaktor erkannt, akzeptiert und propagiert worden ist, war der nachhaltige Erfolg der Diversity-Initiativen bisher jedoch begrenzt. Es stellte sich die Frage, warum sich Unternehmen wie die Continental AG mit Diversity derart schwertun. Und: Wie lässt sich Vielfalt im Unternehmen nachhaltig umsetzen?

Eine Befragung von Führungskräften ergab erstens, dass ein grundsätzliches und einheitliches Verständnis darüber fehlte, was Diversity in der Continental AG bedeutet.

Der entscheidende Punkt aber war zweitens, dass es den handelnden Führungskräften an Bewusstsein für ihre persönliche Verantwortung für das Gelingen von Diversity mangelte. Die fehlende Durchschlagskraft von Diversity erklärten die Führungskräfte stets mit Faktoren und Barrieren außerhalb ihres Einflussbereichs.

Zum Beispiel: Die Bereitschaft, Frauen bei der Besetzung einer Position zu berücksichtigen, sei grundsätzlich vorhanden, intern gebe es aber zu wenige geeignete Kandidatinnen; oder es studierten zu wenige Frauen die gesuchten technischen Fächer.

Die Führungskräfte glaubten, den Sachverhalt rational aufzuschlüsseln; außer Acht blieb jedoch die Barriere ihrer unbewussten Voreingenommenheit (Unconscious Bias).

## 2 Unbewusste Voreingenommenheit (Unconscious Bias)

Der volkstümliche Merkspruch, „Gleich und Gleich gesellt sich gern", weist in pauschalisierender Weise auf eine entscheidende Hürde für die Umsetzung von Diversity hin: Der Mensch neigt dazu, sich mit Personen von ähnlicher soziokultureller Prägung zu umgeben. Entsprechen sich Sprache, Werte, Überzeugungen, Erfahrungshorizont, Ausbildung, Lebensumstände (und Geschlecht), ist ein Miteinander berechenbarer, damit leichter und bequemer (Banaji et al. 2011).

Diversity indessen verlangt, vereinfacht gesprochen, das Gegenteil dieses tief verankerten Sicherheitsbedürfnisses nach Übereinstimmung: Gehe auf das „andere" zu, „halte es aus", akzeptiere es und beziehe es ein, um deine professionellen Ziele in einer immer komplexeren, vielgestaltigen Welt besser zu erreichen. Dies macht die Umsetzung von Diversity schwierig.

Denn hier kommen unbewusste Voreingenommenheiten voll zur Geltung: Ohne es zu beabsichtigen oder sich dessen überhaupt bewusst zu sein, besteht bei Menschen die Tendenz, verinnerlichten Stereotypen, unbewussten Prägungen, Assoziationen und Vorurteilen zu folgen (Banaji et al. 2011).

Unbewusste Assoziationen können geradewegs das Gegenteil bewusster Überzeugungen sein. Beispielsweise kann eine Person bewusst und ausdrücklich der Meinung sein, dass Frauen und Männer gleich gute Führungskräfte sind. Unbewusst jedoch neigt sie zu der Assoziation, eher Männern und gerade nicht Frauen Führungsqualitäten zuzuschreiben. Das kann wiederum dazu führen, dass, selbst wenn eine Frau hervorragende Führungsfähigkeiten gezeigt hat, diese Person unbewusst einem Mann die Führungsrolle zuschreibt, der objektiv bewertet schlechtere Ergebnisse geliefert hat.

Die unbewussten Annahmen, Überzeugungen, Assoziationen beziehungsweise Zuschreibungen und Prägungen eines Menschen sind das Ergebnis unmittelbarer persönlicher Erfahrungen sowie des kulturellen Umfeldes, in dem dieser Mensch aufgewachsen ist. Die Person verinnerlicht die Botschaften und Werte ihres Umfeldes, die zu den unbewussten Annahmen und Verallgemeinerungen führen (ebenda).

Daniel Kahnemann, Träger des Wirtschaftsnobelpreises und ehemaliger Hochschullehrer für Psychologie, entwickelte die These, dass unser Gehirn wie ein Computer mit zwei Prozessoren operiert (Banaji et al. 2011; Kahnemann 2011):

Der erste Prozessor, von Kahnemann „System 1" genannt, arbeitet automatisch, d. h. auf der Ebene des Unbewussten, und ist daher schnell, emotional und hat einen weit größeren Einfluss auf den menschlichen Entscheidungsprozess als bisher angenommen.

Das „System 2", der rationale Prozessor, steht unter unserer bewussten Kontrolle, geht logisch vor, ist jedoch weniger aktiv und seine „Anwendung" ist aufwendiger und deshalb anstrengender und langsamer.

Selbst wenn rationale Entscheidungskriterien vorliegen, kann das reflexartige „System 1" zu Entscheidungen führen, die eher unseren unbewussten Voreingenommenheiten und Stereotypen entsprechen. „System 1" übernimmt sozusagen ohne unser Zutun die Kontrolle über einen Bewertungs- und Entscheidungsprozess.

Diese Dominanz von „System 1" kann die Arbeit einer Führungskraft, die vermeintlich rational und fair vorzugehen und zu entscheiden glaubt, unterlaufen.

Unbewusste Vorurteile können die Führungskraft beispielsweise davon abhalten, sich bei einer Personalentscheidung für den Mitarbeiter oder die Mitarbeiterin mit der besten Eignung zu entscheiden.

Das häufig zitierte „Bauchgefühl", das manche Führungskraft als letztes „Zünglein an der Waage" in einem Entscheidungsprozess anführt, entspringt oft genug gerade nicht vollständiger Informationsobjektivität, sondern vielmehr den vereinfachenden Assoziationen und Stereotypisierungen aus „System 1"; die Führungskraft wird unbewusst „blind" für die tatsächlich beste Entscheidung und wählt möglicherweise eine schlechtere Handlungsalternative, was wiederum zu einem wirtschaftlich schlechteren Entscheidungsergebnis führen kann.

Auf diese Weise kann das Phänomen der unbewussten Voreingenommenheit dem Unternehmen – nicht nur bei der Umsetzung von Diversity, sondern ganz allgemein –

schaden. Führungskräfte sind als Entscheider jedoch in erster Linie für den wirtschaftlichen Erfolg des Unternehmens verantwortlich; vor allem sie sollten diejenigen sein, die möglichst zum Besten des Unternehmens entscheiden und handeln, seinen Fortbestand sichern und ihm zumindest nicht schaden sollten. Hieraus lassen sich drei aufeinanderfolgende Forderungen ableiten:

Erstens, das Unternehmen sollte zunächst das Bewusstsein seiner Führungsriege für die Problematik schärfen: Die Führungskräfte müssen wissen und verstehen, was Unconscious Bias für ihre tägliche Führungspraxis, Arbeit und ihren Einflussbereich bedeutet; dass und inwiefern unbewusste Voreingenommenheiten Entscheidungsvorgänge beeinflussen können.

Daraus ergibt sich zweitens die Verantwortung für die Führungskräfte, ihre Entscheidungen bewusst zu reflektieren, um den Einfluss von Unconscious Bias zu reduzieren. Ein Entscheider kann es fortan nicht dabei belassen, allein außerhalb seines Einflussbereichs nach Gründen für die Probleme bei der Umsetzung von Diversity zu suchen. Er steht vielmehr in der Pflicht, sich persönlich und seine Führungspraxis zum Wohl des Unternehmens zu hinterfragen und auf die Fallstricke eigener Vorurteile, Stereotypen und Assoziationen hin zu überprüfen.

Beispiel: Befinden sich im Unternehmen tatsächlich zu wenige geeignete Frauen für eine vakante Position oder folgt die verantwortliche Führungskraft, wenn sie sich ehrlich hinterfragt, einem stereotypen Frauenbild, indem sie Frauen beispielsweise für zu emotional und daher ungeeignet für die Aufgabe hält?

Diese Selbstreflexion und Selbstkritik kann für eine Führungskraft eine große Herausforderung darstellen und zu einer (auch unbewusst gespeisten) Abwehrhaltung führen: Führungskräfte neigen gewiss eher und mehrheitlich zu der Annahme, von sich aus rational, möglichst ausgewogen und unvoreingenommen zu entscheiden und Mitarbeiter, Talente und interne wie externe Kandidaten objektiv nach ihren Leistungen und Fähigkeiten zu beurteilen.

Da kann es unbequem sein und viel abverlangen, die objektiv vorhandene Kluft zwischen Bewusstem und Unbewusstem aufgezeigt zu bekommen und anschließend sein Führungsverhalten mit Blick auf diese Kluft infrage zu stellen. Dies kann gegen verinnerlichte Überzeugungen gehen oder womöglich an persönliche Eitelkeiten rühren. Daher muss eine Führungskraft auf dem Weg zu objektiverer Entscheidungsfindung gegebenenfalls die eigene Komfortzone verlassen.

Dritte Forderung: Das Unternehmen hat möglichst für Strukturen und Abläufe zu sorgen, die zu größerer Entscheidungsobjektivität führen und die Führungskräfte bei ihren Bemühungen um Verringerung des Einflusses von Unconscious Bias unterstützen.

Die drei genannten Forderungen umfassen sinnvollerweise eine langfristige Herangehensweise, um nachhaltige Veränderungen zu erreichen. Die Berührungspunkte mit den Themenstellungen der Unternehmenskultur (Corporate Culture) und des Managements von Veränderungen (Change-Management) beziehungsweise kulturellen Wandels (Cultural Change) sind offensichtlich.

Die aufgezeigte Herleitung der Relevanz von Unconscious Bias für die Umsetzung von Diversity unterstreicht, dass Diversity eine Führungsaufgabe ist.

Die Continental AG entwickelte einen für das Unternehmen neuen Ansatz, um den Führungskräften das Vorhandensein von Unconscious Bias und ihre Eigenverantwortung für die Umsetzung von Diversity aufzuzeigen. Der Konzern bezog hierfür ein Konzept ein, das auf die Erkenntnisse des Forschungsprojektes „Project Implicit" der Universitäten Washington, Harvard und Virginia zurückgreift (Banaji et al. 2011).

## 3 Diversity-leadership-Training bei der Continental AG

### 3.1 Strategische Initiative

Die Continental AG startete mit dem Diversity-leadership-Training eine strategische Trainingsinitiative, durch die die ungefähr 3000 oberen Führungskräfte des Unternehmens zum Thema Diversity in die Verantwortung genommen worden sind.

Zunächst fand sich der Topführungskreis der fünf Konzerndivisionen in sogenannten „diversity action planning"-Workshops zusammen und durchlief in einem ersten Schritt das Leadershiptraining: Auf diese Weise wurde auf höchster Hierarchieebene Bewusstsein für und ein einheitliches Verständnis von Diversity geschaffen.

Auf Basis dieser Sensibilisierung blickte der Führungskreis in einem zweiten Schritt auf den Status quo von Diversity in den jeweiligen Divisionen: Es erfolgte eine eingehende Analyse des Zahlenmaterials der aktuellen Situation. Der Kreis formulierte Gründe für die Ungleichgewichte in den Diversity-Bereichen Internationalität und Gender Diversity. Daran schloss sich ein Ausblick in die Zukunft mit der Fragestellung an, wo das Unternehmen mit Diversity in fünf Jahren qualitativ und quantitativ stehen möchte. Welche konkreten Maßnahmen auf Grundlage welcher Strategie müssten ergriffen werden, um den Zielkorridor zu erreichen?

In dieser konstruktiven und durchaus kontroversen Diskussion entstand ein Gerüst für die Umsetzung von Diversity in den Divisionen und Ländern:

Der Topführungskreis definierte Ziele und Wege – d. h. das Rüstzeug – für die Umsetzung und stellte Verbindlichkeit für die nachfolgenden Hierarchieebenen her, da auf Basis dieser Vorarbeit das Training der oberen Führungskräfte folgte.

Über die inhaltlichen Vorbereitungen hinaus sollte von den „diversity action planning"-Workshops an der Spitze der Trainingskaskade zugleich eine vorbildhafte Signalwirkung ausgehen, die den Topführungskräften die Relevanz von Diversity aufzeigte und sie hierdurch wiederum in die Umsetzungspflicht nahm.

### 3.2 Umsetzung des Diversity-leadership-Trainings

Die Continental AG erarbeitete den Inhalt des Diversity-leadership-Trainings mit einem externen Spezialisten: Der half, den Trainingskern – die Inhalte um die Bedeutung und Auswirkung von Unconscious Bias und geeignete Gegenmaßnahmen – auf fachlich und didaktisch höchstem Niveau festzulegen.

Nichtsdestotrotz sollte das Training aus Gründen möglichst hoher Glaubwürdigkeit, interner Akzeptanz und Durchdringung eine starke unternehmenseigene Identität haben. Daher sah das Konzept Trainer aus den eigenen Reihen vor, die die ca. 3000 Führungskräfte schulen sollten.

Es begann eine konzernweite Suche nach freiwilligen, fähigen und engagierten Trainern. Gefunden wurde eine breit aufgestellte Gruppe von ungefähr 120 Personen aus allen Divisionen und Regionen weltweit. Darunter waren nicht allein Personen aus dem Bereich Human Resources, sondern auch aus den Businesseinheiten. Auf diese Weise ließ sich dem Eindruck entgegenwirken, es handle sich bei dem Diversity-leadership-Training nur um eine Maßnahme auf Personalbereichsebene. Darüber hinaus zeichnete die Trainergruppe ein breites hierarchisches Spektrum aus, da auch höhere Führungskräfte unter den Trainern zu finden waren.

Der externe Spezialist, mit dem die Trainingsinhalte entwickelt wurden, übernahm die intensive Initialschulung eines ersten kleinen internationalen Teams aus der Trainergruppe. Diese ca. 30 Personen trainierten wiederum die Trainer in ihren Weltregionen. So wurde nach dem Prinzip „train the trainer" eine Schulungskaskade angestoßen, bei der zunächst die gesamte Trainergruppe und dann in einem einmaligen konzentrierten internen Kraftakt innerhalb eines kompakten Zeitfensters von ca. sechs Monaten 90 % aller rund 3000 Führungskräfte weltweit in Teams von mindestens fünf bis maximal 15 Personen das Diversity-leadership-Training durchliefen.

Das Training war nicht „deutsch", sondern global angelegt mit einem festen Ablauf: Die Inhalte und der Aufbau der Präsentationsfolien sind weltweit einsetzbar. Je nach Region und Haupttätigkeit eines Trainers konnte er bei den Trainings unterschiedliche Schwerpunkte innerhalb des festgelegten Ablaufs setzen. Die Trainer hatten den Freiraum, den Fluss und die Übungen des Trainings anzupassen im Falle von Diskussion, die sich aus der Teilnehmergruppe heraus ergaben und mehr Verständnis, Überzeugung und Akzeptanz schufen als ein mehrstündiger Frontalunterricht allein.

Die Konzernzentrale begleitete das weltweite Training, unterstützte die Trainer mit Frage-Antwort-Sitzungen sowie Ansprechpartnern und richtete eine IT-gestützte Plattform für den Zugriff auf Trainingsunterlagen ein.

Mit dem Training als Initialzündung gelang es, die Topführungskräfte wegen des Führungsthemas „Diversity" erstmals in die Verantwortung zu nehmen.

### 3.3 Inhalte des Diversity-leadership-Trainings

Das Herzstück des Diversity-leadership-Trainings, das jede Führungskraft durchlief, sind die Inhalte zum Thema „Unconscious Bias".

Anthony Greenwald, Professor für Psychologie an der Universität Washington, entwickelte Mitte der Neunzigerjahre des letzten Jahrhunderts den sogenannten Implicit Association Test (kurz: IAT), um unbewusste Voreingenommenheit zu untersuchen (Banaji et al. 2011).

Ein solcher IAT stellt das Vorhandensein und die Ausprägungsstärke unbewusster Assoziationen fest: Das heißt, ein solcher Test misst, wie stark eine Testperson zwei Dimensionen beziehungsweise Konzepte auf Ebene des Unbewussten miteinander verbindet; beispielsweise „Frauen" und „Führung", „Frauen" und „Wissenschaften" oder „Herkunft" und „Kompetenz".

Unabhängig von ihrer bewusst geäußerten Ansicht (Beispiel: „Frauen sind ebenso gute Führungskräfte wie Männer.") offenbart ein IAT die unbewusste und damit sozusagen „wahrhaftige" Einstellung einer befragten Person zu einem Sachverhalt (Beispiel: Das IAT-Ergebnis zeigt, dass die Testperson unbewusst doch eher Männern bessere Führungsqualitäten zuschreibt als Frauen.). „Wahrhaftig" ist die Einstellung insofern, als sie tendenziell die Entscheidungen und Handlungen in der Realität beeinflusst; diesen Einfluss hat die Forschung nachgewiesen. Beispiel: Aufgrund ihrer unbewussten Voreingenommenheit besetzt die Testperson eine frei gewordene Stelle – entgegen ihrer bewussten Überzeugung, ohne Vorurteil zu sein – nicht mit einer objektiv besser qualifizierten Frau, sondern mit einem im Vergleich weniger gut qualifizierten Mann.

Im Verlauf eines rechnergestützten IAT müssen Teilnehmer in der Regel positiv oder negativ wertende Begriffe (wie beispielsweise „Liebe", „Freude", „Hass", Schmerz", „Trauer", „Familie", „Ehebruch", „gut", „schlecht") und Bilder unterschiedlicher Personentypen durch möglichst schnellen Tastendruck einander zuordnen. Dies geschieht in mehreren unterschiedlich gestalteten Durchläufen. Die Auswahl der Begriffe und Bilder hängt von der Art des unbewussten Vorurteils ab, das untersucht werden soll.

Die gemessenen Reaktionszeiten der Probanden offenbaren, ob sich die bewusste und die unbewusste Einstellung gegenüber beispielsweise Menschen unterschiedlichen Geschlechts oder unterschiedlicher Herkunft entsprechen oder ob sie voneinander abweichen.

Die Forschung sowie die Daten vieler Millionen Testdurchläufe bestätigen eine hohe Validität des IAT bezüglich der Messung von Unconscious Bias. Es lässt sich beispielsweise belegen, dass etwa 75 % der Gesamtheit aller Testpersonen wegen unbewusster Voreingenommenheiten beziehungsweise verinnerlichter Stereotypen dazu neigen, „junge", „reiche" und „weiße" Personen zu bevorzugen.

Weiterhin lässt sich feststellen, dass Personen mit, gemäß IAT-Messungen, stark ausgeprägten Vorurteilen auch im direkten Miteinander (Einstellungsgespräche oder andere Auswahlsituationen) mit Menschen der Gruppen, denen gegenüber die Vorurteile bestehen, stark voreingenommen sind und entsprechend entscheiden.

Im Zusammenhang mit den IAT-Ergebnissen spricht die Forschung von einer „Abgabe" oder „Steuer" (Stereotype Tax) – Opportunitätskosten, die Entscheider „zu zahlen bereit sind", weil sie aufgrund unbewusster Vorurteile auf Chancen und Potenziale beziehungsweise die Auswahl besserer Alternativen verzichten.

Im Rahmen des Diversity-leadership-Trainings der Continental AG kamen vier IAT zum Einsatz: Zunächst erhielten Teilnehmer ca. zwei Wochen vor ihrem jeweiligen Trainingsbeginn einen Weblink zu zwei Onlinetests, die sie durchführen und deren Ergebnisse sie zum Training mitbringen sollten. Der erste dieser beiden IAT kombinierte in seiner

Abfrage die Dimensionen „Geschlecht" (Gender) und „Führung" (Leadership), der zweite „Geschlecht" und „Wissenschaften" (Sciences).

Einige Wochen nach ihrem Trainingstag erhielten die Teilnehmer einen weiteren Link zu zwei Tests, die sie mit dem Wissen des Diversity-leadership-Trainings und als Erinnerung für sich absolvieren sollten. Diese zwei Tests kombinierten die Themenkategorien „Kultur" (Culture) und „Kompetenz" (Competency): Der erste verband „Weiß – Asiatisch" (White – Asian) und „Kompetenz", der zweite „Weiß – Schwarz" (White – Black) und „Kompetenz".

Der IAT-Teil des Trainings erfüllte mehrere Zwecke: Zunächst bildete er eine zeitlich gestreckte Klammer um einen Trainingstag, der mit den ersten beiden Gender-IAT die Neugier der jeweiligen Teilnehmer einige Zeit im Voraus wecken, ihre Aufmerksamkeit gewinnen, sie für die Thematiken „Unconscious Bias" und „Diversity" sensibilisieren sollte; die beiden IAT zu „Kultur/Internationalität" einige Zeit nach dem Training sollten die Teilnehmer an das Erlernte erinnern und dadurch das Bewusstsein für die Kernproblematik aufrechthalten.

Die IAT behandelten bewusst die Unconscious Biases innerhalb der Diversity-Dimensionen, für die sich im Konzern die ausgeprägtesten Ungleichgewichte feststellen ließen: Gender und Internationalität.

Der erste Gender-IAT unterfüttert die Auseinandersetzung um das Diversity-Thema „Frauen in Führungspositionen": Er zeigt deutlich auf, dass häufig genug nicht objektive Kriterien, sondern unbewusste Voreingenommenheiten mit allen negativen Konsequenzen dazu führen, eher Männer in einer Führungsposition zu sehen und daher fachlich geeignete Frauen zu übersehen oder entsprechend nachrangig zu behandeln.

Der zweite IAT, der die Kategorien „Gender" und „Sciences" zur Überprüfung auf Voreingenommenheiten kombiniert, ist für die Continental AG als Technologieunternehmen von Belang: Wenn „Wissenschaft" (inklusive „Forschung", „Technik" und „Technologie") unbewusst eher mit dem männlichen Prinzip gleichgesetzt beziehungsweise identifiziert wird, was ist dann mit Frauen in diesem Bereich, die zu Topleistungen fähig sind oder es als Talente wären, durch Führungs- und Personalentscheidungen aber nicht berücksichtigt werden?

Der Grund für die Themenwahl des zweiten IAT-Paars erklärt sich wie folgt: Die Herkunft eines Mitarbeiters beziehungsweise die Internationalität der Belegschaft ist für die Continental AG nicht nur wichtig, weil der Konzern international aufgestellt ist und global agiert; es geht auch darum, das Unternehmen vorausschauend in die Zukunft zu steuern: Wichtige Entscheidungen sind derzeit und künftig im Kontext globaler und zugleich jeweils regionaler Herausforderungen zu treffen.

Dies zwingt zum Aufbrechen engen Gruppendenkens: Entscheidungen von globaler und jeweils regionaler Relevanz können von internationalen Entscheidungs- beziehungsweise Führungsteams objektiv besser getroffen werden.

Für die Continental AG ist es daher sinnvoll, sich mit unbewussten Voreingenommenheiten zu beschäftigen, die, wie durch die Culture-competency-IAT nachweisbar, zu einer Bevorzugung von Menschen europäischen Phänotyps führen können, weil ihnen unbewusst eine höhere Kompetenz zugeschrieben wird als Personen nichteuropäischen Phänotyps (White-asian/competency-IAT beziehungsweise White-black/competency-IAT).

Da die IAT darauf abzielten, für die Continental AG wichtige Unconscious Biases an die Oberfläche zu bringen und den Führungskräften begreifbar zu machen, boten sie einen idealen Anknüpfungspunkt, die Trainingsinhalte für den einzelnen Teilnehmer zu konkretisieren: Sie machten den Teilnehmern ihre Unconscious Biases bewusst, zeigten, dass sie nicht davor gefeit sind, unbewusste Denkmuster und Vorurteile zu hegen, weshalb sie als Führungskräfte in der Verantwortung stehen, diesen Vorurteilen zu begegnen und etwas daran zu ändern.

Die griffigen Testerfahrungen sollten verdeutlichen, dass Diversity kein von den Entscheidern losgelöstes Vorhaben ist, das sich auf abstraktes Denken in Diversity-Dimensionen und das bloße Abarbeiten von Maßnahmen beschränkt; die IAT sollten zeigen, dass für den Erfolg von Diversity und den dafür erforderlichen Wandel die einzelne Führungskraft unmittelbar verantwortlich ist.

Durch die Betrachtung der Gender-IAT und Besprechung der Testerfahrungen der Teilnehmer war es dem Trainer möglich, die Teilnehmer persönlich und verbindlich einzubeziehen: Die Führungskräfte sind wie alle Menschen von Unconscious Bias geprägt und ihre Entscheidungen werden davon beeinflusst; daher liegt der Schlüssel für den Erfolg von Diversity bei ihnen. Es gilt, das System 1 nach Kahnemann zu überspringen, sich zumindest seiner Wirkung bewusst zu sein und – mit dem Ziel stärkerer Entscheidungsobjektivität – System 2 zu aktivieren (Kahnemann 2011).

Auf Grundlage der IAT war sozusagen der Blick hinter die Fassade von Diversity möglich; aufgrund konkreter Testergebnisse dienten die IAT zudem als verbindliche Orientierungspunkte.

Die Trainer erfuhren teils heftige Reaktionen starker Zustimmung, aber auch Ablehnung, wodurch sich zeigte, dass der eingeschlagene Weg richtig war.

Zugleich war es durch die IAT und die Erörterung der Ursachen von Unconscious Bias möglich, den Führungskräften Anhaltspunkte, Regeln für gewünschtes Verhalten oder eine Art Rollenmodell aufzuzeigen: Achte bei deinen Entscheidungen beziehungsweise Personalentscheidungen auf Unconscious Bias, strebe nach mehr Objektivität, gehe daher differenzierter vor.

Eine Trainingsaufgabe bestand nun darin, möglichst einfach einsetzbare Werkzeuge und Methoden für die Praxis zu vermitteln:

Es wurde beispielsweise die einfache, aber wirksame Methode gezeigt, mit Gegenstereotypen zu arbeiten: Besteht eine unbewusste Voreingenommenheit, sucht sich die Person bewusst einen Gegenstereotyp und konfrontiert sich damit, um das Gehirn zum Umdenken zu zwingen. Beispiel: Ein Age-IAT offenbart bei einem Probanden einen verinnerlichten Stereotyp, durch den er ältere Menschen als nicht leistungsfähig und weniger kreativ einschätzt und deshalb möglicherweise ältere Personen bei Personalentscheidungen unbewusst übergeht. Um hierdurch negative Folgen wie Erfahrungs- und Kompetenzverlust oder Motivationseinbußen zu vermeiden, kann sich die betroffene Führungskraft bewusst den Gegenstereotyp eines stets agilen, kreativen, flexiblen und erfolgreichen Menschen wie beispielsweise den Virgin-Gründer Richard Branson (geb. 1950) vor Augen führen.

Studien zeigen, dass sich durch dieses bewusste Vorgehen die Auswirkungen unbewusster Prägungen eindämmen lassen.

Selbstreflexion bei der Entscheidungsfindung wird damit zu einem wichtigen Element der Führung, um Unconscious Bias auf dem Weg zu mehr Objektivität durch Bewusstmachung abzubauen beziehungsweise einzudämmen. Es ist nicht aktionistische Hemdsärmeligkeit gefragt, bei der es gilt, viel und noch mehr abzuarbeiten, sondern das Bisherige mit dem neuen Wissen und mehr Bedacht zu tun.

Im Grunde geht es um selbstverständliche gute Managementpraxis (Good Management Practice), die ein differenziertes und objektives Herangehen umfasst (Kahnemann 2011): Hat das schnelle System 1 mit seinen unbewussten Stereotypen und Vorurteilen bei einer Entscheidung die Oberhand? Wie lässt sich in dem Fall System 2 aktivieren?

Ziel ist stets mehr Objektivität zur Eindämmung von Unconscious Bias.

Dies schafft die Basis für den Dreiklang, Vielfalt aufzubauen, zu gestalten und tatsächlich zu ermöglichen („build, manage, enable diversity").

Nachdem durch die IAT und Vermittlung der Ursachen und Wirkungen von Unconscious Bias die verbindliche persönliche Verantwortung der Führungskräfte aufgezeigt worden war, konnte das Training „klassische" Diversity-Grundlagen und -Inhalte vermitteln.

Die Trainer legten im Rahmen dessen die aktuelle quantitative und qualitative Diversity-Zielsetzung der Continental AG dar und stellten einen Katalog von ausgewählten Maßnahmen zur Erreichung der Ziele vor.

In Verschränkung der Forderung nach mehr Entscheidungsobjektivität mit den Erfordernissen für den Erfolg von Diversity sollten die Trainingsteilnehmer Verständnis für folgenden Zusammenhang entwickeln: Diversity mit dem Ziel, zum wirtschaftlichen Erfolg der Continental AG beizutragen, heißt im Idealfall, einerseits die Aufgaben, die das Unternehmen, eine Divison, eine Abteilung, ein Team vor dem Hintergrund zukunftsorientierter Zielsetzungen zu erfüllen hat, möglichst objektiv zu erkennen und festzulegen und andererseits die am besten geeigneten Kompetenzen für die Erfüllung dieser Aufgaben zu suchen und zusammenzustellen. Diese Kompetenzen bringen Personen – Mitarbeiter, Talente, Bewerber, noch Unbekannte – mit sich.

Die einzelne Führungskraft hat durch möglichst objektive Personal- und Führungsentscheidungen – unabhängig von Geschlecht, Alter, Herkunft und so fort – diese Diversity-Aufgabe des möglichst optimalen Abgleichs von Aufgaben und Kompetenzen täglich zu erfüllen: Personen und Funktionen müssen aufeinander abgestimmt werden, um eine bestmögliche Leistung zu erzielen.

Das Unternehmen wiederum hat für eine Aufbau- und Ablauforganisation, d. h. für Voraussetzungen zu sorgen, die den Führungskräften und Mitarbeitern ihre Diversity-Arbeit ermöglichen, erleichtern und sie dabei unterstützen.

Im Rahmen dessen sollte die Organisation auch ihre Auffassung von „Talent", „Potenzial" oder „Führung" für sich definieren und objektive Regeln festlegen:Unter welchen Voraussetzungen ist ein Mitarbeiter ein Talent, das zu fördern ist? Was gilt für das Unternehmen als personelles Potenzial, das sich ausbauen beziehungsweise abschöpfen ließe?Wie definiert das Unternehmen für sich eine Führungskraft? Wie soll diese Führungskraft sich verhalten?

Es sind Prozesse und Standards festzulegen. Durch diese Festlegungen trägt das Unternehmen zu mehr Objektivität bei Personal- und Führungsentscheidungen bei, sodass Führungskräfte ihrer Verantwortung für den Erfolg von Diversity nachkommen können.

### 3.4 Fragebogen

Direkt im Anschluss an das Training erhielt jeder Teilnehmer einen einseitigen Feedbackfragebogen, der sowohl qualitative Antwortmöglichkeiten per Text als auch Abfragen per Ratingskalen umfasste.

Trotz häufiger kontrovers geführter Diskussionen in den Trainings ergab die Auswertung, dass das Gros der Führungskräfte eine Fortsetzung der Initiative und die Einbeziehung der nachgelagerten operativen Führungsebenen wünscht.

Die meisten Teilnehmer haben die Zusammenhänge verstanden und erkennen die Relevanz des Themenkomplexes „Unconscious Bias" für die Umsetzung und den Erfolg von Diversity. Zugleich lässt sich anhand mancher Antworten und Ratings feststellen, dass die Anwendung des erlernten Wissens im Führungsalltag als schwierig angesehen wird.

Für manche scheint die Aufforderung zur Selbstreflexion, um größere Objektivität für das Entscheiden und Tun danach zu erreichen, unbequem zu sein. Diese kritische Auseinandersetzung mit sich selbst mag auch der Grund dafür sein, dass ein Thema wie Diversity oft genug Widerstand erzeugt: Es zwingt die Menschen aus der berühmten Komfortzone.

Um die Führungskräfte nach dem Training bei der praktischen Umsetzung zu unterstützen, bietet die Continental AG ein Onlinecoachingprogramm.

### 3.5 Nachhaltigkeit des Wandels durch webbasiertes Training

Die Continental AG hat den Führungskräften mit dem Diversity-leadership-Training ihre persönliche Verantwortung für den Erfolg von Diversity aufgezeigt. Damit die Trainingsteilnehmer dieser Verantwortung nachkommen können, stellt das Unternehmen mit Unterstützung des erwähnten externen Anbieters ein Onlinewerkzeug bereit.

Dieses Trainingsprogramm, das den Wandel (getragen von den Führungskräften) vorantreiben und unterstützen soll, fußt auf der verhaltenswissenschaftlichen Basis, auf der auch die Forschungsergebnisse um den IAT beruhen.

Ein Trainingsteilnehmer kann über mehrere Wochen anonym online einfache, pragmatische, aber wirkungsvolle Übungen mit geringem Zeitaufwand durchführen und wiederholen, um die unbewussten Automatismen von Unconscious Bias zu kontrollieren und in seinen Personal- und Führungsentscheidungen objektiver zu werden. Die Entscheidungen sollen besser werden. Durch die Übungen lassen sich die Trainingsinhalte verankern und in reales Führungsverhalten überführen.

Eine einfache Übung besteht beispielsweise darin, Personen zuzulächeln, denen gegenüber – wie durch einen IAT zutage gefördert – Vorurteile bestehen. Was im ersten Moment banal wirkt, ist sehr effektiv und führt durch regelmäßige Wiederholungen nachweislich zu gewünschten Verhaltens- und Bewusstseinsänderungen.

Andere Übungen sind komplexer und anspruchsvoller: Beispielsweise kann die Führungskraft durch regelmäßige Betrachtung der persönlichen Zielsetzungen von Mitarbeitern oder Teammitgliedern zu besseren Potenzialeinschätzungen und auf die Weise zu besseren Mitarbeiter- beziehungsweise Teamleistungen gelangen.

Schlüssel zum nachhaltigen Erfolg ist die regelmäßige Wiederholung der angebotenen Übungen des Programms, zu denen ein Teilnehmer automatisch eingeladen wird.

Für den Erfolg von Diversity sind – neben dem Personalbereich – die Führungskräfte der Continental AG verantwortlich. Durch das Diversity-leadership-Training und das nachgelagerte Coachingprogramm kommt wiederum das Unternehmen seiner Aufgabe nach, seine Führungskräfte dabei zu unterstützen und dazu anzuhalten, diese Verantwortung erfüllen zu können.

## 3.6 Herausforderungen

Wie bereits erwähnt kam es im Laufe der Diversity-leadership-Trainings immer wieder zu kontroversen Diskussionen. Die Kontroverse reichte von konstruktiver Kritik bis hin zu offenem Widerstand gegen Unconscious Bias und die daraus abgeleitete Verantwortung der Teilnehmer für den Erfolg von Diversity.

Manchem Teilnehmer fiel es offensichtlich schwer, Unconscious Bias zuzugeben und sich der Tatsache zu stellen, aufgrund dieser unbewussten Voreingenommenheiten kein vollkommen objektiver und fairer Manager zu sein. Das Thema kann unbequem sein und bisherige Überzeugungen in den Grundfesten erschüttern, weshalb eine Auseinandersetzung schwerfällt und abgelehnt wird.

In manchen dieser Fälle wurde die höhere Stellung innerhalb der Unternehmenshierarchie automatisch mit Kompetenz gleichgesetzt, sodass die Möglichkeit unbewusster Vorurteile nicht akzeptiert wurde, selbst wenn ein IAT derartige Voreingenommenheiten nachgewiesen hat.

Daraus wiederum ergab sich Kritik am IAT, der als zu einfach beziehungsweise den Sachverhalt vereinfachend abgetan wurde.

Ohnedies schoben manche Kritiker die Aufforderung zur Selbstreflexion und kritischen Betrachtung der bisherigen Art des Führens und Entscheidens von sich, indem sie ganz allgemein die Gültigkeit der Trainingsinhalte und deren wissenschaftliche Basis infrage stellten.

Die bereits genannte mentale Hürde zwischen Theorie und Umsetzungspraxis steht hiermit in Zusammenhang und stellt eine weitere Herausforderung dar: Oftmals wurde das Thema „Unconscious Bias" als wissenswert akzeptiert („Interessant!"), die Relevanz für das eigene alltägliche Führungsverhalten jedoch nicht gesehen („Was hat das mit mir zu tun?").

Dass bei manchem das Gespür für die Verantwortung der Führungsebene für den Diversity-Erfolg sogar vollständig fehlte, erscheint bemerkenswert und erfasst nochmals die größte Herausforderung: Eine Führungskraft muss verstehen, dass sie selbst und ihr Mitwirken für den Erfolg von Diversity entscheidend ist.

Diversity kann nicht allein von oben verordnet werden. Die Führungskräfte aller Ebenen müssen ihr bisheriges Führungsverhalten unbequemerweise hinterfragen und in ihrem täglichen Tun Verantwortung übernehmen, damit Diversity ein Erfolgsfaktor wird.

Es war zu beobachten, dass die Führungskräfte, für die das Diversity-leadership-Training eine „wirkliche" Erkenntnis war, auch bereit waren, sich mit ihren Unconscious Biases und deren Auswirkungen auf die eigene Entscheidungsfindung und das eigene Führungsverhalten ernsthaft auseinanderzusetzen.

Die Continental AG hat mit einem Kraftakt einen ersten Schritt getan und einen Transformationsprozess mit Blick auf die Sicherung der eigenen Zukunft angestoßen.

Es wird weiterhin Aufgabe sein, für Glaubwürdigkeit und Nachhaltigkeit der Wandlung zu sorgen und die Führungskräfte durch geeignete Strukturen und Abläufe bei diesem Wandel zu unterstützen, aber auch zu verpflichten.

Eine denkbare Verpflichtung wäre eine Integration des Sachverhalts in das Vergütungssystem der Führungskräfte. Hierfür sind geeignete Parameter zu finden, anhand derer eine Führungskraft ihren Beitrag messen lassen muss. Möglicherweise ist hier eine Verknüpfung mit Produktivitätskennziffern (Stichwort: „Team"-Produktivität) sinnvoll.

Dieser Ansatz kommt auch für die Durchsetzung von Diversity infrage, die nach wie vor bei manchem Zweifler als vermeintlich „weiches" Thema ohne Bezug zum Kerngeschäft um betriebswirtschaftliche Akzeptanz ringt. Die schwierig messbare strategische Steuerungsgröße „Erfolgspotenzial", auf die Diversity abzielt, die hingegen für die strategische Unternehmensplanung in der Betriebswirtschafts- beziehungsweise Managementlehre gemeinhin akzeptiert ist, erleichtert Kritikern in diesem Fall die Ablehnung. Hier ist möglicherweise eine entschlossenere Verschränkung mit den operativen Steuerungsgrößen Erfolg/Rentabilität (und Liquidität) zu suchen „Erfolgs-Potenzial", „ERfolg/Reutabilität" nach Gälweiler (2005): Wenn der Erfolg von Diversity sich beispielsweise durch Leistungsindikatoren wie Produktivitätskennziffern messen ließe, könnte das Thema letzte Zweifel an seiner Relevanz ausräumen. Die unbelastete und rein inhaltliche Arbeit und Auseinandersetzung wäre möglich.

## Literatur

Banaji MR, Bazerman MH, Chugh D (2011) „How (Un)ethical are you?" Harvard Business Review's 10 must reads on managing people. Harvard Business School Publishing Corporation, S 157–173

Bea FX, Haas J (2005) Strategisches management. Lucius & Lucius, Stuttgart, S 114–118

Gälweiler A (2005) Strategische Unternehmensführung. Campus Verlag, Frankfurt a. M

Interne Quellen der Continental AG

Kahnemann D (2011) Schnelles Denken, Langsames Denken. Siedler Verlag, München

**Nobue B. v. Wurzbach** Langjährige geschäftsführungs- bzw. vorstandsnahe Management-Erfahrung und -Verantwortung in deutschen Maschinenbaukonzernen. Einführung, Aufbau und Leitung strategischer Funktionen wie Strategisches Marketing und Business Development. Internationaler Background durch Studien- und Arbeitsaufenthalte in USA, Spanien, Italien, Israel, Irland, Japan und Deutschland. Nach Wechsel in den HR-Bereich, zuerst Verantwortung als Head of Organizational Development der GEA Group AG in Düsseldorf und derzeit tätig als Head of Culture Development & Diversity Management bei der Continental AG in Hannover. Studium an der American University, Washington DC. Abschlüsse: Bachelor of Arts in „Economics" und „International Studies", Master of Arts in „International Development". Geboren 1968 in Düsseldorf, Deutschland. Verheiratet, ein Kind, wohnt in Neuss.

# Vielfalt in der Organisation durch die Inklusion von behinderten Menschen

Tim Thielicke

*Do the right things and then do them right!*

## 1 Vielfalt in der Organisation

Jedes Unternehmen ist eine Organisation, deren Zweck es ist, mit dem Einsatz von Produktionsmitteln den gewünschten Output zu erzielen.

Eine Organisation ist nicht statisch, sondern verändert und entwickelt sich mit der Zeit. Diese Entwicklung ist in Teilen geplant und vorhersehbar, wird jedoch regelmäßig durch Ungeplantes und Nichtvorhersehbares beeinflusst. Wie eine Organisation wirklich funktioniert, lässt sich daher nur punktuell und für einen bestimmten Zeitraum abbilden.

Organisationen sind hochkomplexe individuelle Gebilde, die unterschiedlichste Ziele verfolgen. Oft ist die Existenzsicherung das übergeordnete Ziel der Organisation. Langfristig kann eine Organisation nur bestehen, wenn sie folgenden Aufgaben gerecht wird:

- eine Nachfrage mit ihrem Angebot zu decken,
- einen nachhaltigen Nutzen für Menschen zu erbringen und
- auf sich verändernde Rahmenbedingungen zu reagieren.

Für die Erfüllung dieser Aufgaben sind Personen notwendig, die gemeinsam mit entsprechenden Kompetenzen und Verantwortlichkeiten an diesem Prozess beteiligt sind. Keine

---

T. Thielicke (✉)
Geschäftsführer, spectrum e. V., Hohe Leuchte 24, 35037 Marburg, Deutschland
E-Mail: info@spectrum-marburg.de

© Springer-Verlag Berlin Heidelberg 2016
T. Doyé (Hrsg.), *CSR und Human Resource Management*,
Management-Reihe Corporate Social Responsibility, DOI 10.1007/978-3-662-47683-3_13

Organisation kann dabei besser werden als die Menschen, die diesen Produktionsprozess gestalten.

Erfolgskriterien für eine Organisation sind dabei so verschieden wie ihre Zielsetzungen. Im schnelllebigen, modernen Wirtschaftsdenken wird Erfolg oft auf Wachstum, Marktanteile, Umsatz, Produktivität oder Rentabilität reduziert. Diese Kennzahlensysteme geben dabei auch die Leitlinien des Organisationsziels vor. Die daran beteiligten Mitarbeiter sind diesem Ziel untergeordnet. Ihre Individualität wird nicht wahrgenommen.

Human Resources sind diejenigen Menschen, die in der Organisation für den Produktionsprozess zur Verfügung stehen. Es handelt sich um Individuen mit unterschiedlichen Charakteren und Persönlichkeiten, die über eine Vielzahl an Fach-, Methoden-, Sozial- und Handlungskompetenzen verfügen. Um sie möglichst effektiv einzusetzen und mit minimalem Einsatz langfristig maximalen Output zu erreichen, ist ein gut aufgestelltes Personalwesen nötig. Je mehr Menschen in einer Organisation agieren, desto komplexer und vielschichtiger wird die Organisation des Personalwesens. Oft wird der Schwerpunkt bei der Personalauswahl auf die sogenannten Hard Skills – fachliche Fähigkeiten, wie Ausbildung, Berufserfahrungen und Zusatzqualifikationen – gelegt. Wenn Soft Skills gefragt sind, dann sind es in erster Linie dem Organisationsziel dienende, wie Loyalität, Verbundenheit, Kommunikationsfähigkeit, Teamfähigkeit, Eigeninitiative, intrinsische Motivation, Flexibilität, Mobilität, Empathie und dergleichen. Das Augenmerk liegt dabei nicht nur auf der individuellen Spitzenqualifikation Einzelner, sondern auch auf einem reibungslosen Zusammenspiel zur Erreichung gemeinschaftlicher Leistungsfähigkeit. Bei Personaleinstellungen wird versucht, eine unternehmensfördernde Stellenbesetzung unter Berücksichtigung von Fachkompetenz und Persönlichkeit zu erreichen.

Menschen mit Behinderung sind aufgrund der primären Frage nach den Hard Skills und des daran anschließenden Bewertungsverfahrens vom allgemeinen Arbeitsmarkt bisher weitgehend ausgeschlossen. Wenn sie selbstverständlicher Bestandteil eines Unternehmens werden sollen, bedeutet dies Bereitschaft zur radikalen Änderung der inneren Unternehmensstruktur, eine Erweiterung des Diversity-Managements und eine Anpassung der bisher vorherrschenden Führungsstile. Menschen mit Behinderung sind nur als ganze Persönlichkeit mit allen ihren Nuancen in ein Unternehmen zu integrieren. Personalarbeit muss demzufolge kompromisslos vom einzelnen Mitarbeiter aus gedacht werden. Das stellt das bisherige Vorgehen vom Kopf auf die Füße und verändert sowohl die Organisation als auch die beteiligten Menschen.

Menschen mit Behinderung sind bisher in erheblich geringerem Ausmaß, als es ihrem Anteil in der Bevölkerung entspricht, an den Produktionsprozessen beteiligt. Sie sind einem erheblichen Risiko ausgesetzt, von der Teilhabe am Arbeitsleben ausgeschlossen zu werden: Dies zeigen insbesondere die Daten zur Erwerbstätigkeit behinderter Menschen, zum Risiko längerfristiger und dauerhafter Arbeitslosigkeit sowie zum Anteil an prekären Beschäftigungsverhältnissen (Agentur für Arbeit 2015).

„Anfang 2014 lebten in Deutschland etwa 3,3 Mio. schwerbehinderte Menschen im erwerbsfähigen Alter" (Bundesarbeitsgemeinschaft der Integrationsämter und Hauptfürsorgestellen (BIH) 2015). „Schwerbehinderte" Menschen sind in Deutschland Menschen, deren Schwerbehinderung durch die zuständige Behörde festgestellt wurde und die in einem Schwerbehindertenausweis dokumentiert wird (§§ 2 Abs. 2, 69 SGB IX 2001). „Über 1,8 Mio. schwerbehinderte Menschen – das entspricht fast einem Viertel der Menschen, die einen gültigen Schwerbehindertenausweis besitzen – wurde ein Grad der Behinderung (GdB) von 100 bescheinigt" (BIH 2015). Unter ihnen befinden sich Menschen mit Körperbehinderung, mit Sinnesbehinderung, mit seelischer Behinderung und mit sogenannter geistiger Behinderung – der stigmatisierende Begriff der „geistigen Behinderung" wird im Folgenden nicht benutzt und durch den Begriff „Menschen mit intellektuellen Einschränkungen und Entwicklungsbehinderungen" ersetzt. Aktuell werdend mehr als 300.000 Menschen (BAG WfbM 2013) mit Behinderung – hauptsächlich Menschen mit seelischer oder mit intellektuellen Einschränkungen und Entwicklungsbehinderungen – in einer gesonderten Werkstatt für behinderte Menschen (WfbM) beschäftigt und etwa 180.000 (Agentur für Arbeit 2015) sind arbeitslos.

Menschen mit Behinderung nicht als selbstverständlichen Teil von Produktionsprozessen einzubinden, hat in Deutschland auch historische Ursachen. Die radikale Beseitigung von behinderten Menschen während des Nationalsozialismus hat in der Bundesrepublik der Nachkriegszeit zum Aufbau eines umfangreichen schützenden Sondersystems mit speziellen Rechten, Absicherungen und Nachteilsausgleichen geführt. Menschen mit Behinderung haben, wenn sie voll erwerbsgemindert sind, also „wegen Krankheit oder Behinderung auf nicht absehbare Zeit außerstande sind, unter den üblichen Bedingungen des allgemeinen Arbeitsmarktes mindestens drei Stunden täglich erwerbstätig zu sein" (§ 43 Abs. 2 SGB VI 1989), anders als Menschen ohne Behinderung ein Recht auf Arbeit, und zwar das Recht auf „Teilhabe am Arbeitsleben entsprechend den Neigungen und Fähigkeiten" (§ 4 Abs. 1 Nr. 4 SGB IX 2001).

Seit Juli 2001 gibt es das SGB IX mit dem Titel „Rehabilitation und Teilhabe behinderter Menschen". Die Leistungen nach dem Sozialgesetzbuch werden erbracht, um die Selbstbestimmung und die gleichberechtigte Teilhabe behinderter oder von Behinderung bedrohter Menschen am Leben in der Gesellschaft – insbesondere am Leben in der Gemeinschaft und am Arbeitsleben – zu fördern. Mit dem SGB IX wurden wesentliche Unterstützungsinstrumentarien zur Teilhabe am Arbeitsleben wie Integrationsfachdienste, Integrationsprojekte, Arbeitsassistenz und – seit 2008 – auch die Maßnahme der unterstützten Beschäftigung eingeführt und in der Praxis verankert.

Bis heute besteht jedoch eine generelle Zweiteilung von schwerbehinderten Menschen, die einer sozialversicherungspflichtigen Beschäftigung vor allem in Unternehmen oder im öffentlichen Dienst nachgehen – die maßgeblichen Regelungen für diesen Bereich enthält das Schwerbehindertenrecht in Teil 2 des SGB IX –, auf der einen Seite und den erwerbsunfähigen behinderten Menschen, die ein Recht auf Arbeit in einer Werkstatt für behinderte Menschen (WfbM) haben auf der anderen Seite.

Während für schwerbehinderte Mitarbeiter in Unternehmen und im öffentlichen Dienst die üblichen arbeitsrechtlichen Bedingungen gelten und die entsprechenden sozialversicherungsrechtlichen Regelungen bestehen, findet Arbeit in einer WfbM unter ganz anderen arbeits- und sozialversicherungsrechtlichen Bedingungen statt: Es besteht kein reguläres

Arbeitsverhältnis, sondern ein arbeitnehmerähnliches Rechtsverhältnis, das monatliche Mindestarbeitsentgelt beträgt derzeit 75 € plus – in der Regel – 26 € Arbeitsförderungsgeld (als leistungsunabhängiger Zuschlag), es gibt gesonderte Sozialversicherungsregelungen (z. B. keine Beiträge zur Sicherung gegen Arbeitslosigkeit) und die Aufwendungen für die Beiträge zur Kranken-, Pflege- und Rentenversicherung sowie das Arbeitsförderungsgeld werden den WfbM vom zuständigen Rehabilitationsträger und vom Bund erstattet. Werkstattbeschäftigte haben darüber hinaus in aller Regel einen Anspruch auf Grundsicherung nach §§ 41 ff. SGB XII, 2003 (Sozialhilfe), weil sie ihren Lebensunterhalt nicht aus dem geringen Erlös ihrer Arbeitskraft bestreiten können.

Es ist jedoch nicht zwingend notwendig, dass diese zweite Gruppe von Menschen, die „wenigstens ein Mindestmaß an wirtschaftlich verwertbarer Arbeitsleistung erbringen" (§ 136 Abs. 2 Satz 1 SGB IX 2001) kann, aber erwerbsunfähig ist, weil Art und Schwere ihrer Behinderung sowie die allgemeinen Bedingungen des Arbeitsmarktes nicht zusammenpassen, ausschließlich in gesonderten, eigens für sie errichteten WfbM arbeiten müssen.

Das Konzept der unterstützten Beschäftigung (vgl. BAG UB) belegt seit mehr als zwanzig Jahren, dass auch diese Menschen unternehmensintegriert sehr erfolgreich arbeiten können, wenn die Rahmenbedingungen, die Unterstützung und die soziale Einbindung, die in einer WfbM vorgehalten werden, auch im Unternehmen vorhanden sind oder durch externe Dienstleister erbracht werden. Der Grundsatz, „erst platzieren, dann qualifizieren", macht dabei deutlich, dass mit dem behinderten Menschen nicht schlicht eine offene Stelle besetzt werden kann, sondern eine individuelle Einarbeitung und passgenaue Mitarbeit gesucht wird. Aufgrund der Diskrepanz zwischen üblicherweise geforderter Fachkompetenz und Arbeitsleistung sowie vorhandenen Kompetenzen und Einsatzmöglichkeiten kann der neue Mitarbeiter zumeist nicht in einem „Normalarbeitsverhältnis", also insbesondere mit Arbeitsvertrag, Tariflohn und regulärer Sozialversicherung beschäftigt werden. Vielmehr bleiben seine Ansprüche gegenüber dem Rehabilitationsträger dann weiter bestehen.

## 2 Inklusion als Führungsstil

Corporate Social Responsibility ist zunächst ein Führungsthema und erst in zweiter Linie ein Managementthema. Der Unterschied zwischen Führung und Management lässt sich besonders deutlich darstellen, indem beide Begriffe gegenübergestellt werden. Führung bedeutet, die richtigen Sachen zu machen; Management bedeutet, die Sachen richtig zu machen. Die Entscheidung, was, warum und wozu gemacht werden soll, ist daher in der Regel eine Führungsfrage und die dazu gehörige Ausführung, wie, wann, wo, womit und von wem etwas umgesetzt wird, ist eine Frage des Managements. Die grundsätzliche Entscheidung und damit die Führungsverantwortung liegt immer vor der operativen Umsetzung und damit vor der Managementfunktion.

Unternehmerische Verantwortung ist eine strategische Fragestellung, also eine Führungsfrage, die der grundsätzlichen Ausrichtung eines Unternehmens dient. Bei der anschließenden Umsetzung ist ein funktionierendes Management gefragt, aber die Führungsfunktion bleibt bei allen weiteren strategischen Entscheidungen von wesentlicher Bedeutung. Mit anderen Worten: Die Führung eines Unternehmens bestimmt ein Zielsystem, nach dem sich das Management richtet.

Führung hat in Deutschland eine andere Bedeutung als Leadership in den USA, obwohl die Begriffe oft synonym gebraucht werden. Geprägt durch die jeweilige historische Entwicklung, den unterschiedlichen kulturellen Hintergrund und durch aktuelle Entwicklungen entsteht ein Wertesystem, nach welchem sich sowohl Führung als auch Leadership richten. Die Fragen der Herkunft, der aktuellen Situation und vor allem die zukünftige Ausrichtung stellen sich Leadership und Führung gleichermaßen. Leadership ist jedoch vom amerikanischen Kulturraum geprägt, während Führung stärker vom deutschen Kulturraum beeinflusst ist. Dies schlägt sich zum Beispiel im Hierarchieverständnis der beiden Kulturräume nieder. So herrscht in Deutschland ein stärkeres Hierarchieverständnis, während in den USA eher flexiblere Strukturen vorhanden sind.

Eine wesentliche Aufgabe von Führung ist es, das wechselseitige Verhältnis zwischen dem Unternehmen und den am Unternehmenserfolg beteiligten Menschen konstruktiv zu gestalten.

Individuen, die Führungsrollen übernehmen wollen, müssen insbesondere bereit sein, Verantwortung zu tragen. Häufig sind es komplex denkende Menschen, die Situationen und die daran beteiligten Personen kritisch von außen betrachten und hinterfragen können. Führungsstile beschreiben die Führungspersönlichkeit, die von autoritär bis partizipativ reichen kann und nicht nur von der führenden Person abhängig ist, sondern gerade auch von dem zu führenden Individuum sowie der Situation, in der sich dieses befindet.

Der Umgang mit Menschen ist zudem stark von den eigenen Grundwerten, kombiniert mit jenen Möglichkeiten und Fähigkeiten, die eine Persönlichkeit zu einer in allen Belangen erfolgreichen Führungspersönlichkeit werden lassen geprägt. So müssen das Verhalten, die Art und Weise des Umgangs sowie der persönliche Stil der Führungsperson jedem einzelnen zu führenden Individuum gerecht werden. Auf achtsame Weise muss die Führungsperson im Einzelfall entscheiden, wie stark oder schwach die Führung ausgeführt wird.

Sensibilisiert durch die Erfahrung mit dem Unrechtsstaat des Nationalsozialismus sind ethische Grundsätze in der deutschen Verfassung fest verankert. So darf niemand wegen Geschlechts, Abstammung, Rasse, Sprache, Heimat und Herkunft, Glaubens, religiöser und politischer Anschauung benachteiligt oder bevorzugt werden (vgl. Art. 3 Abs. 3 Satz 1 GG). Nach Art. 3 Abs. 1 Satz 2 GG „darf niemand wegen seiner Behinderung benachteiligt werden". Dieser Satz wurde erst 1994 (also im Nachhinein) ins Grundgesetz aufgenommen und ist Ausdruck einer gesellschaftlich veränderten Haltung zu Menschen mit Behinderung, die sich im Laufe der Zeit vom „Idiot" über das „Sorgenkind" zum gleichberechtigten Bürger gewandelt hat.

Verstärkt wurde dieser Paradigmenwechsel durch die 2006 von der Generalversammlung der UNO verabschiedete UN-Behindertenrechtskonvention, die in Deutschland im März 2009 in Kraft trat. Ziel dieser Konvention ist die gleichberechtigte gesellschaftliche, wirtschaftliche und politische Teilhabe aller Menschen in allen Belangen ohne Ausgrenzungen aufgrund von Behinderungen, weil Menschen mit Behinderung natürlicher und selbstverständlicher Bestandteil der menschlichen Gesellschaft sind.

In einer humanen Gesellschaft darf es keine Ausgrenzungen und kein Zweiklassensystem geben, selbst wenn dies aus Fürsorge oder rehabilitativen Intentionen heraus entstanden und motiviert ist. Menschen mit Behinderung wollen nicht zu separierten und exkludierten Orten gebracht werden, sie wollen sich mit ihrer Persönlichkeit, im Rahmen ihrer Fähigkeiten, ihrer Besonderheiten, ihrer Stärken und ihrer Schwächen in die Gesellschaft einbringen. Dazu gehört auch, gemeinsam mit anderen Menschen zu arbeiten und so zum Allgemeinwohl beizutragen.

Die folgende Definition des Begriffs „Inklusion" von Rainer Erlinger, einem Arzt, Juristen, Autor und Kommentator, der sich mit Fragen von Moral und Ethik in Gesellschaft und Alltag beschäftigt, bringt mit Intelligenz, Weitblick und gesundem Menschenverstand die Richtung, in die es gehen muss, klar und einfach auf den Punkt: „Ihre Frage dreht sich um Inklusion, im Grunde die Fortsetzung der Integration. Während bei der Integration der Betroffene in ein bestehendes System eingefügt wird – oder hart ausgedrückt: sich dem System anpassen – soll, geht es bei der Inklusion darum, das System so zu verändern, verbessern, dass es für alle in ihrer Unterschiedlichkeit möglichst gleichermaßen geeignet ist" (Erlinger 2014).

Dementsprechend geht es bei der Verwirklichung eines inklusiven Arbeitsmarktes nicht nur um die Anpassung des Individuums an die Anforderungen des allgemeinen Arbeitsmarktes (zum Beispiel mittels spezieller Förderung bei weiterhin unverändert bestehenden Normen und Strukturen des Arbeitsmarktes), sondern auch darum, Arbeitsmarkt und Arbeitsumfeld (z. B. Arbeitsprozesse) so zu gestalten, dass sie den unterschiedlichen menschlichen Lebenslagen gerecht werden und Menschen mit Behinderungen sich darin und auf die ihnen eigene Art mit Arbeitsleistungen einbringen können. Entscheidend ist dann nicht nur, Menschen mit Behinderungen wettbewerbsfähig für einen unverändert bestehenden Arbeitsmarkt zu machen; vielmehr ist dieser Arbeitsmarkt selbst so umzugestalten, dass er seinerseits an die Lebenslage Behinderung angepasst wird.

Die tatsächliche Inklusion von Menschen mit den unterschiedlichsten Behinderungen, auch von Menschen mit intellektuellen Einschränkungen und Entwicklungsbehinderungen, im Unternehmen ist eine grundsätzliche, weitreichende und prägende Entscheidung für das Unternehmen. Denn langfristig verändert sich der Blick auf den individuellen Menschen – unabhängig davon, ob er behindert ist oder nicht.

Bei der üblichen Mitarbeitersuche werden in aller Regel Stellenprofile erstellt, welche die geforderten fachlichen oder berufstypischen Qualifikationen (Hard Skills) und die gewünschten fachübergreifenden, sozialen oder methodischen Kompetenzen beschreiben. Über welche Angewohnheiten, Eigentümlichkeiten, Marotten, persönliche Neigungen, Einfälle, Ticks, Besonderheiten oder Skurrilitäten der Stellenbewerber ansonsten verfügt, wird außer Acht gelassen.

Ein rollenkonformes Auftreten, berufstypische Umgangsformen und ein entsprechendes Erscheinungsbild werden erwartet und alles davon stark Abweichende wird als irritierend oder störend wahrgenommen. Durch Haltung, Auftreten, Kleidung, Sprache und Umgangsformen lassen sich Angehörige verschiedener Berufsgruppen voneinander unterscheiden. Dennoch kann eine Person irritieren, obwohl sie offensichtlich den ihrer Herkunft und ihres Umfeldes entsprechenden Habitus beherrscht, wie der Kurzfilm *The Interviewer* Bryan 2012; (Clay-Smith und Bryan 2012) aufzeigt.

Sollen Menschen mit intellektuellen Einschränkungen und Entwicklungsbehinderungen im Unternehmen beschäftigt werden, so greift die klassische Suche über ein Stellenprofil nicht, da bis auf wenige Ausnahmen weder der geforderte Schulabschluss, noch eine reguläre fachliche Berufsausbildung vorliegen. Zudem kann nicht erwartet werden, dass dieser Mensch seine Auffälligkeiten und Besonderheiten, seine ungewöhnlichen und abweichenden Verhaltensweisen den herrschenden Regeln und Normen unterwerfen kann, da diese Teil seiner Behinderung und damit Ausdruck seiner ureigenen Persönlichkeit sind. Diese Abweichungen von der gesellschaftlich gesetzten Norm haben jahrzehntelang dazu geführt, diese Menschen auszuschließen und auf gesonderte Fördereinrichtungen wie Sonderschule oder WfbM zu schicken und durch Fachleute zu rehabilitieren. Auch dort kann es aber nicht gelingen, die Behinderung, die z. B. beim Downsyndrom in jeder Zelle fest verankert ist, zu therapieren und den Menschen damit zu rehabilitieren und systemkonform zu entlassen.

Das System Unternehmen kann den Menschen folglich nicht unternehmenspassend machen. Es bleibt nur der Weg, das System Unternehmen menschenpassend zu machen und es so zu verändern und zu verbessern, dass es für alle Menschen in ihrer Unterschiedlichkeit geeignet ist. An anderer Stelle profitieren Unternehmen in vielfältiger Weise. Das Betriebsklima verbessert sich, Image und Außenwirkung des Unternehmens werden positiv wahrgenommen und das soziale Engagement ergänzt die CSR-Strategie und hilft bei der Gewinnung neuem Personals. Die Unternehmen bekommen zudem verlässliche und hochmotivierte Mitarbeiter, die sich in besonders hohem Maße mit dem Unternehmen identifizieren. Wirtschaftlich ist es interessant, da ein gleicher Output bei geringeren Personalkosten (v. a. die Ausgleichsabgabe und die Lohnkosten werden reduziert) erzielt werden kann.

Menschen mit Behinderung im Unternehmen zu beschäftigen bedeutet nicht, jeden Ort, jede Abteilung, jede Aufgabe und jeden Inhalt für jede einzelne Person passend zu machen. Dies wäre nur im Einzelfall und mit unverhältnismäßig hohem Aufwand zu erreichen. Vielmehr ist es wichtig zu erkennen, worin die Stärken jeder einzelnen Person liegen, ihre erstaunlichen Teilbegabungen, besonderen Interessen, ungewöhnlichen Fähigkeiten und spezifischen Motivationen. Eine Person mit unkontrollierbarem Speichelfluss kann sicher nicht mit Lebensmitteln arbeiten, aber bei entsprechendem Interesse Gartenarbeiten erledigen oder auch die Hauspost verteilen. Eine andere Person, die nicht rechnen kann, verfügt aber möglicherweise über besondere Merkfähigkeiten, Empathie und Eloquenz und könnte am Empfang arbeiten.

An drei Beispielen wird im Folgenden aufgezeigt, wie konkret mit den Besonderheiten dreier Persönlichkeiten umgegangen werden kann.

Menschen mit ADHS-Konstitution sind alle unterschiedlich, verfügen jedoch oft über besondere Kreativität, Ideenreichtum, Spontanität, Energie, Emotionalität, Empfindsamkeit, Aufrichtigkeit, Hilfsbereitschaft und Humor. Bei einer interessanten und abwechslungsreichen Tätigkeit können sie sich gut einbringen. Damit sie sich ganz auf ihre Aufgabe konzentrieren können, ist es hilfreich, diese passenden Tätigkeiten an sie heranzutragen und ihnen gleichzeitig Struktur und Ordnung, Zeitvorgaben und feste Abläufe vorzugeben. Fehlt dieser Rahmen, verzetteln sie sich leicht, werden dadurch chaotisch und gestresst. Daher ist es wichtig, die Abläufe zu kennen und entsprechend auch spontan Hilfestellungen geben zu können, damit die Person wieder zu einem entspannten Arbeiten zurückfindet.

Bei einer handwerklichen Tätigkeit kann eine Person mit ADHS-Konstitution einige ihrer Eigenschaften, wie Kreativität und Energie, gut einbringen. Dabei ist es von Vorteil, dass jede Aufgabe mit einem klaren Ziel verbunden ist – der Fertigstellung eines Arbeitsauftrags. Hier kann ein guter Rahmen gesetzt werden, der die einzelnen Arbeitsschritte logisch strukturiert und aufeinander aufbaut. Dennoch besteht die Möglichkeit, innerhalb der verschiedenen Schritte selbstständig zu arbeiten und sich trotz Vorgaben nicht eingeengt zu fühlen.

Bei aller Verschiedenheit verfügen Menschen mit Downsyndrom oft über Lebensfreude, Freundlichkeit, Ehrlichkeit, Unkompliziertheit, Kontaktfreude, Nonkonformität und Neugierde. Bei einer isolierten Tätigkeit ohne andere Menschen verlieren sie schnell das Interesse. Daher ist es wichtig, sie in Arbeitsprozesse zu involvieren, die ihnen nicht nur auf der sachlichen Ebene, sondern auch auf der emotionalen Ebene entsprechen. Haben sie die Möglichkeit, einer Tätigkeit nachzugehen, die ihnen Freude bereitet, erledigen sie diese gewissenhaft. Haben sie Kollegen, von denen sie gemocht werden, werden sie gemeinsam ein Team, dem auch in schwierigen und anstrengenden Situationen Freude und Elan nicht verloren gehen.

In jedem Bereich, in dem Kontakte hergestellt werden sollen, in dem der herzliche, öffnende und lösungsorientierte Zugang zu anderen Menschen gesucht wird, sind Menschen mit Downsyndrom vortreffliche Türöffner. Die folgende authentische Geschichte von der Begegnung eines im Gartenbau arbeitenden Menschen mit Downsyndrom macht dies deutlich. Eine kleine Gruppe von Menschen mit Behinderung rodet ein jahrelang wild zugewachsenes Grundstück und bringt Äste und Gesträuch zur Kompostierungsanlage, welche auch einen größeren mobilen Häcksler besitzt, und überlegt, wie einfach die Arbeit wäre, wenn sie solch einen Häcksler hätten. Ein weißer Mercedes kommt auf den Hof, ein Mann steigt aus. Der Gartenarbeiter mit Downsyndrom geht strahlend auf ihn zu. „Ich bin der Norbert, wer bist Du?" Die Antwort: „Ich bin Andreas, der Bürgermeister." Die interessierte Frage: „Bist Du Chef?" Die Antwort: „Ja." Die Nachfrage: „Wo?" Die Antwort: „Zum Beispiel hier." Die weitere Frage: „Von allem?" Die Antwort: „Ja." Die letzte strahlende Frage: „Auch vom Häcksler?" Die Antwort: „Wenn man so will, auch vom Häcksler." Der anschließende Jubelschrei musste erklärt werden und das Ergebnis war, dass der Häcksler der Kompostierungsanlage für drei Tage auf das Grundstück gebracht wurde und die Rodungsarbeiten zur Freude aller schnell und einfach beendet werden konnten.

Einige Eigenschaften wie außergewöhnliche Merk- und Erinnerungsfähigkeit, perfektes rationales logisches Denken, detaillierte Wahrnehmungsfähigkeit, Direktheit, aber auch die Schwierigkeit, Empathie zu entwickeln, oder Nähe und Körperkontakt ausgesetzt zu sein, verbinden Menschen mit Asperger-Autismus. Ihrer Tendenz, sich zurückzuziehen, kann mit einer Tätigkeit im Team entgegengewirkt werden. Allerdings muss darauf geachtet werden, dass sie auch im Team autonom handeln können und nicht zu starren Vorgaben unterworfen sind. Außerdem sollte die Möglichkeit bestehen, sich zurückziehen zu können. Eine rationale Erläuterung der Abläufe ist hilfreich und wird bei vorhandenem Interesse von Menschen mit Asperger-Autismus auch eingefordert. So können sie ihre Stärken im Bereich der Wahrnehmung und Aufmerksamkeit am besten einbringen, ohne isoliert zu sein.

Eine Tätigkeit innerhalb der Gastronomie bietet eine gute Möglichkeit, sozial zu interagieren und mit Menschen außerhalb des gewohnten Umfeldes Kontakt zu haben. Die sich ständig wiederholenden Vorgänge kommen zudem ihrer Neigung entgegen, einzelne Handlungen nach dem gleichen Muster durchzuführen. Ihr strukturiertes Denken hilft Menschen mit Asperger-Autismus dabei, auch in Stresssituationen, wie plötzlichem Kundenandrang, den Überblick nicht zu verlieren. Zum Ausgleich solche Momente können sie aber auch in Bereiche wechseln, in denen kein direkter Kundenkontakt herrscht und in denen sie sich kurz zurückziehen können.

Inklusion als Führungsstil bewegt sich daher auf der gesamten Bandbreite von autoritären Führungsstilen bis hin zu kooperativen Führungsstilen. dabei orientiert sich der Führungsstil an der Person. Inklusion ist in diesem Zusammenhang nicht nur ein Personalführungsinstrument, sondern ein ganzheitlicher Anspruch, jeder einzelnen Person im Unternehmen gerecht zu werden. Der Umkehrschluss, dass auch jede Person in das Unternehmen passen muss, ist dabei nicht notwendig.

Bei Inklusion als Führungsstil handelt es sich nicht um einen reinen situativen Führungsstil, sondern um einen langfristig an den einzelnen Personen ausgerichteten Führungsstil. Der Mensch gewinnt Priorität, er und sein Potenzial werden als Erfolgsgeheimnis entdeckt.

## Literatur

Agentur für Arbeit (2015) Arbeitslose nach Personengruppen – Arbeitslose Schwerbehinderte, Mai 2015. http://statistik.arbeitsagentur.de/Statischer-Content/Service/Bestellservice-Regionale-Statistikhefte/Musterbericht-ALO-Insgesamt.pdf. Zugegriffen: 10. Juni 2015

BAG WfbM (2013) Gemeinsam arbeiten, gemeinsam gestalten. Jahresbericht, S. 65

Bundesarbeitsgemeinschaft der Integrationsämter und Hauptfürsorgestellen (Hrsg) (2015) BIH Jahresbericht 2013/2014. Wiesbaden, S. 13

Clay-Smith G, Bryan R (2012) The Interviewer, Bus Stop Films 2012

Erlinger R (2014) Gewissensfrage. Süddeutsche Zeitung Magazin, Nr. 18, 02.05.2014, S. 8

Grundgesetz für die Bundesrepublik Deutschland

http://www.rehadat-statistik.de/de/berufliche-teilhabe/WfbM/BAG_WfbM/. Zugegriffen: 10. Juni 2015

Institute for Corporate Productivity (2014) Employing People with Intellectual and developmental disabilities. S. 7

Sozialgesetzbuch (SGB) (1989) Sechstes Buch (VI) – Gesetzliche Rentenversicherung – (Artikel 1 des Gesetzes v. 18. Dezember 1989, BGBl. I S. 2261, 1990 I S. 1337)

Sozialgesetzbuch (SGB) (2001) Neuntes Buch (IX) – Rehabilitation und Teilhabe behinderter Menschen – (Artikel 1 des Gesetzes v. 19.6.2001, BGBl. I S. 1046)

Sozialgesetzbuch (SGB) (2003) Zwölftes Buch (XII) – Sozialhilfe – (Artikel 1 des Gesetzes vom 27. Dezember 2003, BGBl. I S. 3022)

„Übereinkommen über die Rechte von Menschen mit Behinderungen" (2006) (Convention on the Rights of Persons with Disabilities – CRPD)

**Dipl.-WiWi Tim Thielicke** (Jg. 1982) ist Geschäftsführer von spectrum e. V. in Marburg und Director von Best Buddies Deuschland. Schwerpunkt seiner Arbeit ist der Aufbau von Organisationen zur inklusiven individuellen Unterstützung geistig, seelisch und körperlich behinderter Menschen im Arbeits-, Wohn- und Freizeitbereich. Er ist verheiratet mit einer Amerikanerin, gemeinsam haben sie drei Kinder, sein ältester Sohn hat Down-Syndrom.

# Teil VI
# Gesellschaftliches Engagement

# Gesellschaftliche Unternehmensverantwortung und Personalentwicklung durch Engagement

Dieter Schöffmann

## 1 Gesellschaftliche Unternehmensverantwortung und das Personal

Corporate Social Responsibility ist die Verantwortung des Unternehmens für seine Auswirkungen auf die Gesellschaft (Europäische Kommission 2011, S. 7). Unternehmen, die kein Gespür haben für ihre Auswirkungen auf die Gesellschaft und kein Sensorium für die Werte, die für die Gesellschaft relevant sind, gehen gravierende Risiken ein und gefährden so ihre eigene Zukunft. Sie benötigen daher ein eigenes Wertegerüst, das mit den gesellschaftlichen Werten kompatibel ist. Dementsprechend fordert die Bundesvereinigung der Arbeitgeberverbände von den Führungskräften ein vorbildhaftes Verhalten:

> Um die eigene Zukunftsfähigkeit zu sichern, sind Unternehmen auch auf ethische Werte angewiesen. Führungskräfte haben dabei eine besondere Vorbildfunktion. Glaubwürdiges Wertemanagement fängt bei den Führungskräften, Unternehmern und Managern an. Nur wenn Werte in den Unternehmen auch gelebt werden, sind sie glaubwürdig und tragen. (BdA 2011)

Doch was ist zu tun, wenn immer mehr nur noch als Spezialisten ausgebildete Mitarbeiterinnen und Mitarbeiter in die Unternehmen strömen, für die z. B. „alle nicht in Geld darstellbaren Werte … außer Acht" bleiben (Remer 2008)? Und wie können die Führungskräfte bis zur Ebene des Unternehmensvorstandes ihre Vorbildfunktion ausüben, wenn sie schon kraft ihrer Ausbildung und ihres Karriereweges immer weniger Verständnis für gesellschaftliche Fragen mitbringen (vgl. Wirtschaftswoche 2009, S. 90)? Gefordert sind hier die Ausbildungsstätten wie auch die Unternehmen selbst, die sich dieser Herausforderung offensiv mit der Etablierung und Verwirklichung eines gesellschaftlich relevanten

D. Schöffmann (✉)
VIS a VIS Beratung – Konzepte – Projekte, Johannisstr. 79, 50668 Köln, Deutschland
E-Mail: ds@visavis-wirkt.de

Wertekanons stellen sollten. Einen relevanten Beitrag zur dauerhaften Wertebildung im Unternehmen kann dabei auch das gesellschaftliche Engagement von Unternehmen und ihren Mitarbeiterinnen und Mitarbeitern leisten (vgl. BdA 2011).

Es sind jedoch nicht nur die Werte, die das Feld des gesellschaftlichen Engagements für Unternehmen interessant macht. Es ist auch die Arbeitswelt, die einem grundlegenden Wandel unterliegt, was die im Beruf geforderten Fähigkeiten und Kompetenzen angeht. Abbau von Hierarchien, Flexibilisierung der Arbeitsaufgaben, kontinuierlicher Wandel im Unternehmen, zunehmende Dienstleistungsorientierung und die Erfordernis, Wissen ständig weiterzuentwickeln, fordern heutzutage mehr als den Erwerb und die Anwendung von Fachwissen. Ebenso erfolgsentscheidend sind das Vorhandensein persönlicher und sozialer Kompetenzen und ihre Entwicklung. Die beruflichen Handlungskompetenzen werden in formalen und zu einem erheblichen Teil auch in informellen Lernprozessen erworben – in der unmittelbaren Auseinandersetzung mit beruflichen Anforderungen. Die Lernmöglichkeiten hängen von der konkreten Arbeits- bzw. Ausbildungsumgebung, den Merkmalen der Arbeitstätigkeit, dem Handlungsspielraum und der Komplexität der Anforderungen ab. Wenn es um die Entwicklung von Sozial- und Personalkompetenz geht, können sich diese Gegebenheiten im Betrieb als zu eng oder zu einfach erweisen. Daher bietet sich auch hier das gesellschaftliche Engagement als eine Sphäre an, in der für den Beruf und für das Unternehmen gelernt wird.

## 2 Lernen in fremden Welten

Gesellschaftliches bzw. bürgerschaftliches Engagement unterscheiden sich wesentlich vom beruflichen Engagement hinsichtlich der Motivation und der Tauschlogiken. Und es findet in der Regel in einer gegenüber der Unternehmenswelt fremden, jedoch nicht minder relevanten Welt statt. Die gemeinnützige Welt bzw. gemeinnützige Organisationen tragen zur Daseinsvorsorge und immer wieder auch zur Lösung gesellschaftlicher Probleme bei. Sie sind wertegetrieben. Und die Werteorientierung spielt selbst dann noch eine wesentliche Rolle, wenn die Organisationen sich als Sozialunternehmen am Markt behaupten und betriebswirtschaftlich handeln müssen. Die Komplexität, der sich die Organisationen in der Gesellschaft wie im Markt stellen müssen, ist in der Regel weit ausgeprägter als im privatwirtschaftlichen Bereich. Menschen, die sich hier bürgerschaftlich bzw. ehrenamtlich engagieren, erfahren also reale, der Privatwirtschaft fremde Lebenswirklichkeiten. Sie sind in ihrer sozialen, kommunikativen, (inter-)kulturellen und politischen Kompetenz ganz anders gefordert, als dies in der gewerblichen Welt der Fall ist.

Wenn sich also Mitarbeiterinnen und Mitarbeiter aus eigenem Antrieb in ihrer Freizeit oder motiviert oder gar angeleitet durch das Unternehmen in dieser fremden Welt für Anliegen des Gemeinwohls einsetzen, können sie insbesondere folgende Kompetenzen entwickeln und festigen:

- ihre Fachkompetenz, indem sie das eigene Fachwissen auf untypische, fremde und komplexe(re) Anforderungen aus der gemeinnützigen Welt anwenden,

- ihr werteorientiertes Handeln, indem sie lernen, eigene Handlungen und Einstellungen in Bezug auf Menschen, Gesellschaft und Arbeitsziele an Werten auszurichten, diese zu reflektieren und verantwortungsbewusst zu praktizieren,
- ihre Kooperationskompetenz, indem sie mit Personen aus anderen Milieus, mit anderen Sichtweisen und Stärken und Schwächen partnerschaftlich zusammenwirken,
- ihre Veränderungskompetenz, indem sie sich herausfordernden, fremden Situationen souverän und offen stellen und sie als Chancen zu nutzen,
- ihre Kundenorientierung, indem sie unterschiedliche Bedürfnisse unterschiedlicher Menschen in unterschiedlichen Lebenslagen, die auch (potenzielle) Kunden sind, erkennen und sich hierauf einstellen,
- ihre interkulturelle Kompetenz, indem sie Menschen unterschiedlicher Herkunft und Orientierung offen und interessiert begegnen und von und mit ihnen lernen.

## 3 Drei (kombinierbare) Möglichkeiten

Unternehmen sollten und können die Potenziale des „Lernens in fremden Welten" nutzen, um so das werteorientierte Handeln der Belegschaft und das Gespür der Führungskräfte für gesellschaftliche Risiken und Chancen zu stärken. Dies trägt wiederum zu einem substanziellen gesellschaftlich verantwortlichen Unternehmenshandeln bei.

Hierzu bieten sich Möglichkeiten auf drei Ebenen, die ich im Folgenden näher darstelle:

1. Das persönliche, private Bürgerengagement der Mitarbeiterinnen und Mitarbeiter wertschätzen und unterstützen.
2. Das gesellschaftliche Unternehmensengagement gemeinsam mit den Mitarbeitern praktizieren.
3. Personalentwicklungsziele und -maßnahmen mit Engagementprojekten realisieren.

## 4 Das persönliche Engagement der Mitarbeiter

Folgt man dem Freiwilligen-Survey, so sind auch in den berufstätigen Altersgruppen mehr als ein Drittel der Befragten bürgerschaftlich engagiert (BMFSFJ 2010, S. 32). Damit dürfte sich in jedem Unternehmen im Schnitt ein Drittel der Belegschaft in der einen oder anderen Weise im Gemeinwesen engagieren und damit Werthaltungen entwickeln und praktizieren, Außenperspektiven auf das eigene Unternehmen und seine Leistungen mitbekommen und Erfahrungen aus anderen gesellschaftlichen Zusammenhängen und Milieus sammeln. Diese Potenziale kann sich ein Unternehmen in dezenter Weise erschließen, indem es dieses private Engagement anerkennt, wertschätzt und fördert und die Mitarbeiterinnen und Mitarbeiter so ermutigt, diesen Erfahrungsschatz in das berufliche Handeln und das Unternehmen insgesamt einzubringen.

So hat sich das Unternehmen Henkel schon Ende der 1990er-Jahre dazu entschlossen, seine Spendenpraxis mit der Wertschätzung des bürgerschaftlichen Engagements der Mitarbeiter zu verbinden: Henkel spendet jeweils an die gemeinnützigen Organisationen, bei denen sich Henkel-Mitarbeiter engagieren. Und die Spendenhöhe richtet sich nach der Engagementintensität des bzw. der jeweiligen Mitarbeiter/-in. Das Programm trägt den Namen „MIT – Miteinander im Team" (www.henkel.de/nachhaltigkeit/corporate-citizenship/ehrenamtliches-mitarbeiterengagement). Bei unternehmensinternen Treffen erhalten die so geförderten Mitarbeiter Gelegenheit zum Erfahrungsaustausch und auch dazu, dem Management Einblicke in ihre Engagementinhalte zu gewähren.

Der Versicherungskonzern AXA hat mit einem ähnlichen Anliegen den Mitarbeiterverein „AXA Von Herz zu Herz" gegründet, der interessierten Mitarbeitern Engagementgelegenheiten in ihrer Freizeit bietet (www.axa.de/wir-ueber-uns/von-herz-zu-herz). „engagement@telekom" heißt das Programm der Telekom, mit dem sie u. a. über eine Engagementdatenbank Gelegenheiten zum bürgerschaftlichen Engagement vermittelt (engagement.telekom.de/engagement/admin/zapps/inter_cv/public/).

Bei solchen Programmen zur Wertschätzung und Förderung des bürgerschaftlichen Engagements der Mitarbeiter gibt es jedoch die Herausforderung, den Führungskräften in den operativen Geschäftsbereichen die Engagementförderphilosophie zu vermitteln, damit sie nicht zugleich Druck auf ihre Mitarbeiter zuungunsten des Engagements ausüben.

## 5  Das Unternehmensengagement mit Kompetenz und Personal

Nahezu jedes Unternehmen spendet gelegentlich oder regelmäßig Geld, Produkte oder Sachen für gemeinnützige Anliegen. Allmählich greift aber auch das Spenden von Mitarbeiterzeit und -kompetenz um sich – auch Corporate Volunteering genannt (vgl. Schöffmann 2001a). So hat die „Unternehmensbefragung des IW Zukunftspanels zu bürgerschaftlichem Engagement von Unternehmen in Deutschland … ergeben, dass die Hälfte der befragten Unternehmen ihre Mitarbeiterinnen und Mitarbeiter unterstützt, um einen gemeinwohlorientierten Beitrag in der Gesellschaft zu leisten" (BMFSFJ 2012, S. 355).

Das Unternehmen engagiert sich hier für ein gemeinnütziges Anliegen bzw. eine gemeinnützige Organisation, indem es Mitarbeiter für einige Stunden oder auch Tage (auf freiwilliger Basis) innerhalb der bezahlten Arbeitszeit einsetzt. Dies geschieht häufig in Form von Aktionstagen, mit denen z. B. Ausflüge mit den Klienten sozialer Einrichtungen organisiert, Räume renoviert oder auch praktikable Konzepte für die Mitgliedergewinnung, die Absatzsteigerung einer Obdachlosenzeitung oder für die Spendenwerbung entwickelt werden. Es kann aber auch die Zweistundenaktion sein, bei der mehrere Unternehmensmitarbeiter im gemeinsamen Brainstorming Lösungen für gemeinnützige Organisationen entwickeln. Bei RWE findet dies regelmäßig unter dem Titel „Kopfverleih" statt (www.rwecompanius.com/web/cms/de/1108778/rwe-companius/engagementmoeglichkeiten/rwe-companius-formate/kopfverleih/). Eine umfangreichere Variante dieses kompetenzbasierten Corporate-volunteering-Engagements findet z. B. bei IBM unter dem

Titel „Corporate Service Corps" statt (www.ibm.com/ibm/responsibility/corporateservicecorps/; vgl. auch: 3WIN 2013a).

Vergleichbar zur Geldspende erhält der gemeinnützige Partner einen geldwerten Nutzen. Im Unterschied zur Geldspende erfährt das Unternehmen aber einen eigenen Nutzen, der weit über den der steuerabzugsfähigen Spendenbescheinigung hinausgeht. Die beteiligten Mitarbeiter geben nicht nur ihre Zeit und Kompetenz, sondern sammeln auch neue Erfahrungen, lernen sich untereinander (neu) kennen und sind danach oft motivierter und identifizierter mit ihrem Arbeitgeber.

Gesellschaftsbezogene Werte, die das Unternehmensengagement motivieren, werden durch dieses mitarbeiterbasierte Engagement gestärkt und über die Begeisterung der Beteiligten in das Unternehmen zurückgetragen – im Sinne eines sich selbst verstärkenden Rückkopplungsprozesses.

Eine 2009 durchgeführte Studie bei 110 DAX-Unternehmen hat ergeben, dass 28% aller DAX-Unternehmen und 63% der DAX-30-Unternehmen Corporate Volunteering gelegentlich bis regelmäßig und strategisch betreiben. Bei 13 vertiefenden Interviews wurde hierzu ein ganzes Motivbündel genannt, das sich vor allem um folgende Aspekte drehte: Unternehmenskultur und -entwicklung/Personalgewinnung, -bindung und -entwicklung/ Corporate Volunteering als Personalentwicklungsinstrument/Unternehmensprofil in der Gesellschaft; Stakeholder-Dialog/Netzwerken/Nutzen für die Gesellschaft/Mitarbeiterengagement anregen (VIS a VIS 2010).

## 6 Die Personalentwicklung mit Engagementprojekten

Die beiden zuvor beschriebenen Möglichkeiten der Wertschätzung des Mitarbeiterengagements und des Unternehmensengagements mit Kompetenz und Personal sind in ihrer praktischen Ausgestaltung jeweils stark vom gesellschaftlichen Anliegen des Unternehmens bzw. den Engagementmotiven der Mitarbeiter geprägt. Effekte für das Unternehmen und die Personalentwicklung sind demgegenüber nachrangig und haben oft den Charakter der nichtintendierten – wenngleich begrüßten – Wirkung.

Bei der dritten Möglichkeit – der Personalentwicklung mit Engagementprojekten – ist es umgekehrt. Hier stehen die Personalentwicklungsziele im Vordergrund und ihr Erreichen entscheidet über die Fortsetzung bzw. Wiederholung der Maßnahme. Der Nutzen für die gemeinnützige Seite bzw. für die Gesellschaft ist hier zwar ein notwendiges Element, aber gegenüber dem Personalentwicklungsziel nachrangig. Die bisherige Erfahrung zeigt, dass dieser Ansatz das Vorhandensein systematischer Aus- oder Weiterbildungsprogramme bzw. Maßnahmen der Führungskräfteentwicklung voraussetzt. In diese Programme und Maßnahmen können dann die Engagementprojekte als Lernprojekte integriert werden. Gemeinnützige Projekte als Lernprojekte entfalten insbesondere bei folgenden zu entwickelnden Schlüsselkompetenzen ihre produktive Wirkung: Fachkompetenz, Werteorientierung, Kooperationskompetenz, Veränderungskompetenz, Kundenorientierung, interkulturelle Kompetenz (s. a. oben: Lernen in fremden Welten).

Insbesondere Auszubildende, weiterzubildende Fachkräfte und zukünftige Führungskräfte bzw. solche, die auf die nächsthöhere Führungsebene vorbereitet werden sollen, kommen als Zielgruppen für dieses „Lernen in fremden Welten" infrage. Sie können einzeln, in bestehenden Teams bzw. Ausbildungsgruppen oder in gemischten Gruppen teilnehmen.

Methodisch lässt sich dieses Lernangebot als eine Form des Aktions- bzw. Projektlernens einordnen. Die Aktion bzw. das Projekt kann hierbei sehr unterschiedlich gestaltet sein, je nach Lernziel und -voraussetzungen. So können Auszubildende in technischen Berufen für einige Wochen in einer Werkstatt für Menschen mit Behinderung mitarbeiten, um dort gemeinsam einen behindertengerechten Getränkeautomaten zu bauen. Oder angehende Führungskräfte erhalten als Gruppe die Aufgabe, für eine Suchthilfeeinrichtung ein Risikomanagementsystem zu entwickeln, das die Einrichtung mit den eigenen technischen und finanziellen Ressourcen handhaben kann. Die Vorteile solcher Handlungs- und Lernherausforderungen aus dem realen gesellschaftlichen Leben liegen auf der Hand: Es handelt sich um reale, oft komplexe Herausforderungen. Die beteiligten Mitarbeiterinnen und Mitarbeiter erleben für sie bislang fremde Welten und lernen andere Lebenswirklichkeiten, Werthaltungen und Sichtweisen auf das eigene Handeln und Wirken kennen. Und neben der längerfristig wirksamen Lernerfahrung bleibt ein substanzieller Nutzen für den gemeinnützigen Partner.

So verbindet der Versicherungskonzern Allianz mit seinem Social-Operational-Excellence-Programm (Social OPEX)

> Personalentwicklung mit sozialen Projekten. Die Teilnehmer nutzen dabei ihr Fachwissen bzw. ihre Führungskenntnisse, um öffentlichen oder gemeinnützigen Einrichtungen dabei zu helfen, ihre Ziele effizienter und schneller zu erreichen. Im Gegenzug nehmen die Teilnehmer zahlreiche Ideen und Anregungen aus dem Umgang mit den Social Entrepreneuren mit und setzen diese neu gewonnenen Kenntnisse in ihrer täglichen Arbeit gewinnbringend ein. (Allianz Website: www.allianz.com/de/karriere/ihre_entwicklung_bei_uns/unterseiten_talentfoerderung/socialopex.html; siehe auch: 3WIN 2013b)

Die Engagementprojekte können auch eine Form der „Jobrotation" sein, also der Wechsel von Arbeitsplätzen oder -aufgaben. Zum Beispiel: Wenn eine Führungskraft für eine Woche eine Art Sozialpraktikum in einem Hospiz, einem Gefängnis oder ähnlichen Orten absolviert (bekannt u. a. als SeitenWechsel® – www.seitenwechsel.com). Oder wenn der Buchhalter eines Logistikunternehmens für zwei Wochen den Arbeitsplatz mit dem Buchhalter der Lebenshilfe für Menschen mit geistiger Behinderung tauscht. Oder wenn Führungskräfte über einen Zeitraum von ca. drei bis zwölf Monaten an eine gemeinnützige Organisation ausgeliehen werden und dort eine Fach- oder Führungsaufgabe übernehmen und anschließend wieder in das eigene Unternehmen zurückkehren (im angelsächsischen Raum bekannt als Secondment oder Loaned Executive/Employee).

Die Formen, in denen ein Lernen in fremden aber realen sozialen Welten stattfinden kann, sind vielfältig (vgl. Schöffmann 2001b). Ihnen allen ist gemeinsam, dass sie bei den beteiligten Mitarbeiterinnen und Mitarbeitern Horizonte erweitern, Sinnfragen thematisieren und Impulse für den eigenen Wertekanon und das eigene werteorientierte Handeln geben.

## 6.1 „Lernen in fremden Welten" organisieren

Damit das Lernen in fremden Welten systematischer Bestandteil der Aus- und Weiterbildung bzw. der Personalentwicklung werden kann, braucht es einerseits das erklärte Wollen vonseiten der Unternehmensleitung und andererseits die Akzeptanz und das Wollen bei den zuständigen Personalern.

Erfahrungen aus Unternehmen weisen darauf hin, dass die Akzeptanz bei Personalern in dem Maße steigt, wie sie selbst durch die Teilnahme an entsprechenden Lern- und Engagementprojekten positive Erfahrungen sammeln konnten (vgl. z. B.: 3WIN 2013a).

Ist die Bereitschaft vorhanden, gilt es, die Lernprojekte in geeigneter Weise zu entwickeln und zu organisieren. Weiter oben habe ich schon angemerkt, dass sich dieser Ansatz der „Personalentwicklung mit Engagementprojekten" hinsichtlich der Zielorientierung wesentlich von dem gesellschaftlichen Unternehmensengagement bzw. der Wertschätzung und Förderung des bürgerschaftlichen Mitarbeiterengagements unterscheidet. Dies hat auch eine wesentlich andere Vorgehensweise bei der Entwicklung und Umsetzung solcher Maßnahmen zur Folge, die ich hier idealtypisch skizziere:

**Schritt 1: Den Qualifizierungsbedarf feststellen** Im ersten Schritt wird der Qualifizierungsbedarf identifiziert, für den dann ein geeignetes Lernprojekt gesucht wird: Welche personalen, sozialen und methodischen Kompetenzen bringen die Auszubildenden, Fach- oder Führungskräfte mit und welche müssen noch (weiter-)entwickelt werden? Was davon kann im Betrieb abgedeckt werden? Wo könnten gemeinnützige Lernprojekte zusätzliche interessante Möglichkeiten bieten?

**Schritt 2: Rahmenbedingungen und Maßnahmeanforderungen festlegen** Anschließend werden die Rahmenbedingungen und die methodischen und inhaltlichen Anforderungen an das Lernprojekt definiert: Mit welchem Zeiteinsatz und über welchen Zeitraum soll und kann der Einsatz der Teilnehmer erfolgen? Soll das Projekt während oder außerhalb der regulären Arbeitszeit stattfinden? Wie nah oder weit soll es vom Unternehmensstandort entfernt sein? Welche vorhandenen Kenntnisse, Fähigkeiten oder Kompetenzen sollen zur Anwendung kommen? Welche Kompetenzen, Fähigkeiten oder Kenntnisse sollen mit dem Projekt entwickelt oder gefestigt werden? Welche Anforderungen ergeben sich hieraus an das Themen- bzw. Handlungsfeld des gemeinnützigen Partners (Soziales, Umwelt, Kultur, Sport ...) und der von ihm zu bietenden Aufgabe? Welche Art der Begegnung ist hier sinnvoll (einzeln, Gruppe ...) – mit welchen Personen(-gruppen) aufseiten des gemeinnützigen Partners: Kinder, Hochaltrige, Menschen mit Migrationshintergrund, Fachkräfte der Organisation o. a.?

**Schritt 3: Geeignete Aufgaben und Partner suchen** Aus Schritt 2 ergibt sich das Suchprofil, mit dem der Partner mit der geeigneten Herausforderung gefunden werden kann. Die Suche kann auf unterschiedlichen Wegen stattfinden:

- gemeinnützige Organisationen (am Ausbildungsstandort), zu denen vonseiten des Unternehmens schon Kontakt besteht (Spendenempfänger, Engagementpartner, Kunde, Lieferant oder Nachbar),
- gemeinnützige Organisationen, bei denen sich Mitarbeiterinnen und Mitarbeiter ehrenamtlich engagieren,
- große gemeinnützige Organisationen bzw. Einrichtungsträger, die vermutlich unterschiedliche herausfordernde Aufgaben zu bieten haben – von handwerklichen Tätigkeiten bis hin zu Analyse- und Strategiethemen,
- gewerbliche oder gemeinnützige Mittler (z. B. Freiwilligenagenturen), die sowohl die gemeinnützige als auch die Unternehmensseite gut kennen und passende Partner und Aufgaben für das Ausbildungsunternehmen identifizieren und vermitteln können.

Während die beiden erstgenannten Zugänge dem Unternehmen unmittelbar zur Verfügung stehen, erfordern die beiden letztgenannten eine mehr oder weniger umfangreiche Recherche.

**Schritt 4: Projekt entwickeln und planen** Ist der gemeinnützige Partner gefunden, kann in Kenntnis seiner konkreten Möglichkeiten das Lernprojekt konkretisiert werden. Die möglichen Aufgaben sind vielfältig: handwerklicher Einsatz – Renovierung, Reparatur …/Event – Veranstaltungen, Ausflüge/Methodik – (kleine) Prozesse gestalten und moderieren/Konzeptionelles/Fachliches – von der Analyse über die Strategie bis zur Konzeption, z. B. von Kommunikations- oder Marketingmaßnahmen.

Die sozialen und kommunikativen Lernerfahrungen können je nach Personengruppe, der im Projekt begegnet wird, unterschiedlich gestaltet werden: Begegnung und Zusammenwirken mit Klienten der gemeinnützigen Arbeit/Zusammenarbeit mit haupt- und ehrenamtlichen Mitarbeiterinnen und Mitarbeitern der gemeinnützigen Organisation – von der operativen bis zur strategischen Ebene.

**Schritt 5: Projekt durchführen und begleiten** Die konkrete Durchführung des Projektes sollte in enger Abstimmung zwischen Ausbildern bzw. Personalentwicklern und gemeinnützigem Partner vorbereitet werden. Bei der Durchführung sollten die Unternehmensmitarbeiter von Fachkräften aus der gemeinnützigen Organisation oder von Unternehmensseite begleitet werden. Die Begleitungserfordernisse sind abhängig von der Aufgabenstellung und den möglichen Stresssituationen für die Teilnehmer – etwa wenn die „Fremde" der „fremden Welt" anfangs zu fremd oder irritierend sein kann.

**Schritt 6: Projekt auswerten** Mit dem Projekt wird ein Qualifizierungsziel verfolgt. Daher sollte im Anschluss auch der Lernerfolg festgestellt werden. Nur dann wird es eine Fortsetzung mit den nächsten Auszubildenden usw. geben.

Damit der gemeinnützige Partner auch zukünftig bereit ist, Lerngelegenheiten zu bieten, muss sich dieses Projekt auch für ihn lohnen. Der unmittelbare Nutzen aus dem Mitarbeiterengagement muss den Aufwand überwiegen. Wo sich dies nicht aus dem Mitarbeitereinsatz ergibt, kann auch eine Honorierung für den Aufwand infrage kommen. Dies ist z. B. bei dem Programm SeitenWechsel® der Fall, bei dem Führungskräfte ein einwöchiges Sozialpraktikum absolvieren und der gemeinnützige Partner für den Begleitungsaufwand vom entsendenden Unternehmen ein Honorar erhält.

## 7 Situation und Ausblick

Die systematische und zielgerichtete Einbindung von Engagementprojekten in die Aus- und Weiterbildung bis hin zur Führungskräfteentwicklung ist bislang noch die große Ausnahme und nur bei wenigen großen oder auch mittelständischen Unternehmen zu finden. Recherchen[1] bei rd. 120 kleinen und mittelständischen Unternehmen mit Mitarbeiterengagement und 25 vertiefende Interviews haben ergeben, dass man hier einerseits die positiven Effekte für die Mitarbeitermotivation, die Werteorientierung und die Betriebskultur wahrnimmt. Andererseits verwahrten sich die meisten dagegen, diese Erkenntnis für eine entsprechende Personalentwicklung zu nutzen.

Bei Personalentwicklern fehlt bislang anscheinend noch weitgehend das Verständnis und wohl auch das methodische Know-how, um sich die vielfältigen Potenziale des „Lernens in fremden Welten" zunutze zu machen. Es ist zu hoffen, dass dieser Artikel und das gesamte Buch Unternehmen und ihren Personalern als Ermutigung dient, diese spannenden Möglichkeiten für die Personalentwicklung und die Stärkung der eigenen Corporate Social Responsibility zu nutzen.

## Literatur

3WIN e. V. Institut für Bürgergesellschaft: Personalentwicklung durch Engagement: Praxis und Erfahrungen bei IBM (2013a) Interview mit Peter Kusterer, Leiter Corporate Citizenship & Corporate Affairs, IBM Deutschland GmbH. Interviewer: Dieter Schöffmann. Köln. www.pe-d-e.de/initiative-pede/info/

3WIN e. V. Institut für Bürgergesellschaft: Personalentwicklung durch Engagement: Personalentwicklung mit dem Social OPEX-Programm der Allianz (2013b) Interview mit Michael Regnet, Consultant bei der internen Unternehmensberatung der Allianz (Allianz Group OPEX). Interviewer: Dieter Schöffmann. Köln. www.pe-d-e.de/initiative-pede/info/

---

[1] Recherchen im Rahmen des Projektes „Personalentwicklung durch Engagement" – www.pe-d-e.de. Die Rechercheergebnisse sind bislang unveröffentlicht.

BdA – Bundesvereinigung der Arbeitgeberverbände (2011) „Wirtschaft und Ethik bilden keinen Widerspruch". http://www.bda-online.de/www/arbeitgeber.nsf/id/DE_Wirtschafts-_und_Unternehmensethik vom 2.1.2011

BMFSFJ – Bundesministerium für Familie, Senioren, Frauen und Jugend (Hrsg) (2010) Monitor Engagement. Freiwilliges Engagement in Deutschland 1999–2004–2009. Ergebnisse der repräsentativen Trenderhebung zu Ehrenamt, Freiwilligenarbeit und bürgerschaftlichem Engagement. Berlin

BMFSFJ – Bundesministerium für Familie, Senioren, Frauen und Jugend (Hrsg) (2012) Bericht der Sachverständigenkommission an das Bundesministerium für Familie, Senioren, Frauen und Jugend für den Ersten Engagementbericht „Für eine Kultur der Mitverantwortung"; in: Deutscher Bundestag: Unterrichtung durch die Bundesregierung Erster Engagementbericht – Für eine Kultur der Mitverantwortung Bericht der Sachverständigenkommission und Stellungnahme der Bundesregierung. Berlin, S. 21 ff.

Europäische Kommission (2011) Eine neue EU-Strategie (2011–14) für die soziale Verantwortung der Unternehmen (CSR). KOM (2011) 681. Brüssel

Remer, S (2008) Ausbildung „Es fehlt an Wissen und Moral"; Interview veröffentlicht in Die Zeit 46/2008. http://www.zeit.de/2008/46/C-Interview-Remer

Schöffmann D (Hrsg) (2001a) Wenn alle gewinnen. Bürgerschaftliches Engagement von Unternehmen. Körber-Stiftung, Hamburg

Schöffmann D (2001b) „Do it yourself. Anregungen für interessierte Unternehmen." In: Schöffmann D (Hrsg) „Wenn alle gewinnen. Bürgerschaftliches Engagement von Unternehmen." Körber-Stiftung, Hamburg, S 105–146

VIS a VIS Agentur für Kommunikation GmbH (2010) Corporate Volunteering: gesellschaftliches Unternehmensengagement mit Kompetenz und Personal – Aktuelle Praxis bei Großunternehmen. Ergebnisse einer 2009 durchgeführten Studie. Eigenverlag, Köln

Wirtschaftswoche (2009) „Radikal Global"; Ausgabe 42 vom 12.10.2009, S 86–91

**Dieter Schöffmann** (www.visavis-wirkt.de) – Beratung, Konzepte und Projekte für wirksame Maßnahmen in der Gesellschaft und für Bürgerengagement. Seit 1990 selbständiger Berater und seit 1999 beratend und konzipierend mit Aspekten des Corporate Volunteering und der Personalentwicklung durch Engagementprojekte befasst.

# Gesellschaftlicher und demografischer Wandel: Wake-up Call für ein strategisches Corporate Volunteering

Christoph Zeckra

> Als „Citoyen" ist das Unternehmen relevanter Teil einer (Werte-) Gemeinschaft

## 1 Zeitenwende ohne historisches Vorbild – Trotzdem weiter wie gewohnt?

Unsere Gesellschaft hat sich noch nie so rasant entwickelt. Der demografische Wandel wird unser Zusammenleben für immer verändern, in den Familien, Schulen und Gemeinden gleichermaßen wie in den Organisationen und in der Wirtschaft. Er ist seit Jahren im Gespräch. Jetzt steht er vor der Tür. Während unsere Gesellschaft strukturell altert, hat sich die ältere Generation gleichsam verjüngt. Die Alterungsschwellen haben sich um zehn Jahre verschoben. In einem Jahrhundert haben die Deutschen 20 Jahre Lebenszeit gewonnen. *Künftig verbringen Menschen ein Drittel ihres Lebens als Ältere.* Die Zeit der Nacherwerbsphase wird länger sein als die Zeit der Jugend. Überwog lange Zeit ein defizitorientiertes Altersbild, das mit negativen Verhaltensstereotypen verknüpft war, bestimmt die heutige Diskussion ein differenzierter Blick auf das Alter: Die höhere Verletzlichkeit wird durch die Betrachtung des Potenzials und der Engagementbereitschaft ergänzt. Die Lebenstreppe früherer Jahrhunderte bildet die Realität längst nicht mehr ab. *Es gilt, die Lebenszeit grundsätzlich neu zu strukturieren.* Es werden neue Muster für lange Lebensläufe benötigt, die eine neue Verflechtung von Lernen, Arbeit und Privatem beinhalten.

---

C. Zeckra (✉)
Gesamtverantwortlicher Generali Zukunftsfonds, Generali Deutschland AG,
Tunisstrasse 19–23, 50667 Köln, Deutschland
E-Mail: Christoph.Zeckra@Generali.com

© Springer-Verlag Berlin Heidelberg 2016
T. Doyé (Hrsg.), *CSR und Human Resource Management*,
Management-Reihe Corporate Social Responsibility, DOI 10.1007/978-3-662-47683-3_15

Lebenszeit wird zu einer Synchronisierung von Arbeitszeit, Freizeit und sozialer Zeit (vgl. Gauck 2015).

Dieser Potenzialseite der Gesellschaft des längeren Lebens stehen beträchtliche Herausforderungen gegenüber: Die Zahl der Menschen im Erwerbsalter wird bereits 2030 um 6 Mio., die Zahl der Menschen im Ausbildungsalter um 4,1 Mio. zurückgehen. Demgegenüber steigt die Zahl der Menschen im (heutigen) Rentenalter um 5 Mio. Die Zahl der Pflegefälle wird sich verdoppeln, pro Jahr kommen 300.000 Demenzerkrankungen hinzu.

Das Berlin-Institut für Bevölkerung und Entwicklung (vgl. Berlin-Institut 2013) fordert vor diesem Hintergrund eine „Anleitung zum Wenigersein": In einer alternden und schrumpfenden Gesellschaft wird eine Wirtschaft nicht mehr wie gewohnt wachsen können, auch wenn die Digitalisierung einen Produktivitätsschub bewirken könnte. Unsere Zukunft wird aller Voraussicht nach Einbußen mit sich bringen, an jeden Einzelnen wird weniger zu verteilen sein. Es wird zunehmend zur Quadratur des Kreises, die Sozialsysteme zu finanzieren, in Bildung und damit in die Zukunft zu investieren, die marode Infrastruktur wieder auf den neuesten Stand zu bringen und gleichzeitig den angehäuften Schuldenberg abzutragen. Auch die Generationengerechtigkeit erscheint in Gefahr. Den demografischen Wandel vor diesem Hintergrund mit der Formel: „Wir werden älter, weniger und bunter", zu beschreiben, erscheint als eine *verharmlosende Verniedlichung.*

Unser Gemeinwesen wird künftig ernsten Gefahren ausgesetzt sein. Wir benötigen deshalb in kurzer Zeit einen grundlegenden Wandel. Wir brauchen dringend eine konsequente, legislaturperiodenübergreifende Ausrichtung, die unser Land über unvermeidliche Folgen des Wandels aufklärt, unbequeme Wahrheiten anspricht, klare Ziele vorgibt und erklärt, mit welchen Instrumenten die Ziele zu erreichen sind.

Und mehr noch: Wir benötigen einen echten *Paradigmenwechsel,* der staatliche Institutionen, Unternehmen und zivilgesellschaftliche Organisationen gleichermaßen herausfordert. Verantwortungsvoll handelnde Unternehmen sind im Rahmen ihrer Corporate Social Responsibilty aufgefordert, ihre Verflechtung mit dem gesellschaftlichen Umfeld anzuerkennen und die notwendigen Veränderungen angesichts des demografischen Wandels aktiv mitzugestalten. Einer stärkeren Durchlässigkeit von Wirtschaftsunternehmen und dem 3. Sektor wird eine hohe Bedeutung zukommen. Unternehmen tun gut daran, angesichts der veränderten Machtverhältnisse auf dem Arbeitsmarkt die Entwicklung ihrer Mitarbeiter auch über die eigentliche Erwerbsarbeit hinaus zu fördern. Sie gewinnen damit an Attraktivität und Bindungskraft.

### 1.1 Massiv gestiegene Komplexität und erhöhter Leidensdruck

Die Digitalisierung der Geschäftsmodelle, die Verschärfung des globalen Wettbewerbes, die steigende Anzahl von Anspruchsgruppen, die abnehmende Qualität von Vorhersagen und die erhöhte Transparenz führen zu einer enorm gestiegenen Komplexität in den Unternehmen und Organisationen. Diese Komplexität lässt sich mit *überkommenen Führungsansätzen* einer vordigitalen Ära nicht mehr steuern. Die Herausforderungen für Organisationen und Politik werden zu groß, um von diesen jeweils allein gelöst zu werden. Sie werden zunehmend zu einer gesamtgesellschaftlichen Aufgabe. Hinzu kommen die Probleme der klimatischen Veränderungen, die Konsequenzen der weltweiten kriegerischen Auseinandersetzungen und die ungelösten Flüchtlingsdramen. Es ist lange her, dass fernes Leid abstraktes Leid bedeutet. Heute ist es konkret, individuell, es hat ein Gesicht. Distanz konnte bisher beruhigen. Dieser Schutz ist verschwunden. Gleichgültigkeit und Achselzucken waren noch nie eine gute Lösung. Jetzt ist diese Reaktion undenkbar geworden.

## 1.2 Gemeinsames Wirken zwischen den Sektoren als Lösungsansatz

Der Druck der spürbaren Veränderungen in unserer Gesellschaft könnte helfen, das Zusammenspiel zwischen den Sektoren grundlegend neu zu ordnen: weg von der Bereichsbezogenheit, hin zu wirkungsvollen Kooperationen. Weg von den immer gleichen Handlungsmustern, hin zur Nutzung komplementärer Kompetenzen in den Sektoren. Führungskräfte in den Organisationen sind aufgefordert, die Bereitschaft zur Kooperation ihrer Mitarbeiter mit anderen Sektoren der Gesellschaft systematisch zu fördern. Der Unternehmensbürger muss verstehen: Sektorübergreifende Kooperationen sind vom Unternehmen gewollt. Externe Gemeinschaften werden nicht nur adressiert, um Produkte besser zu verkaufen, sondern um ein dauerhaftes, stabiles Netzwerk mit Stakeholdern aufzubauen. Flexible und robuste Strukturen im Unternehmen erfordern ein Management, das über die Grenzen der eigenen Organisation hinausgeht. Ein derartig verstandenes, gemeinsames Wirken trägt dazu bei, überkommene Strukturen und Haltungen zu überdenken. In Zeiten, in denen sich die Businesskomplexität erhöht hat und Gewissheiten zunehmend infrage gestellt werden, müssen sich Unternehmensbürger mehr denn je auch *jenseits ökonomischer Horizonte* bewegen können. Und dies an den Schnittstellen von Unternehmen, Politik und Zivilgesellschaft.

## 1.3 Erste Konsequenzen im Hinblick auf Führung, Zusammenarbeit und Förderung: Die Bedeutung und geeignete Formen von Corporate Volunteering

Viele Führungskräfte in den gesellschaftlichen Sektoren sind heute so handlungsorientiert, dass kaum noch Zeit zum Nachdenken oder Innehalten bleibt. Krisen sorgen eher für ein Mehr als ein Weniger an Belastung. Die permanente Überlastung führt zwar zu zahllosen Unterstützungsangeboten, wie Beratung, Training, Coaching, Mentoring. Doch ein Ausstieg aus dem Hamsterrad gelingt nur selten. Häufig spiegelt sich hier die gefährliche Kraft der herrschenden Routinen von Organisationen wider. Die Schwierigkeit, angesichts einer kritischen Situation bekannte Gewohnheiten loszulassen – sie stattdessen womöglich noch fester in den Griff zu nehmen –, ist ein Ausdruck des Beharrens, wenn es auf Beweglichkeit ankommt. Eine neue Gewohnheit anzunehmen, ist nicht leicht. Aber mit alten Gewohnheiten zu brechen, ist eine schier heroische Leistung. Einen Schritt zurückzutreten und loszulassen, kann effektiver sein, als permanent weiter in seinem Hamsterrad zu bleiben. Manchmal muss man erst von einem Berg hinunterfallen, um zu sehen, wie hoch man geklettert ist. Genau darum wird es in Zukunft gehen. Wir werden uns in der Führung neuen Feldern zu öffnen haben. Die Devise, „schneller, höher, weiter", stößt an Grenzen. Weitreichende Veränderungen können zwar von einzelnen Personen und innerhalb der gesellschaftlichen Sektoren initiiert werden. Die Umsetzung kann aber nur auf vielen Schultern ruhen.

### 1.3.1 Können wir uns das Handeln in getrennten Sektoren noch leisten?

Angesichts des dramatischen Wandels in unserer Gesellschaft und in den Unternehmen stellt sich als zentrale Frage: Können wir uns das Denken und Handeln in den getrennten Sektoren Unternehmen, Politik und Zivilgesellschaft überhaupt noch leisten? Fördern getrennt und unabgestimmt voneinander handelnde Sektoren nicht das Grunddilemma, dass wir zwar vor der Bewältigung großer gesellschaftlicher Herausforderungen stehen, aber heute nur kleinteilige Lösungen anbieten können? Zwar werden von den Akteuren in den Sektoren übereinstimmende Herausforderungen wahrgenommen – trotzdem agieren die Sektoren getrennt. Häufig fehlt es gegenseitigem Verständnis, die unterschiedlichen Handlungslogiken erschweren Kollaboration. Kritisieren Unternehmensbürger an Politik und Verwaltung zeitaufwendige Konsensdebatten, statt zügig Lösungen zu entwickeln, so wird den Unternehmen von Politik und aus der Zivilgesellschaft begrenztes Interesse am Gemeinwohl und Selbstverliebtheit unterstellt.

Die bisher weitgehende Undurchlässigkeit zwischen den Sektoren und fehlende Rotationen begünstigen das gegenseitige Unverständnis. Mit der Verengung der Biografien auf versäulte Karrierewege jeweils in einem Sektor fehlt häufig der bereichernde Blick über den Tellerrand. Netzwerke bilden sich nur sektorspezifisch aus, häufig ist Sprachlosigkeit die Folge. Außer Interessenpolitik findet nicht viel statt.

### 1.3.2 Die Gestaltung des gesellschaftlichen Miteinanders als eine gemeinsame Aufgabe

Die zukünftige Stärke unserer Gesellschaft hängt aber gerade davon ab, in welchem Umfang Bürger, Unternehmen und Staat die Gestaltung des gesellschaftlichen Miteinanders als eine gemeinsame Aufgabe verstehen. Die Übernahme von Verantwortung sollte als *Investition in die Bedingungen der gesellschaftlichen Zusammenarbeit zum gegenseitigen Vorteil* verstanden werden. Damit ist die Übernahme von Mitverantwortung von Unternehmen gefordert, die über das unmittelbare Eigeninteresse hinausgeht. Die Mitverantwortung der Führungskräfte aus den Unternehmen ergänzt die Verantwortung der politischen Eliten für die Gestaltung der Rahmenordnung und erleichtert ethisches Verhalten auf der Individualebene. Die Unternehmen fühlen sich nicht nur der ökonomischen Wertschöpfung im eigentlichen Sinn verpflichtet, sondern begreifen ihre Geschäftstätigkeit als ganzheitliche Verantwortung.

*Der Beitrag zur Lösung gesellschaftlicher Probleme wird zur moralischen Norm unternehmerischen Handelns.* Unternehmerisches Handeln kann staatliches Handeln nicht ersetzen – aber sichtbar ergänzen. Die Bündelung von Kompetenzen und Ressourcen zwischen den Sektoren bietet dafür enorme Potenziale.

### 1.3.3 Die Verantwortung von Führung rückt wieder in den Mittelpunkt

Verantwortliches Führen in der Gesellschaft geht über Organisational Efficiency hinaus. Seit der Finanz- und Wirtschaftskrise rückt die Verantwortung von Führung wieder in den Mittelpunkt. Langfristigkeit wird betont, der Schutz des öffentlichen Gutes, ein auf das Gemeinwohl ausgerichtetes Handeln hat an Stellenwert gewonnen. Kurzfristige Interessen dürfen eine Langfristorientierung nicht verdrängen. Führung hat dazu beizutragen, den gesellschaftlichen Grundwerten gerecht zu werden.

Für die Entwicklung von Führungskompetenz bedeutet dies: Durch Maßnahmen des strategischen Corporate Volunteerings, wie z. B. „Seitenwechsel", werden die notwendige sektorübergreifende Expertise und das gegenseitige Verständnis entwickelt. Austauschprogramme zwischen den gesellschaftlichen Sektoren unterstützen diesen Prozess.

### 1.3.4 Gründe für ein stärkeres gesellschaftliches Engagement von Unternehmen – Keine Staffage mit Gutmenschfaktor sondern Chance auf Mehrwert

Unternehmen tun gut daran, sich angesichts der veränderten Machtverhältnisse auf dem Arbeitsmarkt rechtzeitig als gesellschaftlich mitverantwortlich agierender Akteur zu platzieren, der durch ein glaubwürdiges Engagement als institutioneller Bürger an Attraktivität und Bindungskraft für die Unternehmensbürger gewinnt. Gemäß einer aktuellen Deloitte-volunteer-impact-Studie sind 88 % der befragten HR-Manager davon überzeugt, dass Corporate Volunteering einen positiven Einfluss auf die Reputation ihres Unternehmens hat. 62 % geben an, dass die Mitarbeitenden aufgrund des Angebotes von Corporate Volunteering ihr Unternehmen positiver bewerten. Bereits heute erleben eine Reihe von Unternehmen die Schwierigkeit, fachlich geeignetes Personal für ihre Organisationen zu gewinnen. Rekrutierungserfolge zeigen, dass gesellschaftlich engagierte Unternehmen einen Sympathie- und Attraktivitätsbonus haben. Hinzu kommen relevante Aspekte der persönlichen Entwicklung sowohl von Auszubildenden als auch von Nachwuchs- und Führungskräften, die weiter unten dargestellt werden. Das bürgerschaftliche Engagement bietet einen informellen Lernort, der z. B. auch bei älteren Mitarbeitenden dem Erhalt der kognitiven Leistungsfähigkeit dient. Der „Ausflug in andere Lebenswelten" erweitert den Horizont und setzt Impulse in der lebensphasenorientierten Personalentwicklung. Unternehmen stehen gemeinsam mit Politik und Zivilgesellschaft vor der Aufgabe, Berufsbiografien so zu verändern, dass der Einzelne lange leistungs- und anpassungsfähig bleibt – und unsere Gesellschaft produktiv. Die angestrebte und neue Synchronisierung von Lernen, Arbeit und Privatem soll der Erhaltung der Wettbewerbsfähigkeit unseres Landes dienen und jedem Einzelnen so viele Optionen wie möglich eröffnen. Ein solcher Prozess hat möglichst früh zu beginnen. Der bei Weitem wichtigste Einflussfaktor ist Abwechslung im Berufsleben, besonders auch für Menschen mit einfachen, sich ständig wiederholenden Tätigkeiten. Der Förderung des bürgerschaftlichen Einsatzes von Mitarbeitenden kommt auch vor diesem Hintergrund ein hoher Stellenwert zu. Körper und Geist bleiben umso länger vital, je vielfältiger die Lebens- und Berufsbiografie ist. Durch die Integration von Unternehmensbürgern in den Gemeinwohlsektor greift das Unternehmen die Herausforderungen des demografischen Wandels auf und nutzt vorhandene Kompetenzen, um nachhaltige Verbesserungen in der Gesellschaft zu unterstützen. Mit der Beteiligung des Unternehmens an der Gestaltung des Wandels im Gemeinwesen wird die Attraktivität des Unternehmensstandortes positiv beeinflusst.

### 1.3.5 Corporate Volunteering als innovatives Förderinstrument der Kompetenzentwicklung

Corporate Volunteering wird zu einem zentralen Instrument von CSR, indem Unternehmensinteressen strategisch mit Gemeinwohlinteressen verbunden werden, um einen beiderseitigen Vorteil für Unternehmen und die Gesellschaft zu erzielen.

Welche exemplarischen Formen des Corporate Volunteering stehen nun zur Verfügung?

- **Seitenwechsel**: Führungskräfte bzw. Mitarbeiter wirken für einen begrenzten Zeitraum in einer sozialen Einrichtung mit: Sie unterstützen die Arbeit der Bahnhofsmission, helfen im Aidshospiz, bei der Suchthilfe oder in der Gefängnissozialarbeit. Die Mitwirkung findet im unmittelbaren Kontakt mit Klienten sozialer Arbeit statt. Die Unternehmensbürger lernen andere Lebenswirklichkeiten kennen, werden für soziale und zwischenmenschliche Problemlagen sensibilisiert und erweitern ihre soziale und kommunikative Kompetenz.
- **Kompetenzbasiertes Corporate Volunteering/Secondment**: Unternehmensmitarbeiter werden für eine bestimmte Zeit gemeinnützigen Institutionen zur Verfügung gestellt. Ziel ist, fachliche Kompetenz einzubringen, um die Einrichtung in der Bewältigung einer spezifischen Herausforderung zu unterstützen. So hilft exemplarisch eine Werbeagentur einer gemeinnützigen Organisation bei einer Werbekampagne, eine Anwaltskanzlei berät Asylbewerber in rechtlichen Fragen und eine Unternehmensberatung entsendet einen Berater zur Optimierung von Prozessen in ein gemeinnütziges Projekt. Dabei ist charakteristisch, dass die wahrgenommenen Unterstützungsarbeiten mit dem Leistungsbereich des Mitarbeitenden im Unternehmen vergleichbar sind, aber unter grundsätzlich verschiedenen Rahmenbedingungen und in einem anderen Handlungsbereich stattfinden.
- **Sektorübergreifende Personalrotation**: Führungskräfte eines Unternehmens und einer Einrichtung des gemeinnützigen Bereiches tauschen für einen definierten Zeitraum ihre Arbeitsplätze. Sie lernen aus der für sie neuen Arbeitssituation und können zugleich ihrer fremden Umgebung Anregungen geben.
- **Team-Challenge**: Eine feste Mitarbeitergruppe hat in einer begrenzten Zeit eine herausfordernde Aufgabe in einer Gemeinwohlorganisation zu bewältigen. Schnelle Entscheidungsfindung, Gruppenkommunikation und Kooperation sind die Lernerfahrungen, die bei einer Team-Challenge gesammelt werden können.

- **Service Learning im Rahmen von Nachwuchs-/Traineeprogrammen**: Als festes Element von mehrmonatigen Nachwuchsprogrammen verlassen die Lernenden ihre Organisation und arbeiten in Einrichtungen des Gemeinwohls mit. Durch Reflektion ihrer Erfahrungen lernen die Teilnehmer, die gesellschaftliche Funktion ihrer Organisation umfassender zu begreifen und gleichzeitig ihren Sinn für bürgerschaftliches Engagement zu schärfen. Das Lernen in fremden Lebenswelten ist erfahrungs- und handlungsorientiert. Es erfordert von den Teilnehmern Mut, Offenheit und die Bereitschaft, die Perspektive zu wechseln. Das Lernen in fremden Lebenswelten schafft Verständnis für andere Menschen und andere Lebenssituationen. Es fördert das selbstorganisierte Lernen als wichtige Anforderung in einer globalisierten Arbeitswelt. Zugleich öffnen sich die gemeinnützigen Einrichtungen für neue Kooperationen und erleben neue Engagement- und Arbeitsformen.

### 1.3.6 Schlüsselqualifikationen sind nur begrenzt erlernbar, aber erfahrbar

Worin liegt nun das unternehmerische Anliegen? Damit Unternehmensbürger den beschriebenen Anforderungen gerecht werden, benötigen sie Schlüsselqualifikationen, die nur begrenzt erlernbar, aber erfahrbar sind. Soziales Lernen und die Entwicklung sozialer Kompetenz beinhalten die Aspekte der individuellen Lebensgestaltung (Menschen müssen in die Lage versetzt werden, an fremden Orten soziale Netzwerke zu knüpfen), der Anforderungen der Arbeitswelt (Teamprozesse haben sich zum bestimmenden Arbeitsmuster entwickelt) und des funktionierenden Gemeinwesens (Einzelinteressen sind in einer demokratischen Gesellschaft gegenüber Gruppeninteressen zurückzustellen). Angesichts des Zusammentreffens unterschiedlichster Werteorientierungen gewinnt die Fähigkeit an Bedeutung, Differenzen auszuhalten und Konflikte auszutragen. Daher gehört es zu den *zentralen HR-Aufgaben,* den Mitarbeitern Erfahrungen zu ermöglichen, die zur Entwicklung sozialer Kompetenz beitragen können. Die Entwicklung von Schlüsselkompetenzen geschieht eben nicht mehr „automatisch" innerhalb verlässlicher Familiensysteme oder über die Sozialisationsinstanzen Kindergarten, Schule und Freizeit, sondern muss systematisch organisiert werden. Wie Sennet (vgl. Sennet 1998) aufzeigt, werden Menschen durch verbale Konflikte eher zusammengehalten als durch verbale Übereinstimmungen. Denn: „Im Konfliktfall sind sie zu gründlicherer Kommunikation gezwungen, um die Differenzen auszutragen." Es geht also darum, Gelegenheiten zu schaffen, in denen soziales Lernen geschehen kann (vgl. Rauschenbach 1997). Evaluierungen zeigen, dass Corporate Volunteering mit seinen charakteristischen Merkmalen „Erleben anderer Lebensrealitäten und Perspektivenwechsel" dazu geeignet ist, Mitarbeitern prägende *Erfahrungen zu bieten. Mit dem Erleben anderer Lebensrealitäten wird Neues mit Bekanntem* verglichen und verknüpft, neue Erfahrungen treffen auf den Resonanzboden bisheriger Erfahrung. Zusätzlich wird ein Mehrwert für den Gemeinwohlbereich erzielt. Damit entsteht durch das Engagement eine spezifische Lernumgebung, die in erheblichem Maße zur Entwicklung von Schlüsselqualifikationen beiträgt. Kompetenzentwicklung erfolgt im Bereich der sozialen, personalen und emotionalen Kompetenz. Das eigene Verhaltensrepertoire wird erweitert, Verständnis für Menschen in anderen Lebenssituationen entwickelt, unmittelbares Feedback und Interaktionen helfen, die eigenen Stärken und Entwicklungsfelder zu erfahren. Die Teilnehmer entdecken, welche Problemlösungsansätze, Konfliktlösungsmuster Engagierte in Non-Profit-Organisationen haben, sie erleben die Begrenztheit der Ressourcen und mit welch hoher Motivation gute Ergebnisse erzielt werden können.

Der Lernprozess wird dadurch angestoßen, dass Unternehmensmitarbeiter mit Respekt und in der Haltung der Lernenden in eine soziale Organisation gehen. Sie erleben, dass im sozialen Kontext der Prozess häufig wichtiger ist als das Ergebnis. Beide Seiten erkennen, wo ihre Stärken liegen und wo sie von der anderen Seite lernen können. *Corporate Volunteering wird somit zu einem innovativen Förderinstrument der Persönlichkeitsentwicklung.* Lernen geschieht im Gegensatz zu Seminar-Settings in sozialen Organisationen auf ganzheitliche Weise, mit Herz, Kopf und Hand. Findet eine systematische Reflexion mit Vor- und Nachbereitung statt, wird das Lernen nachhaltig. Wird bedacht, wie schnell die Erkenntnisse klassischer Fortbildungsmaßnahmen in Vergessenheit geraten, sind die nachhaltigen Effekte aus CV-Erfahrungen enorm. Neben den nachweislich positiven Auswirkungen auf das soziale Verhalten und die emotionale Kompetenz entsteht ein neues Netzwerk innerhalb des Unternehmens. Evaluierungen von CV-Projekten zeigen, dass entstandene, sektorübergreifende Kontakte Bestand haben. CV kann ergänzend einen wesentlichen Beitrag dazu leisten, die Identifikation und die Bindung an das Unternehmen zu stärken. Die Möglichkeit zum Engagement wird als ein Eingehen des Unternehmens auf individuelle Interessen verstanden und stellt eine Anerkennung dar, die zur Zufriedenheit der Mitarbeiter beiträgt.

## 1.4 Ein zeitgemäßes Verständnis von Arbeit: Auf dem Weg zum Konzept eines vorsorgenden Wirtschaftens und zur Tätigkeitsgesellschaft

Welche weiteren Weichen müssen gestellt werden, um den oben beschriebenen gesellschaftlichen Herausforderungen gerecht zu werden? Und welcher Zusammenhang besteht zum Corporate Volunteering und zur Förderung von Mitarbeitenden?

### 1.4.1 Bedürfnis nach Mitgestaltung und Mitverantwortlichkeit

Die Erwerbsarbeit ist in der heutigen Arbeitsgesellschaft „Dreh-und Angelpunkt für die Lebensorientierung des Einzelnen und das Gemeinwesen insgesamt" (vgl. Senghaas-Knobloch 1990, S. 119). Mit der steigenden Lebenserwartung bei verbesserter Gesundheit im Alter ist Teilhabe, Mitgestaltung und sinnstiftendes Tätigsein die Grundlage für den Erhalt sozialer Netzwerke. Mitgestaltung wirkt nachweislich präventiv gegen den Verlust kognitiver Fähigkeiten und ist ausdrücklicher Wunsch auch im hohen und höchsten Lebensalter. Eine Definition von Work-life-Balance als „work keeps your life in balance" erscheint in diesem Kontext als sehr treffend. Sprechen wir damit also von einem „lebenslangen Arbeiten" in einer Gesellschaft des langen Lebens? Lebenslanges Arbeiten klingt nur dann fremd, wenn wir in gegenwärtigen Strukturen und Denkschemata verharren und den überkommenen Arbeitsbegriff erhalten. Lebenslanges Arbeiten gewinnt aber dann an

Anziehungskraft, wenn es gelingt, einen neuen, zeitgemäßen Arbeitsbegriff salonfähig zu machen. Die ausschließliche Betrachtung der Erwerbsarbeit in einer Arbeitsgesellschaft greift zu kurz und wird den zahlreichen gesellschaftlichen Tätigkeitsfeldern nicht gerecht (vgl. Peters et al. 2008).

### 1.4.2 Arbeit ist mehr als Erwerbsarbeit

Arbeit ist mehr als Erwerbsarbeit. Entsprechend diskutiert Senghaas-Knobloch (vgl. Senghaas-Knobloch 1999) den Wandel der Arbeits- hin zu einer Tätigkeitsgesellschaft. Ein erweiterter Arbeitsbegriff und das Ganze der Arbeit sollte über die Erwerbsarbeit auch Familienarbeit, Gemeinwesenarbeit und Freiwilligenarbeit umfassen. So verstandene Arbeit wäre vielfältig. Sie wäre eine Tätigkeit für andere und damit ein Ausdruck von Mitgestaltung.

Hannah Arendt (vgl. Arendt 2001) hat den Begriff der *Mitverantwortlichkeit* geprägt. Die soziale und gesellschaftliche Bezogenheit des Menschen ist Kern der menschlichen Existenz. Und die anteilnehmende Verantwortungsübernahme für sich und den anderen äußert sich in einem Besorgtsein, einem Interessiertsein. Von der Sorgefähigkeit der Menschen vor Ort hängt die Stabilität des Gemeinwesens und seine Zukunftsfähigkeit ab. Das sich Sorgen und Kümmern ist auch Arbeit. Es ist Engagement für andere. Es gilt damit, Konturen eines neuen Gesellschaftsvertrags zu diskutieren, in der die Anerkennung der Menschen nicht mehr ausschließlich über Erwerbsarbeit und Lohneinkommen erfolgt. Verstehen wir Ökonomie als eingebettet in die soziale Lebenswelt, nähern wir uns dem Konzept eines vorsorgenden Wirtschaftens an, das das „Sorgen" für sich und andere einschließlich der zukünftigen Generationen enthält. Auf diesem Wege würden viele Formen des Arbeitens sichtbar, die zwar für die soziale Lebenswelt nützlich sind, aber bisher wenig gesellschaftlich wertgeschätzt werden.

Angesichts der großen vor uns liegenden gesellschaftlichen Herausforderungen ist eine Mitverantwortung aller gesellschaftlichen Akteure gefordert, die über das unmittelbare Eigeninteresse hinausgeht. Menschen sind nicht nur Akteure mit ökonomischen und zivilbürgerlichen Teilhaberechten, sondern auch Verantwortungsträger für die Gesellschaft.

## 1.5 Corporate Volunteering zur Gestaltung des Übergangs in die Nacherwerbsphase – Der Generation „Y" folgt die Generation „Ü" (Übergang)

Eine Mehrheit der 45–65-Jährigen kann sich vorstellen, auch nach dem Ende der Erwerbsarbeit aktiv zu bleiben. Sie sucht keine Ruhe im Ruhestand, sondern möchte aktiv bleiben, mitgestalten, gebraucht werden und herausfordernde Aufgaben mit positiver gesellschaftlicher Wirkung verbinden. In einer Zeit, in der die Beschäftigten jedes Jahr drei Monate an Lebenszeit dazugewinnen, wollen sich viele auf eine nachberufliche Lebenszeit einstellen, die länger währt als die Zeit der Jugend. Bei einem Renteneintritt mit 65 bleiben Männern durchschnittlich 17,4, den Frauen 20,7 Lebensjahre. Viele Beschäftigte treibt die

Frage um, was nach dem Eintritt in das Rentenalter kommt. Wie lassen sich die im Beruf erworbenen Erfahrungen und Kompetenzen im Leben nach der Erwerbsphase sinnvoll nutzen? Für viele Menschen führt die Suche nach neuen Bestätigungsformen zum Feld des gesellschaftlichen Engagements. Sie bringen ihre Ideen ein, beteiligen sich und setzen sich mit anderen für andere ein. Die Freiwilligen erleben dabei, wie sie eine Menge bewegen können.

Auch Unternehmen erkennen, dass es für sie von Vorteil ist, wenn sich ihre Mitarbeiterinnen und Mitarbeiter gesellschaftlich engagieren. So gewinnen sie soziale Kompetenzen und interkulturelle Erfahrungen, die von hohem Wert sind. Unternehmen tun gut daran, angesichts der veränderten Machtverhältnisse auf dem Arbeitsmarkt die Entwicklung ihrer Mitarbeiter auch über die eigentliche Erwerbsarbeit hinaus zu fördern. Mit einem sichtbaren Übergangsmanagement in die Bereiche des Gemeinwohls gewinnen sie an Attraktivität und Bindungskraft (vgl. Berliner Wirtschaft und demografischer Wandel 2014). Erste Unternehmen bieten ihren Beschäftigten die Möglichkeit, mehr Zeit als bisher einer ehrenamtlichen Tätigkeit zu widmen. Hierzu können Mitarbeiter ab 60 Jahren ihre Arbeitszeit um zwei Tage pro Monat reduzieren. Zusätzlich gewährt der Arbeitgeber monatlich zwei bezahlte freie Arbeitstage, sodass insgesamt vier Tage im Monat für den ehrenamtlichen Einsatz genutzt werden können (vgl. Kölner Netzwerk Bürgerengagement 2015)

## 2 Gestaltungsempfehlungen für Unternehmen

Corporate Volunteering bietet enorme Möglichkeiten, die Leistungsbereitschaft der Mitarbeiter zu erhalten und Schlüsselqualifikationen zu entwickeln. CV trägt somit dazu bei, die Anforderungen zu erfüllen, die an eine strategische Personalarbeit gestellt werden. „Corporate community involvement programmes can play a significant role in adressing the key challenges faced by human resources managers, leading to direct benefits to a company`s bottom line" (vgl. Tuffrey 1998).

Überdies stellt CV ein adäquates Instrument zur *Investition in das Sozialkapital* dar. Das Einbringen der Fähigkeiten der Mitarbeiter und der Kompetenzen des Unternehmens trägt zu vielfältigen Verbesserungen bei den „Abnehmern" der Dienstleistungen bei, sowohl durch materielle Ergebnisse als auch durch den Know-how-Transfer. Die Wirkung für die Gesellschaft ist noch größer, wenn –durch CV angestoßen – das gemeinnützige Engagement der Mitarbeiter außerhalb des unternehmerischen Zusammenhangs fortgeführt wird. Indem langfristige Partnerschaften zwischen den Unternehmen und der Zivilgesellschaft entstehen, bewirken CV-Projekte eine bessere Verzahnung zwischen Wirtschaft und Gesellschaft. Die charakteristische Besonderheit des CV ist der unmittelbare Kontakt zwischen Akteuren verschiedener Lebens- und Erfahrungswelten. Dies schafft ein besseres Verständnis für die jeweils andere Situation und damit die Voraussetzung für ein nachhaltiges Verständnis zwischen wechselseitig abhängigen Akteuren zu beiderseitigem Vorteil.

## 2.1 Motivlage des Unternehmens und Chancen des Corporate Volunteering

Das Spektrum des gesellschaftlichen Engagements der Unternehmen und von Corporate Volunteering reicht von Kurzzeitengagements von Mitarbeitern bis zu mehrmonatigen Verpflichtungen, von teamorientierten Aktivitäten bis zum kompetenzbasierten Einsatz von Fachleuten für bestimmte Aufgaben, von flexiblen Arbeitszeitregelungen, die das eigene Engagement erleichtern, bis hin zu erheblicher materieller Ausstattung durch Freistellung von der Arbeitszeit und Spenden für die Organisation, für die sich der Mitarbeiter engagiert. Corporate Volunteering erweist sich als höchst facettenreich. Je nachdem, welche Motivlage des Unternehmens im Vordergrund steht, kann Corporate Volunteering unterschiedlichen strategischen Zielsetzungen dienen. Unternehmensintern wie gegenüber gemeinnützigen Partnern verhilft Klarheit hinsichtlich des Motivationsschwerpunktes zur Stringenz im Planungsprozess, zum gegenseitigen Verständnis und zur Akzeptanz.

Schöffmann (vgl. Schöffmann 2001) unterscheidet in der Motivlage der Unternehmen zwischen „altruistischem Engagement", „Investition in die Gesellschaft" und „Unternehmensorientiertem Engagement":

Zum **altruistischen Engagement** gehört die materielle Unterstützung einer gemeinnützigen Organisation ohne den Anspruch einer strategischen Ausrichtung bzw. ohne ein erklärtes Interesse an expliziten berichtbaren Engagementergebnissen. Die Beantwortung folgender Fragen kann bei der Motivlage behilflich sein: Ist der Beitrag eine Reaktion auf einen Spendenaufruf einer gemeinnützigen Organisation? Ist es unwahrscheinlich, dass der Beitrag auf einer regelmäßigen Grundlage wiederholt wird?

**Investition in die Gesellschaft** umfasst alle gesellschaftlichen Unternehmensengagements, die sich als zielgerichteten Beitrag zur Bewältigung gesellschaftlicher Herausforderungen verstehen. Diese Aktivitäten sind strategisch darauf ausgerichtet, einen nachhaltigen Nutzen für die Gesellschaft zu generieren, der sich langfristig auch für das Unternehmen auszahlt. So gehen beispielhaft fünf Stiftungen, ein Unternehmen und das Bundesministerium für Familie, Senioren, Frauen und Jugend gemeinsam mit dem Netzwerkprogramm „Engagierte Stadt" neue Wege, um die Weiterentwicklung von bürgerschaftlichem Engagement in Städten und Gemeinden zu stärken. Sie beraten und begleiten an 50 Standorten lokale Kooperationen und unterstützen diese Prozesse mit finanziellen Mitteln. Erstmals stehen hier nicht bestimmte Projekte oder Organisationsformen im Fokus, sondern lokale Kooperationen unterschiedlicher Akteure. Das Ziel vor Ort: eine Engagementstrategie aus einem Guss (vgl. auch Abschn. 1.1.2 „Gemeinsames Wirken zwischen den Sektoren als Lösungsansatz"). Der Generali-Zukunftsfonds unterstützt beispielsweise in diesem Kontext die Umsetzung des Konzeptes der „Sorgenden Gemeinschaften", den Aufbau von Nachbarschaften zur besseren Gestaltung des gesellschaftlichen Miteinanders, „Community Organizing" als Ansatz nachhaltiger Quartiersentwicklung, die gesellschaftliche Akzeptanz eines differenzierten Altersbildes, die Organisationsentwicklung der „Grünen Damen und Herren" und die „Joblinge gAG" zur Vermittlung schwer vermittelbarer Jugendlicher in den ersten Ausbildungsmarkt.

Beim **unternehmensorientierten Engagement** steht die Bewältigung von unternehmensspezifischen Herausforderungen im Mittelpunkt. Zugleich wird aber auch ein Nutzen für die Gesellschaft gestiftet. Beispielhaft entwickeln Führungskräfte ein Unternehmenskonzept für einen ambulanten Hospizdienst. Die gemeinnützige Organisation erfährt einen realen Nutzen. Als Personalentwicklungsmaßnahme wird die Projektmanagementfähigkeit und der erfolgreiche Umgang mit komplexen Aufgabenstellungen trainiert. Ziele, Inhalte, Umfang und praktische Ausgestaltung des Engagements werden in diesem Fall aus den jeweiligen Personalentwicklungszielen abgeleitet.

Ein Unternehmen kann das Corporate Volunteering auf verschiedene Arten fördern. Die Förderung kann durch Anerkennung erfolgen: durch Wertschätzung seitens der Vorgesetzten, durch Berücksichtigungen bei Beurteilungen oder Berichte über die Engagierten in Mitarbeiter- oder Kundenzeitschriften. Die Förderung kann alternativ durch gezielte Anreize, wie z. B. Freistellungen, Angebote von Seitenwechsel in gemeinnützige Organisationen oder durch engagementfreundliche Arbeitsbedingungen mit weitgehender Zeitsouveränität erfolgen. Die dritte Facette der Engagementförderung ist die Aktivierung. Hier schafft das Unternehmen selbst Engagementmöglichkeiten, z. B. in Zusammenarbeit mit einem gemeinnützigen Partner.

Diese Unterscheidung soll als Plädoyer verstanden werden, Corporate Volunteering als Entwicklungsaufgabe für alle Beteiligten zu betrachten und die möglichen Elemente zu einem individuellen Mix zu gestalten. Dieser Mix sollte auf das engagierte Unternehmen, auf dessen Unternehmenskultur, strategische Ausrichtung und auf das gesellschaftliche Umfeld, den Bedarf und die relevanten Themen vor Ort sowie auf die gemeinnützigen Partner und deren konkrete Anliegen ausgerichtet sein.

### 2.1.1 Das Potenzial von Corporate Volunteering zur Veränderung der Arbeitswelt und der Bürgergesellschaft

Corporate Volunteering birgt ein erhebliches Potenzial zur Veränderung von Bürgergesellschaft, Unternehmen und Arbeitswelt. Herauszufinden, ob, wie und wem es konkret nutzt, ist eine lohnende Entwicklungsaufgabe und eine Entdeckungsreise, die Unternehmen, Zivilgesellschaft sowie Politik und Verwaltung unternehmen sollten. Es ist eine Welt, in der unterschiedliche Handlungslogiken aufeinandertreffen, die nicht konfliktfrei ist. Auch wenn es einen Konvergenzpunkt gibt, an dem die Interessen aller Beteiligten zusammenkommen, so zeigt die Praxis, dass sich eine Win-win-Situation nicht von selbst einstellt (vgl. Priess 2011). Der Erfolg einer strategischen Kooperation zwischen Unternehmen und dem gemeinnützigen Sektor ist in hohem Maße davon abhängig, wie sich unterschiedliche Kompetenzen durch eine möglichst integrative, partnerschaftliche Zusammenarbeit „auf Augenhöhe" ergänzen. Bisher gibt es nur sehr wenige empirische Untersuchungen, die der Frage nachgehen, welche Barrieren überwunden werden müssen, um den Zustand zu erreichen, durch das Eingehen einer Partnerschaft die individuellen Stärken, Ressourcen und das Know-how erfolgreich zu kombinieren und daraus Synergien zu schaffen. Es bleibt die Erkenntnis: *Kooperationen können nur in der Kooperation gelernt werden.*

Mit dem Begriff des „Grenzgänger-Managements" (vgl. Endres und Wehner 2004) werden Formen der vermittelnden Führung zwischen verschiedenen Organisationen, wie sie beim CV üblich sind, beschrieben. Solche Grenzgänger arbeiten in unterschiedlichen Bereichen von Unternehmen, Kommunen oder sozialen Institutionen, verantworten die Anbahnung, Begleitung und Auswertungen von Kooperationen – sie sollten Methoden der Bewältigung von Herausforderungen beherrschen, die mit der Kooperation in Zusammenhang stehen. Eine solche Kompetenz ist substanzielle Voraussetzung für wirkungsvolles CV.

### 2.1.2 Die Infrastrukturrolle von Unternehmen

Unternehmen, die ihren Mitarbeitern Engagementmöglichkeiten bieten, übernehmen eine wichtige Infrastrukturrolle für Engagement. Corporate Volunteering schlägt eine Brücke zwischen Arbeitswelt und Engagement und bedeutet eine Herausforderung für beide. Beim bürgerschaftlichen Engagement geht es darum, dem hohen Anspruch an Selbstwirksamkeits-, Selbstbestimmungs- und Gestaltungsmöglichkeiten für die Engagierten gerecht zu werden. Die Unternehmen werden die Motivations- und Lernfrüchte aus dem Corporate Volunteering nur ernten können, wenn die neuen Erfahrungen und Kompetenzen der Engagierten im Betrieb Raum finden. Das erweist sich häufig als nicht selbstverständlich.

## 2.2 Wirkungsvolles Corporate Volunteering

Wie ausgeführt, ist das gesellschaftliche Unternehmensengagement von unterschiedlichen Motivlagen geprägt. Strategisches Corporate Volunteering benötigt jedoch Klarheit der Ziele, eine sorgsame Planung und eine glaubwürdige Umsetzung. Nur in diesem Fall wird das Engagement des Unternehmens ernst genommen und entfaltet eine positive Wirkung.

a. **Zieleplanung.** Zur Zieleplanung können exemplarisch folgende Leitfragen genutzt werden: „Welche Ziele sollen für das Unternehmen, die Belegschaft, die Gesellschaft und die gemeinnützige Organisation erreicht werden?" „Wie wird das CV-Ziel an die Unternehmens-, CSR- und Personalstragie angebunden?" „Welche CV-Formate erweisen sich als am besten geeignet?"

Zu beachten ist, die Ziele realistisch zu formulieren. Die gesellschaftliche Reichweite sollte nicht überschätzt, die Reduzierung auf eine kostengünstige Weiterbildungsmaßnahme sollte vermieden werden. CV oszilliert zwischen überzogenen Verheißungen und ernüchternden Erfahrungen, zwischen medialem Hochglanz und wenig befriedigendem Aktionismus.Eine zugespitzte Formel lautet: „CC – HR = PR". Corporate Citizenship ohne Personaleinsatz ist PR (vgl. Lang 2012). Im Umkehrschluss bekräftigt Volunteering die Ernsthaftigkeit des Unternehmensengagements, da die Mitarbeiter zu den wichtigsten Ressourcen eines Unternehmens gehören und glaubwürdige Botschafter sein können.

Nach erfolgter Zieleklärung aus Unternehmenssicht sollte die Perspektive der beteiligten Akteure eingenommen werden. Deren Sichtweisen können sich durchaus unterscheiden. So kann die gemeinnützige Organisation unterschiedliche Wertvorstellungen in die Partnerschaft einbringen – oder die Belegschaft kann sich instrumentalisiert fühlen.

b. **Vorbereitung und Umsetzung.** Als Leitfragen können z. B. dienen:
„Wie werden rechtzeitig Mitarbeiter und Sozialpartner eingebunden?"
„Wie werden die Mitarbeiter auf den CV-Einsatz vorbereitet?"
„Wie wird der CV-Einsatz begleitet?"
„Wie erfolgt die Kommunikation des Engagements nach außen und innen?"
Die CV-Maßnahme ist passend zu den Zielen auszuwählen. Zur Aktivierung einer großen Mitarbeiteranzahl kann der Social Day geeignet sein. Zur systematischen Personalentwicklung kann sich ein Secondment als die geeignetste Form erweisen. Die Zeitvolumina und die Sachkosten sind zu budgetieren. Umfeldanalysen beantworten die Frage, ob es für die Pläne überhaupt eine geeignete gemeinnützige Einrichtung gibt. Der Standortbezug ist ebenso bedeutsam wie die interne Umsetzungsverantwortung. Eine umfassende interne Kommunikation ist notwendig, sie dient der Rekrutierung von Teilnehmern und der internen Vermarktung des Engagements.

c. **Wirkungsanalyse.** Als Leitfragen können exemplarisch genutzt werden:
„Woran können Erfolge erkannt werden?"
„Wie lässt sich die Wirkung messen?"
„Anhand welcher quantitativer und qualitativer Indikatoren erfolgt die Wirkungsmessung?"
Eine angemessene Wirkungsanalyse konzentriert sich auf die Ziele, die für die Adressaten relevant sind. Eine Datenerhebung sollte auf den Ebenen Input, Output, Outcome, Impact erfolgen. Die Strukturierung komplexer Projekte nach IOOI bietet einen entsprechenden Rahmen für wirkungsorientiertes Management (vgl. Phineo 2011).
*Input* = eingesetzte Ressourcen (Zeitaufwand, Kosten, soziodemografische Daten der Mitarbeiter, Form des Engagements)
*Output* = erbrachte Leistung (durchgeführte Aktivitäten, erreichte Zielgruppe, Akzeptanz der Maßnahmen)
*Outcome* = erzielte Wirkung der Maßnahme (Veränderung im Wissen, in den Einstellungen und Meinungen, im konkreten Handeln)
*Impact* = Veränderungen für eine ganze Organisation, Region oder Gesellschaft. Zur Ermittlung der gesellschaftlichen Wirkung sollte die gemeinnützige Organisation eingebunden werden. Für die unternehmensbezogenen Wirkungen kann auf etablierte Indikatoren wie Reputation oder Mitarbeiterzufriedenheit zurückgegriffen werden.

d. **Kontinuierlicher Verbesserungsprozess.** Als Leitfragen können eingesetzt werden:
„Wie kann die CV-Maßnahme weiter optimiert werden?"
„Wie erfolgt das Reporting an welche Adressaten?"
„Welche gelernten Lektionen gibt es?"

## Literatur

Arendt H (2001) Vita activa oder vom täglichen Leben, 12. Aufl. Piper, München
Austin JE (2000) The collaboration challenge. Jossey-Bass Publishers, Massuchusetts
Berlin-Institut (2013) Anleitung zum Wenigersein, Discussion Paper Nr. 12, Berlin
Berliner Wirtschaft und demografischer Wandel (2014) Studie zum Übergangsmanagement. USE Printing House, Berlin
Carroll AB (1999) Corporate social responsibility. Acad Manage Rev 4
Endres E, Wehner T (2004) Grenzgänger – ein neuer Managementtypus, Internationale Zeitschrift für Veränderung. Lernen, Dialog, Zürich
Gauck J (2015) Rede zu neuen Altersbildern in einer Gesellschaft des längeren Lebens. Berlin
Kölner Netzwerk Bürgerengagement (2015) Nicht irgendwann, schon morgen. Köln
Lang S (2012) Corporate Volunteering – wenn Wirtschaft auf Engagement trifft, BBE Sondernewsletter Nr. 1. Berlin
Lang S (2010) Partnerschaft zwischen Unternehmen und zivilgesellschaftlichen Organisationen. In: Klein S (Hrsg) Partnerschaften von NGO und Unternehmen. Partnerschaften von NGO und Unternehmen, Macondo
Peters, Günthert, Wehner (2008) Mehr Multidisziplinarität in der Freiwilligenforschung, in BBE, Dokumentation der BBE-Fachtagung vom 8. und 9. November 2007, Alinea, Dresden
Phineo (2011) Leitfaden Wirkungsberichterstattung für gemeinnützige Organisationen. Berlin
Priess J (2011) Rhetorik und Realität des „Win-Win" in CV-Projekten. In: Wehner D (Hrsg) Züricher Beiträge zur Psychologie der Arbeit. Zürich
Rauschenbach T (1997) Zur Notwendigkeit einer neuen Kultur des Sozialen. In: Stark W (Hrsg) Soziales Lernen. DJI Verlag, Bad Boll
Schöffmann D (2001) Wenn alle gewinnen-Bürgerschaftliches Engagement von Unternehmen. Edition Körber, Hamburg
Tuffrey T (1998) Involving European employees. Corporate Citizenship Co., London

**Christoph Zeckra** übernahm im Januar 2013 neben seiner Zuständigkeit für die nationale und internationaleTop Managemententwicklungdes Konzerns die Gesamtverantwortung für den Generali Zukunftsfonds, in dem der Konzern seine gesellschaftspolitischen Aktivitäten als Corporate Citizen gebündelt hat. In den vorangegangenen Jahren war er als Personalchef für die Generali Deutschland Holding AG tätig.

Nach dem Studium der Wirtschaftswissenschaften und der Psychologie begann Zeckra seine Laufbahn im Personal- und Unternehmensentwicklungsbereich bei Boehringer Ingelheim. Es folgtenFührungsaufgaben bei E.ON Ruhrgas und in der BMW Group, in der er zuletzt als General Manager die Managemententwicklung, die Bildungsarbeit und das Change Management verantwortete.Mit dem Programm „Human Resources 2015" richtete Zeckra den personalpolitischen Fokus für die Generali Deutschland Gruppe auf die Bewältigung der demografischen Herausforderung. Diese Aufgabe führt er als Gesamtverantwortlicher des Generali Zukunftsfonds mit verändertem Vorzeichen fort: Der Zukunftsfonds unterstützt und moderiert gemeinsam mit Ministerien auf Bundes- und Landesebene, mit anderen Stiftungen und zivilgesellschaftlichen Initiativen die Bewältigung der Folgen des soziodemografischen Wandels in unserer Gesellschaft. Mit der Herausgabe der Generali Altersstudie 2013 konnte der Zukunftsfonds einen wichtigen Beitrag zur differenzierten Diskussion des Altersbildes in unserer Gesellschaft leisten.

Christoph Zeckra nimmt eine Reihe von Vorstands-und Aufsichtsratsmandaten wahr, engagiert sich in Kuratorien und Beiräten und ist ehrenamtlich im LIONS-Club Essen aktiv. Seine französische Ehefrau prägt und fördert seine Frankophilie.

# Employee Volunteering und Organizational Citizenship Behavior

Erkenntnisse eines Quasiexperiments

Stefan Michels

## 1  Employee Volunteering und Organizational Citizenship Behavior

Der nachfolgende Abschnitt fungiert als Einführung in die vorliegende Arbeit. Zunächst wird in komprimierter Form Bezug auf die zentralen Charakteristika und die verschiedenen Facetten des Employee Volunteering genommen. Im weiteren Verlauf werden die Potenziale der zuvor genannten Aktivitäten dargelegt. Parallel dazu wird die dieser Arbeit zugrunde liegende Forschungsfrage abgeleitet. Anschließend werden die Merkmale und verschiedenen Dimensionen des Organizational Citizenship Behavior vorgestellt. Im letzten Teil des Abschnitts werden Untersuchungshypothesen formuliert, die sich auf die Wirkung der punktuellen ehrenamtlichen Tätigkeit auf die einzelnen Formen des Organizational Citizenship Behavior beziehen.

## 2  Employee Volunteering

Sowohl auf nationaler als auch auf internationaler Ebene kann eine zunehmende Tendenz zum gesellschaftlichen Engagement von Unternehmen festgestellt werden. Konzeptualisiert wird dieses Phänomen unter den Begriffen Corporate Citizenship, Corporate Social Responsibility, Corporate Social Performance, Corporate Ethics oder Corporate Philantropy (Wartick und Cochran 1985; Carroll 1998; Matten und Crane 2005; Merz et al. 2010). Nicht selten wird das Unternehmensleitbild als „*good corporate citizen*" durch Engagementformen wie Corporate Giving, Cause-related-Marketing, Corporate Foundations

---

S. Michels (✉)
Kastanienallee 40b, 42489 Wülfrath, Deutschland
E-Mail: dr.stefan.michels@gmail.com

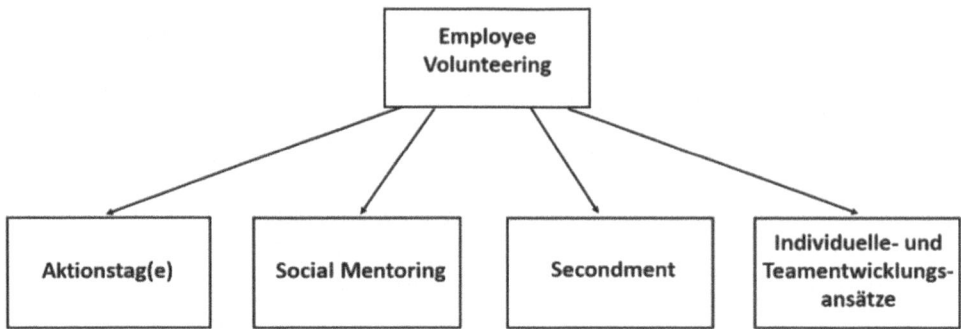

**Abb. 1** Formen des Employee Volunteering in Anlehnung an Mutz (2008)

oder Employee Volunteering zum Ausdruck gebracht (Mecking 2008; Lang und Dresewski 2010; Egbringhoff und Mutz 2010). Die erstgenannten Aktivitäten sind dadurch gekennzeichnet, dass einer Non-Profit-Organisation (NPO) Finanz- und/oder Sachmittel zur Verfügung gestellt werden, wohingegen im Rahmen des Employee Volunteering unternehmensspezifische Personalressourcen und Kompetenzen für gesellschaftliche Belange und Projekte zur Verfügung gestellt werden (Tschirhart 2005, S. 14). Bei dieser Form des Corporate Citizenship sind die Organisationsmitglieder aktiv in die sozialen Projekte eingebunden und engagieren sich im Rahmen ihrer Arbeitszeit ehrenamtlich (Wild 1993, S. 4; De Gilder et al. 2005, S. 144). Employee Volunteering Programme können hinsichtlich der zeitlichen Ausrichtung, der Intensität und der Anzahl der involvierten Organisationsmitglieder variieren (Mutz 2008, S. 241). Während sich einige Unternehmen im Rahmen von Aktionstagen engagieren und bspw. Seniorenheime renovieren, initiieren andere Organisationen sogenannte Social-mentoring-Programme. Hier fungieren einzelne Mitarbeiter kontinuierlich als externe Berater und bringen ihre berufs- und/oder generationsgebundenen Erfahrungen im Rahmen eines exakt definierten Stundenkontingents in NPO ein. Weitere Formen des Employee Volunteering stellen Secondments und Teamentwicklungsansätze dar. Hier werden einzelne Mitarbeiter oder Teams für einen befristeten Zeitraum an eine NPO „entliehen" (Wehner et al. 2007, S. 337 f.; Siegmund 2010, S. 63). Die nachfolgende Abbildung illustriert die Facetten des Employee Volunteering (Abb. 1).

Wenngleich die Facetten des Corporate Citizenship insb. im angelsächsischen Raum verbreitet ist, kann hierzulande eine zunehmende Tendenz zu Employee-volunteering-Projekten beobachtet werden (Schubert et al. 2002; Herzig 2004). Auf der einen Seite existieren fundierte wissenschaftliche Erkenntnisse über das ehrenamtliche Engagement von Individuen. In den vergangenen Jahren wurden die zuvor genannten Aktivitäten detailliert aus (sozial-)psychologischer und soziologischer Perspektive betrachtet. Auf der anderen Seite gilt Employee Volunteering als ein wenig erschlossenes Forschungsfeld (Steel 1995; Benjamin 2001; Peterson 2004a; De Gilder et al. 2005; Vian et al. 2007; Bussell und Forbes 2008). Hinzu kommt, dass die vereinzelten wirtschaftswissenschaftlichen Beiträge in erster Linie auf Fallstudien und Anekdoten basieren (Peterson 2004a, S. 626; Grant 2011, S. 45).

Da Employee Volunteering allen beteiligten Akteuren, d. h. NPO, Unternehmen und Individuen, einen Nutzen verschaffen kann, wird in der Literatur häufig die Metapher eines Win-win-win-Szenarios aufgeführt (Phillips 2000; Lovell 2005; Peloza und Hassay 2006). So können NPO im Rahmen der zuvor genannten Aktivitäten ihre Wettbewerbsfähigkeit steigern (Benjamin 2001, S. 19 f.), Spendengelder generieren (Cavallaro 2008, S. 68) und ihrer chronischen Personalknappheit entgegenwirken (Littmann-Wernli 2002, S. 48). Gleichzeitig besteht weitestgehend Konsens darüber, dass sich Employee Volunteering positiv auf die Wahrnehmungen der Stakeholder auswirkt und zur Generierung organisationaler Legitimität (Fisher und Ackerman 1998; Lee und Higgins 2001), zur Verbesserung des Corporate Image (Benjamin 2001; 2005; Bussell und Forbes 2008; Basil et al. 2009) und zur Steigerung der Reputation (Peloza und Hassay 2006; Houghton et al. 2009) beiträgt. Zudem kann nicht ausgeschlossen werden, dass sich die ehrenamtliche Tätigkeit positiv auf die beteiligten Individuen auswirkt. Einige Autoren argumentieren, dass sich die Teilnahme an einem Employee-volunteering-Programm positiv auf jobbezogene und jobübergreifende Kompetenzen, wie z. B. Empathie, Teamfähigkeit oder Flexibilität, auswirkt (Tuffrey 1995; Quirke 1999; Geroy et al. 2000; Carrison 2010). Darüber hinaus wird eine Erhöhung der Arbeitszufriedenheit (Hess et al. 2002; Peterson 2004a; De Gilder et al. 2005), Identifikation (Habisch 2006; Laverie und McDonald 2007; Cavallaro 2008; Brenner 2010; Carrison 2010) oder Mitarbeiterbindung (Peterson 2004b) mit der ehrenamtlichen Tätigkeit in Verbindung gebracht. Houghton et al. (2009, S. 481 f.) verweisen darauf, dass sich die Teilnahme an einem Employee-volunteering-Programm positiv auf das Organizational Citizenship Behavior auswirken kann. Insgesamt bleibt festzuhalten, dass die zuvor beschriebenen Nutzenpotenziale bis dato weder auf konzeptioneller Ebene herausgearbeitet noch auf empirischer Ebene überprüft wurden (Booth et al. 2009, S. 244). In der vorliegenden Arbeit wird schwerpunktmäßig untersucht, inwieweit sich die Teilnahme an einem Aktionstag auf die verschiedenen Facetten des Organizational Citizenship Behavior auswirkt.

## 3 Organizational Citizenship Behavior

Oftmals wird die Theorie des sozialen Austausches (Blau 1964) herangezogen, um das Extrarollenverhalten einzelner Mitarbeiter zu erklären (Van Dyne et al. 1994, S. 771). Aus der Perspektive von Blau (1964) können Organisationen bei ihren Mitgliedern ein Gefühl der Dankbarkeit erzeugen, wenn sie positive Arbeits- und Rahmenbedingungen schaffen. Gelingt dies, so können Mitarbeiter ihre Dankbarkeit u. a. durch eine überdurchschnittliche Leistungsbereitschaft und ein Verhalten, das über die formalen Anforderungen hinausgeht, zum Ausdruck bringen (Van Dyne et al. 1994, S. 769 f.). In der Personal- und Organisationsforschung haben sich Begriffe, wie z. B. Prosocial Organizational Behavior (Brief und Motowidlo 1986), Contextual Performance (Borman und Motowidlo 1993), Organizational Spontaneity (George und Brief 1992) oder Organizational Citizenship Behavior (Bateman und Organ 1983; Organ 1988; Organ und Konovsky 1989; Graham

1991; Van Dyne et al. 1994; Organ und Ryan 1995), herauskristallisiert, um das Extrarollenverhalten von Individuen zu beschreiben.

In dieser Arbeit findet kontinuierlich der Begriff Organizational Citizenship Behavior (OCB) Anwendung. Dabei liegt dem Verhaltenskonstrukt das definitorische Verständnis von Organ (1988) zugrunde. Aus dessen Perspektive beschreibt OCB verschiedene individuelle Verhaltensweisen, die in der Summe einen wichtigen Beitrag zum organisationalen Erfolg leisten, obwohl sie weder durch ein formales Anreizsystem honoriert noch vertraglich festgelegt werden (Organ 1988, S. 4).

OCB stellt ein elementares Konstrukt der Personalforschung dar und setzt sich aus den Dimensionen Hilfsbereitschaft (*altruism*), Gewissenhaftigkeit (*compliance* bzw. *conscientiousness*), Eigeninitiative (*civic virtue*) und Unkompliziertheit (*sportsmanship*) zusammen (Organ 1988; Podsakoff et al. 1990; Podsakoff et al. 2000; Staufenbiel und Hartz 2000). Während die Dimensionen Hilfsbereitschaft und Unkompliziertheit ein prosoziales Verhalten gegenüber anderen Organisationsmitgliedern widerspiegeln und als OCBI (Organizational Citizenship Behavior gegenüber anderen Individuen) bezeichnet werden, richten sich die Facetten Eigeninitiative und Gewissenhaftigkeit an die Organisation. Diese Form des Extrarollenverhaltens wird als OCBO (Organizational Citizenship Behavior gegenüber der Organisation) umschrieben (Organ und Konovsky 1989, S. 160 f.).

Altruistische Verhaltensweisen, wie z. B. die Unterstützung von Kollegen bei der Bewältigung arbeitsbezogener Probleme, spiegeln die OCB-Dimension Hilfsbereitschaft wider (Organ 1988, S. 47). Die Gewissenhaftigkeit kommt wiederum durch die individuelle Bereitschaft, Arbeitsanweisungen und Vorschriften mit besonderer Sorgfalt einzuhalten, zum Ausdruck (Organ 1988, S. 51). Im Gegensatz dazu ist die OCB-Dimension Eigeninitiative durch ein hohes Maß an Proaktivität gekennzeichnet. Bei dieser Form des OCB weisen Individuen ein hohes persönliches Interesse an der Organisation auf und nehmen aktiv an den Entscheidungsprozessen teil. Ist die Eigeninitiative hoch ausgeprägt, so werden Arbeitsaufgaben innovativ bewältigt (Podsakoff et al. 2000, S. 523). Die OCB-Dimension Unkompliziertheit kommt u. a. durch eine offene Haltung des Individuums gegenüber organisationalem Wandel zum Ausdruck (Borman und Motowidlo 1993, S. 79). Zudem tendieren Organisationsmitglieder mit einer hohen Ausprägung der letztgenannten OCB-Dimension dazu, temporäre Mehrbelastungen klaglos zu akzeptieren. Im Folgenden wird herausgearbeitet, inwieweit sich die Teilnahme an einem Aktionstag auf die zuvor beschriebenen Facetten des OCB auswirkt. Aus der nachfolgenden Grafik gehen die zuvor genannten Dimensionen des OCB hervor(Abb. 2).

### 3.1 Hypothesen

Aus den bisherigen Ausführungen geht hervor, dass die Konstrukte EV und OCB eine hohe strukturelle Ähnlichkeit aufweisen (Penner et al. 1997, S. 111; Finkelstein 2009,

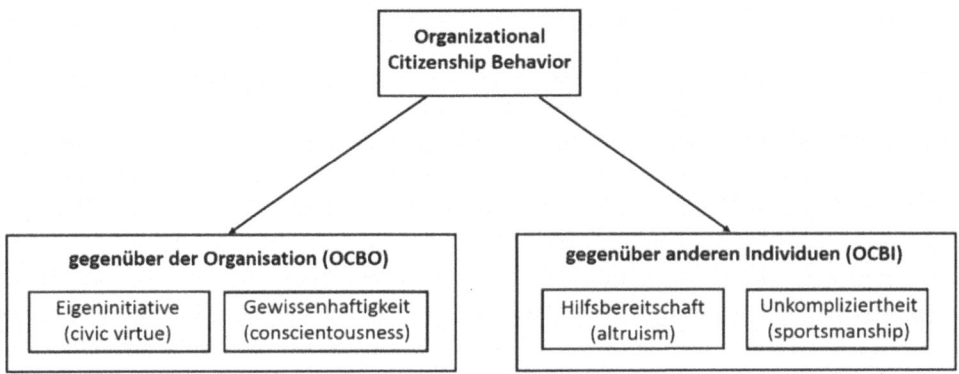

**Abb. 2** OCB in Anlehnung an Organ und Konovsky (1989)

S. 653). Zum einen gehen die beiden genannten Verhaltensweisen über die formalen Anforderungen, die an ein Individuum gerichtet werden, hinaus (Bolino 2003, S. 60). Zum anderen sind sowohl die ehrenamtliche Tätigkeit als auch das OCB darauf ausgerichtet, anderen Individuen einen Nutzen zu verschaffen (Grant 2011, S. 9). Zudem bleibt festzuhalten, dass die zuvor genannten Aktivitäten auf dem Prinzip der Freiwilligkeit basieren (Wehner et al. 2007, S. 339). Vor dem Hintergrund der zuvor aufgeführten Gemeinsamkeiten werden die Auswirkungen des EV auf das OCB betrachtet. Zunächst wird herausgearbeitet, inwieweit sich die ehrenamtliche Tätigkeit auf die OCB-Dimension Hilfsbereitschaft auswirkt.

Die Studie von Geroy et al. (2000, S. 284) zeigt, dass Mitarbeiter, die an EV-Programmen teilnehmen, im Anschluss an das Engagement eine besondere Dankbarkeit gegenüber der initiierenden Organisation empfinden. Diese Dankbarkeit kann u. a. darauf zurückgeführt werden, dass durch ehrenamtliches Engagement verschiedene individuelle Bedürfnisse angesprochen werden (Clary et al. 1994, 1996; Clary und Snyder 1999). Somit kann nicht ausgeschlossen werden, dass die Mitarbeiter im Anschluss an das Engagement ausgleichend und motivierend auf andere Organisationsmitglieder wirken und ihre Kollegen aktiv bei der Bewältigung ihrer Aufgaben unterstützen. Gleichzeitig könnte sich bei den Beschäftigten, die sich aktiv im Rahmen des Aktionstages engagieren, der explizite Wunsch entfalten, der Organisation „etwas zurückzugeben" (Carrison 2010, S. 6). Die ehrenamtlichen Helfer könnten diesem Reziprozitätsgedanken Rechnung tragen, indem sie ihren Kollegen und Vorgesetzten ein erhöhtes Maß an Altruismus entgegenbringen. In der Regel wird den ehrenamtlichen Helfern im Rahmen des Engagements ein hohes Maß an Ansehen und Wertschätzung entgegengebracht. Diese positive Resonanz könnte die ehrenamtlichen Helfer in ihrem (Altruismus-)Verhalten stärken und sich auf den organisationalen Kontext übertragen. Die zuvor beschriebenen Punkte deuten auf folgenden Zusammenhang hin:

H 1: Wenn sich Mitarbeiter im Rahmen eines Aktionstages engagieren, dann wirkt sich dies positiv auf die OCB-Dimension Hilfsbereitschaft aus.

Aktionstage sind durch ein hohes Maß an sozialer Interaktion gekennzeichnet (Littmann-Wernli 2002, S. 76; Muthuri et al. 2009, S. 83). Nicht selten kooperieren Mitarbeiter verschiedener Abteilungen und Hierarchieebenen miteinander. Gleichzeitig kann diese Form des Employee Volunteering als Teambildungsmaßnahme eingesetzt werden, um Disharmonien oder Kommunikationsschwierigkeiten entgegenzuwirken (Millie und Jacobsen 2002, S. 3; Peloza und Hassay 2006, S. 372; Muthuri et al. 2009, S. 82). Im Rahmen eines Aktionstages wird Mitarbeitern die Gelegenheit geboten, die Abläufe und Strukturen einer NPO kennenzulernen und Erfahrungen in Bezug auf prosoziales Verhalten zu sammeln (Wehner et al. 2007, S. 345). Während bzw. im Anschluss an das Engagement können die ehrenamtlichen Helfer Vergleiche zwischen dem Unternehmen und der gemeinnützigen Einrichtung ziehen. Der Großteil der NPO ist semiprofessionell organisiert, sodass ein kontinuierlicher Bedarf an fachlicher Expertise und finanziellen Mitteln existiert (Bürgisser 2003, S. 17; Cuskelly et al. 2006, S. 141 f.; Vian et al. 2007, S. 7). Werden Mitarbeiter mit diesen Herausforderungen konfrontiert, könnten sie ihre Organisation im Anschluss an das Engagement weniger kritisch sehen und seltener Vorbehalte äußern. Oftmals sind Personen, die auf die Hilfe von NPO angewiesen sind, existenziellen Problemen ausgesetzt. Die aus der direkten Interaktion mit den Rezipienten hervorgehenden Erfahrungen könnten dazu beitragen, dass sich die Beschwerden, die geäußerte Kritik oder der Widerstand gegen organisationalen Wandel im Anschluss an die ehrenamtliche Tätigkeit verringern. Aus diesem Grunde wird folgende Hypothese formuliert:

> H 2: Wenn sich Mitarbeiter im Rahmen eines Aktionstages engagieren, dann wirkt sich dies positiv auf die OCB-Dimension Unkompliziertheit aus.

Aktionstage stellen eine episodische Form des EV dar, bei der selten stabile Strukturen etabliert werden (Mutz 2008, S. 241 f.). Nichtsdestotrotz stellt die ehrenamtliche Tätigkeit Potenziale in Bezug auf die am Arbeitsplatz demonstrierte Eigeninitiative bereit. Dies ist in erster Linie darauf zurückzuführen, dass Organisationsmitgliedern, die sich im Rahmen des Employee Volunteering engagieren, vonseiten der NPO und/oder der Rezipienten ein hohes Maß an Wertschätzung entgegengebracht wird (Hirsch und Horowitz 2006, S. 54; Grant 2011, S. 19). Die positive Resonanz und die Anerkennung der ehrenamtlichen Tätigkeit könnten sich in Form einer erhöhten Eigeninitiative auf den organisationalen Kontext übertragen (Booth et al. 2009, S. 233; Brenner 2010, S. 34). Pajo und Lee (2011, S. 471) verweisen darauf, dass sich das Feedback der Rezipienten positiv auf das Selbstbewusstsein, die Selbstständigkeit und das Verantwortungsbewusstsein der Mitarbeiter auswirken kann. Gleichzeitig geht aus der Studie von Hirsch und Horowitz (2006, S. 54 f.) hervor, dass sich ehrenamtliche Helfer in besonderem Maße über die aktuellen Entwicklungen im Unternehmen informieren und zunehmend Verbesserungsvorschläge äußern (Hirsch und Horowitz 2006, S. 54). Vor diesem Hintergrund wird folgende Hypothese formuliert:

> H 3: Wenn sich Mitarbeiter im Rahmen eines Aktionstages engagieren, dann wirkt sich dies positiv auf die OCB-Dimension Eigeninitiative aus.

Die bisherigen Ausführungen lassen darauf schließen, dass die Teilnahme an einem Aktionstag zu Veränderungen der Hilfsbereitschaft, Unkompliziertheit und Eigeninitiative führen kann. Organ (1988) identifiziert mit der Gewissenhaftigkeit eine weitere Facette des OCB. Insgesamt deutet wenig darauf hin, dass sich die punktuelle ehrenamtliche Tätigkeit in einem statistisch relevanten Maße auf die Einhaltung von Vorschriften, die individuellen Fehlzeiten oder die Pünktlichkeit auswirkt.

## 4 Methodik

Im Folgenden werden die Rahmenbedingungen der empirischen Studie beschrieben. Hierbei wird ein besonderes Augenmerk auf den Kooperationspartner und dessen EV-Initiative gerichtet. Nach der Erläuterung der methodischen Vorgehensweise wird Bezug auf die Struktur und die Skalen des Fragebogens genommen. Im letzten Teil des Abschnitts wird das dieser Arbeit zugrunde liegende statistische Analyseverfahren beschrieben.

### 4.1 Kooperationspartner

Mit der Commerzbank AG konnte ein führendes deutsches Kreditinstitut für die quasi-experimentelle Studie gewonnen werden. Die Corporate-citizenship-Aktivitäten der Bank kommen u. a. in Form von Unternehmensspenden, Sponsoringaktivitäten oder der hauseigenen Commerzbank-Stiftung zum Ausdruck. Darüber hinaus engagiert sich die Commerzbank seit Jahren in zahlreichen Projekten und Initiativen – insbesondere in den Bereichen Bildung und Sport – für die Gesellschaft. Seit einigen Jahren fördert der DAX-Konzern die ehrenamtliche Tätigkeit der Bankangestellten und initiiert eigene EV-Programme. Initiativen wie der Malteser Social Day[1] oder das Commerzbank-Bildungspatenprogramm[2] finden aufseiten der Belegschaft und der beteiligten NPO großen Zuspruch. Da der Malteser Social Day für die dieser Arbeit zugrunde liegende Fragestellung von besonderer Relevanz ist, wird die Initiative im Folgenden detailliert beschrieben.

Im Jahr 2012 wurde erstmalig der Malteser Social Day ins Leben gerufen, um dem zunehmenden Mitarbeiter- und Führungskräfteinteresse an EV-Projekten Rechnung zu tragen. Der Aktionstag wurde in Kooperation mit einer gemeinnützigen Einrichtung, die über langjährige Erfahrungen in der Planung von ehrenamtlichen Aktivitäten verfügt, an 17 verschiedenen Standorten in ganz Deutschland durchgeführt. Die 500 Bankangestellten, die sich im Rahmen des Social Day engagierten, konnten zwischen den Engagementformen „Renovieren und Gestalten", „Klientenbetreuung", „Außen- bzw. Gartenarbeit" sowie „Schulung und Beratung" wählen. Extern wurde der Social Day via Printmedien

---

[1] https://www.commerzbank.de/de/nachhaltigkeit/mitarbeiter/mitarbeiterengagement/malteser_social_day/malteser_social_day.html.

[2] https://bildungspate.commerzbank.de.

und Social Media im Internet kommuniziert. Organisationsinterne Kommunikationskanäle stellten das Intranet und die unternehmenseigene Mitarbeiterzeitschrift dar. Einer internen Befragung zufolge fühlten sich die Angestellten von ihrem Arbeitgeber und der NPO gut vorbereitet und betreut. Darüber hinaus berichteten die ehrenamtlichen Helfer, dass sie einen interessanten Einblick in andere Lebenswelten gewinnen konnten. Aufgrund der positiven Resonanz aller beteiligten Akteure wurde im September 2013 ein weiterer Social Day initiiert. Die Anmeldefrist für den Aktionstag, der erneut in Kooperation mit einer NPO geplant und realisiert wurde, umfasste den Zeitraum von März bis Mai 2013. Über das hauseigene Intranet und die Führungskräfte konnten sich Angestellte über das 500 Teilnehmerplätze umfassende EV-Projekt informieren. Im Zuge der Anmeldung und der damit verbundenen Vergabe der Plätze konnten die Themen- und Projektpräferenzen der Mitarbeiter berücksichtigt werden.

Vonseiten der Commerzbank AG werden mit der Initiative verschiedene Potenziale in Verbindung gebracht. Aus der Perspektive von Birgit Neff, Projektleiterin und Spezialistin im Bereich Corporate Citizenship, stellen sich diese wie folgt dar: „Das persönliche Engagement unserer Mitarbeiter treibt einerseits die gesellschaftliche Entwicklung voran und verbessert die Lebensbedingungen von Benachteiligten. Unabhängig davon lernen sich die Mitarbeiter aber auch selbst besser kennen und können ihre Fähigkeiten, die im normalen Arbeitsalltag nicht erforderlich sind, einbringen. Das Engagement eröffnet neue Perspektiven und lässt die Kollegen über den Tellerrand schauen. Dadurch verstehen sie vielleicht manchen ihrer Kunden am Bankschalter besser. Die Teilnehmer werden häufig sogar in doppelter Weise motiviert – für den eigenen Job und für ein weiterführendes Engagement in ihrer Freizeit."

Martin Fischedick, HR-Bereichsvorstand der Commerzbank AG, ergänzt: „Employee Volunteering ist fester Bestandteil unseres gesellschaftlichen Engagements und erfüllt aus Personalsicht gleich mehrere Funktionen: Zum einen werden wir der zunehmenden Erwartung unserer Mitarbeiter gerecht, die sich auch im Unternehmen ehrenamtlich engagieren möchten. Zum anderen nehmen wir als Konzern mit der Teilnahme an Aktionstagen wie dem Malteser Social Day sowie mit bankeigenen Social-mentoring-Programmen unsere Verantwortung für die Gesellschaft wahr. Beide Formen des Mitarbeiterengagements haben positive Auswirkungen, die in den Arbeitsalltag unserer teilnehmenden Mitarbeiter einfließen: Sie fördern die soziale Kompetenz, stärken den Teamgeist, intensivieren die Mitarbeiterbindung sowie die Identifikation mit dem Unternehmen und seinen Zielen und tragen generell zu Motivation und Zufriedenheit am Arbeitsplatz bei. Neben der Unterstützung des Gemeinwohls wirkt Employee Volunteering nach innen und nach außen."

Die Wirkung des Malteser Social Day auf die verschiedenen Facetten des OCB wird im Rahmen einer quasiexperimentellen Studie untersucht. Im nächsten Abschnitt werden die zentralen Charakteristika eines quasiexperimentellen Versuchsaufbaus dargelegt.

## 4.2 Quasiexperiment

Mithilfe von Quasiexperimenten können unter realen Bedingungen fundierte Aussagen über die kausalen Zusammenhänge von Variablen getroffen werden (Mark und Reichardt 2009, S. 182). Dabei wird das Hauptaugenmerk darauf gerichtet, inwieweit sich eine bzw. mehrere unabhängige Variablen auf eine oder mehrere abhängige Variablen auswirken (Campbell 1975, S. 179). Vor diesem Hintergrund scheint die zuvor genannte Methodik in besonderem Maße geeignet, um betriebswirtschaftliche Phänomene, wie z. B. die Wirkung des EV auf das OCB, zu erfassen.

In der Fachliteratur werden mit dem Pretest-posttest-Design, dem Non-equivalent-Design, dem Pretest-posttest-non-equivalent-Design, dem Interrupted-times-series-Design und dem Regression-Diskontinuität-Design verschiedene Typen des Quasiexperiments aufgeführt (Campbell und Stanley 1966; Campbell 1975; Cook und Campbell 1979; Rosenbaum und Rubin 1983; Rosenbaum 1984; Mark und Reichardt 2009; Reichardt 2009). Um die Wirkungen der unabhängigen Variablen, d. h. der ehrenamtlichen Tätigkeit, auf die abhängigen Variablen, d. h. die OCB-Dimensionen Hilfsbereitschaft, Unkompliziertheit, Eigeninitiative und Gewissenhaftigkeit, adäquat zu erfassen, findet in dieser Arbeit das Pretest-posttest-non-equivalent-Design Anwendung. Mithilfe der zuvor aufgeführten Variante des Quasiexperiments lässt sich die OCB-Ausprägung vor der Teilnahme an dem Aktionstag mit der Ausprägung nach der ehrenamtlichen Tätigkeit vergleichen. Darüber hinaus können die ehrenamtlichen Helfer im Hinblick auf das OCB mit den Bankangestellten verglichen werden, die sich nicht im Rahmen der EV-Initiative engagieren.

In der Fachliteratur werden verschiedene Störgrößen aufgeführt, denen bei der Konzeption des Quasiexperiments entgegengewirkt werden sollte (Grant und Wall 2009, S. 653 f.). Ein Selektionsrisiko (*selection*) besteht, wenn die Variablenausprägungen der Versuchs- und der Kontrollgruppe lediglich einmal gemessen werden. So kann bspw. nicht ausgeschlossen werden, dass eine unterschiedliche OCB-Ausprägung in den beiden Gruppen auf einen generellen Unterschied zwischen ehrenamtlichen Helfern und den übrigen Bankangestellten basiert. Die zuvor genannte Störgröße kann durch die Anordnung weiterer Messzeitpunkte verringert werden (Grant und Wall 2009, S. 659). Zudem kann der Einfluss von Ereignissen, die nicht in Verbindung mit der Teilnahme an dem Aktionstag stehen (*history*), durch eine dreistufige Befragung weitestgehend kontrolliert werden. Wenngleich mehrstufige Befragungen verschiedene Potenziale bereitstellen, wird aus zwei Gründen auf die Anordnung weiterer Messzeitpunkte verzichtet. Studien im Longitudinaldesign können zum einen zu einer sukzessiven Verringerung der Stichprobe führen (*attrition*). Zum anderen besteht das Risiko, dass die Probandenerfahrungen mit dem Messinstrument steigen (*maturation*) und die Befragten dazu tendieren, ihr Antwortverhalten den vorherigen Befragungsrunden anzupassen. Insgesamt bleibt festzuhalten, dass den zuvor beschriebenen Störgrößen durch eine Versuchsanordnung im Pretest-posttest-non-equivalent-Design mit drei verschiedenen Messzeitpunkten weitestgehend entgegengewirkt werden kann. Die nachfolgende Grafik illustriert den quasiexperimentellen Versuchsaufbau (Abb. 3).

*Pretest-Posttest-Non-Equivalent-Design*

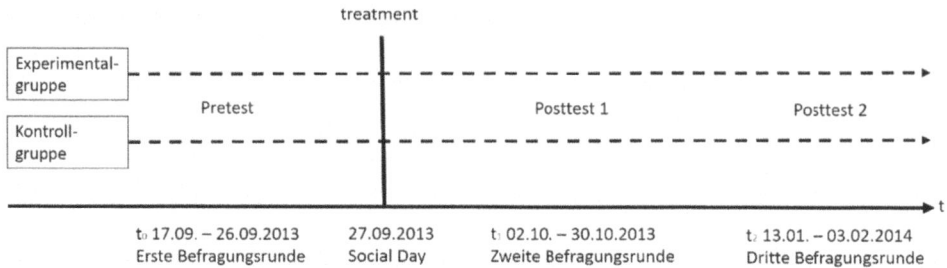

**Abb. 3** Quasiexperimenteller Versuchsaufbau

## 4.3 Fragebogen

Die dreistufige Untersuchung wird in Form einer passwortgeschützten Onlinebefragung auf dem Internetportal www.soscisurvey.de realisiert. Neben demografischen Aspekten wie Alter, Geschlecht und Bildungsgrad werden im Zuge der Befragung unternehmensspezifische Variablen wie die Organisationszugehörigkeit erfasst. Das OCB wird in der quasiexperimentellen Studie mithilfe der validierten deutschsprachigen Skala von Staufenbiel und Hartz (2000) gemessen. Diese orientiert sich an dem englischsprachigen Instrument von Organ (1988) und umfasst mit der Hilfsbereitschaft, der Gewissenhaftigkeit, der Unkompliziertheit und der Eigeninitiative vier Facetten des OCB. Aussagen wie: „Ich ergreife freiwillig die Initiative, neuen Kollegen/Kolleginnen bei der Einarbeitung zu helfen", spiegeln die Hilfsbereitschaft der Probanden wider. Die individuelle Gewissenhaftigkeit wird mit Items wie: „Ich informiere frühzeitig, wenn ich nicht zur Arbeit kommen kann", gemessen. Anhand von Items wie: „Ich ergreife die Initiative, um das Unternehmen vor möglichen Problemen zu bewahren" oder „Ich beteilige mich regelmäßig und aktiv an Versammlungen im Unternehmen", wird die Eigeninitiative erfasst, wohingegen die OCB-Dimension Unkompliziertheit mithilfe von Aussagen wie: „Ich äußere Vorbehalte gegenüber jeglichen Veränderungen im Unternehmen", gemessen wird. Um die Ausprägung des OCB differenziert abzubilden, wird eine siebenstufige Likert-Skala eingesetzt. Diese umfasst neben dem Feld „keine Angabe" die Abstufung 1 (trifft gar nicht zu), 2 (trifft nicht zu), 3 (trifft kaum zu), 4 (trifft teilweise zu), 5 (trifft eher zu), 6 (trifft zu) und 7 (trifft voll und ganz zu). Die Reliabilität der eingesetzten Skala wird mithilfe des Alphakoeffizienten nach Cronbach (1951, S. 297 f.) ermittelt. Der nachfolgenden Tabelle können die Alphakoeffizienten der eingesetzten Teilskalen entnommen werden (Tab. 1).

Während die Teilskalen „Eigeninitiative" und „Hilfsbereitschaft" mit Werten zwischen $\alpha=0{,}709$ und $\alpha=0{,}780$ bzw. $\alpha=0{,}711$ und $\alpha=0{,}839$ eine zufriedenstellende interne Konsistenz aufweisen, liegt der Alphakoeffizient der Teilskala „Unkompliziertheit" mit Werten zwischen $\alpha=0{,}617$ und $\alpha=0{,}657$ in einem akzeptablen Bereich (Nunnally und Bernstein 1994, S. 76 f.). Im Gegensatz dazu weist die Teilskala „Gewissenhaftigkeit"

**Tab. 1** Cronbachs Alpha der Teilskalen Organizational Citizenship Behavior

| | Alphakoeffizient Messzeitpunkt t 0 | Alphakoeffizient Messzeitpunkt t 1 | Alphakoeffizient Messzeitpunkt t 2 |
|---|---|---|---|
| Eigeninitiative | $\alpha = 0{,}709$ | $\alpha = 0{,}721$ | $\alpha = 0{,}780$ |
| Gewissenhaftigkeit | $\alpha = 0{,}420$ | $\alpha = 0{,}515$ | $\alpha = 0{,}465$ |
| Hilfsbereitschaft | $\alpha = 0{,}711$ | $\alpha = 0{,}839$ | $\alpha = 0{,}831$ |
| Unkompliziertheit | $\alpha = 0{,}617$ | $\alpha = 0{,}657$ | $\alpha = 0{,}636$ |

fragwürdige Werte zwischen $\alpha = 0{,}420$ und $\alpha = 0{,}515$ auf. Zwar ist die inhaltliche Interpretation der letztgenannten OCB-Dimension aufgrund der niedrigen Alphakoeffizienten mit Limitationen verbunden. Nichtsdestotrotz stammen die Items aus einer etablierten deutschsprachigen Skala, sodass die Ergebnisse in die Diskussion der empirischen Befunde einbezogen werden.

## 4.4 Statistische Analyse

Der Wirkungszusammenhang zwischen einer unabhängigen und einer abhängigen Variablen wird mithilfe einer Varianzanalyse (ANOVA) untersucht (Bortz und Döring 2006, S. 662 f.). In dieser Arbeit wird der Einfluss einer unabhängigen Variablen (Teilnahme an dem Aktionstag) auf mehrere abhängige Variablen (OCB-Dimensionen) betrachtet, sodass eine multivariate ANOVA Anwendung findet. Da lediglich eine unabhängige Variable in die statistische Analyse einbezogen wird, findet eine einfaktorielle ANOVA Anwendung. Zudem zielt der quasiexperimentelle Versuchsaufbau darauf ab, die Ausprägung der einzelnen OCB-Dimensionen zu drei verschiedenen Messzeitpunkten zu erfassen, sodass ein zentrales Kriterium für die ANOVA mit Messwiederholung erfüllt wird. Für die Durchführung des zuvor genannten Analyseverfahrens sollten folgende Bedingungen erfüllt sein: Intervallskalierung der abhängigen Variablen, Normalverteilung, Sphärizität der (Ko-)Varianzen und Balanciertheit (Bühner und Ziegler 2009, S. 457). Mit Ausnahme der Balanciertheit, d. h. einer ausgeglichenen Anzahl an Beobachtungen in beiden Gruppen, sind in der vorliegenden Arbeit alle Voraussetzungen für eine einfaktorielle multivariate ANOVA mit Messwiederholung gegeben.

## 5 Empirische Befunde

Im folgenden Teil werden die empirischen Befunde der quasiexperimentellen Studie vorgestellt. Zunächst wird Bezug auf demografische Charakteristika der Probanden genommen. Im Anschluss daran wird dargelegt, inwieweit die Kontrollvariablen und die abhängigen Variablen miteinander korrelieren. Der Abschnitt endet mit einer statistischen Überprüfung der Untersuchungshypothesen.

## 5.1 Demografische Aspekte

Aus der detaillierten Betrachtung der demografischen Daten geht hervor, dass sich die Stichprobengröße über die drei Befragungsrunden hinweg sukzessiv verringert und die Kontrollgruppe vergleichsweise unterrepräsentiert ist. Zu jedem Messzeitpunkt weist der Großteil der Probanden ein Alter zwischen 41 und 55 Jahren auf. Auffällig ist zudem, dass in der ersten, zweiten und dritten Befragungsrunde ein höherer Anteil an Frauen mitwirkt. Während der Großteil der Bankangestellten über die Allgemeine Hochschulreife (AHR) verfügt, belegen die Bildungsabschlüsse Hochschulabschluss (HA) und Fachoberschulreife (FOR) den zweiten und dritten Rang. Gleichzeitig sind die meisten Probanden zwischen 9 und 24 Jahren in dem Kreditinstitut beschäftigt. Schließlich bleibt festzuhalten, dass sich die zuvor beschriebenen Tendenzen sowohl in der Versuchs- als auch in der Kontrollgruppe feststellen lassen. Die nachfolgende Tabelle trägt die demografischen Daten zusammen (Tab. 2).

## 5.2 Korrelationen

Wenngleich aus der Korrelationsanalyse keine Erkenntnisse in Bezug auf den Wirkungszusammenhang der betrachteten Variablen hervorgehen, können mithilfe der zuvor genannten Analysemethode Aussagen über die Beziehungen von metrisch skalierten Variablen getroffen werden (Bühl 2008, S. 346 f.). Die Werte dokumentieren, dass die verschiedenen Dimensionen des OCB allesamt miteinander korrelieren. Zum einen korreliert die Hilfsbereitschaft in einem signifikanten Maße mit der Eigeninitiative ($r=0{,}561$), der Unkompliziertheit ($r=0{,}203$) und der Gewissenhaftigkeit ($r=0{,}503$). Zum anderen kann ein signifikanter Zusammenhang zwischen der Eigeninitiative und der Unkompliziertheit ($r=0{,}225$) bzw. der Gewissenhaftigkeit ($r=0{,}503$) festgestellt werden. Zwischen den beiden letztgenannten Formen des OCB existiert ebenfalls ein signifikanter Zusammenhang ($r=0{,}219$) (Tab. 3).

## 5.3 Hypothesentests

Hypothese 1 besagt, dass sich die Teilnahme an einem Aktionstag positiv auf das in der Organisation demonstrierte Altruismusverhalten auswirkt. Eine detaillierte Betrachtung des Interaktionseffektes ermöglicht Schlussfolgerungen in Bezug auf die zuvor genannte Hypothese. Im vorliegenden Fall liegt kein statistisch relevanter Interaktionseffekt ($p=0{,}807$; $\eta^2=0{,}00$) vor, sodass Hypothese 1 verworfen werden muss. Wenngleich die Social-day-Teilnehmer weder kurz noch mittelfristig eine erhöhte Hilfsbereitschaft demonstrieren, kann ein signifikanter Zwischensubjekteffekt ($p=0{,}001$; $\eta^2=0{,}09$) nachgewiesen werden. So ist das Altruismusverhalten über alle drei Messzeitpunkte hinweg bei den ehrenamtlichen Helfern höher ausgeprägt als bei den übrigen Mitarbeitern (Tab. 4).

**Tab. 2** Demografische Daten der Versuchsteilnehmer

| Variable | Ausprägung | Erste Befragungsrunde | | | Zweite Befragungsrunde | | | Dritte Befragungsrunde | | |
|---|---|---|---|---|---|---|---|---|---|---|
| | | Versuchs-gruppe | Kontroll-gruppe | Σ | Versuchs-gruppe | Kontroll-gruppe | Σ | Versuchs-gruppe | Kontroll-gruppe | Σ |
| n= | | 167 | 34 | 201 | 120 | 35 | 155 | 105 | 32 | 137 |
| Alter in Jahren | 18–25 | 7 | 1 | 8 | 3 | 1 | 4 | 1 | - | 1 |
| | 26–30 | 14 | 2 | 16 | 4 | 1 | 5 | 8 | 1 | 9 |
| | 31–35 | 13 | 8 | 21 | 6 | 7 | 13 | 8 | 2 | 10 |
| | 36–40 | 20 | 5 | 25 | 16 | 7 | 23 | 12 | 3 | 15 |
| | 41–45 | 36 | 5 | 41 | 23 | 7 | 30 | 23 | 8 | 31 |
| | 46–50 | 35 | 8 | 43 | 27 | 7 | 34 | 27 | 14 | 41 |
| | 51–55 | 35 | 3 | 38 | 27 | 3 | 30 | 21 | 3 | 24 |
| | 56–67 | 7 | 2 | 9 | 14 | 2 | 16 | 5 | 1 | 6 |
| Geschlecht | w | 92 | 16 | 108 | 68 | 17 | 85 | 53 | 21 | 74 |
| | m | 75 | 18 | 93 | 52 | 18 | 70 | 52 | 11 | 63 |
| Bildungs-grad | FOR | 41 | 9 | 50 | 28 | 7 | 35 | 29 | 7 | 36 |
| | FHR | 11 | 2 | 13 | 8 | 7 | 15 | 5 | 3 | 8 |
| | AHR | 69 | 11 | 80 | 47 | 11 | 58 | 37 | 12 | 49 |
| | HA | 43 | 10 | 53 | 36 | 8 | 44 | 33 | 9 | 42 |
| | andere | 3 | 2 | 5 | 1 | 2 | 3 | 1 | 1 | 2 |
| Mitglied-schaft in Jahren | 0–2 | 4 | 1 | 5 | 12 | 3 | 15 | 8 | 2 | 10 |
| | 3–8 | 17 | 5 | 22 | 28 | 8 | 36 | 31 | 8 | 39 |
| | 9–16 | 34 | 15 | 49 | 41 | 13 | 54 | 29 | 9 | 38 |
| | 17–24 | 62 | 9 | 71 | 38 | 19 | 48 | 34 | 13 | 47 |
| | >24 | 50 | 4 | 54 | 1 | 1 | 2 | 3 | - | 3 |

**Tab. 3** Korrelationsanalyse

| r | 1 | 2 | 3 | 4 | 5 | 6 | 7 | 8 | 9 |
|---|---|---|---|---|---|---|---|---|---|
| 1. Geschlecht | 1 | | | | | | | | |
| 2. Alter | 0,182** | 1 | | | | | | | |
| 3. Bildung | −0,053 | −0,087 | 1 | | | | | | |
| 4. Zugehörigkeit | 0,104* | 0,471** | −0,241** | 1 | | | | | |
| 5. Standort | 0,000 | −0,037 | −0,010 | −0,029 | 1 | | | | |
| 6. OCBH | −0,122** | 0,031 | 0,050 | 0,038 | 0,072 | α=0,782 | | | |
| 7. OCBU | 0,064 | 0,092* | −0,022 | 0,64 | −0,77 | 0,203** | α=0,631 | | |
| 8. OCBE | −0,008 | −0,006 | 0,049 | −0,063 | −0,005 | 0,561** | 0,225** | α=0,738 | |
| 9. OCBG | −0,121** | −0,031 | 0,047 | 0,001 | −0,093* | 0,467** | 0,219** | 0,503** | α=0,468 |

*$p<0,10$
*$p<0,05$
**$p<0,01$

**Tab. 4** Wirkungen des Aktionstages auf die OCB-Dimension Hilfsbereitschaft

| Deskriptive Statistik | | | | | | | | | Multivariate Analyse Mauchly-Sphärizitätstest: $p=.243$ | | | | | |
|---|---|---|---|---|---|---|---|---|---|---|---|---|---|---|
| Stich-probe | | Erster Zeitpunkt | | Zweiter Zeitpunkt | | Dritter Zeitpunkt | | | Innersubjekteffekt | | Zwischensubjekteffekt | | Interaktionseffekt | |
| | $n$ | M | SD | M | SD | M | SD | | $p$ | $\eta^2$ | $p$ | $\eta^2$ | $p$ | $\eta^2$ |
| Versuchs-gruppe | 97 | 5,52 | 0,77 | 5,40 | 0,82 | 5,60 | 0,83 | | 0,844 | 0,00 | 0,001** | 0,09 | 0,807 | 0,00 |
| Kontroll-gruppe | 30 | 5,15 | 0,69 | 5,22 | 0,53 | 5,19 | 0,63 | | | | | | | |
| Gesamt | 126 | 5,44 | 0,76 | 5,43 | 0,77 | 5,50 | 0,81 | | | | | | | |

+$p<0{,}10$
*$p<0{,}05$
**$p<0{,}01$

Die Annahme, dass sich die Teilnahme an einem Aktionstag positiv auf die von Individuen demonstrierte Unkompliziertheit auswirkt, ist Inhalt der Hypothese 2. Auf der einen Seite kann kein statistisch relevanter Interaktionseffekt ($p=0{,}797$; $\eta^2=0{,}00$) nachgewiesen werden, sodass die zuvor aufgeführte Hypothese verworfen werden muss. Auf der anderen Seite geht aus der multivariaten Analyse ein signifikanter Zwischensubjekteffekt ($p=0{,}000$; $\eta^2=0{,}15$) hervor. Die Werte verdeutlichen, dass Mitarbeiter, die sich im Rahmen eines Aktionstages engagieren, im Vergleich zu den übrigen Angestellten ein erhöhtes Maß an Unkompliziertheit demonstrieren (Tab. 5).

Hypothese 3 basiert auf der Annahme, dass sich die Teilnahme an einem Aktionstag positiv auf die im organisationalen Kontext demonstrierte Eigeninitiative auswirkt. Da aus den Daten der multivariaten Statistik ein leicht signifikanter Interaktionseffekt ($p=0{,}063$; $\eta^2=0{,}02$) hervorgeht, findet die zuvor genannte Hypothese Bestätigung. Darüber hinaus kristallisiert sich auch bei dieser Form des OCB ein statistisch relevanter Zwischensubjekteffekt ($p=0{,}000$; $\eta^2=0{,}18$) heraus. Offenbar demonstrieren Mitarbeiter, die sich im Rahmen eines Aktionstages engagieren, im organisationalen Kontext ein deutlich höheres Maß an Eigeninitiative als ihre übrigen Kolleginnen und Kollegen (Tab. 6).

Zusätzlich zu den bisher aufgeführten Facetten des OCB wird die Gewissenhaftigkeit der ehrenamtlichen Helfer betrachtet. Einerseits dokumentieren die Werte der multivariaten Statistik, dass sich die Teilnahme an einem Aktionstag nicht signifikant auf die individuelle Gewissenhaftigkeit auswirkt. Andererseits kann ein statistisch relevanter Unterschied zwischen den ehrenamtlichen Helfern und den übrigen Organisationsmitgliedern festgestellt werden. Analog zu den bisherigen Erkenntnissen ist die Gewissenhaftigkeit bei Mitarbeitern, die sich im Rahmen des Aktionstages ehrenamtlich engagieren, deutlich höher ausgeprägt ($p=0{,}000$; $\eta^2=0{,}24$) (Tab. 7).

## 5.4 Schlussfolgerungen

Der letzte Abschnitt dient nicht nur der Diskussion der empirischen Befunde. Vielmehr werden Limitationen, die mit der quasiexperimentellen Studie einhergehen, aufgeführt. Im Weiteren werden die zentralen Erkenntnisse der Untersuchung in Form eines Fazits zusammengetragen. Schließlich wird in komprimierter Form Bezug auf zukünftige Forschungsfelder und weiterführende Forschungsfragen genommen.

## 5.5 Diskussion

Aus der quasiexperimentellen Studie geht hervor, dass sich die Hilfsbereitschaft der Bankangestellten, die aktiv im Rahmen des Aktionstages engagierten, nicht veränderte. Daraus kann man schließen, dass die zuvor genannte OCB-Dimension nur geringen Dynamiken unterworfen ist und ein einzelner Tag keinen nachhaltigen Einfluss auf das Altruismusverhalten ausübt. Obwohl keine signifikante Veränderung der Hilfsbereitschaft nachgewiesen

**Tab. 5** Wirkungen des Aktionstages auf die OCB-Dimension Unkompliziertheit

| Deskriptive Statistik | | | | | | | | Multivariate Analyse | | | | | | |
| --- | --- | --- | --- | --- | --- | --- | --- | --- | --- | --- | --- | --- | --- | --- |
| | | | | | | | | Mauchly-Sphärizitätstest: $p=0{,}082$ | | | | | | |
| Stich-probe | | Erster Zeitpunkt | | Zweiter Zeitpunkt | | Dritter Zeitpunkt | | Innersubjekteffekt | | Zwischensubjekt-effekt | | Interaktionseffekt | |
| | $n$ | M | SD | M | SD | M | SD | $p$ | $\eta^2$ | $p$ | $\eta^2$ | $p$ | $\eta^2$ |
| Versuchsgruppe | 99 | 5,57 | 0,82 | 5,65 | 0,80 | 5,59 | 0,87 | 0,640 | 0,00 | 0,000** | 0,15 | 0,797 | 0,00 |
| Kontroll-gruppe | 30 | 5,17 | 0,78 | 5,18 | 0,82 | 5,03 | 0,76 | | | | | | |
| Gesamt | 126 | 5,48 | 0,83 | 5,54 | 0,82 | 5,45 | 0,87 | | | | | | |

+$p<0{,}10$
*$p<0{,}05$
**$p<0{,}01$

**Tab. 6** Wirkungen des Aktionstages auf die OCB-Dimension Eigeninitiative

| Deskriptive Statistik | | | | | | | | | Multivariate Analyse Mauchly-Sphärizitätstest: $p=0{,}912$ | | | | | | |
|---|---|---|---|---|---|---|---|---|---|---|---|---|---|---|---|
| Stich-probe | | Erster Zeitpunkt | | Zweiter Zeitpunkt | | Dritter Zeitpunkt | | | Innersubjekteffekt | | Zwischensubjekteffekt | | Interaktionseffekt | |
| | n | M | SD | M | SD | M | SD | | $p$ | $\eta^2$ | $p$ | $\eta^2$ | $p$ | $\eta^2$ |
| Versuchsgruppe | 97 | 5,34 | 0,90 | 5,36 | 0,87 | 5,51 | 0,87 | | 0,332 | 0,01 | 0,000** | 0,18 | 0,063+ | 0,02 |
| Kontroll-gruppe | 29 | 5,13 | 1,00 | 4,72 | 0,94 | 4,67 | 1,04 | | | | | | | |
| Gesamt | 126 | 5,29 | 0,93 | 5,21 | 0,92 | 5,31 | 0,97 | | | | | | | |

+$p<0{,}10$
*$p<0{,}05$
**$p<0{,}01$

**Tab. 7** Wirkungen des Aktionstages auf die OCB-Dimension Gewissenhaftigkeit

| Deskriptive Statistik | | | | | | | | Multivariate Analyse | | | | | | |
|---|---|---|---|---|---|---|---|---|---|---|---|---|---|---|
| | | | | | | | | Mauchly-Sphärizitätstest: p= .620 | | | | | | |
| Stich-probe | | Erster Zeitpunkt | | Zweiter Zeitpunkt | | Dritter Zeitpunkt | | Innersubjekteffekt | | Zwischensubjekt-effekt | | Interaktionseffekt | |
| | n | M | SD | M | SD | M | SD | p | $\eta^2$ | p | $\eta^2$ | p | $\eta^2$ |
| Versuchsgruppe | 98 | 5,94 | 0,75 | 5,95 | 0,86 | 6,02 | 0,72 | 0,240 | 0,01 | 0,000** | 0,24 | 0,226 | 0,01 |
| Kontroll-gruppe | 30 | 5,54 | 0,73 | 5,17 | 0,75 | 5,38 | 0,84 | | | | | | |
| Gesamt | 128 | 5,84 | 0,76 | 5,76 | 0,89 | 5,87 | 0,79 | | | | | | |

+ $p<0,10$
* $p<0,05$
** $p<0,01$

werden kann, zeigen die Untersuchungsergebnisse, dass die zuvor genannte Facette des OCB bei ehrenamtlichen Helfern höher ausgeprägt ist. Offenbar existiert eine hohe strukturelle Ähnlichkeit zwischen der Hilfsbereitschaft im organisationalen Kontext und dem Phänomen Volunteering (Bolino 2003; Grant 2011). Es kann nicht ausgeschlossen werden, dass in erster Linie jene Mitarbeiter an den EV-Projekten teilnehmen, die am Arbeitsplatz ein erhöhtes Maß an Hilfsbereitschaft demonstrieren. Zudem ist bekannt, dass durch die ehrenamtliche Tätigkeit das Altruismusmotiv angesprochen wird (Clary et al. 1994, 1996, Clary und Snyder 1999). Es besteht die Möglichkeit, dass dieses Motiv aufseiten der Social-day-Teilnehmer hoch ausgeprägt ist und sie infolgedessen aktiv an dem EV-Projekt mitwirken. Die bisherigen Ausführungen deuten auf eine reverse Kausalität hin.

Mit der Unkompliziertheit existiert eine weitere Facette des OCB, die für das Organisationsklima von nicht unerheblicher Relevanz ist. Diese kann u. a. durch eine offene Haltung gegenüber organisationalem Wandel oder die Inkaufnahme vorübergehender Mehrbelastung zum Ausdruck gebracht werden (Organ 1988). Die Ergebnisse des Quasiexperiments dokumentieren, dass sich Teilnahme an einem Aktionstag nicht in einem statistisch relevanten Maße auf die zuvor genannte OCB-Dimension auswirkt. Daraus kann man zum einen schließen, dass die Unkompliziertheit im Zeitverlauf stabil ausgeprägt ist. Zum anderen scheint die aufgeführte Form des OCB stärker als angenommen mit der Persönlichkeitsstruktur des Individuums verbunden zu sein (McCrae 1996, S. 323 f.). Obwohl eine statistisch relevante Veränderung der Unkompliziertheit ausbleibt, ist die zuvor genannte Dimension des OCB bei den ehrenamtlichen Helfern deutlich höher ausgeprägt, als bei den Organisationsmitgliedern, die sich nicht im Rahmen des EV engagieren. Dies lässt darauf schließen, dass Mitarbeiter, die sich im organisationalen Kontext besonders unkompliziert verhalten, innovativen Projekten wie dem Malteser Social Day offener gegenübertreten und infolgedessen eher an derartigen Programmen teilnehmen. Es ist wenig überraschend, dass unkomplizierte Mitarbeiter eine generelle Aufgeschlossenheit gegenüber Veränderungen und Innovation aufweisen (McCrae 1996, S. 325 f.; McCrae 2007, S. 5 f.).

Wenngleich die ehrenamtliche Tätigkeit keine Veränderung der OCB-Dimensionen Hilfsbereitschaft und Unkompliziertheit bewirkt, wird die in der Organisation demonstrierte Eigeninitiative durch die Teilnahme an dem Aktionstag beeinflusst. Es ist bekannt, dass sich Organisationsmitglieder an ihren Kollegen, Vorgesetzten oder Mitgliedern der Geschäftsleitung orientieren (Turban und Jones, 1988, S. 231). Die empirischen Befunde deuten darauf hin, dass sich der Enthusiasmus und die Initiative der Kolleginnen und Kollegen auf die ehrenamtlichen Helfer übertragen. Zudem scheinen die ehrenamtlichen Helfer zu erkennen, dass sie durch ihre Tätigkeit etwas bewirken können. Nicht selten sind EV-Projekte wie der Malteser Social Day mit einer konkreten Zielsetzung verbunden (Mutz 2008, S. 242 f.). Gleichzeitig kann nicht ausgeschlossen werden, dass Social-day-Teilnehmer mit proaktiven Verhaltensweisen positive Konsequenzen in Verbindung bringen und sie infolgedessen in der Organisation ein erhöhtes Maß an Eigeninitiative demonstrieren. Darüber hinaus zeigen die Werte der quasiexperimentellen Studie, dass die Eigeninitiative bei Mitarbeitern, die aktiv in die EV-Projekte eingebunden sind, deutlich höher ausgeprägt ist als bei den übrigen Bankangestellten. Offenbar weisen Individuen, die sich im organisationalen Kontext proaktiv verhalten, eine besondere Affinität zur ehrenamtlichen Tätigkeit auf. Sie scheinen den sozialen Projekten und Aktivitäten der Organisation ein erhöhtes Interesse entgegenzubringen. Dies lässt darauf schließen, dass eine hohe Ausprägung der OCB-Dimension Eigeninitiative die Teilnahme an einem Aktionstag bewirkt. Somit scheint sich die zuvor identifizierte reverse Kausalität auch bei dieser Form des OCB fortzusetzen.

Schließlich bleibt festzuhalten, dass sich die ehrenamtliche Tätigkeit nicht auf die in der Organisation demonstrierte Gewissenhaftigkeit auswirkt. Daraus kann man schließen, dass Tugenden wie Pünktlichkeit oder Zuverlässigkeit in erster Linie auf die Persönlichkeitsstruktur des Individuums zurückgeführt werden können. Nichtsdestotrotz ist die Gewissenhaftigkeit aufseiten der ehrenamtlichen Helfer stärker ausgeprägt als bei den übrigen Organisationsmitgliedern. Engagieren sich Mitarbeiter mit einer hohen Ausprägung der letztgenannten OCB-Dimension ehrenamtlich, um ihrer gewissenhaften Haltung gegenüber der Gesellschaft gerecht zu werden? Die Ergebnisse des Quasiexperiments deuten darauf hin. Außerdem scheinen gewissenhafte Organisationsmitglieder eine innere Verbindlichkeit zu verspüren, aktiv an den EV-Projekten teilzunehmen.

Birgit Neff deutet den Unterschied zwischen den beiden betrachteten Mitarbeitergruppen wie folgt: „Aus Gesprächen mit Teilnehmern weiß ich, dass all diese Attribute auch Antreiber sind, sich im Rahmen unserer EV-Programme freiwillig zu engagieren. Die Kollegen verfügen also sozusagen bereits über ein ausgeprägtes Maß an sozialer Kompetenz und Interesse für die Belange der Gesellschaft, weshalb sie ehrenamtliches Engagement als sinnstiftende Aufgabe empfinden. Sie sind sich bewusst, dass Volunteering der Gesellschaft und allen Beteiligten nutzt."

## 5.6 Limitationen

Zunächst ist kritisch anzumerken, dass die Ergebnisse der Befragung auf den Selbsteinschätzungen der Probanden basieren. Es wäre möglich gewesen, die organisationsrelevanten Verhaltensweisen durch die Befragung von Kollegen und/oder Vorgesetzten extern zu validieren. Von dieser Vorgehensweise wurde in dieser Arbeit abgesehen, um die Anonymität der Probanden zu gewährleisten und Verzerrungen im Sinne einer sozialen Erwünschtheit zu vermeiden. Grundsätzlich besteht bei einem experimentellen Versuchsaufbau die Gefahr, dass der Experimentator manipulativ auf die Probanden einwirkt. Obwohl die Probanden nicht mit der exakten Zielsetzung der empirischen Untersuchung vertraut waren, konnte eine passable Rücklaufquote erzielt werden. Gleichzeitig kann nicht ausgeschlossen werden, dass die Bankangestellten in der zweiten und dritten Befragungsrunde Erfahrungswerte mit den in dem Fragebogen eingesetzten Skalen aufweisen. Durch eine randomisierte Anordnung der Items wurde der zuvor genannten Störgröße entgegengewirkt. Auffällig ist zudem, dass die Kontrollgruppe in den drei Befragungsrunden unterrepräsentiert ist. Die Berücksichtigung der zuvor genannten Gruppe war vonseiten der

Commerzbank zunächst nicht gewünscht und wurde erst kurz vor Beginn der quasiexperimentellen Studie ermöglicht. Nichtsdestotrotz ist die generelle Berücksichtigung der Kontrollgruppe und der Teilstichprobenumfang von $n > 30$ positiv hervorzuheben. Schließlich bleibt festzuhalten, dass die Berücksichtigung einer Variablen, die den wahrgenommenen Erfolg des Aktionstages misst, für die Interpretation der empirischen Befunde von Bedeutung sein könnte. Die zuvor genannte Wahrnehmung könnte in zukünftigen Studien, die den Einfluss des EV auf die organisationsrelevanten Einstellungen, Wahrnehmungen und Verhaltensweisen untersuchen, als potenzielle Moderatorvariable einbezogen werden.

## 5.7 Fazit und Ausblick

Die Initiierung eines Aktionstages kann bewirken, dass die ehrenamtlichen Helfer im organisationalen Kontext ein erhöhtes Maß an Eigeninitiative demonstrieren und innovative Impulse liefern. Im Gegensatz dazu werden die anderen OCB-Dimensionen nicht durch die punktuelle ehrenamtliche Tätigkeit beeinflusst. Folglich sollte mit der zuvor genannten Form des EV keine überzogene Erwartungshaltung einhergehen. Vielmehr zeigen die empirischen Befunde, dass die Hilfsbereitschaft, Unkompliziertheit und Gewissenhaftigkeit der Organisationsmitglieder, die sich aktiv im Rahmen des Aktionstages engagieren, konstant ausgeprägt ist. Darüber hinaus geht aus der quasiexperimentellen Studie hervor, dass die ehrenamtlichen Helfer im organisationalen Kontext ein höheres Maß an Hilfsbereitschaft, Unkompliziertheit, Eigeninitiative und Gewissenhaftigkeit demonstrieren als die übrigen Bankangestellten. Eine hohe Ausprägung der zuvor genannten OCB-Dimensionen ist für ein positives Organisationsklima von elementarer Bedeutung (Lin et al. 2010, S. 359). In Zeiten hoher Mitarbeiterfluktuation sollten die organisationalen Aktivitäten darauf ausgerichtet sein, die ehrenamtlichen Helfer langfristig an das Unternehmen zu binden.

In der hier rezitierten Studie wurde nicht nur der Zusammenhang zwischen der ehrenamtlichen Tätigkeit und dem OCB betrachtet. Vielmehr wurde untersucht, inwieweit sich die Teilnahme an dem Aktionstag auf die intrinsische Motivation, Arbeitszufriedenheit, Mitarbeiterbindung und organisationale Identifikation der beteiligten Mitarbeiter auswirkt. Gleichzeitig wurde mit dem Commerzbank-Bildungspatenprogramm ein weiteres EV-Programm des Finanzdienstleistungsunternehmens wissenschaftlich begleitet. Detaillierte Informationen über die Wirkungen des EV können der Arbeit von Michels (2016) entnommen werden. Ergänzend dazu kristallisieren sich weitere zukünftige Forschungsfelder heraus. Peloza et al. (2009, S. 371) verweisen darauf, dass die aktive Einbindung der Belegschaft in soziale Projekte den Verbleib in der Organisation forciert. In zukünftigen Studien könnte untersucht werden, inwieweit sich die Teilnahme an einem EV-Programm auf die Wechselabsicht der ehrenamtlichen Helfer auswirkt. Zudem existieren mit dem Secondment und den Teamentwicklungsansätzen weitere Formen des EV, die Gegenstand zukünftiger Forschung sein könnten. Nicht selten wird darauf verwiesen, dass sich die beiden letztgenannten Facetten des EV im Rahmen der Personalentwicklung vollziehen.

Vor diesem Hintergrund könnte eine detaillierte Betrachtung des Kompetenzprofils der ehrenamtlichen Helfer von besonderem Interesse sein.

## Literatur

Basil DZ, Runte MS, Easwaramoorthy M, Barr C (2009) Company support for employee volunteering: a national survey of companies in Canada. J Bus Eth 85:387–398

Bateman T, Organ D (1983) Job satisfaction and the good soldier: the relationship between affect and employee citizenship. Acad Manag J 26(4):587–595

Benjamin, E. J. (2001). A Look Inside Corporate Employee Volunteer Programs. The International Journal of Volunteer Administration, 19(2), 16–32

Blau PM (1964) Exchange and power in social life. Wiley, New York

Brenner, B. (2010). Instituting Employee Volunteer Programs as a Part of Employee Benefit Plan Yields Tangible Business Benefits. Journal of Financial Service Professionals, 64(1), 32–35

Brief AP, Motowidlo SJ (1986) Prosocial organizational behaviors. Acad Manag Rev 11:710–725

Bolino, M. C. & Turnley, W. H. (2003). Going the Extra Mile: Cultivating and Managin Employee Citizenship Behaviors. Academy of Management Executive, 17(3), 60–73

Booth JE, Park KW, Glomb TM (2009) Employer-supported volunteering benefits: gift exchange among employers, employees and volunteer organizations. Hum Resour Manag 48(2):227–249

Bortz, J. & Döring, N. (2006). Forschungsmethoden und Evaluation für Human- und Sozialwissenschaftler (4. Aufl.). Berlin/Heidelberg: Springer Verlag

Borman WC, Motowidlo SJ (1993) Expanding the criterion domain to include elements of contextual performance. In: Schmitt N, Borman WC (Hrsg) Personnel selection in organizations. Jossey-Bass, San Francisco, S 71–98

Bühl, A. (2008). SPSS 16 – Einführung in die moderne Datenanalyse. München: Pearson

Bühner M, Ziegler M (2009) Statistik für Psychologen und Sozialwissenschaftler. Pearson Verlag, München

Bürgisser M (2003) Corporate Volunteering; Gemeinnütziges Engagement von Unternehmen und ihren Angestellten. KV Verlag, Zürich

Bussell H, Forbes D (2008) How UK universities engage with their local communities: a study of employer supported volunteering. Int J Nonprofit Volunt Sect Mark 13:363–378

Campbell DT (1975) Degrees of freedom and the case study. Comp Political Stud 8:178–193

Campbell DT, Stanley JC (1966) Experimental and quasi-experimental designs for research. Rand McNally, Chicago

Carrison, D. (2010). The Benefits of Corporate Volunteerism. Industrial Management Magazine. March/April, 6. (Magazin, daher Monatsangabe)

Carroll AB (1998) The four faces of corporate citizenship. Bus Soc Rev 100(1):1–7

Caudron, S. (1994). Volunteer efforts offer low-cost training options. Personnel Journal, 73, 38–44

Cavallaro L (2008) Corporate volunteering survey The extent and nature of corporate volunteering programs in Australia. Aust J Volunt 11(1):65–69

Clary EG, Snyder M (1999) The motivations to volunteer: theoretical and practical considerations. Curr Dir Psychol Sci 8:156–159

Clary EG, Snyder M, Ridge RD, Miene P, Haugen J (1994) Matching messages to motives in persuasion: a functional approach to promoting volunteerism. J Appl Soc Psychol 24:1129–1149

Clary EG, Snyder M, Stukas AA (1996) Volunteers' motivations: findings from a national survey. Nonprofit Volunt Sect Q 25:485–505

Cook TD, Campbell DT (1979) Quasi-experimentation: design and analysis issues for field settings. Rand McNally, Chicago

Cronbach LJ (1951) Coefficient alpha and the internal structure of tests. Psychometrika 16(3):297–334
Cuskelly G, Taylor T, Hoye R, Darcy S (2006) Volunteer management practices and volunteer retention: a human resource management approach. Sport Manag Rev 9:141–64
De Gilder D, Schuyt TN, Breedijk M (2005) Effects of an employee volunteering program on the work force: the ABN-AMRO case. J Bus Eth 61(2):143–152
Egbringhoff J, Mutz G (2010) Corporate Social Responsibility und Corporate Citizenship. Die Rolle der Arbeitnehmervertretung und Auswirkungen auf die Beschäftigten. In: Backhaus-Maul H, Biedermann C, Nährlich S, Polterauer J (Hrsg) Corporate citizenship in Deutschland. Bilanz und Perspektiven. VS Verlag für Sozialwissenschaften, Wiesbaden, S 219–236
Finkelstein MA (2009) Intrinsic vs. extrinsic motivational orientations and the volunteer process. Personal Individ Differ 46:653–658
Fisher R, Ackerman D (1998) The effects of recognition and group need on volunteerism: a social norm perspective. J Consum Res 25:262–275
George J, Brief A (1992) Feeling good-doing good: a conceptual analysis of the mood at work-organizational spontaneity relationship. Psychol Bull 112:310–329
Geroy GD, Wright PC, Jacoby L (2000) Toward a conceptual framework of employee volunteerism: an aid for the human resource manager. Manag Decis 38:280–286
Graham J (1991) An essay on organizational citizenship behavior. Empl Responsib Rights J 4:249–270
Grant AM (2011) Giving time, time after time: work design and sustained employee participation in corporate volunteering. Forthcoming in Acad Manag Rev
Grant AM, Wall TD (2009) The neglected science and art of quasi-experimentation: why-to, when-to, and how-to advice for organizational researchers. Organ Res Methods 12:653–686
Habisch A (2006) Gesellschaftliches Engagement als Win-Win-Szenario. In: Gazdar K, Habisch A, Kirchhoff KR, Vaseghi S (Hrsg) Erfolgsfaktor Verantwortung. Corporate Social Responsibility professionell managen. Springer, Berlin, S 81–97
Hess D, Rogovsky N, Dunfee TW (2002) The next wave of corporate community involvement: corporate social initiatives. Calif Manag Rev 44(2):110–125
Herzig C (2004) Corporate volunteering in Germany. Survey and empirical evidence. Leuphana Universität Lüneburg, Lüneburg
Hirsch P, Horowitz P (2006) The global employee volunteer: a corporate program for giving back. J Bus Strategy 27(3):50–55
Houghton S, Gabel J, Williams D (2009) Connecting the two faces of CSR: does employee volunteerism improve compliance? J Bus Eth 87:477–494
Lang R, Dresewski F (2010) Zur Entwicklung des Social Case. In: Backhaus-Maul H, Biedermann C, Nährlich S, Polterauer J (Hrsg) Corporate Citizenship in Deutschland (2. akt. und erw. Aufl). VS Verlag für Sozialwissenschaften, Wiesbaden, S 401–422
Laverie D, McDonald R (2007) Volunteer dedication: understanding the role of identity importance on participation frequency. Macromarketing 27:274–284
Lee L, Higgins C (2001) Corporate volunteering: ad hoc interaction or route to dialogue and partnership? J Corp Citizsh 4:79–90
Lin C, Lyau N, Tsai Y, Chen W, Chiu C (2010) Modeling corporate citizenship and its relationship with organizational citizenship behaviors. J Bus Eth 95:357–372
Littmann-Wernli S (2002) Was bedeutet CV für die Privatwirtschaft. In: Schubert R, Littmann-Wernli S, Tingler P (Hrsg) Corporate Volunteering: Unternehmen entdecken die Freiwilligenarbeit. Haupt Verlag, Bern, S 21–59
Lovell K (2005) How charity can be a ball. The Guardian http://jobsadvice.guardian.co.uk/office-bours
Mark M, Reichardt C (2009) Quasi Experimentation. In: Bickman L, Rog D (Hrsg) The Sage handbook of applied social research methods. Sage Publications, Thousand Oaks, S 182–213

Matten D, Crane A (2005) Corporate citizenship: toward an extended theoretical concep-tualization. Acad Manag Rev 30(1):66–179

McCrae RR (1996) Social consequences of experiential openness. Psychol Bull 120:323–337

McCrae RR (2007) Aesthetic chills as a universal marker of openness to experience. Motiv Emot 31:5–11

Mecking C (2008) Corporate Giving. Unternehmensspende, Sponsoring und insbesondere Unternehmensstiftung. In: Backhaus-Maul H, Polterauer J, Nährlich S, Biedermann C (Hrsg) Corporate citizenship in Deutschland: Bilanz und Perspektiven. VS Verlag für Sozialwissenschaften, Wiesbaden, S 307–322

Merz M, Peloza J, Chen Q (2010). Standardization or localization? Using corporate philanthropy to build the reputation of global firms. Int J Nonprofit Volunt Sect Mark 15(3):233–252

Michels S (2016) Employee Volunteering als Win-Win-Konstellation – Ergebnisse zweier quasi-experimenteller Studien. Springer (in Kürze erscheinend), Berlin

Millie A, Jacobsen J (2002) Employee volunteering and the special constabulary: a review of employer policies. A report for the police foundation.

Muthuri J, Matten D, Moon J (2009) Employee volunteering and social capital: contributions to corporate social responsibility. Br J Manag 20(1):75–89

Mutz G (2008). Corporate Volunteering. In: Habisch A, Schmidtpeter R, Neureiter M (Hrsg) Handbuch corporate citizenship. Corporate social responsibility für Manager. Springer, Berlin, S 241–250

Nunnally, J. C. & Bernstein, I. H. (1994). Psychometric theory (3. Aufl.). New York: McGraw-Hill

Organ DW (1988) Organizational citizenship behavior: The good soldier syndrome. Lexington Books, Lexington

Organ DW, Konovsky MA (1989) Cognitive versus determinants of organizational citizenship behavior. J Appl Psychol 74:157–164

Organ DW, Ryan K (1995) A meta-analytic review of attitudinal and dispositional predictors of organizational citizenship behavior. Pers Psychol 48(4):775–802

Pajo K, Lee L (2011) Corporate-Sponsored Volunteering: a work design perspective. J Bus Eth 99(3):467–482

Peloza J, Hassay DN (2006) Intra-organizational volunteerism: good soldiers, good deeds, and good politics. J Bus Eth 64(4):357–379

Peloza, J., Hudson, S. & Hassay, D. N. (2009). The Marketing of Employee Volunteerism. Journal of Business Ethics, 85(6), 371–386

Penner LA, Midili AR, Kegelmeyer J (1997) Beyond job attitudes: a personality and social psychology perspective on the causes of organizational citizenship behavior. Hum Perform 10:111–132

Peterson DK (2004a) Benefits of participation in corporate volunteer programs: employees' perceptions. Pers Rev 33:615–627

Peterson DK (2004b) The relationship between perceptions of corporate citizenship and organizational commitment. Bus Soc 43(3):296–319

Phillips R (2000) The corporate community builders: using corporate strategic philanthropy for economic development. Econ Dev Rev 17(1):7–12

Podsakoff PM, MacKenzie SB, Moorman RH, Fetter R (1990) Transformational leader behaviors and their effects on followers' trust in leader, satisfaction, and organizational citizenship behaviors. Leadersh Q 1:107–142

Podsakoff PM, MacKenzie SB, Paine JB, Bachrach DG (2000) Organizational citizenship behaviors: a critical review of the theoretical and empirical literature and suggestions for future research. J Manag 26(3):513–563

Quirke, D. (1999). Employee Volunteering. Human Resources, February, 2–4. (Magazin, daher Monatsangabe)

Reichardt CS (2009) Quasi-experimentation. In: Bickman L, Rog D (Hrsg) Handbook of applied social research methods. Sage Publications, Thousand Oaks, S 193–228

Rosenbaum PR (1984) From association to causation in observational studies: The role of tests of strongly ignorable treatment assignment. J Am Stat Assoc 79:41–48

Rosenbaum, P. R. & Rubin, D. B. (1983). The central role of propensity score in observational studies for causal effects. Biometrika, 70, 41–55

Schubert R, Littmann-Wernli S, Tingler P (2002) Corporate Volunteering. Unternehmen entdecken die Freiwilligenarbeit. Haupt Verlag, Bern

Siegmund K (2010) Corporate Volunteering in Partnerschaften – Zur Notwendig eines Para-digmenwechsels aus NPO-Sicht. In: Klein S, Siegmund K (Hrsg) Partnerschaften von NGOs und Unternehmen. Springer, Berlin, S 61–69

Staufenbiel T, Hartz C (2000) Organizational Citizenship Behavior: Entwicklung und erste Validierung eines Meßinstruments. Diagnostica 46:73–83

Steel K (1995) Managing corporate and employee volunteer programs. In: Connors TD (Hrsg) The volunteer management handbook. Wiley, New York, S 259–192

Tschirhart M (2005) Employee volunteer programs. In: Brudney JL (Hrsg) Emerging areas of volunteering. ARNOVA, Indianapolis, S 13–29

Tuffrey M (1995) Employees and the community: how successful companies meet human resources needs through community involvement. PRIMA Europe/Corporate Citizenship Company, London

Turban DB, Jones AP (1988) Supervisor-subordinate similarity: types, effects, and mechanisms. J Appl Psychol 73(2):22–34

Van Dyne L, Graham J, Dienesch R (1994) Organizational citizenship behavior: construct redefinition, measurement and validation. Acad Manag J 37:765–802

Vian T, Richards SC, McCoy K, Connelly P, Feeley F (2007) Public-private partnerships to build human capacity in low income countries: findings from the Pfizer program. Hum Resour Health 5(8):1–11

Wartick SL, Cochran PL (1985) The evolution of the corporate social performance model. Acad Manag Rev 10:758–769

Wehner T, Gentile GC, Güntert ST (2007) Bürgersinn. In: Moser K (Hrsg) Wirtschaftspsychologie. Springer, Berlin, S 337–355

Wild C (1993) Corporate Volunteer Programs Report no 1029. The Conference Board, New York

**Dr. Stefan Michels** wurde 1980 in Wuppertal geboren. Nach dem Abitur im Jahr 2000 und dem anschließenden Wehrdienst absolvierte er von 2001 bis 2004 die Ausbildung zum Reiseverkehrskaufmann bei der TUI AG in Düsseldorf. Einem zweijährigen Fachschulstudium zum staatlich geprüften Betriebswirt mit Fachrichtung Touristik folgte im Jahr 2006 das Lehramtsstudium (Berufskolleg) mit den Unterrichtsfächern Wirtschaftswissenschaften und Französisch an der Bergischen Universität Wuppertal.

Nach der Beendigung des Hochschulstudiums und dem damit verbundenen Erwerb des Ersten Staatsexamens war er von 2011 bis 2015 externer Doktorand am Lehrstuhl von Univ.-Prof. Dr. Michael J. Fallgatter. Parallel dazu absolvierte er das Referendariat für Lehrämter und erlangte im Jahr 2013 das Zweite Staatsexamen. Heute ist er als Studienrat an einem Wuppertaler Berufskolleg tätig. Zugleich berät er verschiedene Unternehmen schwerpunktmäßig in Fragen des Personalmanagements und des Corporate Citizenship.

# Lizenz zum Wissen.

Sichern Sie sich umfassendes Wirtschaftswissen mit Sofortzugriff auf tausende Fachbücher und Fachzeitschriften aus den Bereichen: Management, Finance & Controlling, Business IT, Marketing, Public Relations, Vertrieb und Banking.

Exklusiv für Leser von Springer-Fachbüchern: Testen Sie Springer für Professionals 30 Tage unverbindlich. Nutzen Sie dazu im Bestellverlauf Ihren persönlichen Aktionscode C0005407 auf www.springerprofessional.de/buchkunden/

**Jetzt 30 Tage testen!**

Springer für Professionals.
Digitale Fachbibliothek. Themen-Scout. Knowledge-Manager.

- Zugriff auf tausende von Fachbüchern und Fachzeitschriften
- Selektion, Komprimierung und Verknüpfung relevanter Themen durch Fachredaktionen
- Tools zur persönlichen Wissensorganisation und Vernetzung

*www.entschieden-intelligenter.de*

 Springer

The manufacturer's authorised representative in the EU is Springer Nature Customer Service Centre GmbH, Europaplatz 3, 69115 Heidelberg, Germany. If you have any concerns regarding our products, please contact ProductSafety@springernature.com

Printed and bound by CPI Group (UK) Ltd, Croydon, CR0 4YY

23/03/2026

02076736-0020